ARBITRAGEM NOS DISSÍDIOS INDIVIDUAIS TRABALHISTAS

ANÁLISE DO ARTIGO 507-A

INCORPORADO À CONSOLIDAÇÃO DAS LEIS DO TRABALHO POR MEIO DA REFORMA TRABALHISTA DE 2017

AUTORIA
MARCO AURÉLIO GUMIERI VALÉRIO

LTr®

ARBITRAGEM NOS DISSÍDIOS INDIVIDUAIS TRABALHISTAS

ANÁLISE DO ARTIGO 507-A

INCORPORADO À CONSOLIDAÇÃO DAS LEIS DO TRABALHO POR MEIO DA REFORMA TRABALHISTA DE 2017

Inclui o exame da Doutrina, da Legislação e da Jurisprudência sobre o tema na Espanha

2024

LTr Editora Ltda.

Rua Jaguaribe, 571
CEP 01224-003
São Paulo, SP — Brasil
Fone: (11) 2167-1101
www.ltr.com.br
Junho, 2024

Projeto Gráfico e Editoração Eletrônica: Peter Fritz Strotbek - The Best Page
Projeto de Capa: Danilo Rebello
Impressão: Log & Print Gráfica e Logística

Versão impressa: LTr 6438.9 — ISBN 978-65-5883-297-3

Dados Internacionais de Catalogação na Publicação (CIP)
(Câmara Brasileira do Livro, SP, Brasil)

Valério, Marco Aurélio Gumieri
Arbitragem nos dissídios individuais trabalhistas : análise do artigo 507-A incorporado à Consolidação das Leis do Trabalho por meio da reforma trabalhista de 2017 / Marco Aurélio Gumieri Valério. — São Paulo : LTr Editora, 2024.

Bibliografia.
ISBN 978-65-5883-297-3

1. Consolidação das Leis do Trabalho (CLT) 2. Direito do trabalho — Brasil 3. Direito do trabalho — Espanha 4. Direito do trabalho — Jurisprudência 5. Reforma trabalhista — Brasil I. Título.

24-196765 CDU-34:331

Índice para catálogo sistemático:

1. Direito do trabalho 34:331

Eliane de Freitas Leite - Bibliotecária - CRB 8/8415

Ao meu filho,
João Marco Bocamino Valério.

Agradecimentos

Ao Professor Enoque Ribeiro dos Santos, pela dedicação ao ofício de orientar.

Aos amigos Alexandre César Ribeiro, pelo diálogo franco no desenvolvimento do projeto, Claudio de Souza Miranda, pelo apoio para a realização da pesquisa, Mario Eduardo Bianconi Baldini, pelo suporte tecnológico na formatação do trabalho e Murillo Giordan Santos, pela análise crítica da tese.

Ao Departamento de Contabilidade da Faculdade de Economia, Administração e Contabilidade da Universidade de São Paulo, por encampar minha busca por este doutorado e ao Departamento de Direito do Trabalho e Previdenciário da Faculdade de Direito da Universidade de São Paulo por permitir a concretização deste objetivo.

Agradecimentos Especiais

Aos professores Antônio Rodrigues de Freitas Júnior; Flávio Roberto Batista, Homero Batista Mateus da Silva, Jair Aparecido Cardoso, Luciana Romano Morilas, Maria Hemília Fonseca, Paulo Eduardo Alves da Silva, Roberto Norris, Ronaldo Lima dos Santos e Victor Hugo de Almeida, membros titulares e suplentes de minha banca de Doutorado em Direito.

Sumário

Resumo — Arbitragem nos Dissídios Individuais Trabalhistas 15

Abstract — Arbitration in Individual Labor Disputes 17

Riassunto — Arbitrato Nelle Controversie di Lavoro Individuali 19

Resumen — Arbitraje en Conflictos Laborales Individuales 21

Introdução 23
1. Contextualização 23
2. Justificativas 31
3. Objetivo geral 40
4. Objetivos específicos 40
5. Metodologia da pesquisa científica 40

Capítulo I — A Arbitragem como Instrumento para a Pacificação Social 44
1. A natureza jurídica da arbitragem 44
2. Os equivalentes jurisdicionais da arbitragem 49
3. As virtudes da arbitragem 54
4. A convenção de arbitragem e seus efeitos 55
5. Os árbitros 63
6. A noção terminológica de arbitrabilidade 73
   6.1. O interesse público 79
   6.2. A ordem pública 84
   6.3. A disponibilidade de direitos 86

Capítulo II — O Princípio da Proteção, a Flexibilização das Condições de Trabalho e a Reforma Trabalhista 91
1. A índole de proteção do Direito do Trabalho 91
2. O caráter jurídico do princípio da proteção do trabalhador 96
3. A flexibilização das condições de trabalho 98
4. A flexibilização das condições de trabalho e o princípio da proteção 104

5. A reforma trabalhista como proposta de flexibilização ... 108
5.1. A reforma trabalhista na omissão do Senado Federal ... 113
5.2. A reforma trabalhista que realmente foi questionada no Supremo Tribunal Federal ... 114

Capítulo III — A Arbitragem Aplicada aos Dissídios Individuais Laborais na Doutrina, na Jurispruência e na Legislação da Espanha ... 120
1. A arbitragem na Espanha ... 120
2. A estrutura da arbitragem na Espanha ... 124
3. O perfil e a competência dos árbitros na Espanha ... 132
4. O processo arbitral na Espanha ... 137
5. A sentença arbitral na Espanha ... 139
6. Anulação, revisão, execução e *exequatur* da sentença arbitral na Espanha. 142
7. Jurisprudência da resolução de dissídios individuais trabalhistas por arbitragem na Espanha ... 143

Capítulo IV — Arbitragem nos Litígios Laborais e a Figura do Trabalhador Hipersuficiente no Brasil ... 150
1. A arbitragem de conflitos trabalhistas no Brasil ... 150
2. O dissídio laboral e a arbitragem ... 158
2.1. A arbitragem nos dissídios coletivos ... 159
2.2. A arbitragem nos dissídios individuais ... 171
2.2.1. A extensão da autonomia da vontade pelo parágrafo único do artigo 444 da Consolidação das Leis do Trabalho ... 179
2.2.2. A derrocada do § 4º do artigo 4º da Lei de Arbitragem ... 184
2.2.3. A ascensão do artigo 507-A da Consolidação das Leis do Trabalho 186
2.2.4. O avanço do artigo 507-A da Consolidação das Leis do Trabalho 191

Conclusão ... 195

Bibliografia ... 205
1. Doutrina ... 205
2. Legislação ... 220
2.1. Legislação do Brasil ... 220
2.2. Legislação da Espanha ... 229
3. Jurisprudência ... 231
3.1. Jurisprudência brasileira ... 231
3.2. Jurisprudência espanhola ... 241

"Daí a imperativa necessidade de se criar meios alternativos, inovadores, ousados, de resolução de conflitos individuais e coletivos que provoquem uma mudança no presente estado de coisas na seara processual trabalhista, do modo a promover uma espécie de *turning point* (ponto de inflexão) no sistema atualmente vigente, no sentido de dar-lhe maior celeridade e eficácia".

Enoque Ribeiro dos Santos, 2017.

Resumo

Arbitragem nos Dissídios Individuais Trabalhistas

Análise do artigo 507-A incorporado à Consolidação das Leis do Trabalho por meio da Reforma Trabalhista de 2017

O objetivo desse trabalho foi o de examinar as mudanças propostas por meio da Lei n. 13.467, de 13 de julho de 2017 — a Reforma Trabalhista — que alterou o Decreto-Lei n. 5.452, de 1º de maio de 1943 – a Consolidação das Leis do Trabalho — especificamente os desdobramentos que levaram à possibilidade de livre estipulação do instituto da arbitragem, nos moldes da Lei n. 9.307, de 23 de setembro de 1996 — a Lei de Arbitragem — na resolução de dissídios individuais trabalhistas em que figure em um de seus polos o obreiro com remuneração superior a duas vezes o maior valor pago de aposentadoria pelo Regime Geral de Previdência Social — chamado pela doutrina e pela jurisprudência de empregado hipersuficiente — possam gerar por meio das relações laborais. A tese proposta é a de que, apesar de todos os problemas que se possam enumerar a respeito da Lei n. 13.467, de 13 de julho de 2017, a arbitragem é um meio idôneo para a resolução de dissídios individuais trabalhistas, mas que carecia de uma previsão normativa expressa que permitisse a aplicação da Lei n. 9.307, de 23 de setembro de 1996 em matéria laboral. Essa autorização veio por meio da inclusão do artigo 507-A ao Decreto-Lei n. 5.452, de 1º de maio de 1943, afastando os críticos do instituto, que interpretavam a inexistência de proibição na norma brasileira como mero deslize do legislador brasileiro. A apresentação neste estudo da experiência doutrinária, legislativa e jurisprudencial da Espanha serve justamente para demonstrar um país que optou realmente pela proibição da arbitragem em matéria trabalhista, algo que o Brasil nunca fez. Essa é uma pesquisa qualitativa cujo objeto de análise foca aspectos subjetivos de fenômenos sociais e do comportamento humano. Para a abordagem do trabalho, optou-se pelos métodos analítico, descritivo e interdisciplinar, abrindo-se espaço a cada um deles, dependendo da etapa de elaboração científica, dando ênfase na análise jurídica e o método de procedimento adotado foi o monográfico. Após análise de farto material doutrinário, jurisprudencial e legislativo coletado, pode-se afirmar que, cinco anos após a Reforma Trabalhista, a arbitragem encontra seu espaço como instrumento apto para a resolução de dissídios individuais trabalhistas, conforme demonstra, inclusive, dados de pesquisa recentemente publicados. Qualquer uso indevido do instituto deverá ser coibido, seja pela Justiça do Trabalho, seja pelo Ministério Público do Trabalho.

PALAVRAS-CHAVE: arbitragem; arbitrabilidade; consolidação das leis do trabalho; direitos disponíveis; direitos indisponíveis; dissídios individuais; lei de arbitragem; reforma trabalhista.

Abstract

Arbitration in Individual Labor Disputes

Analysis of article 507-A incorporated into the Consolidation of Labor Laws through the 2017 Labor Reform

The objective of this work was to examine the changes proposed through Law no. 13,467, of July 13, 2017 — the Labor Reform — which amended Decree-Law no. 5,452, of May 1, 1943 — the Consolidation of Labor Laws — specifically the developments that led to the possibility of free stipulation of the arbitration institute, along the lines of Law no. 9,307, of September 23, 1996 — the Arbitration Law — in the resolution of individual labor disputes in which a worker with remuneration greater than twice the highest retirement amount paid by the General Social Security Regime — called by the doctrine and jurisprudence of a hypersufficient employee — can generate through labor relations. The proposed thesis is that, despite all the problems that can be enumerated regarding Law no. 13,467, of July 13, 2017, arbitration is a suitable means for resolving individual labor disputes, but it lacked an express normative provision that would allow the application of Law no. 9,307, of September 23, 1996 in labor matters. This authorization came through the inclusion of article 507-A to Decree-Law no. 5,452, of May 1, 1943, removing critics of the institute, who interpreted the lack of prohibition in the Brazilian standard as a mere oversight by the Brazilian legislator. The presentation in this study of Spain's doctrinal, legislative and jurisprudential experience serves precisely to demonstrate a country that has actually opted to prohibit arbitration in labor matters, something that Brazil has never done. This is qualitative research whose object of analysis focuses on subjective aspects of social phenomena and human behavior. For the approach to the work, analytical, descriptive and interdisciplinary methods were chosen, making space for each of them, depending on the stage of scientific elaboration, placing emphasis on legal analysis and the method of procedure adopted was monographic. After analyzing the extensive doctrinal, jurisprudential and legislative material collected, it can be said that, five years after the Labor Reform, arbitration finds its place as a suitable instrument for resolving individual labor disputes, as recently demonstrated by recent research data published. Any misuse of the institute must be prohibited, either by the Labor Court or by the Public Labor Ministry.

KEYWORDS: arbitration; Consolidation of labor laws; individual agreements; arbitration law; labor reform.

Riassunto

Arbitrato Nelle Controversie di Lavoro Individuali

Analisi dell'articolo 507-A incorporato nel Testo Unico delle Leggi sul Lavoro attraverso la Riforma del Lavoro del 2017

L'obiettivo di questo lavoro è stato quello di esaminare le modifiche proposte attraverso la Legge n. 13.467 del 13 luglio 2017 — Riforma del Lavoro — che ha modificato il decreto-legge n. 5.452, del 1º maggio 1943 — Testo unico delle leggi sul lavoro — e precisamente gli sviluppi che hanno portato alla possibilità di stipulazione gratuita dell'istituto arbitrale, sul modello della legge n. 9.307 del 23 settembre 1996 — Legge sull'arbitrato — nella risoluzione delle controversie individuali di lavoro in cui un lavoratore con retribuzione superiore al doppio dell'importo pensionistico più elevato versato dal Regime generale di previdenza sociale — chiamato dalla dottrina e dalla giurisprudenza un lavoratore ipersufficiente — può generare attraverso i rapporti di lavoro. La tesi proposta è che, nonostante tutte le problematiche che si possono enumerare riguardo alla Legge n. 13.467 del 13 luglio 2017, l'arbitrato è uno strumento idoneo a risolvere le controversie individuali di lavoro, ma mancava un'espressa previsione normativa che consentisse l'applicazione della legge n. 9.307 del 23 settembre 1996 in materia di lavoro. Tale autorizzazione è arrivata attraverso l'inserimento dell'articolo 507-A nel decreto-legge n. 5.452, del 1 maggio 1943, allontanando i critici dell'istituto, che interpretavano la mancanza di divieto nella norma brasiliana come una mera svista da parte del legislatore brasiliano. La presentazione in questo studio dell'esperienza dottrinale, legislativa e giurisprudenziale della Spagna serve proprio a mostrare un paese che ha effettivamente scelto di vietare l'arbitrato in materia di lavoro, cosa che il Brasile non ha mai fatto. Si tratta di una ricerca qualitativa il cui oggetto di analisi si concentra sugli aspetti soggettivi dei fenomeni sociali e del comportamento umano. Per l'approccio al lavoro sono stati scelti metodi analitici, descrittivi e interdisciplinari, dando spazio a ciascuno di essi, a seconda della fase di elaborazione scientifica, ponendo l'accento sull'analisi giuridica e il metodo di procedura adottato è stato monografico. Dopo aver analizzato l'ampio materiale dottrinale, giurisprudenziale e legislativo raccolto, si può affermare che, a cinque anni dalla Riforma del Lavoro, l'arbitrato ritrova la sua collocazione come strumento idoneo alla risoluzione delle controversie individuali di lavoro, come recentemente dimostrato dai dati di ricerca recentemente pubblicati. Qualsiasi abuso dell'istituto deve essere vietato sia dal Tribunale del Lavoro che dal Ministero del Lavoro Pubblico

PAROLE CHIAVE: arbitrato; Consolidamento delle leggi sul lavoro; accordi individuali; diritto arbitrale; riforma del lavoro.

Resumen

Arbitraje en Conflictos Laborales Individuales

Análisis del artículo 507-A incorporado a la Consolidación de las Leyes del Trabajo a través de la Reforma Laboral de 2017

El objetivo de este trabajo fue examinar los cambios propuestos a través de la Ley núm. 13.467, de 13 de julio de 2017 — Reforma Laboral — que modificó el Decreto-Ley n. 5.452, de 1 de mayo de 1943 — Consolidación de las Leyes del Trabajo — específicamente los desarrollos que llevaron a la posibilidad de la libre estipulación del instituto de arbitraje, en la línea de la Ley n. 9.307, de 23 de septiembre de 1996 — Ley de Arbitraje — en la resolución de conflictos laborales individuales en los que interviene un trabajador con remuneración superior al doble del monto máximo de jubilación pagado por el Régimen General de Seguridad Social — llamado por la doctrina y jurisprudencia de trabajador hipersuficiente — puede generar a través de las relaciones laborales. La tesis propuesta es que, a pesar de todos los problemas que se pueden enumerar respecto de la Ley núm. 13.467, de 13 de julio de 2017, el arbitraje es un medio adecuado para resolver conflictos laborales individuales, pero carecía de una disposición normativa expresa que permitiera la aplicación de la Ley n. 9.307, de 23 de septiembre de 1996 en materia laboral. Esta autorización se produjo mediante la inclusión del artículo 507-A al Decreto-Ley núm. 5.452, de 1 de mayo de 1943, destituyendo a los críticos del instituto, que interpretaban la falta de prohibición en la norma brasileña como un mero descuido del legislador brasileño. La presentación en este estudio de la experiencia doctrinal, legislativa y jurisprudencial de España sirve precisamente para evidenciar un país que efectivamente ha optado por prohibir el arbitraje en materia laboral, algo que Brasil nunca ha hecho. Se trata de una investigación cualitativa cuyo objeto de análisis se centra en aspectos subjetivos de los fenómenos sociales y el comportamiento humano. Para el abordaje del trabajo se optó por métodos analíticos, descriptivos e interdisciplinarios, dando espacio a cada uno de ellos, dependiendo de la etapa de elaboración científica, poniendo énfasis en el análisis jurídico y el método de procedimiento adoptado fue monográfico. Tras analizar el amplio material doctrinal, jurisprudencial y legislativo recopilado, se puede decir que, cinco años después de la Reforma Laboral, el arbitraje encuentra su lugar como un instrumento idóneo para la resolución de conflictos laborales individuales, como lo demuestran recientemente datos de investigaciones publicadas. Cualquier mal uso del instituto deberá ser prohibido, ya sea por el Tribunal del Trabajo o por el Ministerio Público del Trabajo.

PALABRAS CLAVE: arbitraje; Consolidación de leyes laborales; acuerdos individuales; ley de arbitraje; reforma laboral.

Introdução

Sumário: 1. Contextualização; **2.** Justificativas; **3.** Objetivo geral; **4.** Objetivos específicos; **5.** Metodologia da pesquisa científica.

1. Contextualização

Entre os direitos sociais enumerados na Constituição da República Federativa do Brasil, promulgada no dia 05 de outubro de 1988, é evidente o tratamento diferenciado que recebe o trabalho. Ele está presente: *(a)* no item IV do artigo 1º, Título I – Dos Princípios Fundamentais, que qualifica o trabalho como valor social; *(b)* no item XIII do artigo 5º, Título II – Dos Direitos e das Garantias Fundamentais, que determina a liberdade de exercício do trabalho; *(c)* no artigo 6º, do Capítulo II – Dos Direitos Sociais, que aponta o trabalho como um direito social; *(d)* no artigo 170, Título VII – Da Ordem Econômica e Financeira, que funda a ordem econômica na valorização do trabalho; *(e)* no artigo 193, Título VIII – Da Ordem Social, que elege o trabalho como base da ordem social; e *(f)* no item IV do artigo 214, que estabelece a formação do indivíduo para o trabalho como elemento da educação, dentre outras disposições que constam da Lei Maior do país.(1)

(1) **Artigo 1º.** A República Federativa do Brasil, formada pela união indissolúvel dos Estados e Municípios e do Distrito Federal, constitui-se em Estado Democrático de Direito e tem como fundamentos: [...] IV – os valores sociais do *trabalho* e da livre iniciativa;[...] **Artigo 5º.** Todos são iguais perante a lei, sem distinção de qualquer natureza, garantindo-se aos brasileiros e aos estrangeiros residentes no País a inviolabilidade do direito à vida, à liberdade, à igualdade, à segurança e à propriedade, nos termos seguintes: [...] XIII – é livre o exercício de qualquer *trabalho*, ofício ou profissão, atendidas as qualificações profissionais que a lei estabelecer; [...] **Artigo 6º.** São direitos sociais a educação, a saúde, a alimentação, o *trabalho*, a moradia, o transporte, o lazer, a segurança, a previdência social, a proteção à maternidade e à infância, a assistência aos desamparados, na forma desta Constituição; [...] **Artigo 170.** A ordem econômica, fundada na valorização do *trabalho* humano e na livre iniciativa, tem por fim assegurar a todos existência digna, conforme os ditames da justiça social, observados os seguintes princípios; [...] **Artigo 193.** A ordem social tem como base o primado do *trabalho*, e como objetivo o bem-estar e a justiça sociais; [...] **Artigo 214.** A lei estabelecerá o plano nacional de educação, de duração decenal, com o objetivo de articular o sistema nacional de educação em regime de

Esse merecido destaque atribuído ao trabalho como ator principal no rol dos direitos e das garantias sociais na Constituição da República Federativa do Brasil, de 05 de outubro de 1988, não impede que, de tempos em tempos, seja aventada a possibilidade de se afastar esse protagonismo, transformando a proteção ao trabalho em mero coadjuvante no roteiro determinado pela Carta Magna.

A pretensão do ex-Chefe do Poder Executivo — o ex-Presidente da República Jair Messias Bolsonaro (2018-2022, eleito pelo PSL-RJ, atualmente filiado ao PL-RJ) — de extinguir a Justiça do Trabalho atribuindo suas funções à Justiça Estadual, exposta logo nos primeiros dias de seu governo(2), não se trata de uma ideia nova. Também durante o governo do ex-Presidente da República Fernando Henrique Cardoso (PSDB-SP) por dois mandatos consecutivos (1994-2002), foi debatida a possibilidade de se fundir a Justiça do Trabalho, só que à Justiça Federal.(3)

No meio político, existem aqueles que apoiam a iniciativa e acreditam que o fim da Justiça do Trabalho poderia sim reduzir custos e diminuir a litigiosidade; e outros que consideram que a manutenção da Justiça do Trabalho é importante para garantir a agilidade e a especialidade na análise dos processos.

O artigo 122 da Constituição dos Estados Unidos do Brasil, promulgada no dia 16 de julho de 1934(4), estabeleceu a criação da Justiça do Trabalho

---

colaboração e definir diretrizes, objetivos, metas e estratégias de implementação para assegurar a manutenção e desenvolvimento do ensino em seus diversos níveis, etapas e modalidades por meio de ações integradas dos poderes públicos das diferentes esferas federativas que conduzam a: [...] IV – formação para o *trabalho*. BRASIL. *Constituição da República Federativa do Brasil*, de 05 de outubro de 1988. Disponível em: https://www.planalto.gov.br/ccivil_03/constituicao/constituicao.htm. Acesso em: 20 abr. 2021.

(2) "Temos mais ações trabalhistas do que o mundo todo junto. Então algo está errado. É o excesso de proteção", afirmou o então Presidente da República Jair Messias Bolsonaro em sua primeira entrevista após sua eleição ao Sistema Brasileiro de Televisão (SBT). Joice; OLIVON, Beatriz; BAETA, Zínia. Fim da Justiça do Trabalho depende do Congresso. *Jornal Valor Econômico*, 07 de janeiro de 2019. Disponível em: http://www.valor.com.br. Acesso em: 07 dez. 2020.

(3) O então Presidente do Congresso Nacional, Senador Antônio Carlos Magalhães (PFL-BA, atual União Brasil-BA), defendeu a extinção da Justiça do Trabalho que "é anacrônica e não pode existir em um país que quer se desenvolver", na opinião do médico e político falecido no dia 20 de junho de 2007, durante a vigência de seu segundo mandato consecutivo como Senador da República pelo Estado da Bahia. ACM, como ficou conhecido, também ocupou o cargo de Ministro das Comunicações indicado pelo Presidente da República José Sarney de Araújo Costa (PMDB-MA) (1985-1990), foi Governador da Bahia por três vezes, além de ter sido Prefeito da capital do Estado, Salvador. ACM defende o fim da Justiça do Trabalho. *Jornal do Senado*, mar. 1999. Disponível em: https://www12.senado.leg.br. Acesso em: 12 abr. 2021.

(4) **Artigo 122.** Para dirimir questões entre empregadores e empregados, regidas pela legislação social, fica instituída a Justiça do Trabalho, à qual não se aplica o disposto no Capítulo IV do Título I. Parágrafo único – A constituição dos Tribunais do Trabalho e das Comissões de Conciliação obedecerá sempre ao princípio da eleição de membros, metade pelas associações representativas dos empregados, e metade pelas dos empregadores, sendo o presidente de

no Capítulo "Da Ordem Econômica e Social", posteriormente regulamentada pelo Decreto n. 6.596, de 12 de dezembro de 1940.(5) A Carta Magna de 1934 se destacou pela garantia de novos direitos aos trabalhadores, a exemplo da liberdade sindical, da isonomia salarial, do salário mínimo, da jornada de oito horas diárias de trabalho, da proteção do trabalho das mulheres e dos menores, do repouso semanal remunerado e das férias anuais remuneradas.

A princípio ligada ao Poder Executivo e não ao Poder Judiciário — união esta que viria a acontecer posteriormente — a função da Justiça Laboral era a de resolver apenas os conflitos entre empregados e empregadores.

A partir da edição do Decreto-Lei n. 9.797, de 09 de setembro de 1946(6), a Justiça do Trabalho passou a integrar a estrutura do Poder Judiciário, estabelecendo, para seus membros, as mesmas garantias e as vedações

---

livre nomeação do Governo, escolhido entre pessoas de experiência e notória capacidade moral e intelectual. BRASIL. *Constituição da República dos Estados Unidos do Brasil*, de 16 de julho de 1934. Disponível em: http://www.planalto.gov.br/ccivil_03/constituicao/constituicao. Acesso em: 27 out. 2022.

(5) **Artigo 1º.** Os dissídios oriundos das relações entre empregadores e empregados reguladas na legislação social serão dirimidos pela Justiça do Trabalho, na forma do presente regulamento. Parágrafo único. As questões referentes a acidentes do trabalho continuam sujeitas à justiça ordinária, na forma do Decreto n. 24.637, de 10 de julho de 1934, e legislação subsequente. **Artigo 2º.** A Justiça do Trabalho compõe-se dos seguintes órgãos: a) Juntas de Conciliação e Julgamento ou Juízos de Direito; b) Conselhos Regionais do Trabalho; c) Conselho Nacional do Trabalho. **Artigo 3º.** O Serviço da Justiça do Trabalho é relevante e obrigatório, ninguém dele podendo eximir-se, salvo motivo justificado. *(Grafia original)* BRASIL. Decreto n. 6596, de 12 de dezembro de 1940. *Aprova o Regulamento da Justiça do Trabalho.* Disponível em: https://www2.camara.leg.br. Acesso em: 20 fev. 2021.

(6) **Artigo 1º.** Os artigos 644, 647, 654, 670, 672, 681, 693 e 699, da Consolidação das Leis do Trabalho, passam a vigorar com a redação seguinte: "Artigo 644. São órgãos da Justiça do Trabalho: a) o Tribunal Superior do Trabalho; b) os Tribunais Regionais do Trabalho; c) as Juntas de Conciliação e Julgamento ou os Juízos de Direito. [...] **Artigo 647.** Cada Junta de Conciliação e Julgamento terá a seguinte composição: a) um juiz do trabalho, que será seu presidente; b) dois vogais, sendo um, representante dos empregadores, e outro, dos empregados. Parágrafo único. Haverá um suplente para cada vogal. [...] **Artigo 654.** O ingresso na magistratura do trabalho far-se-á, nas sedes da 1ª e 2ª Regiões da Justiça do Trabalho, para o cargo de juiz do trabalho substituto; as nomeações subseqüentes, por promoção, alternadamente, por antigüidade e por merecimento. Nas demais localidades, e Regiões, o ingresso será feito para o cargo de juiz do Trabalho, presidente de Junta. § 1º. Haverá suplente de juiz do trabalho presidente de Junta, sem direito a acesso, nomeados pelo Presidente da República dentre brasileiros natos, bacharéis em Direito, de reconhecida idoneidade moral, especializados em legislação social. A nomeação dos suplentes é feita por período de dois anos findo o qual poderão ser reconduzidos. Os suplentes, uma vez reconduzidos, serão conservados enquanto bem servirem, só podendo ser demitidos por falta que os torne incompatíveis com o exercício do cargo, apurada pelo Tribunal da respectiva Região, facultada, porém, sua suspensão prévia pelo presidente do Tribunal, quando motivos graves, devidamente justificados, determinarem essa providência. *(Grafia original)*. BRASIL. Decreto-Lei n. 9.797, de 09 de setembro de 1946. *Altera disposições da Consolidação das Leis do Trabalho referentes à Justiça do Trabalho, e dá outras providências.* Disponível em: https://www2.camara.leg.br. Acessado em 02 abr. 2021.

idênticas inerentes à magistratura como a inamovibilidade, a irredutibilidade de subsídios e ainda a vitaliciedade no cargo dos juízes.

Essa transferência foi confirmada pela Constituição dos Estados Unidos do Brasil, promulgada no dia 18 de setembro de 1946 que, em seu artigo 123, dispôs que, à Justiça do Trabalho, competiria conciliar e julgar os dissídios individuais e os coletivos entre empregados e empregadores, fixando que a lei especificaria os casos em que as decisões, nos dissídios coletivos, poderiam estabelecer normas e condições de trabalho, abrangidos, inclusive, os entes de direito público externo e da administração pública direta e indireta dos Municípios, do Distrito Federal, dos Estados e da União, e, na forma da lei, outras controvérsias decorrentes das relações de trabalho, bem como os litígios que tivessem sua origem no cumprimento de suas próprias sentenças, inclusive as coletivas.(7)

Já sob a vigência da Constituição da República Federativa do Brasil, de 05 de outubro de 1988, a Emenda Constitucional n. 45, de 04 de dezembro de 2004 ampliou a competência da Justiça do Trabalho para julgar, além dos conflitos entre empregados e empregadores, também as lides decorrentes de prestação de serviços, como por exemplo os autônomos, os empreiteiros e os fornecedores de serviços, abrangendo, destarte, toda e qualquer relação laboral.

Apesar do legislador reformador ter acrescentado nove novos incisos ao artigo 114, a alteração que realmente chamou a atenção de todos e que merece destaque aqui se encontra no inciso I — a troca da expressão "relação de emprego" da redação anterior, para "relação de trabalho", no texto atual — uma mudança considerada tardia, tendo em vista que a natureza destas relações e o critério da especialidade são marcas indeléveis da Justiça Laboral.(8)

---

(7) **Artigo 123.** Compete à Justiça do Trabalho conciliar e julgar os dissídios individuais e coletivos entre empregados e empregadores, e, as demais controvérsias oriundas de relações, do trabalho regidas por legislação especial. § 1º. Os dissídios relativos a acidentes do trabalho são da competência da Justiça ordinária. § 2º. A lei especificará os casos em que as decisões, nos dissídios coletivos, poderão estabelecer normas e condições de trabalho. *(Grafia original).* BRASIL. *Constituição dos Estados Unidos do Brasil*, de 18 de setembro de 1946. Disponível em: http://www.planalto.gov.br. Acesso em: 15 abr. 2021.

(8) **Artigo 114.** Compete à Justiça do Trabalho processar e julgar: I – as ações oriundas da relação de trabalho, abrangidos os entes de direito público externo e da administração pública direta e indireta da União, dos Estados, do Distrito Federal e dos Municípios; II – as ações que envolvam exercício do direito de greve; III – as ações sobre representação sindical, entre sindicatos, entre sindicatos e trabalhadores, e entre sindicatos e empregadores; IV – os mandados de segurança, habeas corpus e habeas data, quando o ato questionado envolver matéria sujeita à sua jurisdição; V – os conflitos de competência entre órgãos com jurisdição trabalhista, ressalvado o disposto no artigo 102, I, o; VI – as ações de indenização por dano moral ou patrimonial, decorrentes da relação de trabalho; VII – as ações relativas às penalidades administrativas impostas aos empregadores pelos órgãos de fiscalização das relações de

Tendo apenas o Supremo Tribunal Federal (STF) acima de sua estrutura, a Justiça do Trabalho tem como instância máxima o Tribunal Superior do Trabalho (TST). Logo abaixo estão os Tribunais Regionais do Trabalho (TRT), existindo ao menos um em cada estado da federação e, na sua base, estão as Varas do Trabalho, que são presididas por um Juiz Togado sendo que, nas comarcas em que não houver esta especialidade, são os Juízes de Direito que exercem a jurisdição laboral, cumulativamente com suas atribuições, preferencialmente as atividades cíveis, segundo o artigo 668 do Decreto-Lei n. 5.452, de 1º de maio de 1943 — a Consolidação das Leis do Trabalho.(9)

A organização do Poder Judiciário, por sua vez, está, atualmente estabelecida no artigo 92 da Constituição da República Federativa do Brasil, de 05 de outubro de 1988. Na hipótese de aprovação de uma Proposta de Emenda Constitucional (PEC) extinguindo a Justiça do Trabalho, o inciso IV seria suprimido do texto.(10)

Para pôr termo à Justiça Laboral, contudo, um longo caminho precisaria ser percorrido nos corredores do Poder Legislativo. É necessário que uma Proposta de Emenda Constitucional (PEC) seja aprovada no Congresso Nacional, cujo trâmite se inicia na Comissão de Constituição e Justiça (CCJ)

---

trabalho; VIII – a execução, de ofício, das contribuições sociais previstas no artigo 195, I, *a*, e II, e seus acréscimos legais, decorrentes das sentenças que proferir; IX – outras controvérsias decorrentes da relação de trabalho, na forma da lei. BRASIL. *Constituição da República Federativa do Brasil*, de 05 de outubro de 1988. Disponível em: https://www.planalto.gov.br/ccivil_03/constituicao/constituicao.htm. Acesso em: 20 abr. 2021.

(9) **Artigo. 668.** Nas localidades não compreendidas na jurisdição das Juntas de Conciliação e Julgamento, os Juízos de Direito são os órgãos de administração da Justiça do Trabalho, com a jurisdição que lhes for determinada pela lei de organização judiciária local; **Artigo 669.** A competência dos Juízos de Direito, quando investidos na administração da Justiça do Trabalho, é a mesma das Juntas de Conciliação e Julgamento, na forma da Seção II do Capítulo II. § 1º. Nas localidades onde houver mais de um Juízo de Direito a competência é determinada, entre os Juízes do Cível, por distribuição ou pela divisão judiciária local, na conformidade da lei de organização respectiva. § 2º. Quando o critério de competência da lei de organização judiciária for diverso do previsto no parágrafo anterior, será competente o Juiz do Cível mais antigo. BRASIL. Decreto-Lei n. 5.452, de 1º de maio de 1943. *Institui a Consolidação das Leis do Trabalho*. Disponível em: http://www.planalto.gov.br. Acesso em: 09 set. 2022.

(10) **Artigo 92.** São órgãos do Poder Judiciário: I – o Supremo Tribunal Federal; I-A – o Conselho Nacional de Justiça; (Incluído pela Emenda Constitucional n. 45, de 2004); II – o Superior Tribunal de Justiça; II-A – o Tribunal Superior do Trabalho;(Incluído pela Emenda Constitucional n. 92, de 2016); III – os Tribunais Regionais Federais e Juízes Federais; IV – os Tribunais e Juízes do Trabalho; V – os Tribunais e Juízes Eleitorais; VI – os Tribunais e Juízes Militares; VII – os Tribunais e Juízes dos Estados e do Distrito Federal e Territórios. § 1º O Supremo Tribunal Federal, o Conselho Nacional de Justiça e os Tribunais Superiores têm sede na Capital Federal. (Incluído pela Emenda Constitucional n. 45, de 2004) (Vide ADIN 3392) § 2º O Supremo Tribunal Federal e os Tribunais Superiores têm jurisdição em todo o território nacional. BRASIL. *Constituição da República Federativa do Brasil*, de 05 de outubro de 1988. Disponível em: https://www.planalto.gov.br/ccivil_03/constituicao/constituicao.htm. Acesso em: 20 abr. 2021.

da Câmara dos Deputados e, no plenário, precisa de votação em dois turnos e aprovação de pelo menos dois terços ou de 308 (trezentos e oito) de um total de 513 (quinhentos e trezes) deputados federais. Um ritual parecido se repetiria, tendo seu início na Comissão de Constituição e Justiça (CCJ) do Senado Federal, passando pela votação em dois turnos e precisando da concordância de dois terços ou de um total de 54 (cinquenta e quatro) dos 81 (oitenta e um) senadores da república.

Mesmo que essa Proposta de Emenda Constitucional (PEC) fosse aprovada, a extinção da Justiça do Trabalho, bem como a transferência de suas competências para outras esferas do Poder Judiciário poderiam ser objetos de questionamentos perante o Supremo Tribunal Federal (STF). Até se poderia alegar que a declaração do ex-Chefe do Poder Executivo não passou de mera bravata, cujo objetivo seria o de agradar uma parte mais inflamada de seu eleitorado, contudo, cabe ressaltar que, na reforma ministerial orquestrada sob sua batuta, o Ministério do Trabalho e Emprego foi extinto por meio da Medida Provisória n. 870, de 1º de janeiro de 2019, convertida posteriormente na Lei n. 13.844, de 18 de junho de 2019.[(11)]

Criado pelo do Decreto-Lei n. 19.433, de 26 de novembro de 1930[(12)], denominado à época de Ministério do Trabalho, da Indústria e do Comércio,

---

(11) **Artigo 19.** Os Ministérios são os seguintes: I – Ministério da Agricultura, Pecuária e Abastecimento; II – Ministério da Cidadania; III – Ministério da Ciência, Tecnologia, Inovações e Comunicações; III – Ministério da Ciência, Tecnologia e Inovações; (Redação dada pela Medida Provisória n. 980, de 10 de junho de 2020); III-A – Ministério das Comunicações; (Incluído pela Medida Provisória n. 980, de 10 de junho de 2020); III – Ministério da Ciência, Tecnologia e Inovações; (Redação dada pela Lei n. 14.074, de 14 de outubro de 2020); III-A – Ministério das Comunicações; (Incluído pela Lei n. 14.074, de 14 de outubro de 2020); IV – Ministério da Defesa; V – Ministério do Desenvolvimento Regional; VI – Ministério da Economia; VII – Ministério da Educação; VIII – Ministério da Infraestrutura; IX – Ministério da Justiça e Segurança Pública; X – Ministério do Meio Ambiente; XI – Ministério de Minas e Energia; XII – Ministério da Mulher, da Família e dos Direitos Humanos; XIII – Ministério das Relações Exteriores; XIV – Ministério da Saúde; XIV-A – Ministério do Trabalho e Previdência; (Incluído pela Medida Provisória n. 1.058, de 27 de julho de 2021); XV – Ministério do Turismo; e XVI – Controladoria-Geral da União; XVII – Ministério do Trabalho e Previdência. (Incluído pela Lei n. 14.261, de 16 de dezembro de 2021). BRASIL. Lei n. 13.844, de 18 de junho de 2019. *Estabelece a organização básica dos órgãos da Presidência da República e dos Ministérios e outras disposições.* Disponível em: http://www.planalto.gov.br/ccivil_03/_ato2019-2022/2019/lei/l13844.htm. Acesso em: 13 abr. 2021.

(12) **Artigo 1º.** Fica criada uma Secretaria de Estado, com a denominação de Ministério dos Negócios do Trabalho, Indústria e Comércio, sem aumento de despesa; **Artigo 2º.** Este Ministério terá a seu cargo o estudo e despacho de todos os assuntos relativos ao trabalho, indústria e comércio; Artigo 3º. O novo ministro de Estado terá as mesmas honras, prerrogativas e vencimentos dos outros ministros. BRASIL. Decreto-lei n. 19.433, de 26 de novembro de 1930. *Cria uma Secretaria de Estado com a denominação de Ministério do Trabalho, Indústria e Comércio e dá outras providências. (Grafia original).* Disponível em: https://www2.camara.leg.br/legin/fed/decret/1930-1939. Acesso em: 12 abr. 2021.

a pasta especializada nas relações trabalhistas, ainda que apresentando nomenclaturas diversas ao longo do tempo[(13)], sempre fez parte da estrutura ministerial do Poder Executivo. Com a sua obliteração, as atribuições originárias da pasta foram repassadas sem critério algum para outros ministérios, alguns, inclusive, de certa forma, conflitantes. Questões que envolvessem recursos financeiros, passaram a pertencer ao Ministério da Economia, enquanto que registros sindicais foram encaminhados para o Ministério da Justiça e da Segurança Pública.

Mesmo que a extinção do Ministério do Trabalho tenha sido revista pelo então Presidente da República Jair Messias Bolsonaro, por meio da edição da Medida Provisória n. 1058, de 02 de julho de 2021[(14)], confirmada pela sanção da Lei n. 14.261, de 16 de dezembro de 2021[(15)], o ato estava mais vinculado

---

(13) "Ministério do Trabalho, Indústria e Comércio", conforme o artigo 1º do Decreto-Lei n. 19.433, de 26 de novembro de 1930; "Ministério do Trabalho e Previdência Social", conforme o artigo 10 da Lei n. 3.782, de 22 de julho de 1960; "Ministério do Trabalho", conforme o artigo 2º da Lei n. 6.036, de 1º de maio de 1974; "Ministério do Trabalho e Emprego", conforme a Lei n. 7.998, de 11 de janeiro de 1990; "Ministério do Trabalho e da Administração", conforme o artigo 5º da Lei n. 8.422, de 13 de maio de 1992; "Ministério do Trabalho e Emprego", conforme o artigo 13 da Medida Provisória n. 1.799-1, de 1º de janeiro de 1999, tendo sucessivas reedições até ser revogada; "Ministério do Trabalho e Previdência Social", conforme o artigo 2º da Medida Provisória n. 696, de 02 de outubro de 2015, convertida na Lei n. 13.266, de 05 de abril de 2016; "Ministério do Trabalho", conforme o artigo 2º da Medida Provisória n. 726, de 12 de maio de 2016, convertida na Lei n. 13.341, de 29 de setembro de 2016. *(Grafia original).* Disponível em: http://www.planalto.gov.br. Acesso em: 13 abr. 2021.

(14) A Medida Provisória n. 1.058, de 28 de julho de 2021, adotada pelo Presidente da República com fundamento nos artigos 62 e 88 da Constituição Federal da República Federativa do Brasil de 1988, é composta por treze artigos, e, em linhas gerais, trata da recriação do Ministério do Trabalho e Previdência, mediante desmembramento da Secretaria Especial de Previdência e Trabalho do Ministério da Economia. Assim, nos termos do artigo 2º, fica criado o referido Ministério – que fora, por força da Medida Provisória n. 870, de 1º de janeiro de 2019, convertida na Lei n. 13.844, de 18 de junho de 2019, incorporado ao Ministério da Economia. BRASIL. Medida Provisória n. 1058, de 02 de julho de 2021. *Altera a Lei n. 13.844, de 18 de junho de 2019, para criar o Ministério do Trabalho e Previdência, e dá outras providências. Resumo das Disposições.* Disponível em: http:// www.congressonacional.leg.br. Acesso em: 08 mar. 2022.

(15) Seção XV-A – Do Ministério do Trabalho e Previdência – **Artigo 48-A.** Constituem áreas de competência do Ministério do Trabalho e Previdência: I – previdência; II – previdência complementar; III – política e diretrizes para a geração de emprego e renda e de apoio ao trabalhador; IV – política e diretrizes para a modernização das relações de trabalho; V – fiscalização do trabalho, inclusive do trabalho portuário, e aplicação das sanções previstas em normas legais ou coletivas; VI – política salarial; VII – intermediação de mão de obra, formação e desenvolvimento profissional; VIII – segurança e saúde no trabalho; IX – regulação profissional; e X – registro sindical. **Artigo 48-B** – Integram a estrutura básica do Ministério do Trabalho e Previdência: I – o Conselho de Recursos da Previdência Social; II – o Conselho Nacional de Previdência Social; III – o Conselho Nacional de Previdência Complementar; IV – a Câmara de Recursos da Previdência Complementar; V – o Conselho Nacional do Trabalho; VI – o Conselho Curador do Fundo de Garantia do Tempo de Serviço; VII – o Conselho Deliberativo do Fundo de Amparo ao Trabalhador; e VIII – até 4 (quatro) Secretarias. Parágrafo único. Os Conselhos a que

à necessidade política de se acomodar um de seus aliados no cargo de Ministro de Estado do que necessariamente a uma mudança de pensamento e de posicionamento do ex-Chefe do Poder Executivo sobre a importância econômica, histórica, política e social do órgão.[16]

Em carta pública, as entidades organizadoras do Ato em Defesa da Justiça do Trabalho, dos Direitos Sociais e pela Valorização do Sistema de Proteção Trabalhista alertaram que a supressão ou ainda a absorção da Justiça do Trabalho representaria grave violação à cláusula constitucional e convencional de vedação do retrocesso social[17], conforme o artigo 5º, § 2º e artigo 60, § 4º, IV, ambos da Constituição da República Federativa do Brasil, de 05 de outubro de 1988 e artigo 26 da Convenção Americana de Direitos Humanos, de 22 de novembro de 1969.[18]

A implementação de uma nova estrutura do Poder Judiciário, sem a esfera da Justiça do Trabalho, não seria algo assim tão simples. Tramitam, por exemplo, pela Justiça Comum do Estado de São Paulo cerca de 21.000.000

---

se referem os incisos V, VI e VII do caput deste artigo são órgãos colegiados de composição tripartite, com paridade entre representantes dos trabalhadores e dos empregadores, na forma estabelecida em ato do Poder Executivo federal. BRASIL. Lei n. 14.261, de 16 de dezembro de 2021. *Cria o Ministério do Trabalho e Previdência; altera as Leis n. 13.844, de 18 de junho de 2019, n. 7.998, de 11 de janeiro de 1990, e n. 8.036, de 11 de maio de 1990, e a Consolidação das Leis do Trabalho (CLT), aprovada pelo Decreto-Lei n. 5.452, de 1º de maio de 1943; revoga dispositivos da Lei n. 13.846, de 18 de junho de 2019; e dá outras providências.* Disponível em: http://www.planalto.gov.br/ccivil_03/_ato2019-2022/2021/lei/L14261.htm. Acesso em: 08 mar. 2022.

(16) LARA, Rafaela. Bolsonaro recria Ministério do Trabalho para Onyx e nomeia Ciro na Casa Civil. *CNN Brasil, 28 de julho de 2021.* Disponível em: https://www.cnnbrasil.com.br/politica/bolsonaro-recria-ministerio-do-trabalho-para-onyx-e-nomeia-ciro-na-casa-civil/. Acesso em: 10 out. 2022.

(17) ANAMATRA – Associação Nacional dos Magistrados da Justiça do Trabalho; OAB – Conselho Federal da Ordem dos Advogados do Brasil; ANPT – Associação Nacional dos Procuradores do Trabalho; ABRAT – Associação Brasileira de Advogados Trabalhistas; FENAJUFE – Federação Nacional dos Trabalhadores do Judiciário Federal e Ministério Público da União; SINAIT – Sindicato Nacional dos Auditores Fiscais do Trabalho. *Carta de Brasília*. Disponível em: https://sinait.org.br/docs/carta_de_brasilia_-_ato_em_defesa_da_justica_do_trabalho.pdf. Acesso em: 22 abr. 2021.

(18) **Artigo 26.** Desenvolvimento progressivo: Os Estados Partes comprometem-se a adotar providências, tanto no âmbito interno como mediante cooperação internacional, especialmente econômica e técnica, a fim de conseguir progressivamente a plena efetividade dos direitos que decorrem das normas econômicas, sociais e sobre educação, ciência e cultura, constantes da Carta da Organização dos Estados Americanos, reformada pelo Protocolo de Buenos Aires, na medida dos recursos disponíveis, por via legislativa ou por outros meios apropriados. ORGANIZAÇÃO DOS ESTADOS AMERICANOS (OEA). *Convenção Americana sobre Direitos Humanos*, assinada na Conferência Especializada Interamericana sobre Direitos Humanos, realizada em San José, Costa Rica, em 22 de novembro de 1969. Disponível em: https://www.cidh.oas.org/basicos/portugues/c.convencao_americana.htm. Acesso em: 22 abr. 2021.

(vinte e um milhões) de processos cuja resolução esbarra, na maioria das vezes, em dificuldades estruturais.[19] Mesmo que a Justiça Laboral fosse absorvida pela Justiça Federal, o que se pode afirmar de antemão tratar-se apenas de uma mera mudança de endereço, ainda restariam problemas, já que juízes, pessoal administrativo e processos seriam absorvidos por uma estrutura ainda insipiente. Existem tribunais regionais do trabalho em quase todos os estados da federação enquanto que são apenas cinco tribunais federais, o que poderia se resumir numa simples transferência de problemas sem que isso se reverta em algum tipo de ganho econômico, jurídico, político e, principalmente, social.

2. Justificativas

Segundo Boaventura de Sousa Santos, no paradigma da modernidade, pode-se analisar a evolução do direito em três períodos dentro do capitalismo — hodiernamente chamado de sistema de mercado — identificando-se a existência de uma permanente tensão entre a emancipação e a regulamentação. No primeiro período, a soberania do povo transformou-se na figura do estado-nação e o direito tornou-se instrumento de construção do mercado. Esse foi um momento de desenvolvimento do direito privado, uma vez que "a regulação das relações entre os indivíduos era o grande agente de autonomização e de regulamentação do mercado".[20] No segundo período, o desenvolvimento das políticas públicas e o nascimento da relação capital *versus* trabalho como instância de produção e de regulação social, provocaram grandes transformações no direito, surgindo novos ramos, como o Direito do Trabalho e o Direito Previdenciário. Essas disciplinas caracterizam-se pelo enquadramento de políticas nas áreas econômica e social, além da conjugação de elementos de direito público e de direito privado, levantando dúvidas sobre as reais fronteiras entre o estado e a sociedade. O direito foi "despromovido da categoria de princípio legitimador do estado para instrumento de legitimação do estado". [21] No terceiro e atual período, que pode ser visto como a crise do assim chamado estado providência, verifica-se na produção do direito uma diminuição do papel do estado, a expansão do mercado e uma pequena participação da sociedade nesses rumos. Esse cenário é consequência "da globalização, sob o impulso do mercado, por meio da desregulamentação,

(19) Joice; OLIVON, Beatriz; BAETA, Zínia. Fim da Justiça do Trabalho depende do Congresso. *Jornal Valor Econômico*, 07 de janeiro de 2019. Disponível em: http://www.valor.com.br. Acesso em: 07 dez. 2020.

(20) SANTOS, Boaventura de Sousa. *Os processos de globalização*. Lisboa: Porto, 2000. p. 135-7.

(21) SANTOS, Boaventura de Sousa. *Os processos de globalização*. Lisboa: Porto, 2000. p. 137-8.

das privatizações e da redução das políticas voltadas ao social", finaliza Boaventura de Sousa Santos.(22)

O direito moderno está em jogo e sua eficácia está em xeque, situação que se manifesta, por um lado, pelo aumento da procura dos seus serviços, pela explosão da litigiosidade e pela falta de recursos financeiros, organizacionais, profissionais e técnicos do sistema judicial para responder a este aumento da demanda.(23)

O que importa realmente para a sociedade não é onde as atuais e as 4.000.000 (quatro milhões) de novas ações trabalhistas por ano serão julgadas — se na Justiça do Trabalho, se na Justiça Comum ou ainda se na Justiça Federal — mas sim se elas serão efetivamente julgadas. O princípio do acesso à justiça, direito fundamental previsto no inciso XXXV, artigo 5º, da Constituição da República Federativa do Brasil, de 05 de outubro de 1988, estabelece que é responsabilidade do estado garantir que todos possam reivindicar seus direitos.(24) O mesmo é feito pela Declaração Universal dos Direitos Humanos, de 10 de dezembro de 1948, que, em seu artigo 8º, estabelece que toda pessoa tem direito a receber dos tribunais competentes solução efetiva para os atos que violem os direitos fundamentais que lhe sejam reconhecidos pela legislação constitucional ou infraconstitucional.(25) As decisões devem ser concretizadas, acontecer no tempo certo e de maneira efetiva.

---

(22) SANTOS, Boaventura de Sousa. *Os processos de globalização*. Lisboa: Porto, 2000. p. 137.

(23) "Conforme já indicado outrora, no Brasil, a explosão da litigiosidade contida pelos regimes ditatoriais que se sucederam à metade do Século XX — com o advento da Constituição Federal de 1988, fortalecimento do Ministério Público, dos direitos do consumidor, das prerrogativas inerentes à cidadania, com a criação de um aparato jurídico processual para a defesa das garantias e direitos constitucionais — fizeram com que uma avalanche de processos aportassem nos tribunais pátrios, revelando uma estrutura deficitária, tanto em relação à qualidade do pessoal, quanto à quantidade". GAJARDONI, Fernando da Fonseca. Flexibilização procedimental: um novo enfoque para o estudo do procedimento em matéria processual. São Paulo: Editora Atlas, 2008. p. 83-84.

(24) **Artigo 5º.** Todos são iguais perante a lei, sem distinção de qualquer natureza, garantindo-se aos brasileiros e aos estrangeiros residentes no País a inviolabilidade do direito à vida, à liberdade, à igualdade, à segurança e à propriedade, nos termos seguintes: XXXV – a lei não excluirá da apreciação do Poder Judiciário lesão ou ameaça a direito. BRASIL. *Constituição da República Federativa do Brasil*, de 05 de outubro de 1988. Disponível em: https://www.planalto.gov.br/ccivil_03/constituicao/constituicao.htm. Acesso em: 20 abr. 2021.

(25) **Artigo 8º.** Todo ser humano tem direito a receber dos tribunais nacionais competentes remédio efetivo para os atos que violem os direitos fundamentais que lhe sejam reconhecidos pela constituição ou pela lei. ORGANIZAÇÃO DAS NAÇÕES UNIDAS (ONU). *Declaração Universal dos Direitos Humanos. Adotada e proclamada pela Assembleia Geral das Nações Unidas (Resolução n. 217 A III) em 10 de dezembro 1948*. Disponível em: https://www.unicef.org. Acesso em: 20 abr. 2022.

Novamente na lição de Boaventura de Sousa Santos, ao longo dos últimos anos, as reformas da administração voltadas ao Poder Judiciário balançam entre a "administração tecnocrática da justiça" e a "desjudicialização da justiça".[26] Para os defensores da primeira, a solução está no aumento quantitativo dos recursos disponíveis para o exercício das funções judiciais, ou seja, aumento do número de juízes, de funcionários e de tribunais. E, para os apoiadores da segunda, a solução está em uma melhor gestão dos recursos existentes, o que envolverá alterações na divisão da atividade judicial, a delegação descendente do trabalho de rotina e a promulgação de normas que tornem o processo mais rápido.[27]

Para além desta tendência de reforma da administração da justiça, de mais meios e de alteração de procedimentos de gestão e de processos mais céleres, existe outro tipo de resposta que se caracteriza pela elaboração de alternativas ao modelo centralizado e monopolístico, formal e profissionalizado, que domina atualmente a administração da justiça, propondo a modernização da legislação laboral, dando protagonismo à negociação coletiva e aos métodos alternativos — atualmente chamados de mecanismos adequados ou ainda amigáveis — de solução de conflitos[28], como a arbitragem.

A arbitragem é um dos assuntos mais fascinantes do Direito, tanto do ponto de vista material, quanto do ponto de vista processual. Derivado do termo latino *arbiter*, que pode significar juiz, louvado, ou ainda jurado, a arbitragem tem sido definida por vários estudiosos que analisaram este instituto.[29] Pode-se dizer que a arbitragem é um meio extrajudicial de resolução de conflitos, capaz de solucionar disputas entre pessoas naturais e jurídicas, de direito

---

(26) SANTOS, Boaventura de Sousa. *Os processos de globalização.* Lisboa: Porto, 2000. p. 143-4.

(27) "[...] tais soluções tendem a ser inviabilizadas pelos magistrados, preocupados com a eventual perda do controle da atividade judicial, resistência passiva das rotinas estabelecidas e dos interesses miúdos e graúdos, que elas acabam por criar e reproduzir [...]". SANTOS, Boaventura de Sousa. Os processos de globalização. Lisboa: Porto, 2000. p. 143-4.

(28) "Os mecanismos adequados ou amigáveis de solução de conflitos correspondem aos antigos métodos alternativos de resolução de conflitos. A atualização na nomenclatura denota uma escolha consciente de um processo ou método de resolução de conflitos, entre vários possíveis, considerando o contexto fático da disputa". AZEVEDO, André Gomma (Org.). *Manual de mediação judicial.* Brasília: Conselho Nacional de Justiça (CNJ), 2016. p. 17.

(29) "Trata-se de mecanismo privado de solução de litígios, por meio do qual um terceiro, escolhido pelos litigantes, impõe sua decisão, que deverá ser cumprida pelas partes. Esta característica impositiva da solução arbitral (meio heterecompositivo de solução de controvérsias) a distância da mediação e da conciliação, que são meios autocompositivos de solução de litígios, de sorte que não existirá decisão a ser imposta às partes pelo mediador ou pelo conciliador, que sempre estarão limitados à mera sugestão (que não vincula as partes). " CARMONA, Carlos Alberto. *Arbitragem e processo:* um comentário à Lei n. 9.307/96. 3. ed. São Paulo: Editora Atlas, 2009. p. 31-32.

público ou de direito privado, podendo ser determinada antes ou depois do surgimento do confronto, pela cláusula arbitral ou pelo compromisso arbitral, respectivamente. O instituto tem, por virtude, a informalidade e a opção das partes, envolvidas no imbróglio, poderem estabelecer as regras e indicar, por sua livre vontade, a pessoa que deve decidir a matéria posta em questão.

O legislador brasileiro — graças à sanção da Lei n. 9.307, de 23 de setembro de 1996[30], também chamada de Lei de Arbitragem ou ainda de Lei Marco Maciel — inovou sensivelmente a concepção desse instituto no direito pátrio, operando uma verdadeira revolução no ordenamento jurídico, colocando o país na vanguarda das legislações sobre arbitragem, podendo ser apontada como uma das mais modernas do mundo. Como destaca Paula Fazio Fernandes, a Lei n. 9.307, de 23 de setembro de 1996 "foi inserida no ordenamento jurídico brasileiro com o objetivo de otimizar o acesso à justiça"[31], o que não se pode perder de vista em toda e qualquer análise desenvolvida sobre o assunto.

Em princípio, pode-se citar como virtudes do instituto: *(i)* a possibilidade de uma questão de ordem técnica ser decidida por especialistas na área em discussão, diversamente da justiça estatal, onde é normal juízes sem o devido conhecimento, corroborarem com laudos de peritos que, na verdade, decidem a lide; *(ii)* a informalidade procedimental, que pode ser determinada pelas partes, na cláusula ou no compromisso arbitral, pelos árbitros escolhidos, ou ainda, ao adotar-se o rito de uma instituição arbitral; e, *(iii)* talvez a maior de todas as suas qualidades, a atmosfera favorável ao entendimento, haja vista o fato de as partes se conhecerem e os árbitros serem da confiança de ambos, favorecendo, assim, o surgimento de um clima conciliatório.

São características basilares da arbitragem: *(a)* o instituto é *sui generis*; *(b)* a natureza é tanto contratual quanto jurisdicional; *(c)* a existência de um conflito atual ou potencial de interesses; *(d)* o sistema de julgamento é especial; *(e)* o árbitro é indicado pelas partes; *(f)* a decisão é obrigatória; *(g)* a sentença tem força executória; e *(h)* a solução do conflito é vinculante.

---

(30) Apresentado pelo Senador da República Marco Antônio de Oliveira Maciel (PFL-PE, posteriormente DEM-PE e atualmente União Brasil-PE), o então Projeto de Lei n. 78, de 03 de junho de 1992 objetivou, segundo sua justificação, "criar um foro adequado às causas envolvendo questões de direito comercial, negócios internacionais ou matérias de alta complexidade, para as quais o Poder Judiciário não está aparelhado". BRASIL. CONGRESSO NACIONAL. SENADO FEDERAL. Projeto de Lei n. 78, de 03 de junho de 1992. Dispõe sobre a arbitragem. Disponível em: https://www25.senado.leg.br/web/atividade/materias/-/materia/26738. Acesso em: 10 out. 2022.

(31) Ainda segundo a autora, "os árbitros atuam como juízes de fato e de direito durante o procedimento arbitral produzindo sentenças de caráter privado as quais versam sobre direitos patrimoniais disponíveis, com a mesma validade das sentenças do Poder Judiciário". FERNANDES, Paula Fazio. *Sentença arbitral como título executivo judicial na justiça do trabalho.* Rio de Janeiro: Editora Lumen Juris, 2019. p. 58-9.

Quando ainda não fazia parte da estrutura do Poder Judiciário, a Justiça do Trabalho, por meio de suas Juntas de Conciliação e de Julgamento, conforme consta da redação do § 2º do artigo 764 do Decreto-Lei n. 5.452, de 1º de maio de 1943 — a Consolidação das Leis do Trabalho (CLT) — em não havendo acordo entre as partes, o juízo conciliatório se transformaria em juízo arbitral.(32) Essa redação — que curiosamente permanece até hoje inalterada, não havendo empenho algum do legislador nas últimas décadas para reforma-la — tinha sua razão de ser, pois, quando integrava o corpo do Poder Executivo, a Justiça do Trabalho — até então uma espécie de Tribunal Administrativo — proferia suas decisões em um formato e com natureza muito próxima ao que seria um laudo arbitral à época, como explica Wagner Drdla Giglio.(33)

A arbitragem possibilita às partes envolvidas a resolução de seus conflitos, influenciando diretamente na melhoria das relações laborais, uma vez que, por este instituto, o relacionamento entre o empregado e o empregador, muitas vezes estremecido ou comprometido pela discordância, tem a possibilidade de ser recuperado e até mesmo renovado.

A aplicação da arbitragem, contudo, especialmente para a conclusão de dissídios individuais trabalhistas sempre foi marcada por calorosas divergências doutrinárias e jurisprudenciais acerca da disponibilidade ou não dos direitos assegurados pelo Decreto-Lei n. 5.452, de 1º de maio de 1943 — a Consolidação das Leis do Trabalho — e pela legislação correlata, numa queda de braço que pendia a favor para a inaplicabilidade do instituto.

A edição da Lei n. 13.467, de 13 de julho de 2017, contudo, trouxe novo fôlego a essa disputa, uma vez que ela acrescentou um parágrafo único ao artigo 444, estabelecendo um maior grau de autonomia negocial ao empregado portador de diploma de nível superior e que perceba salário mensal igual ou

---

(32) **Artigo 764.** Os dissídios individuais ou coletivos submetidos à apreciação da Justiça do Trabalho serão sempre sujeitos à conciliação. [...] § 2º. Não havendo acordo, o juízo conciliatório converter-se-á obrigatoriamente em arbitral, proferindo decisão na forma prescrita neste Título. BRASIL. *Decreto-Lei n. 5.452, de 1º de maio de 1943. Institui a Consolidação das Leis do Trabalho.* Disponível em: http://www.planalto.gov.br/ccivil_03/decreto-lei/del5452.htm. Acesso em: 09 set. 2022.

(33) "A nosso ver, o redator desse texto de lei, depois de integrado à Consolidação, foi influenciado pela doutrina europeia, que então como agora se referia à arbitragem como uma das formas de solução de conflitos trabalhistas, não obtendo êxito nem a conciliação, nem a mediação. E acrescentamos que até 1946, quando a própria consolidação já se encontrava em vigor havia vários anos, a Justiça do Trabalho não integrava o Poder Judiciário, e suas decisões se assemelhavam, realmente, mais a laudos arbitrais do que pronunciamentos de órgãos jurisdicionais. O termo arbitral sobrevive como um resquício dessa época, e hoje deve ser entendido como sinônimo de judicial". GIGLIO, Wagner Drdla. *A conciliação nos dissídios individuais do trabalho.* Porto Alegre: Editora Síntese, 1997. p. 28.

superior a duas vezes o limite máximo dos benefícios do Regime Geral de Previdência Social (RGPS), sobre as matérias às quais os sindicatos, por meio de instrumentos como o acordo e a convenção coletiva de trabalho, tem autorização para negociar, conforme estabelecidas no artigo 611-A[(34)] e ainda apresentou o novo artigo 507-A, autorizando o uso da arbitragem para as relações individuais de trabalho, desde que seja por iniciativa do empregado ou mediante a sua expressa concordância com o empregador. A cláusula compromissória deve constar no contrato laboral e o obreiro deve receber remuneração superior a duas vezes o limite do salário de contribuição estipulado pelo Regime Geral de Previdência Social (RGPS).[(35)]

---

(34) **Artigo 611-A.** A convenção coletiva e o acordo coletivo de trabalho têm prevalência sobre a lei quando, entre outros, dispuserem sobre: I – pacto quanto à jornada de trabalho, observados os limites constitucionais; II – banco de horas anual; III – intervalo intrajornada, respeitado o limite mínimo de trinta minutos para jornadas superior a seis horas; IV – adesão ao Programa Seguro-Emprego (PSE), de que trata a Lei no 13.189, de 19 de novembro de 2015; V – plano de cargos, salários e funções compatíveis com a condição pessoal do empregado, bem como identificação dos cargos que se enquadram como funções de confiança; VI – regulamento empresarial; VII – representante dos trabalhadores no local de trabalho; VIII – teletrabalho, regime de sobreaviso, e trabalho intermitente; IX – remuneração por produtividade, incluídas as gorjetas percebidas pelo empregado, e remuneração por desempenho individual; X – modalidade de registro de jornada de trabalho; XI – troca do dia de feriado; XII – enquadramento do grau de insalubridade; XIII – prorrogação de jornada em ambientes insalubres, sem licença prévia das autoridades competentes do Ministério do Trabalho; XIV – prêmios de incentivo em bens ou serviços, eventualmente concedidos em programas de incentivo; XV – participação nos lucros ou resultados da empresa. § 1º No exame da convenção coletiva ou do acordo coletivo de trabalho, a Justiça do Trabalho observará o disposto no § 3º do art. 8º desta Consolidação. § 2º A inexistência de expressa indicação de contrapartidas recíprocas em convenção coletiva ou acordo coletivo de trabalho não ensejará sua nulidade por não caracterizar um vício do negócio jurídico. § 3º Se for pactuada cláusula que reduza o salário ou a jornada, a convenção coletiva ou o acordo coletivo de trabalho deverão prever a proteção dos empregados contra dispensa imotivada durante o prazo de vigência do instrumento coletivo. § 4º Na hipótese de procedência de ação anulatória de cláusula de convenção coletiva ou de acordo coletivo de trabalho, quando houver a cláusula compensatória, esta deverá ser igualmente anulada, sem repetição do indébito. § 5º Os sindicatos subscritores de convenção coletiva ou de acordo coletivo de trabalho deverão participar, como litisconsortes necessários, em ação individual ou coletiva, que tenha como objeto a anulação de cláusulas desses instrumentos. BRASIL. Decreto-Lei n. 5.452, de 1º de maio de 1943. Institui a Consolidação das Leis do Trabalho. Disponível em: http://www.planalto.gov.br/ccivil_03/decreto-lei/del5452.htm. Acesso em: 09 set. 2022.

(35) **Artigo 444.** [...] Parágrafo único: A livre estipulação a que se refere o *caput* deste artigo aplica-se às hipóteses previstas no artigo 611-A desta Consolidação, com a mesma eficácia legal e preponderância sobre os instrumentos coletivos, no caso de empregado portador de diploma de nível superior e que perceba salário mensal igual ou superior a duas vezes o limite máximo dos benefícios do Regime Geral de Previdência Social; **Artigo 507-A.** Nos contratos individuais de trabalho cuja remuneração seja superior a duas vezes o limite máximo estabelecido para os benefícios do Regime Geral de Previdência Social, poderá ser pactuada cláusula compromissória de arbitragem, desde que por iniciativa do empregado ou mediante a sua concordância expressa, nos termos previstos na Lei n. 9.307, de 23 de setembro de 1996. BRASIL. Lei n. 13.467, de 13 de julho de 2017. *Altera a Consolidação das Leis do Trabalho*

O chamado "teto previdenciário" é nada mais do que o valor máximo de qualquer benefício pago pelo Regime Geral de Previdência Social (RGPS) a cargo do Instituto Nacional do Seguro Social (INSS), e também corresponde ao limite de contribuição a ser realizado por qualquer segurado. Conforme estabelecido pela Portaria Interministerial do Ministério da Previdência Social e do Ministério da Fazenda (MPS/MF) n. 02, de 11 de janeiro de 2024, o valor máximo atual — o teto previdenciário — é de R$7.786,02 (sete mil setecentos e oitenta e seis reais e dois centavos).[36] Uma disputa entre um empregador e um empregado cuja remuneração seja maior que o dobro desse valor — ou seja, R$ 15.572,04 (quinze mil, quinhentos e setenta e dois reais e quatro centavos) poderia ser resolvida via arbitral, desde que os demais requisitos estejam também presentes. [37]

Diante do exposto, essa Tese de Doutorado em Direito, apresentada para defesa na Faculdade de Direito da Universidade de São Paulo, desenvolvida junto ao Departamento de Direito do Trabalho e da Seguridade Social e sob a orientação do Professor Associado Enoque Ribeiro dos Santos, investiga a aplicação da arbitragem conforme regulamentada pela Lei n. 9.307, de 23 de setembro de 1996 — a Lei de Arbitragem – aos dissídios individuais trabalhistas, frente às alterações operadas pela Lei n. 13.467, de 13 de julho de 2017 — a Reforma Trabalhista — no Decreto-Lei n. 5.452, de 1º de maio de 1943 — a Consolidação das Leis do Trabalho — e, para isso, a abordagem do tema foi dividido em quatro capítulos, na seguinte ordem cronológica: Capítulo I – A Arbitragem como instrumento para a pacificação social; Capítulo

(CLT), aprovada pelo Decreto-Lei n. 5.452, de 1º de maio de 1943, e as Leis ns. 6.019, de 3 de janeiro de 1974, 8.036, de 11 de maio de 1990, e 8.212, de 24 de julho de 1991, a fim de adequar a legislação às novas relações de trabalho. Disponível em: http://www.planalto.gov.br/ccivil. Acesso em: 23 abr. 2021.

(36) BRASIL. PODER EXECUTIVO. MNISTÉRIO DA PREVIDÊNCIA SOCIAL; MINISTÉRIO DA FAZENDA. Portaria Interministerial n. 02, de 11 de janeiro de 2024. Dispõe sobre o reajuste dos benefícios pagos pelo Instituto Nacional do Seguro Social – INSS e demais valores constantes do Regulamento da Previdência Social – RPS e dos valores previstos nos incisos II a VIII do § 1º do art. 11 da Emenda Constitucional n. 103, de 12 de novembro de 2019, que trata da aplicação das alíquotas da contribuição previdenciária prevista nos arts. 4º, 5º e 6º da Lei n. 10.887, de 18 de junho de 2004. (Processo n. 10128.119242/2023-98). Disponível em: https://www.in.gov.br/en/web/dou/-/portaria-interministerial-mps/mf-n-2-de-11-de-janeiro-de-2024-537035232. Acesso em: 11 jan. 2024.

(37) BRASIL. PODER EXECUTIVO. MNISTÉRIO DA PREVIDÊNCIA SOCIAL; MINISTÉRIO DA FAZENDA. Portaria Interministerial n. 02, de 11 de janeiro de 2024. Dispõe sobre o reajuste dos benefícios pagos pelo Instituto Nacional do Seguro Social – INSS e demais valores constantes do Regulamento da Previdência Social — RPS e dos valores previstos nos incisos II a VIII do § 1º do art. 11 da Emenda Constitucional n. 103, de 12 de novembro de 2019, que trata da aplicação das alíquotas da contribuição previdenciária prevista nos arts. 4º, 5º e 6º da Lei n. 10.887, de 18 de junho de 2004. (Processo n. 10128.119242/2023-98). Disponível em: https://www.in.gov.br/en/web/dou/-/portaria-interministerial-mps/mf-n-2-de-11-de-janeiro-de-2024-537035232. Acesso em: 11jan. 2024.

II – O princípio da proteção, a flexibilização das condições de trabalho e a reforma trabalhista de 2017; Capítulo III – A arbitragem aplicada aos dissídios individuais laborais na legislação e na jurisprudência comparada da Espanha; e, Capítulo IV – A arbitragem nos litígios laborais e a figura do trabalhador hipersuficiente.

No Capítulo I discorre-se sobre a arbitragem como instância pacificadora das relações sociais, sua natureza jurídica híbrida, seus equivalentes jurisdicionais e suas propaladas virtudes. Além disso, aborda-se os árbitros e a convenção de arbitragem e seus efeitos, conforme estatuída pela Lei n. 9.307, de 23 de setembro de 1996. Discorre-se, ainda, sobre a arbitrabilidade, cuja conceituação está ligada à natureza dos direitos — se disponíveis ou não — e que passa por uma expansão rumo a outras áreas, como a trabalhista, trazendo à tona debates em torno da ideia de interesse público e da noção de ordem pública.

Reserva-se o Capítulo II, para realizar um rigoroso estudo sobre a flexibilização das condições de trabalho. Sob o aspecto geral, apresenta-se as diferentes correntes que analisam esse fenômeno e estabelece-se, destarte, a distinção entre a flexibilização e a desregulamentação. E, sob o aspecto específico, avalia-se a reforma trabalhista, concretizada a partir da sanção da Lei n. 13.467, de 13 de julho de 2017, em teoria, uma norma moderna e inovadora na flexibilização das regras laborais, mas que, na prática, opera a desregulamentação das relações trabalhistas.

Cabe ao Capítulo III fazer uma análise do ordenamento jurídico da Espanha a respeito da utilização da arbitragem para a resolução de dissídios individuais trabalhistas, para servir de referência ao Brasil sobre como o direito estrangeiro aborda o tema. A escolha pela experiência espanhola não foi aleatória, na medida em que a opção da legislação em proibir expressamente a utilização do instituto nas relações de natureza trabalhista, ratificada pela jurisprudência, faz um interessante e importante contraponto à brasileira.

O derradeiro Capítulo IV traz o desafio de caracterizar o chamado empregado hipersuficiente e a busca por se estabelecer algumas premissas relacionadas à liberdade de negociação trazida pelo parágrafo único do artigo 444 e a possibilidade de inserir uma cláusula compromissória ao contrato de trabalho, determinada pelo artigo 507-A, ambos do Decreto-Lei n. 5.452, de 1º de maio de 1943. Posteriormente, avalia-se o exercício da autonomia privada pelo trabalhador e se o fato do empregado apresentar diploma de graduação de ensino superior e salário maior que duas vezes o teto dos benefícios do Regime Geral de Previdência Social — exigidos pelo artigo 444 — ou remuneração igual ou superior a duas vezes o teto dos benefícios do Regime Geral de Previdência Social — requisitado pelo artigo 507-A — possibilita, por si só, exercer sua liberdade negocial plena ou restrita, face ao empregador.

Arremata-se esta tese com um tópico especial destinado às conclusões finais no qual serão sintetizadas as principais discussões levantadas por este trabalho em seus capítulos, itens e subitens constando deste texto, ainda, a bibliografia utilizada pelo pesquisador para fundamentar a análise desenvolvida, facilitando a eventual consulta do leitor.

Ao se desenvolver uma tese de doutorado, o pesquisador não pode perder de vista os critérios da originalidade e da ineditícidade que devem nortear o desenvolvimento do trabalho. Durante a evolução dessa pesquisa, foi constatado o grande número de textos que abordam com esmero o direito estrangeiro e comparado como fundamento para a defesa da aplicação da arbitragem como instrumento adequado para a resolução de conflitos, de maneira geral e em relação aos dissídios individuais trabalhistas de forma específica. Não se pode negar a importância e a relevância deste tipo de análise, que se sustenta na experiência doutrinária, jurisprudencial e legislativa de outros países, sendo dedicado, por isso mesmo, um capítulo inteiro para a abordagem do tema na Espanha, contudo, todos esses estudos já realizados conduzem à impressão de que, nestas últimas décadas, foram escritas mais linhas analisando com afinco a evolução doutrinária, jurisprudencial e legislativa do instituto nos Estados Unidos da América, no Canadá, ou ainda na França, do que propriamente no Brasil.

O esforço do doutrinador, do julgador e do legislador brasileiros é o foco desta tese, assim, busca-se reconhecer a dedicação destes personagens, salvando do ostracismo escritos doutrinários, decisões jurisprudenciais e textos legislativos esquecidos nos arquivos da Presidência da República e do Congresso Nacional — sendo que alguns foram recuperados em campo — deitando luz em partes obscuras dessa história tão complexa e rica como a de qualquer outro país sem, contudo, desmerecer o esforço dos autores que trazem, em suas análises, o direito estrangeiro e comparado.

Também se preserva a grafia original em vigor à época de produção desse material, constando nas citações essa observação quanto à ortografia utilizada em cada época.

Diante de tão amplas repercussões, esta tese se justifica pela necessidade de se examinar as opiniões doutrinárias e os desdobramentos que a nova autorização legislativa — para um tipo específico de obreiro — de livre estipulação de cláusula arbitral para a resolução de dissídios individuais trabalhistas, possam gerar nas relações laborais tendo, como pano de fundo, o caráter eminentemente protetivo do Direito do Trabalho e a consequente flexibilização das condições laborais pois, como resume Arnaldo Süssekind, "o Direito do Trabalho nasceu, é e será intervencionista, visando a limitar, com normas imperativas, a autonomia da vontade numa relação jurídica entre partes desiguais".[38]

3. Objetivo geral

O objetivo geral desta tese é o de examinar as mudanças propostas por meio da Lei n. 13.467, de 13 de julho de 2017 — a Reforma Trabalhista — que alterou o Decreto-Lei n. 5.452, de 1º de maio de 1943 — a Consolidação das Leis do Trabalho — especificamente os desdobramentos que levaram à possibilidade de livre estipulação do instituto da arbitragem, nos moldes da Lei n. 9.307, de 23 de setembro de 1996 — a Lei de Arbitragem – na resolução de dissídios individuais trabalhistas em que figure em um de seus polos o obreiro com remuneração superior a duas vezes o maior valor pago de aposentadoria pelo Regime Geral de Previdência Social (RGPS) — chamado pela doutrina e pela jurisprudência de empregado hipersuficiente — possam gerar por meio das relações laborais.

4. Objetivos específicos

Os objetivos específicos desta tese são: *(i)* apresentar o instituto da arbitragem como instrumento de pacificação social e espécie de jurisdição apta na resolução de dissídios individuais trabalhistas; *(ii)* analisar a reforma trabalhista diante do princípio protetivo norteador das relações laborais em contraposição ao fenômeno da flexibilização das condições de trabalho e da desregulamentação das normas trabalhistas; *(iii)* apreciar o direito estrangeiro sobre o assunto, em especial a experiência espanhola, cujo legislador optou pela proibição expressa da aplicação da arbitragem na seara trabalhista; e *(iv)* averiguar o alcance da autonomia negocial atribuída ao chamado empregado hipersuficiente nas relações laborais, em especial no que tange à possibilidade de inserção de uma cláusula compromissória no contrato de trabalho desde que por sua iniciativa ou que concorde expressamente com sua inclusão pelo empregador.

5. Metodologia da pesquisa científica

Identificando-se a importância desempenhada pela Metodologia da Pesquisa no âmbito das Ciências Sociais Aplicadas, essa tese foi desenvolvida por meio de um conjunto de procedimentos prático-racionais. A utilização do

---

(38) 'Esse intervencionismo se reduz na razão inversa do fortalecimento das associações sindicais, em termos nacionais; mas impõe; pelo menos, um nível mínimo de proteção ao trabalhador, abaixo do qual não se concebe a dignidade humana". *(Grafia original)*. SÜSSEKIND, ARNALDO. História da CLT no seu cinqüentenário. In: SANTOS, Aloysio (Coord.). *A Consolidação das Leis do Trabalho histórica*. Rio de Janeiro: Editora SENAI/SESI, 1993. p. 32.

método na atividade científica constitui pressuposto essencial do ponto de vista epistemológico. A sua correta aplicação garante ao pesquisador, em qualquer campo do conhecimento, um instrumento seguro para atravessar o objeto de estudo e atingir a essência do fenômeno, seja para melhor compreendê-lo, seja para melhor explica-lo.(39)

Esta é uma pesquisa qualitativa cujo objeto de análise foca aspectos subjetivos de fenômenos sociais e do comportamento humano. Para a abordagem do trabalho, optou-se pelos métodos analítico, descritivo e interdisciplinar, abrindo-se espaço a cada um deles, dependendo da etapa de elaboração científica, dando ênfase na análise jurídica, e o método de procedimento adotado foi o monográfico.

Também se atentou para a inclusão dos fundamentos que sustentam as opiniões vigentes, por meio da técnica exploratória, em busca dos alicerces para se firmar um entendimento novo sobre a composição de dissídios individuais trabalhistas por meio da arbitragem, esquadrinhando os diferentes pontos de vista que sustentam os debates em torno do tema. Adotou-se, ainda, a técnica da interdisciplinaridade para estabelecer conexões entre o jurídico e o sociológico com o objetivo de desenvolver o trabalho de forma mais aprofundada. Em seguida, fez-se uma consulta a especialistas e a operadores do direito que deitaram luz em questões práticas acerca do assunto estudado, encorpando ainda mais a pesquisa.

De acordo com Romário Gava Ferrão, "a pesquisa bibliográfica tem por finalidade conhecer as diferentes formas de contribuições científicas que se realizam sobre determinado assunto ou fenômeno". Ainda segundo o autor, este método é normalmente realizado "nas bibliotecas particulares, públicas e privadas, nas faculdades e universidades e naqueles acervos que fazem parte do catálogo coletivo das bibliotecas virtuais".(40)

Para a construção de uma tese estruturalmente cimentada na elaboração de uma pesquisa bibliográfica, a revisão sistemática da literatura exige uma base de dados ampla e diversificada para a coleta de material, que envolveu a consulta: *(i)* aos arquivos e aos acervos físicos: (a) do Departamento de Documentação da Subchefia de Assuntos Jurídicos da Casa Civil da Presidência da República, localizada em Brasília/DF; (b) da Biblioteca Central da Universidade Nacional de Brasília — UnB, localizada em Brasília/DF; (c) da Biblioteca da Faculdade de Direito da Universidade Federal da Bahia, localizada em Salvador/BA; (d) Faculdade de Direito da Universidade de São Paulo — Fadusp, localizada em São Paulo, Capital; (e) da Biblioteca da Faculdade

(39) FERRÃO, Romário Gava. *Metodologia científica para iniciantes em pesquisa.* Linhares/ES: Editora Unilinhares/Incaper, 2003. p. 61.

(40) *Idem.*

de Direito da Pontifícia Universidade Católica de São Paulo, Capital; (f) da Biblioteca da Faculdade de Direito da Universidade de São Paulo — FDRP, localizada em Ribeirão Preto/SP; e (g) Biblioteca da Faculdade de Ciências Humanas e Sociais da Universidade Estadual Paulista — FCHS, localizada em Franca/SP, além de bibliotecas particulares com acesso restrito; *(ii)* aos arquivos e aos acervos digitais dos três poderes: (a) do Poder Executivo, por meio do Portal do Planalto *(planalto.gov.br)*; (b) do Poder Legislativo, por meio do Portal da Câmara dos Deputados *(camara.leg.br)* e pelo Portal e-Cidadania do Senado Federal *(senado.leg.br)*; (c) do Poder Judiciário, por meio Portal do Supremo Tribunal Federal *(portal.stf.jus.br)* e pelo Portal do Tribunal Superior do Trabalho *(tst.jus.br)*, dentre outros; (d) do Ministério Público Federal, por meio do Portal do Ministério Público do Trabalho *(mpt.mp.br)*; (e) del Ministerio de la Presidencia, Relaciones con las Cortes y memoria Democrática de España *(boe.es)*; *(iii)* aos arquivos e acervos digitais de sítios especializados como o Portal Coad *(coad.com.br)*, o Portal Jota *(jota.info)*, o Portal Jus Navigandi *(jus.com.br)* e ainda o Portal Migalhas *(migalhas.com.br)*, dentre outros; e, em derradeiro, *(iv)* aos arquivos e aos acervos digitais de jornais e de revistas: do Portal *Exame (exame.com)*, do Portal *G1 (g1.globo.com)*, do Jornal Valor Econômico *(valor.globo.com)*; do Jornal O *Globo (oglobo.com)*, do Jornal *Folha de S. Paulo (folha.uol.com.br)*, da *Cable News Network Brasil*, ou simplesmente *CNN Brasil (cnnbrasil.com.br)*, dentre outros.

O material coletado destes órgãos, entidades, instituições e organizações públicas e privadas é composto: *(i)* por livros e por capítulos de livros que constam em coletâneas; *(ii)* por artigos científicos, por editoriais, por reportagens jornalísticas, por resenhas e por seções, publicados em jornais, em periódicos e em revistas, especializadas ou não; *(iii)* por monografias, por dissertações e por teses, que são produções científicas resultado de atividades acadêmicas; *(iv)* por comunicações e por resumos, expandidos ou não, apresentados em eventos como congressos, encontros, mesas-redondas, oficinas, palestras, seminários e simpósios; *(v)* por projetos de lei, por relatórios e por substitutivos, por legislação constitucional e infraconstitucional, composta por leis complementares e ordinárias, por medidas provisórias, por decretos em todas as suas formas, por resoluções e normas emanadas das entidades públicas e privadas como atos normativos, portarias, resoluções, ordens de serviço, instruções normativas, administrativas, comunicados, avisos, circulares, decisões, entre outros; e *(vi)* por jurisprudência, que compreende súmulas, enunciados, acórdãos, sentenças e demais decisões judiciais, pertinentes ao assunto em questão.

A metodologia indica os caminhos que serão percorridos para se alcançar os objetivos da pesquisa e para se responder aos problemas levantados. Se os objetivos dizem o que será investigado, a metodologia explana como será realizada a investigação, com quais instrumentos se operará e a melhor forma para obtê-los. [41] O detalhamento de toda esta construção científica — que culminou com uma tese de doutorado — encontra-se esmiuçado nos capítulos, nos tópicos, nos itens e nos subitens a seguir desenvolvidos.

(41) FERRÃO, Romário Gava. *Metodologia científica para iniciantes em pesquisa.* Linhares/ES: Editora Unilinhares/Incaper, 2003. p. 62.

Capítulo I

A Arbitragem como Instrumento para a Pacificação Social

Sumário: 1. A natureza jurídica da arbitragem; **2.** Os equivalentes jurisdicionais da arbitragem; **3.** As virtudes da arbitragem; **4.** A convenção de arbitragem e seus efeitos; **5.** Os árbitros. **6.** A noção terminológica de arbitrabilidade; **6.1.** O interesse público; **6.2.** A ordem pública; **6.4.** A disponibilidade de direitos.

1. A natureza jurídica da arbitragem

Derivado do termo latino *arbiter*, que pode significar juiz, louvado, ou ainda, jurado, a natureza jurídica da arbitragem é uma das questões que mais geraram acirradas discussões, sendo facilmente apontada como a maior das polêmicas criadas em torno do instituto. Segundo Pedro Antônio Batista Martins, o assunto é "o campo mais fértil para elocubrações jurídicas e que, ainda hoje, divide os doutrinadores em duas correntes antagônicas, além de tendências híbridas ou até mesmo intermediárias".(42)

Neste debate jurídico se enfrentaram, de um lado, os privatistas ou contratualistas, que veem na arbitragem, ou no juízo arbitral, uma atividade de natureza privada desligada da função estatal de julgar e, no outro corner, os publicistas, que enxergam, nesse instituto, o exercício de jurisdição.

Na teoria da primeira corrente, privilegia-se o ato que deu origem à arbitragem, que é instituída por meio de um negócio jurídico de natureza privada, concretizado na cláusula ou ainda no compromisso arbitral. Os privatistas negam o exercício de jurisdição aos árbitros, alegando a existência de um monopólio estatal sobre ela. Além disso, apontam para a falta de poderes inerentes ao seu exercício, como o de coerção e o de execução, necessários

(42) MARTINS, Pedro Antônio Batista. Anotações sobre a arbitragem no Brasil e o projeto de lei no Senado 78/92. *Revista de Processo*, Brasília, abr./jun. 1994, n. 77, p. 33.

para se impor sanções ou medidas cautelares, assim, a atividade arbitral não se concretizaria em um processo, mas em um mero procedimento.

Já no entendimento da segunda corrente, o aspecto teleológico da função do árbitro é mais importante, sendo a arbitragem, do ponto de vista finalista, eminentemente pública. Os publicistas partem da premissa de que existem outras jurisdições além da exercida pelo estado, cabendo aos árbitros uma das espécies, aplicando-se, da mesma forma que na jurisdição estatal, uma regra geral em um caso concreto. Além disso, qualquer procedimento que contenha contraditório é processo, independente se fracionado ou não. Possuem os árbitros, ademais, responsabilidades equivalentes à dos juízes togados e, uma a mais, a confiança das partes contratantes.

A resolução desta calorosa controvérsia jurídica reside na adoção de uma definição ampla ou restrita de jurisdição. Etimologicamente, como bem lembra Nelson Godoy Bassil Dower, o termo jurisdição deriva da expressão latina *juris dicto*, "significando o poder de julgar, de dizer o direito pela aplicação da lei aos casos concretos".(43) Daniel Amorin Assunpção Neves, por sua vez, define jurisdição como "a atuação estatal visando à aplicação do direito objetivo ao caso concreto, resolvendo-se com definitividade uma situação de crise jurídica e gerando com tal solução a pacificação social".(44)

A jurisdição estatal é formada por cinco elementos, a saber: *(i)* o conhecimento *(notio)*; *(ii)* a decisão *(vocatio)*, *(iii)* a coerção *(coertio)*, *(iv)* a diligência *(iudicium)*; e *(v)* a execução *(executio)*. Como dito anteriormente, quando das alegações dos privatistas, a jurisdição arbitral não possui os elementos coerção *(coertio)* e execução *(executio)*, todavia, este fato, não afasta a equiparação entre ambas. Para Adolfo Armando Rivas, "ao árbitro é atribuído, diretamente, o exercício do conhecimento *(notio)*, da decisão *(vocatio)* e da diligência *(iudicium)*, o que caracteriza, no mínimo, um exercício de jurisdição fracionada".(45) Ainda na lição de Adolfo Armando Rivas, "se a decisão arbitral é condenatória, esta terá, como a sentença similar proferida pelo juiz togado, força executiva em sentido potencial", ou seja, a possibilidade jurídica de se provocar o uso da força".(46)

---

(43) DOWER, Nelson Godoy Bassil. *Direito processual civil.* São Paulo: Nelpa Edições, 1993. p. 41.

(44) NEVES, Daniel Amorin Assunpção. *Manual de direito processual civil.* Salvador: Editora JusPodivm, 2017. p. 59-60.

(45) RIVAS, Adolfo Armando. El arbitraje según el derecho argentino, *Revista de Processo*, Brasília, jan./mar. 1987, n. 45, p. 73-4.

(46) "Para que possa exercer concretamente a força material, a lei prevê o controle da regularidade formal da sentença arbitral e a sua compatibilidade com a ordem pública". RIVAS, Adolfo Armando. El arbitraje según el derecho argentino, *Revista de Processo*, Brasília, jan./mar. 1987, n. 45, p. 74.

A decisão arbitral não tem apenas a força obrigatória, como também a força executiva, não sendo necessária a presença imediata de todos os cinco elementos da jurisdição para caracterizá-la. No mesmo sentido, José Alexander Tavares Guerreiro defende que a noção de jurisdição não compreende, com exclusividade, a atuação da sanção contida na norma jurídica. "A realização do comando sancionatório, em concreto, é própria do juízo de execução, estando claramente ausente no condenatório, no declaratório ou no constitutivo", conforme explica o autor.(47)

Como bem acentua Carlos Alberto Carmona, "parece ser universal a tendência de ampliar o conceito de jurisdição, na medida em que aumenta o grau de participação e o interesse popular na administração da justiça, revelando um dos escopos fundamentais da jurisdição, o político".(48)

Luiz Guilherme Marioni, Sérgio Cruz Arenhart e Daniel Mitidiero são contrários a esta tendência, acreditando que o "superdimensionamento do conceito de jurisdição, além de desqualificar a essência da jurisdição no quadro do Estado Constitucional, coloca no mesmo patamar objetivos que nada tem em comum, pois não há como relacionar o dever estatal de dar tutela aos direitos com a necessidade de se conferir a determinados conflitos julgadores dotados de conhecimentos técnicos particulares". Ainda para os autores, mesmo "que uma norma afirme que a arbitragem tem natureza jurisdicional, isto não mudará a essência das coisas, podendo apenas recomendar a que se fale em jurisdição estatal e em jurisdição arbitral, guardadas as suas diferenças".(49)

Jorge Barrientos Parra, por sua vez, lembra a existência de outra corrente, intermediária, declarando equivocados os extremistas, tanto contratuais, como publicistas. Ambos os lados deste embate se fixam em partes da arbitragem, o primeiro no compromisso arbitral e, o segundo, na sentença arbitral, não abrangendo o todo e, assim, explicam e fundamentam o instituto de maneira incompleta.(50) Este também é o entendimento de Guido Fernando Silva Soares, para quem a arbitragem "é uma jurisdição pactuada pelas partes, tendo assim, um caráter misto, um arranjo contratual e jurisdicional".(51)

---

(47) GUERREIRO, José Alexander Tavares. *Fundamentos da arbitragem do comércio internacional.* São Paulo: Editora Revista dos Tribunais, 1993. p. 65.

(48) CARMONA, Carlos Alberto. *A arbitragem no processo civil brasileiro.* São Paulo: Malheiros Editores, 1993. p. 35.

(49) MARIONI, Luiz Guilherme; ARENHART, Sérgio Cruz; MITIDIERO, Daniel. *Novo curso de processo civil.* São Paulo: Editora Thomson Reuters Brasil, 2017. vol. 01, p. 33-4.

(50) PARRAS, Jorge Barrientos. Fundamentos da arbitragem no direito brasileiro e estrangeiro. *Revista de Informação Legislativa*, Brasília, n.107, p. 215-244, 1993, p. 227.

(51) "Ela é, a um só tempo, jurisdição e contrato, sendo um procedimento estipulado entre as partes, com rito por elas determinado, ou, na falta, suprido pela lei processual de sede do

Na avaliação sucinta de José Carlos de Magalhães, a arbitragem "é um instituto *sui generis*, em que incide, a um só tempo e no mesmo espaço, questões relativas ao contrato e à jurisdição".(52)

Existe ainda, em derradeiro, uma posição doutrinária que se afasta da discussão acima, postulando a natureza jurídica autônoma da arbitragem, dadas as especificidades que caracterizam o instituto como base de sua natureza. É esta a posição, por exemplo, de Araminta de Azevedo Mercadante, para quem a "arbitragem constitui uma instituição jurídica autônoma, capaz de assumir uma função própria tanto em direito interno quanto internacional"(53).

Nessa mesma toada, em decorrência de uma sociedade complexa, Welber Barral acredita que "as oscilações, ora favoráveis, ora contrárias, ao reconhecimento da arbitragem como instrumento apto na resolução de litígios impede sua inserção numa natureza contratual ou jurisdicional". O autor também não adota uma teoria mista, em face da relevância política do instituto e suas repercussões além do contrato e da jurisdição. Por isso conclui por uma natureza autônoma pois "somente a compreensão da impossibilidade de sua categorização é que permitirá a evolução da arbitragem, resguardando concomitantemente os interesses coletivos".(54)

A Lei n. 9.307, de 23 de setembro de 1996 — a Lei de Arbitragem, também chamada de Lei Marco Maciel — salientou tanto o caráter privatístico,

---

tribunal arbitral, fundando-se no acordo de vontade das partes que procuram obter a solução de um litígio ou de uma controvérsia". SOARES, Guido Fernando Silva. Arbitragens comerciais internacionais no Brasil – vicissitudes. *Revista dos Tribunais*, São Paulo, n. 641, p. 29-57, mar. 1989, p. 49.

(52) "A arbitragem possui base contratual que é o compromisso, de característica estritamente consensual e que estabelece as diretrizes do juízo arbitral que institui. Mas a decisão arbitral não é ato integrativo do compromisso, nele tem seu fundamento e seus limites, mas seus efeitos decorrem da lei e não da vontade das partes. Assim, as duas posições devem ser entendidas como radicais, pois se a arbitragem é contratual em seu fundamento inicial, é também jurisdicional, ante a natureza pública da decisão arbitral como forma privada de solução de litígios". MAGALHÃES, José Carlos de. Arbitragem internacional privada. *Revista Forense*: Rio de Janeiro, n. 279, 1989, p. 100.

(53) "Os dois elementos essenciais da arbitragem, ou seja, o acordo de vontade das partes que escolhem juízes particulares ou de um centro permanente de arbitragem para solucionar uma controvérsia havida entre elas, estará sempre presente, bem como a necessidade de intervenção estatal para que a sentença ou laudo arbitral possa produzir todos os efeitos, adquirindo força de sentença". MERCADANTE, Araminta de Azevedo, Cláusula compromissória (direito internacional e direito interno). *Enciclopédia Saraiva do Direito*, São Paulo, Editora Saraiva, 1977. v. 15, p. 6-19.

(54) BARRAL, Weber. Arbitragem e jurisdição. In: CASELLA, Paulo Borba (Coordenador). *Arbitragem:* lei brasileira e praxe internacional. São Paulo: Editora Legislação Trabalhista, 1999. p. 173.

quanto o publicista da arbitragem, prestigiando a autoridade do árbitro, sendo mínimas as hipóteses de intervenção do juiz togado na revisão de sua sentença arbitral.(55) Francisco José Cahali destaca que a natureza contratual da arbitragem cedeu espaço a partir do momento em que a sentença arbitral — antes chamada de laudo arbitral — passou a ser um título executivo judicial, em um claro reconhecimento — por parte do legislador — à natureza jurisdicional do instituto.(56)

O único ponto em que não há discordâncias quanto à natureza jurídica da arbitragem é que, provavelmente, esse assunto jamais será pacífico na doutrina, na legislação, ou ainda na jurisprudência. Carlos Alberto Carmona chega a afirmar que esse debate em torno da natureza jurídica da arbitragem "adquiriu um colorido excessivamente acadêmico e, pior, pouco prático, de sorte que não parece útil alimentar a celeuma".(57) Lauro da Gama e Souza Júnior acredita também na superação desses debates marcadamente abstratos em torno do instituto e enfatiza "o importante papel da arbitragem na realização de valores constitucionais", conforme o autor.(58)

Deve-se ter em mente, contudo, que toda discussão sobre a arbitragem é válida, principalmente quando se está diante de um instituto que ainda encontra fortes resistências quanto à sua aplicabilidade embasadas numa visão restritiva, tanto em relação ao seu aspecto contratual, quanto ao jurisdicional. Partindo-se da premissa de que o processo arbitral tem o mesmo objetivo considerado como finalidade característica do processo jurisdicional, Francesco Carnelutti ensina que a melhor opção é "considera-los equivalentes jurisdicionais", observação esta que já faz referência ao próximo item.(59)

---

(55) **Artigo 18.** O árbitro é juiz de fato e de direito, e a sentença que proferir não fica sujeita a recurso ou a homologação pelo Poder Judiciário. BRASIL. Lei n. 9.307, de 23 de setembro de 1996. *Dispõe sobre a arbitragem.* Disponível em: http://www.planalto.gov.br/ccivil_03/leis/l9307.htm. Acesso em: 10 out. 2022.

(56) "A discussão a respeito da natureza jurídica da arbitragem é antiga, e provocou a reflexão atenta de estudiosos de escol. Porém, a nova formatação dada a este instituto pela Lei n. 9.307, de 23 de setembro de 1996 resolveu, segundo a maioria expressiva de autores, a polêmica até então existente". CAHALI, José Francisco. *Curso de arbitragem.* São Paulo: Editora Revista dos Tribunais, 2015. p. 73.

(57) CARMONA, Carlos Alberto. *Arbitragem e processo:* um comentário à Lei n. 9.307/1996. São Paulo: Editora Atlas, 2009. p. 27.

(58) SOUZA JUNIOR, Lauro da Gama e. Sinal verde para a arbitragem nas parcerias público-privadas (a construção de um paradigma para os contratos entre o estado e o investidor privado). *Revista de direito administrativo*, número 241. p. 121-157, jul./set. 2005. Disponível em: https://bibliotecadigital.fgv.br/ojs/index.php/rda/article/. Acesso em: 14 out. 2022.

(59) CARNELUTTI, Francesco. *Sistema de direito processual civil.* São Paulo: Editora Classic Book, 2004. vol. 01, p. 253.

2. Os equivalentes jurisdicionais da arbitragem

A realização do processo acontece por meio de duas diferentes formas de composição: *(i)* a autocomposição, e *(ii)* a heterocomposição, que se divide entre estatal e paraestatal.(60) Os institutos inseridos nesses planos são equivalentes jurisdicionais e, apesar de apresentarem semelhanças, e estarem intimamente ligados, dificilmente ocorrendo um de forma isolada, não se confundem, cabendo, neste momento da tese, destacar suas principais distinções, evitando-se a eventual confusão terminológica ou conceitual do leitor, colocando-se, para isso, os parâmetros em função dos quais surgem essas duas formas de solução de conflitos.

A autocomposição, ou composição amigável, técnica de negociação em que as partes chegam ao acordo de vontades sem a intervenção de terceiro, sucede-se à margem de qualquer atividade estatal, funcionando como substitutivo jurisdicional, ou seja, tem por fim prevenir a instalação de um litígio heterocomposto, todavia, nada impede que se chegue a ela posteriormente à sua instauração. Já na heterocomposição, existe intervenção jurisdicional do estado, que pode se materializar frente a um juiz togado, ou a um árbitro que, embora seja terceiro particular equidistante entre as partes, conta com o amparo legal, inclusive na aplicação de sanções.

A autocomposição, que tem na transação, na submissão e, na renúncia, suas formas mais comuns, pode ocorrer em dois momentos distintos: (i) antes da demanda, evitando a instalação do processo, ou (ii) durante a lide, pondo, dessa forma, termo ao litígio. Segundo César Fiúza, "a autocomposição é a forma jurisdicional de solução de disputas, em que as partes, por si mesmas, põem fim às suas pendências". Ressalta ainda o autor que, na autocomposição, não há a intervenção de um terceiro mediador, pois as "próprias partes, por meio de discussões e debates, buscam seus direitos, chegando a bom termo".(61)

Cabe salientar, contudo, que, apesar da ausência de terceiro mediador na autocomposição — característica esta integrante da heterocomposição — é bastante comum que surja a composição amigável durante a atuação dessa

(60) "O contraste de interesses entre os componentes de um grupo social dá origem a conflitos, os quais podem ser dirimidos pelas próprias partes (autocomposição) ou por autoridade judiciária (heterecomposição). Se resultar a autocomposição de um ato simples, teremos as hipóteses de renúncia e do reconhecimento; se de um ato complexo, a requerer o consentimento da outra parte para determinar a composição, teremos a transação. Em qualquer de suas formas, exprime a autocomposição o poder reconhecido à própria vontade dos interessados para a tutela dos seus interesses, que assim compõem, por si mesmos, ou seus litígios independentemente de intervenção de autoridade judiciária". FIÚZA, César. *Teoria geral da arbitragem.* Belo Horizonte: Editora Del Rey, 1995. p. 45.

(61) FIÚZA, César. *Teoria geral da arbitragem.* Belo Horizonte: Editora Del Rey, 1995. p. 45.

pessoa, pois, ao propor formas de resolução do conflito, ele abre caminho ao diálogo, antes interrompido pelo surgimento da lide entre as partes, podendo vir daí, tanto a transação como a submissão ou a renúncia.

A origem do vocábulo transação encontra-se no termo latino *transactione*, ou seja, o ato ou efeito de transigir. Tratando do assunto, Joel Dias Figueira Júnior esclarece que "a transação é o negócio jurídico bilateral pelo qual as partes interessadas, fazendo-se concessões mútuas, previnem ou extinguem obrigações litigiosas ou duvidosas".(62)

Já as duas outras espécies de autocomposição — a submissão e a renúncia — ocorrem, respectivamente, quando, uma das partes, abrindo mão de suas pretensões, submete-se à vontade da outra, e quando o credor abre mão de seu direito, extinguindo-se, pois, a relação jurídica que o vinculava ao devedor.

A heterocomposição — que tanto pode ser estatal quanto paraestatal — surge quando um terceiro intervém na disputa, por meio: *(a)* do julgamento togado; *(b)* da arbitragem; ou *(c)* da mediação, para tentar pôr termo à lide. O mediador, que tanto pode ser uma pessoa desconhecida escolhida para esse fim, ou ainda o árbitro ou o juiz togado, na medida em que, tanto um quanto o outro, são obrigados a propor a tentativa de conciliação das partes, vestindo-se de mediadores para tal, tenta aproximar os litigantes promovendo o diálogo entre eles a fim de que as próprias partes encontrem a solução.

Para José Carlos de Magalhães e Luiz Olavo Baptista, a mediação tem vantagens, "porque ela faculta lidar com tudo aquilo que está subjacente à disputa. Permite que as pessoas criem um sentido de aceitação, sentindo que a decisão a que chegaram foi sua própria, e não imposta de fora para dentro". (63)

A Lei n. 13.140, de 26 de junho de 2015 — a chamada Lei da Mediação — regulamentou a prática, conceituando-a, em seu artigo 1º, como a técnica

---

(62) FIGUEIRA JÚNIOR, Joel Dias. *Arbitragem, jurisdição e execução*. São Paulo: Editora Revista dos Tribunais, 1999. p. 123.

(63) Ainda segundo os autores, a mediação tem, portanto, "uma tendência de mitigar e eliminar as tensões, criando compreensão e confiança entre os litigantes, evitando a amargura que se segue a uma decisão judicial, para o vencido e muitas vezes também para o vencedor. Pode prover uma base para que as partes possam, no futuro, renegociar as suas questões e é, na maioria das vezes, menos custosa. Entretanto, a mediação tem os seus efeitos. Ela consome muito tempo, não dispõe de um mecanismo executório quando feita fora dos tribunais (ainda que se possa utilizar um instrumento de transação que seja um título executivo) e depende, principalmente, da participação voluntária das partes, da sua boa-fé, e nem sempre resulta num acordo e, portanto, na solução da disputa. Em geral, a mediação é boa quando as partes têm uma certa paridade quanto às suas informações, recursos e poder. Entretanto, quando este equilíbrio está rompido a responsabilidade de um mediador torna-se muito grande, e muitas vezes ele não pode levar a cabo a sua missão. Colocam-se problemas éticos para o mediador e eventualmente para os representantes das partes". MAGALHÃES, José Carlos de; BAPTISTA, Luiz Olavo. *Arbitragem comercial*. Rio de Janeiro: Editora Freitas Bastos, 1986. p. 142-143.

exercida por terceiro imparcial sem poder decisório, que, escolhido ou aceito pelas partes, as auxilia e estimula a identificar ou desenvolver soluções consensuais para a controvérsia.(64)

Em relação à negociação coletiva, o Decreto-Lei n. 5.452, de 1º de maio de 1943 — a Consolidação das Leis do Trabalho (CLT) — prevê a necessidade de mediação no § 1º do artigo 616, verificando-se a recusa em conversar com a outra parte, o que pode levar ao dissídio coletivo, conforme o § 2º do artigo 616.(65)

Na conciliação, espécie de mediação, só que em juízo, o terceiro imparcial, aproxima as partes e controla as negociações, podendo apresentar propostas e apontar alternativas, no intuito alcançar a autocomposição. Na lição de Joel Dias Figueira Júnior, "a conciliação significa composição amigável sem que se verifique alguma concessão de quaisquer das partes a respeito do pretenso direito alegado ou extinção de obrigação".(66)

A Recomendação n. 92, de 29 de junho de 1951, da Organização Internacional do Trabalho (OIT), fruto dos debates da 34ª reunião realizada em Genebra, na Suíça, sugere a instalação de organismos de conciliação voluntária tendo composição em número paritário de empregados e de empregadores, para a prevenção e a solução de conflitos laborais. Seu procedimento deveria ser gratuito e o acordo firmado teria o valor de uma negociação extrajudicial.(67)

---

(64) BRASIL. Lei n. 13.140, de 26 de junho de 2015. *Dispõe sobre a mediação entre particulares como meio de solução de controvérsias e sobre a autocomposição de conflitos no âmbito da administração pública; altera a Lei n. 9.469, de 10 de julho de 1997, e o Decreto n. 70.235, de 6 de março de 1972; e revoga o § 2º do artigo 6º da Lei n. 9.469, de 10 de julho de 1997.* Disponível em: http://www.planalto.gov.br/ccivil_03/_ato2015-2018/2015/lei/l13140.htm. Acesso em: 11 out. 2022.

(65) **Artigo 616.** Os Sindicatos representativos de categorias econômicas ou profissionais e as emprêsas, inclusive as que não tenham representação sindical, quando provocados, não podem recusar-se à negociação coletiva. § 1º Verificando-se recusa à negociação coletiva, cabe aos Sindicatos ou emprêsas interessadas dar ciência do fato, conforme o caso, ao Departamento Nacional do Trabalho ou aos órgãos regionais do Ministério do Trabalho e Previdência Social, para convocação compulsória dos Sindicatos ou emprêsas recalcitrantes. § 2º No caso de persistir a recusa à negociação coletiva, pelo desatendimento às convocações feitas pelo Departamento Nacional do Trabalho ou órgãos regionais do Ministério de Trabalho e Previdência Social, ou se malograr a negociação entabolada, é facultada aos Sindicatos ou emprêsas interessadas a instauração de dissídio coletivo. BRASIL. Decreto-Lei n. 5.452, de 1º de maio de 1943. Institui a Consolidação das Leis do Trabalho. *(Grafia original)*. Disponível em: http://www.planalto.gov.br/ccivil_03/decreto-lei/del5452.htm. Acesso em: 09 set. 2022.

(66) FIGUEIRA JÚNIOR, Joel Dias. *Arbitragem, jurisdição e execução.* São Paulo: Editora Revista dos Tribunais, 1999. p. 126-7.

(67) 1. Se deberían establecer organismos de conciliación voluntaria, apropiados a las condiciones nacionales, con objeto de contribuir a la prevención y solución de los conflictos de trabajo entre empleadores y trabajadores. 2. Todo organismo de conciliación voluntaria, establecido sobre una base mixta, debería comprender una representación igual de empleadores y de

A Lei n. 9.958, de 13 de janeiro de 2000, trouxe a possibilidade da criação de Comissões de Conciliação Prévia: (a) nas organizações; (b) por grupo de empresas; (c) nos sindicatos, e (d) por conjunto de sindicatos.(68)

O Decreto-Lei n. 5.452, de 1º de maio de 1943 — a Consolidação das Leis do Trabalho (CLT) — prevê duas tentativas obrigatórias de conciliação: (i) no início do feito, antes da apresentação da defesa pela parte contrária, como estabelecido no artigo 846; e (ii) ao final da instrução processual, como determinado pelo artigo 850. O § 3º do artigo 764 traz ainda a possibilidade de acordo que ponha termo à lide mesmo que seja depois de encerrado o juízo conciliatório, exemplo de autocomposição decorrente do clima favorável à negociação entre as partes.(69)

Árbitros e juízes togados não possuem, como obrigação precípua, fazer conciliação, porém, tendo o processo como fim a pacificação das partes em suas guerras civilizadas, nada mais comum que os mesmos atuem como

---

trabajadores. 3. (1) El procedimiento debería ser gratuito y expeditivo; todo plazo que prescriba la legislación nacional debería fijarse previamente y reducirse al mínimo. (2) Se deberían adoptar disposiciones para que el procedimiento pueda entablarse a iniciativa de una de las partes en conflicto, o de oficio por organismos de conciliación voluntaria. 4. Si un conflicto ha sido sometido a un procedimiento de conciliación con el consentimiento de todas las partes interesadas, debería estimularse a las mismas para que se abstengan de recurrir a huelgas y a *lockouts* mientras dure el procedimiento de conciliación. 5. Todos los acuerdos que pudieren celebrar las partes durante el procedimiento de conciliación o a la terminación del mismo deberían redactarse por escrito y considerarse equivalentes a contratos celebrados normalmente. ORGANIZACIÓN INTERNACIONAL DEL TRABAJO. *Recomendación sobre la conciliación y el arbitraje voluntarios* n. 92, Ginebra, 34ª reunión. Disponíble en: https://www.ilo.org/dyn/normlex/es/f?p=NORMLEXPUB:12100:0::NO:12100:P12100_INSTRUMENT_ID:312430:NO. Acceso em: 15 out. 2022.

(68) BRASIL. Lei n. 9.958, de 13 de janeiro de 2000. *Altera e acrescenta artigos à Consolidação das Leis do Trabalho (CLT), aprovada pelo Decreto-Lei nº* 5.452, de 1º de maio de 1943, dispondo sobre as Comissões de Conciliação Prévia e permitindo a execução de título executivo extrajudicial na Justiça do Trabalho. Disponível em: http://www.planalto.gov.br/ccivil_03/leis/l9958. Acesso em: 15 out. 2022.

(69) **Artigo 846.** Aberta a audiência, o juiz ou presidente proporá a conciliação. § 1º. Se houver acordo lavrar-se-á termo, assinado pelo presidente e pelos litigantes, consignando-se o prazo e demais condições para seu cumprimento. § 2º. Entre as condições a que se refere o parágrafo anterior, poderá ser estabelecida a de ficar a parte que não cumprir o acordo obrigada a satisfazer integralmente o pedido ou pagar uma indenização convencionada, sem prejuízo do cumprimento do acordo. [...] **Artigo 850.** Terminada a instrução, poderão as partes aduzir razões finais, em prazo não excedente de 10 (dez) minutos para cada uma. Em seguida, o juiz ou presidente renovará a proposta de conciliação, e não se realizando esta, será proferida a decisão. [...] **Artigo 764.** Os dissídios individuais ou coletivos submetidos à apreciação da Justiça do Trabalho serão sempre sujeitos à conciliação. [...] § 3º. É lícito às partes celebrar acordo que ponha termo ao processo, ainda mesmo depois de encerrado o juízo conciliatório. BRASIL. Decreto-Lei n. 5.452, de 1º de maio de 1943. *Institui a Consolidação das Leis do Trabalho*. Disponível em: http://www.planalto.gov.br/ccivil_03/decreto-lei/del5452.htm. Acesso em: 09 set. 2022.

conciliadores, propondo o término da lide.[70] Consta no § 4º do artigo 21 da Lei de Arbitragem a determinação ao árbitro ou ao tribunal arbitral de, no início do procedimento, tentar a conciliação das partes, valorizando os meios de composição amigável da lide.[71] Dessa previsão legal derivou a chamada cláusula arbitral escalonada que, segundo Francisco José Cahali, estabelece "a submissão das partes à conciliação ou à mediação prévia" ou ainda prevê a "tentativa de autocomposição como requisito à instauração do procedimento arbitral, ou seja, como condição para que a arbitragem seja iniciada".[72]

Há um movimento de valorização das formas alternativas — hodiernamente chamadas de mecanismos adequados ou amigáveis — de composição de conflitos[73], como a arbitragem, pois, além de evitar que o litígio seja encaminhado ao Poder Judiciário, busca-se a aproximação dos contendores, procurando uma solução menos traumática e boa para ambas as partes, lembrando que, de tais soluções não restam vencidos nem vencedores, em decorrência do entendimento mútuo resultante da análise de propostas e da eliminação de riscos e de ônus maiores às partes.

Faz-se necessário reconhecer as limitações que se impõem à estrutura do Poder Judiciário, o que leva necessariamente à busca por outras opções, que utilizem procedimentos mais simples e de julgadores mais informais. "Os reformadores estão utilizando, cada vez mais, o juízo arbitral, a conciliação e os incentivos econômicos para a solução dos litígios fora dos tribunais",

---

(70) "A legislação processual civil previu que o juiz poderia tentar, em qualquer tempo, conciliar as partes durante o processo judicial. Também foi constituída a audiência preliminar de conciliação no processo ordinário, como ato autônomo e necessário, semelhante ao que já era visto em demais ordenamentos jurídicos. Em relação à Justiça Trabalhista, foram criadas Comissões de Conciliação Prévia, com representantes de empregados, a fim de tentar conciliar conflitos individuais de trabalho". PANTOJA, Fernanda Medina; ALMEIDA, Rafael Alves. Os métodos "alternativos" de solução de conflitos (ADRs). In: ALMEIDA, Tania; PELAJO, Samantha; JONATHAN, Eva. (Coords.) *Mediação de conflitos para iniciantes, praticantes e docentes.* Salvador: Editora JusPodivm, 2016. p. 55-69. p. 23.

(71) **Artigo 21.** A arbitragem obedecerá ao procedimento estabelecido pelas partes na convenção de arbitragem, que poderá reportar-se às regras de um órgão arbitral institucional ou entidade especializada, facultando-se, ainda, às partes delegar ao próprio árbitro, ou ao tribunal arbitral, regular o procedimento. [...] § 4º Competirá ao árbitro ou ao tribunal arbitral, no início do procedimento, tentar a conciliação das partes, aplicando-se, no que couber, o artigo 28 desta Lei. BRASIL. Lei n. 9.307, de 23 de setembro de 1996. *Dispõe sobre a arbitragem.* Disponível em: http://www.planalto.gov.br/ccivil_03/leis/l9307.htm. Acesso em: 10 out. 2022.

(72) CAHALI, Francisco José. *Curso de arbitragem.* São Paulo: Editora Revista dos Tribunais, 2015. p. 171-2.

(73) "Os mecanismos adequados ou amigáveis de solução de conflitos correspondem aos antigos métodos alternativos de resolução de conflitos. A atualização na nomenclatura denota uma escolha consciente de um processo ou método de resolução de conflitos, entre vários possíveis, considerando o contexto fático da disputa". AZEVEDO, André Gomma (Org.). *Manual de mediação judicial.* Brasília: Conselho Nacional de Justiça (CNJ), 2016. p. 17.

como já observavam Mauro Cappelletti e Bryant Garth nos anos 80 do século passado devido à prevalência de virtudes nestes institutos, em especial na arbitragem, como se verá a seguir.(74)

3. As virtudes da arbitragem

Para Carlos Alberto Carmona, a rapidez, a economia, e a confidencialidade, sempre apontadas como vantagens da arbitragem, são, na realidade, apenas supostas, lembrando o jurista, que "são possíveis meios dilatórios tanto para a sentença como para a execução" e que, além disso, os custos do procedimento arbitral frequentemente ultrapassam os do processo estatal, "principalmente no caso de arbitragens internacionais", e que o sigilo nem sempre é preservado, "em decorrência da publicação das sentenças em relatórios e anuários dos institutos encarregados do julgamento da lide".(75)

Em nível de juízo arbitral interno, tais vantagens até podem ser obtidas, já que o procedimento arbitral instituído examinará uma questão específica, podendo haver, por parte do árbitro, ou árbitros, a garantia de resultados em menor tempo, ademais, os custos não vão, necessariamente, ultrapassar as despesas processuais em todo julgamento, lembrando que a arbitragem institucional pode proporcionar um procedimento menos oneroso e porque, mesmo não se garantindo o sigilo, o fato de não vigorar sobre a lide o princípio da publicidade que a atinge, com poucas exceções, quando levada ao Poder Judiciário, contribui diretamente para a menor divulgação de documentações e de decisões.

Após esse intróito, faz-se necessário justificar o título deste ponto, ou seja, apresentar as virtudes da arbitragem. Em princípio, pode-se citar a possibilidade de uma questão de ordem técnica vir a ser decidida por especialistas na área em discussão, diversamente da justiça estatal, onde é normal juízes sem o devido conhecimento, corroborarem com laudos de peritos que, na verdade, acabam por decidir a lide. Cumpre ressaltar que a especificação deve ser encarada como uma vantagem desse instituto, e não como uma falha do Poder Judiciário tratando-se, na realidade, de uma missão impossível do ponto de vista estrutural instalar o mesmo nível de especificação da jurisdição arbitral na togada.

A segunda, seguramente, é a informalidade procedimental, que pode ser determinada pelas partes, na cláusula ou no compromisso arbitral, pelos

---

(74) CAPPELLETTI, Mauro; GARTH, Bryant. *Acesso à justiça*. Porto Alegre: Fabris Editores, 1988. p. 81.

(75) CARMONA, Carlos Alberto. *A arbitragem no processo civil brasileiro*. São Paulo: Malheiros Editores, 1993. p. 72.

árbitros, posteriormente à instituição do Tribunal Arbitral, ou ainda, adotar-se o rito de uma instituição arbitral. Por influência dos meios extrajudiciais de resolução de conflitos, são várias as tentativas de se eliminar as formalidades dentro do procedimento estatal como, por exemplo, a Lei n. 9.099, de 26 de setembro de 1995, que criou os Juizados Especiais Cíveis e Criminais(76), ou ainda, a Lei n. 9.958, de 12 de janeiro de 2000 que instituiu as Comissões de Conciliação Prévia, para as causas trabalhistas.(77)

A terceira, e talvez maior das virtudes da arbitragem, citada por vários autores — a exemplo de Selma Maria Ferreira Lemes — é a atmosfera favorável ao entendimento, lembrando que, além das partes já se conhecerem, o árbitro é da confiança de ambos, favorecendo, assim, o surgimento de um clima conciliatório.(78) Neste instituto — é sempre bom lembrar — não há autor e réu, mas sim partes, como ensina Georgenor de Sousa Franco Filho.(79)

Em derradeiro, uma vantagem importante, porém perceptível somente na arbitragem internacional — como destaca Francisco Cláudio de Almeida Santos(80) — é a neutralidade dos árbitros que, diferentemente da imparcialidade consagrada na norma, refere-se à nacionalidade da própria justiça.(81)

4. A convenção de arbitragem e seus efeitos

Durante muito tempo, pouco se utilizou o procedimento arbitral na solução de lides, tendo alguns atribuído esse fenômeno a um problema cultural de uma sociedade possivelmente avessa à composição privada de litígios,

---

(76) BRASIL. Lei n. 9.099, de 26 de setembro de 1995. *Dispõe sobre os Juizados Especiais Cíveis e Criminais e dá outras providências.* Disponível em: http://www.planalto.gov.br/ccivil_03/leis/l9099.htm. Acesso em: 11 out. 2022.

(77) BRASIL. Lei n. 9.958, de 12 de janeiro de 2000. *Altera e acrescenta artigos à Consolidação das Leis do Trabalho (CLT), aprovada pelo Decreto-lei n. 5.452, de 1º* de maio de 1943, dispondo sobre as Comissões de Conciliação Prévia e permitindo a execução de título executivo extrajudicial na Justiça do Trabalho. Disponível em: http://www.planalto.gov.br/ccivil_03/leis/l9958.htm#:~:text=LEI%20No%209.958%2C%20DE,extrajudicial%20na%20Justi%C3%A7a%20do%20Trabalho.. Acesso em: 11 out. 2022.

(78) LEMES, Selma Maria Ferreira. Arbitragem; princípios jurídicos fundamentais; direito brasileiro e comparado. *Revista de Informação Legislativa*, Brasília, n.115, 1993, p. 441.

(79) FRANCO FILHO, Georgenor de Sousa. *A nova lei de arbitragem e as relações de trabalho.* São Paulo: Editora Legislação Trabalhista, 1997. p. 53.

(80) SANTOS, Francisco Cláudio de Almeida. Considerações gerais sobre a arbitragem e seu reordenamento. *Revista de Processo*, Brasília, n. 85, p. 202, 1997.

(81) **Artigo 13.** Pode ser árbitro qualquer pessoa capaz e que tenha a confiança das partes. [...] § 6º No desempenho de sua função, o árbitro deverá proceder com imparcialidade, independência, competência, diligência e discrição. BRASIL. Lei n. 9.307, de 23 de setembro de 1996. *Dispõe sobre a arbitragem.* Disponível em: http://www.planalto.gov.br/ccivil_03/leis/l9307.htm. Acesso em: 10 out. 2022.

outros, a questões procedimentais como a complexidade do rito, ou ainda seu elevado custo. José Carlos de Magalhães e Luiz Olavo Baptista acreditam que há uma tendência em ver no estado a autoridade capaz de resolver demandas, impossibilitando, assim, a utilização de meios extrajudiciais de resolução de conflitos. A dúvida que pode suscitar essa constatação é "se as partes realmente confiam mais em um juiz togado do que em um árbitro, ou se, na verdade, o temem", como levantam os autores.(82)

Celso Barbi Filho, em uma análise pragmática do assunto, defende que a efetiva razão da pouca utilização da arbitragem no país foi uma questão de ordem processual, pois, ainda que as partes pudessem estipular uma cláusula arbitral, prevendo o uso do instituto para a solução de eventuais conflitos contratuais que entre elas surgissem, a instauração do procedimento arbitral só poderia se dar, segundo o autor, "no mecanismo previsto até então no ordenamento jurídico pátrio, tendo que conter, necessariamente, além das condições do procedimento arbitral, um elemento inevitavelmente posterior à cláusula arbitral do contrato original, ou seja, o próprio conflito a ser dirimido".(83)

O entendimento de ser a cláusula arbitral desprovida de força obrigacional surgiu nos textos legais a partir do Decreto n. 3.900, de 26 de junho de 1867, que regulava o juízo arbitral na área empresarial que valia senão como promessa(84), tornando-se pacífico com o passar do tempo, assim, o procedimento arbitral só poderia ser instaurado com o compromisso arbitral após o surgimento do conflito, ou seja, um segundo contrato para regulamentar a lide surgida no primeiro, como bem argumenta Pedro Antônio Batista Martins.(85)

Debatida a questão no Poder Judiciário, ainda na vigência do Decreto-Lei n. 1.608, de 18 de setembro de 1939 — o Código de Processo Civil de 1939(86) — Supremo Tribunal Federal (STF) concluiu que a cláusula compromissória de arbitragem não comportava uma execução específica, devendo

(82) MAGALHÃES, José Carlos de; BAPTISTA, Luiz Olavo. *Arbitragem comercial.* Rio de Janeiro: Editora Freitas Bastos, 1986. p. 13-4.

(83) BARBI FILHO, Celso. Cumprimento judicial da cláusula compromissória na Lei n. 9.307/96 e outras intervenções do judiciário na arbitragem privada. *Revista dos Tribunais*, São Paulo, n.794, set. 1998, p. 105.

(84) **Artigo 9º.** A clausula de compromisso, sem a nomeação de arbitros, ou relativa a questões eventuaes não vale senão como promessa, e fica dependente para sua perfeição e execução de novo e especial accordo das partes, não só sobre os requisitos do artigo 8º senão tambem sobre as declarações do artigo 10. BRASIL. Decreto n. 3.900, de 26 de junho de 1867. *(Grafia original)*. Disponível em: http://www.planalto.gov.br/ccivil_03/decreto/historicos/dim/dim3900.htm. Acesso em: 19 out. 2022.

(85) MARTINS, Pedro Antônio Batista. Anotações sobre a arbitragem no Brasil e o projeto de lei no Senado 78/92. *Revista de Processo*, Brasília, n. 77, 1994, p. 26.

(86) BRASIL. Decreto-Lei n. 1.608, de 18 de setembro de 1939. *Código de processo civil.* Disponível em: http://www.planalto.gov.br/ccivil_03/decreto-lei/1937-1946/del1608.htm. Acesso em: 11 out. 2022.

seu inadimplemento resolver-se em perdas e danos, não afastando o juiz natural da causa.(87)

Clóvis Bevilácqua, a este respeito, foi incisivo ao enunciar que "a cláusula compromissória no direito pátrio, cria apenas uma obrigação de fazer. É um pacto preliminar, cujo objeto é a realização de um compromisso, em dada emergência". O autor ainda arremata dizendo que, "como obrigação de fazer, desde que *nemo potest precise cogi ad factum*, não obriga as partes à celebração do compromisso, embora, o não o celebrar, constitua infração do contrato, que dá lugar à responsabilidade civil".(88) Hamilton de Moraes e Barros concordava, afirmando que a cláusula compromissória cria apenas uma obrigação de fazer. "Como essas obrigações não admitem a coercitiva exigência de cumprimento, dada a regra *nemo potest precise cogi ad factum* e não tem ela execução compulsória, daí se infere que não leva necessariamente à elaboração do compromisso, e a sua não realização acarreta responsabilidade civil daquele que a descumpra".(89)

Tratando do assunto, Jurgen Samtleben concluiu que "ao afastar a cláusula arbitral, o legislador pecou pela timidez com que abordou o tema. A prática comprova o quanto é difícil durante um conflito, partes contratantes celebrarem, não apenas o compromisso arbitral, como também qualquer tipo de acordo".(90)

Nessa esteira, Célio Borja percebe que, "à imposição do juízo arbitral, sucedeu-se o exagero oposto de dificultar o acesso a ele". Como explica o autor, "se a sua obrigatoriedade em tempos remotos punha em risco a liberdade individual, a proibição fática sofrida pela arbitragem retirava dos indivíduos a possibilidade de extinguir seus litígios por ato de sua própria vontade" segundo o autor.(91)

---

(87) "Cláusula compromissória (*pactum de compromitendo*) ainda não é o compromisso constitutivo do juízo arbitral, mas obrigação de o celebrar. Trata-se de uma obrigação de fazer, que se resolve em perdas e danos e que, como pacto de ordem privada, não torna incompetente o juiz natural das partes, se a ele recorrerem". Recurso Especial n. 58.696/SP, acórdão único, Relator: Ministro LUIZ D'ASSUNÇÃO GALLOTTI, julgado do dia 02 de junho de 1967, *Revista Trimestral de Jurisprudência, n.* 42, vol. 01, p. 212.

(88) BEVILÁQUA, Clóvis. *Comentários ao Código Civil*, vol. 04. São Paulo: Editora Francisco Alves, 1954. p. 154.

(89) BARROS, Hamilton de Moraes e. *Comentários ao código de processo civil*, volume IX (artigos 946 a 1.102). Rio de Janeiro: Editora Forense, 1986. p. 383.

(90) SANTLEBEN, Jurgen. Arbitragem comercial no direito internacional privado brasileiro. *Revista da Faculdade de Direito da Universidade de Coimbra*, Coimbra, número especial, 1986. p. 720.

(91) BORJA, Célio. O juízo arbitral. *Revista de Informação Legislativa*, Brasília, n.125, 1995, p. 98.

Este entendimento cristalizou-se na jurisprudência brasileira sofrendo, como variação, apenas os contratos internacionais, sobre os quais o Superior Tribunal de Justiça (STJ) decidiu que, quando submetidos, ao Protocolo de Genebra, de 24 de setembro de 1923, promulgado no Brasil pelo Decreto n. 21.187, de 22 de março de 1932, a cláusula arbitral neles inserida prescinde do compromisso e, por si só, era apta a instituir o juízo arbitral.(92)

O certo é que o instituto da arbitragem se tornou um meio de resolução de conflitos extrajudiciais pouco atraente para os que buscavam nela, uma decisão célere, segura, e confiável para suas demandas.

Celso Barbi Filho ensina que "esta situação não poderia se sustentar diante de uma insatisfação cada vez mais generalizada, tanto de empresários, quanto de juristas'. "Aqueles desejosos de uma justiça mais eficiente e célere, e estes de meios processuais adequados a propiciar ao jurisdicionado aquilo que obteria se não precisasse recorrer ao Poder Judiciário, como expõe o autor".(93)

A Lei n. 9.307, de 23 de setembro de 1996 — a chamada Lei de Arbitragem, ou ainda Lei Marco Maciel — definiu separadamente, cláusula compromissória e compromisso arbitral, que constituem espécies distintas do gênero convenção de arbitragem.(94)

Segundo César Fiúza, a cláusula compromissória é "o pacto acessório pelo qual as partes convêm em submeter à jurisdição arbitral as disputas que surjam no transcorrer de determinada relação jurídica, em termos genéricos, sem menção à espécie de litígio nem ao nome dos árbitros". Por meio dela, as partes comprometem-se a acatar o procedimento que for instituído para

---

(92) BRASIL. Decreto n. 21.187, de 22 de março de 1932. *Promulga o Protocolo relativo a cláusula de arbitragem, firmado em Genebra a 24 de setembro de 1923*. Disponível em:https://www2.camara.leg.br/legin/fed/decret/1930-1939/decreto-21187-22-marco-1932-548999-publicacaooriginal-64245-pe.html. Acesso em: 11 out. 2022.

(93) BARBI FILHO, Celso. Cumprimento judicial da cláusula compromissória na Lei n. 9.307/96 e outras intervenções do judiciário na arbitragem privada. *Revista dos Tribunais*, São Paulo, n. 794, set. 1998, p. 106.

(94) **Artigo 3º:** As partes interessadas podem submeter a solução de seus litígios ao juízo arbitral mediante convenção de arbitragem, assim entendida a cláusula compromissória e o compromisso arbitral. Artigo 4º: A cláusula compromissória, é a convenção através da qual as partes em um contrato comprometem-se a submeter à arbitragem os litígios que possam vir a surgir relativamente a tal contrato. Artigo 8º. A cláusula compromissória é autônoma em relação ao contrato em que estiver inserta, de tal sorte que a nulidade deste não implica, necessariamente, a nulidade da cláusula compromissória. [...] **Artigo 9º**: O compromisso arbitral é a convenção através da qual as partes submetem um litígio à arbitragem de uma ou mais pessoas, podendo ser judicial ou extrajudicial. BRASIL. Lei n. 9.307, de 23 de setembro de 1996. *Dispõe sobre a arbitragem.* Disponível em: http://www.planalto.gov.br/ccivil_03/leis/l9307.htm. Acesso em: 11 out. 2022.

resolver divergências contratuais, constituindo, assim, "uma promessa de contratar ou contrato preliminar, que fica dependente do conflito, elemento que o torna exigível" conclui o autor.[95]

Para Alfredo Buzaid, "chama-se compromisso arbitral o ato pelo qual as partes capazes de contratar podem louvar-se em árbitros, mediante documento escrito, a fim de que resolvam uma controvérsia".[96] Já para Francisco Cavalcante Pontes de Miranda, compromisso arbitral é "o contrato pelo qual os figurantes se submetem, a respeito de direito, pretensão, ação ou exceção, sobre que há controvérsia, à decisão de árbitro.[97] Guilherme Gonçalves Strenger frisa que o compromisso arbitral, do ponto de vista procedimental, "representa o aspecto principal de consumação e concretização dessa escolha jurisdicional". Ele se identifica, ainda segundo o autor, "com o litígio instaurado, isto é, corresponde a fase das partes em pendência e deve estar traduzido na conformidade dos requisitos legais vigentes".[98] Em derradeiro, Clóvis Beviláqua define o compromisso arbitral como o "acto jurídico pelo qual as partes, em vez de recorrerem ao Poder Judiciário, escolhem juízes árbitros para decidirem as suas questões judiciais ou extra-judiciais" *(grafia original)*.[99] O compromisso arbitral é dessa forma, a convenção firmada por duas ou mais pessoas, confiando-se a árbitros a solução de pendências surgidas entre as mesmas.

A distinção entre cláusula compromissória e compromisso arbitral, conforme José Carlos de Magalhães e Luiz Olavo Baptista, "não é universal nem é antiga, havendo ordenamentos jurídicos que não a admitem, como o direito inglês, o alemão e o escandinavo".[100] Historicamente, a convenção arbitral compreendida nesses dois institutos, "tem a sua origem no sistema francês, espalhando-se para outros sistemas jurídicos de inspiração romano-germânica", explicam os autores.[101]

Ainda na lição de José Carlos de Magalhães e Luiz Olavo Baptista, o grande obstáculo à identificação do compromisso com a cláusula arbitral está

---

(95) FIÚZA, César. *Teoria geral da arbitragem.* Belo Horizonte: Editora Del Rey, 1995. p. 106-7.

(96) BUZAID, Alfredo. Do juízo arbitral. *Revista dos Tribunais*, São Paulo, n. 271, set. 1958. p. 13.

(97) MIRANDA, Francisco Cavalcante Pontes de. *Comentários ao Código de Processo Civil.* Rio de Janeiro: Editora Forense, volume 15, artigos 1.072 a 1.102, 1977. p. 321.

(98) STRENGER, Guilherme Gonçalves. Do juízo arbitral. *Revista dos Tribunais*, São Paulo, número 607, 1986, p. 27.

(99) BEVILÁQUA, Clóvis. *Direito das obrigações.* Rio de Janeiro: Editora Rio, 1977. p. 138.

(100) MAGALHÃES, José Carlos de; BAPTISTA, Luiz Olavo. *Arbitragem comercial.* Rio de Janeiro: Editora Freitas Bastos, 1986. p. 31-7.

(101) Essa unificação cristalizou-se nos ordenamentos jurídicos de países como Grécia, 1969, Bélgica 1972, Áustria, 1975 e Turquia, 1979, que, ao alterarem suas disposições relativas à arbitragem, uniram os dois dispositivos em comento. MAGALHÃES, José Carlos de; BAPTISTA, Luiz Olavo. *Arbitragem comercial.* Rio de Janeiro: Editora Freitas Bastos, 1986. p. 31-7

na exigência de certos requisitos que alguns ordenamentos, como o brasileiro, fazem para a validade do primeiro, havendo, ainda segundo ele, razões de ordem pública para que se mantenha a distinção, como a necessidade de proteção à parte mais fraca nos contratos. (102)

Para elaborar a Lei n.9.307, de 23 de setembro de 1996, o legislador pátrio inspirou-se na Lei-Modelo sobre Arbitragem Comercial Internacional da Comissão das Nações Unidas para o Desenvolvimento do Comércio Internacional, criada em 1966, com sede em Viena, na Áustria.(103) Segundo Irineu Strenger, "a função fundamental da Uncitral é harmonizar o direito do comércio internacional".

O texto foi aprovado na XVIII Sessão da Comissão das Nações Unidas Para o Direito Comercial Internacional, realizada em Viena entre 03 e 21 de junho de 1985, tendo como delegado brasileiro o Professor Doutor Luiz Gastão Paes de Barros Leães.(104)

O sucesso desse projeto, cujo texto final foi aprovado pela Assembleia Geral das Nações Unidas através da Resolução n. 40/72, de 11 de dezembro de 1985, é atribuído, justamente, ao seu caráter universal.(105) A união de todos os sistemas normativos seria extremamente difícil, assim, uma Lei-Modelo serve de base para os legisladores nacionais.(106) Constata Selma Maria Ferreira Lemes que hoje "se contam, às dezenas, os países que incorporam, às suas legislações internas a Lei-Modelo, adotando-a total ou parcialmente, seja tratando tão somente de arbitragem internacional, seja aplicando-a também à

---

(102) MAGALHÃES, José Carlos de; BAPTISTA, Luiz Olavo. *Arbitragem comercial.* Rio de Janeiro: Editora Freitas Bastos, 1986. p. 31-7.

(103) STRENGER, Irineu. *Arbitragem comercial internacional.* São Paulo: Editora Legislação Trabalhista, 1996. p. 40.

(104) LEÃES, Luiz Gastão Paes de Barros. Arbitragem comercial internacional. *Enciclopédia Jurídica Saraiva*, São Paulo, volume 07, 1978, p. 66-82.

(105) **Artículo 7.** Definición del acuerdo de arbitraje (Aprobado por la Comisión en su 39º período de sesiones, celebrado en 2006) El "acuerdo de arbitraje" es un acuerdo por el que las partes deciden someter a arbitraje todas las controversias o ciertas controversias que hayan surgido o puedan surgir entre ellas respecto de una determinada relación jurídica, contractual o no. NACIONES UNIDAS. COMISIÓN DE LAS NACIONES UNIDAS PARA EL DERECHO MERCANTIL INTERNACIONAL. *Ley Modelo de la CNUDMI sobre Arbitraje Comercial Internacional de 21 de junio de 1985, con todas las enmiendas aprobadas en 2006, recomendada por la Asamblea General en su Resolución núm. 40/72, de 11 de diciembre de 1985.* Disponible en: file:///C:/Users/Usu%C3%A1rio/Downloads/International%20arbitration%20trade%20Law%20based%20on%20the%20model%20of%20the%20United%20Nations%20Commission%20on%20International%20Trade%20Law%20-Ley%20sobre%20arbitraje%20comercial%20intern%20l.pdf. Acceso em: 02 feb. 2023.

(106) "Tendo sido elaborados dentro de uma tal universalidade de sistemas, é natural que espelhem um consenso universal". LEMES, Selma Maria Ferreira. Princípios e origens da lei de arbitragem. *Revista do advogado*, São Paulo, n. 51. p. 32-5, out. 1997, p. 34.

doméstica".(107) Pode-se citar como exemplo a Espanha, país cuja legislação arbitral é dissecada no Capítulo III desta tese como parâmetro comparativo à do Brasil. Essa opção se justifica pela proibição que vigora na legislação espanhola da aplicação da arbitragem na resolução de dissídios individuais trabalhistas, determinação esta que nunca esteve expressa na legislação brasileira.

Por ter cada um uma função, não se pode substituir o compromisso arbitral por uma cláusula compromissória, embora ambas sejam convenções de arbitragem, o primeiro é definitivo, enquanto que, o segundo, preliminar. Até pode haver compromisso sem cláusula compromissória, ou seja, pode haver contrato sem promessa prévia, mas não pode haver arbitragem sem compromisso. Resumindo, enquanto a cláusula arbitral ou compromissória objetiva um litígio futuro e potencial, o compromisso arbitral é um contrato que tenciona resolver uma disputa presente e concreta.(108)

Conforme a Lei de Arbitragem, a cláusula arbitral não é mais considerada um mero *pactum de contrahendo* ou *pactum de compromitendo,* desprovida de força obrigacional e resolúvel em perdas e danos. Adotando-se a execução específica, seu descumprimento concede o direito de a parte adimplente obter, em juízo, a instalação do juízo arbitral, pondo fim no principal obstáculo ao seu desenvolvimento no país.

A cláusula arbitral deve ser estipulada no contrato e por escrito, não sendo obrigatória sua presença no corpo do texto, permitindo-se, sua inclusão em documento apartado, devendo constar alguma referência quanto à sua existência. Será cheia quando estabelecer a norma aplicável, a forma de escolha do árbitro ou dos árbitros e o procedimento escolhido, ou ainda quando optar pela utilização do regulamento de um órgão ou entidade arbitral. E será vazia quando não fizer referência aos itens anteriormente listados, o que pode ser realizado em momento posterior, no compromisso arbitral em comum acordo

(107) Canadá, em 1986; Austrália e Hong Kong, em 1989; Escócia, em 1990; Peru, México, Federação Russa, Bermudas e Tunísia, em 1993; Egito e Ucrânia, em 1994. Vários estados da federação estadunidense, tais como Flórida, o Óregon, a Califórnia e o Texas; Inglaterra, em 1996. LEMES, Selma Maria Ferreira. Princípios e origens da lei de arbitragem. *Revista do Advogado*, São Paulo, n. 51. p. 32-5, out. 1997. p. 34-5. No mesmo sentido, BARBI FILHO, Celso. Cumprimento judicial da cláusula compromissória na Lei n. 9.307/96 e outras intervenções do judiciário na arbitragem privada. *Revista dos Tribunais*, São Paulo, n. 794, set. 1998, p. 106.

(108) "Comparativamente, pode-se dizer que a cláusula compromissória está para o compromisso assim como a promessa está para o próprio ato, ou que aquela é um contrato dentro de um contrato e este é um contrato fora do contrato, porque o compromisso depende do litígio que afronta as partes e não se vincula, a não ser indiretamente, às relações contratuais que determinam a controvérsia". STRENGER, Guilherme Gonçalves. Do juízo arbitral. *Revista dos Tribunais*, São Paulo, n. 607, 1986, p. 27.

das partes ou ainda por demanda ao juízo estatal originariamente responsável pela causa.(109)

Quanto aos contratos de adesão, em que determinadas cláusulas contratuais já vêm pré-estabelecidas pelo proponente, para que a cláusula arbitral tenha sua validade e eficácia garantida, o aderente deve ter a iniciativa de instituir a arbitragem, concordando expressamente em documento anexo ou em negrito no corpo do contrato.(110) Ressalta José Francisco Cahali que, nos demais casos, exige-se apenas a celebração por escrito, podendo ser também por meio eletrônico ou por troca de correspondências.(111)

Carlos Alberto Carmona destaca o duplo efeito causado pelo estabelecimento de uma cláusula compromissória, pois, além unir as partes em relação a litígios presentes futuros, também afastam a jurisdição estatal da resolução dessas disputas. (112)

Caso as partes utilizem-se das regras de um órgão ou entidade institucional para a realização da arbitragem é facultado seu estabelecimento na própria cláusula compromissória, no compromisso arbitral, ou ainda em outro documento.(113)

---

(109) **Artigo 4º**: A cláusula compromissória, é a convenção através da qual as partes em um contrato comprometem-se a submeter à arbitragem os litígios que possam vir a surgir relativamente a tal contrato. § 1º A cláusula compromissória deve ser estipulada por escrito, podendo estar inserta no próprio contrato ou em documento apartado que a ele se refira. BRASIL. Lei n. 9.307, de 23 de setembro de 1996. *Dispõe sobre a arbitragem.* Disponível em: http://www.planalto.gov.br/ccivil_03/leis/l9307.htm. Acesso em: 11 out. 2022.

(110) **Artigo 54**. Contrato de adesão é aquele cujas cláusulas tenham sido aprovadas pela autoridade competente ou estabelecidas unilateralmente pelo fornecedor de produtos ou serviços, sem que o consumidor possa discutir ou modificar substancialmente seu conteúdo. BRASIL. Lei n. 8.078 de 11 de setembro de 1990. *Dispõe sobre a proteção do consumidor e dá outras providências.* Disponível em: http://www.planalto.gov.br/ccivil_03/leis/l8078compilado.htm. Acesso em: 16 out. 2022. **Artigo 4º:** A cláusula compromissória, é a convenção através da qual as partes em um contrato comprometem-se a submeter à arbitragem os litígios que possam vir a surgir relativamente a tal contrato.[...] § 2º Nos contratos de adesão, a cláusula compromissória só terá eficácia se o aderente tomar a iniciativa de instituir a arbitragem ou concordar, expressamente, com a sua instituição, desde que por escrito em documento anexo ou em negrito, com a assinatura ou visto especialmente para essa cláusula. BRASIL. Lei n. 9.307, de 23 de setembro de 1996. *Dispõe sobre a arbitragem.* Disponível em: http://www.planalto.gov.br/ccivil_03/leis/l9307.htm. Acesso em: 11 out. 2022.

(111) CAHALI, Francisco José. *Curso de arbitragem.* São Paulo: Editora Revista dos Tribunais, 2015. p. 155.

(112) CARMONA, Carlos Alberto. *Arbitragem e processo:* um comentário à Lei n. 9.307/1996. São Paulo: Editora Atlas, 2009. p. 79-80.

(113) São poucas as instituições arbitrais que possuem listas de árbitros de diferentes especialidades e, ao mesmo tempo, dispõem de regras de procedimentos bem elaboradas, que possam ser adotadas. No entanto, pode-se apresentar algumas instituições arbitrais nacionais que preenchem estes requisitos, como a Comissão de Arbitragem da Câmara de Comércio

Em caso de resistência à instituição da convenção arbitral, estabelece o artigo 7º da Lei de Arbitragem que, a parte interessada pode levar o caso a juízo, apresentando o objeto da arbitragem e requerendo a citação da outra parte para assinar o compromisso. Havendo procedência do pedido, a sentença, equivalente a um compromisso arbitral judicial, poderá ser recorrida no efeito devolutivo.(114)

5. Os árbitros

Escolhido para solucionar o conflito surgido, pode o árbitro ser qualquer pessoa natural e capaz, conforme o *caput* do artigo 13 da Lei n. 9.307, de 23 de setembro de 1996(115), que conte com a confiança das partes, prolatando,

---

Brasil-Canadá (CCBC), a Câmara de Mediação e Arbitragem de São Paulo, e o Tribunal Arbitral da Federação das Indústrias e Comércio de São Paulo — Fiesp, sediados em São Paulo, o Tribunal de Arbitragem da Câmara de Comércio Internacional e Tribunal de Arbitramento e Mediação da Associação Comercial de Minas Gerais, e a Comissão de Arbitragem e Mediação da Associação Comercial de Minas (ACM), sediadas em Belo Horizonte. No plano internacional merecem lembrança, o Comitê Interamericano de Arbitragem Comercial (CIAC), a Comissão das Nações Unidas para o Direito do Comércio Internacional (UNCITRAL) e o Instituto de Arbitragem da Câmara de Comércio de Estocolmo. São de larga aplicação, também, arbitragens promovidas por entidades que congregam participantes de setores econômicos específicos, como a London Corn Trade Association e a Liverpool Cotton Association, ou que se especializaram na condução de procedimentos arbitrais, como a Corte de Arbitragem da Câmara de Comércio Internacional de Paris (CCI), a London Court of International Arbitration (LCIA) e a American Arbitration Association (AAA). No âmbito do Mercosul, está sendo criado o Tribunal de Mediação e Arbitragem do Coadem, Colégio e Ordem dos Advogados do Mercosul.

(114) **Artigo 7º** Existindo cláusula compromissória e havendo resistência quanto à instituição da arbitragem, poderá a parte interessada requerer a citação da outra parte para comparecer em juízo a fim de lavrar-se o compromisso, designando o juiz audiência especial para tal fim. § 1º O autor indicará, com precisão, o objeto da arbitragem, instruindo o pedido com o documento que contiver a cláusula compromissória. § 2º Comparecendo as partes à audiência, o juiz tentará, previamente, a conciliação acerca do litígio. Não obtendo sucesso, tentará o juiz conduzir as partes à celebração, de comum acordo, do compromisso arbitral. § 3º Não concordando as partes sobre os termos do compromisso, decidirá o juiz, após ouvir o réu, sobre seu conteúdo, na própria audiência ou no prazo de dez dias, respeitadas as disposições da cláusula compromissória e atendendo ao disposto nos artigos 10 e 21, § 2º, desta Lei. § 4º Se a cláusula compromissória nada dispuser sobre a nomeação de árbitros, caberá ao juiz, ouvidas as partes, estatuir a respeito, podendo nomear árbitro único para a solução do litígio. § 5º A ausência do autor, sem justo motivo, à audiência designada para a lavratura do compromisso arbitral, importará a extinção do processo sem julgamento de mérito. § 6º Não comparecendo o réu à audiência, caberá ao juiz, ouvido o autor, estatuir a respeito do conteúdo do compromisso, nomeando árbitro único. § 7º A sentença que julgar procedente o pedido valerá como compromisso arbitral. BRASIL. Lei n. 9.307, de 23 de setembro de 1996. *Dispõe sobre a arbitragem*. Disponível em: http://www.planalto.gov.br/ccivil_03/leis/l9307.htm. Acesso em: 11 out. 2022.

(115) **Artigo 13.** Pode ser árbitro qualquer pessoa capaz e que tenha a confiança das partes. § 1º As partes nomearão um ou mais árbitros, sempre em número ímpar, podendo nomear, também, os respectivos suplentes. § 2º Quando as partes nomearem árbitros em número par, estes estão autorizados, desde logo, a nomear mais um árbitro. Não havendo acordo, requererão

como juiz de fato e de direito, uma decisão de mérito, como assevera César Fiúza.(116) Corroborando essa visão, Oscar Joseph de Plácido e Silva explica que, "quem não for capaz, em toda a sua amplitude, não pode assumir a posição de árbitro". O autor complementa seu raciocínio indicando que "a escolha de árbitro deve recair em pessoa que mereça a confiança dos contratantes, diante da qual lhe outorgam poderes para solucionar seu dissídio, com força para os obrigar".(117)

A capacidade civil é regulamentada pela Lei n. 10.406, de 10 de janeiro de 2022 – o Código Civil – combinado com a Lei n. 13.146, de 06 de julho de 2015 – o Estatuto da Pessoa com Deficiência – que atualizou a matéria. O artigo 5º estabelece, como regra geral, a idade de dezoito anos para a aquisição plena dos direitos e dos deveres na esfera civil.(118)

Embora existam outras formas de aquisição da capacidade plena, conforme taxativamente enumerado pelo parágrafo único desse mesmo artigo,

---

as partes ao órgão do Poder Judiciário a que tocaria, originariamente, o julgamento da causa a nomeação do árbitro, aplicável, no que couber, o procedimento previsto no artigo 7º desta Lei. § 3º As partes poderão, de comum acordo, estabelecer o processo de escolha dos árbitros, ou adotar as regras de um órgão arbitral institucional ou entidade especializada. § 4º Sendo nomeados vários árbitros, estes, por maioria, elegerão o presidente do tribunal arbitral. Não havendo consenso, será designado presidente o mais idoso. § 4º As partes, de comum acordo, poderão afastar a aplicação de dispositivo do regulamento do órgão arbitral institucional ou entidade especializada que limite a escolha do árbitro único, coárbitro ou presidente do tribunal à respectiva lista de árbitros, autorizado o controle da escolha pelos órgãos competentes da instituição, sendo que, nos casos de impasse e arbitragem multiparte, deverá ser observado o que dispuser o regulamento aplicável. § 5º O árbitro ou o presidente do tribunal designará, se julgar conveniente, um secretário, que poderá ser um dos árbitros. § 6º No desempenho de sua função, o árbitro deverá proceder com imparcialidade, independência, competência, diligência e discrição. § 7º Poderá o árbitro ou o tribunal arbitral determinar às partes o adiantamento de verbas para despesas e diligências que julgar necessárias. BRASIL. Lei n. 9.307, de 23 de setembro de 1996. *Dispõe sobre a arbitragem.* Disponível em: http://www.planalto.gov.br/ccivil_03/leis/l9307.htm. Acesso em: 10 out. 2022.

(116) FIÚZA, César. *Teoria geral da arbitragem.* Belo Horizonte: Editora Del Rey, 1995. p. 120.

(117) SILVA, Oscar Joseph de Plácido e. *Comentários ao Código de Processo Civil.* Rio de Janeiro: Editora Guairá, 1941. p. 1054.

(118) **Artigo 5º.** A menoridade cessa aos dezoito anos completos, quando a pessoa fica habilitada à prática de todos os atos da vida civil. Parágrafo único. Cessará, para os menores, a incapacidade: I – pela concessão dos pais, ou de um deles na falta do outro, mediante instrumento público, independentemente de homologação judicial, ou por sentença do juiz, ouvido o tutor, se o menor tiver dezesseis anos completos; II – pelo casamento; III – pelo exercício de emprego público efetivo; IV – pela colação de grau em curso de ensino superior; V – pelo estabelecimento civil ou comercial, ou pela existência de relação de emprego, desde que, em função deles, o menor com dezesseis anos completos tenha economia própria. BRASIL. Lei n. 10.406, de 10 de janeiro de 2002. *Institui o Código Civil.* Disponível em: https://www.planalto.gov.br/ccivil_03/leis/2002/l10406compilada.htm#:~:text=LEI%20N%C2%BA%2010.406%2C%20DE%2010%20DE%20JANEIRO%20DE%202002&text=Institui%20o%20C%C3%B3digo%20Civil.&text=Art.,e%20deveres%20na%20ordem%20civil.. Acesso em: 20 abr. 2022.

a função de árbitro é um múnus público, podendo a pessoa, no exercício de tal atividade, ser responsabilizada, não apenas na esfera civil, como também na seara penal, que, por sua vez, não admite exceção à idade biológica de dezoito anos para aquisição da maioridade, conforme estabelece o artigo 27 do Decreto-Lei n. 2.848, de 07 de dezembro de 1940 — o Código Penal.(119)

Devido à inimputabilidade penal, estabelecida pelo artigo 228, da Constituição da República Federativa do Brasil, promulgada em 05 de outubro de 1988(120), o menor responde ao chamado ato infracional segundo determinado pelo artigo 103 da Lei n. 8.069, de 13 de julho de 1990 — o Estatuto da Criança e do Adolescente(121) — que divide o menor de idade em duas categorias: *(i)* as crianças, que vão de zero até os doze anos; e *(ii)* os adolescentes, que vão dos doze aos dezoito anos.(122)

Digna de nota é a interpretação de Antônio Corrêa, para quem a expressão "capacidade" não alude apenas à autonomia da pessoa para exercício de seus direitos e para a responsabilização de seus atos. Para o autor, o termo "capacidade' também se refere ao conhecimento acumulado sobre o objeto da disputa para justificar a sua indicação e também para fundamentar sua decisão a ser prolatada na função. A capacidade, em suas palavras, "revela-se pelos atributos pessoais e profissionais do árbitro.(123)

Determina os parágrafos do artigo 13 da Lei de Arbitragem que se as partes desejarem nomear mais de um árbitro, estes deverão ser em número ímpar, o mesmo valendo para seus respectivos suplentes, evitando-se, assim,

---

(119) **Artigo 27.** Os menores de 18 (dezoito) anos são penalmente inimputáveis, ficando sujeitos às normas estabelecidas na legislação especial. BRASIL. Decreto-Lei n. 2.848, de 07 de dezembro de 1940. *Código Penal.* Disponível em: https://www.planalto.gov.br/ccivil_03/decreto-lei/del2848compilado.htm. Acesso em: 22 nov. 2022.

(120) **Artigo 228.** São penalmente inimputáveis os menores de dezoito anos, sujeitos às normas da legislação especial. BRASIL. *Constituição da República Federativa do Brasil*, de 05 de outubro de 1988. Disponível em: https://www.planalto.gov.br/ccivil_03/constituicao/constituicao.htm. Acesso em: 20 abr. 2021.

(121) **Artigo 103.** Considera-se ato infracional a conduta descrita como crime ou contravenção penal. BRASIL. Lei n. 8.069, de 13 de julho de 1990. *Dispõe sobre o Estatuto da Criança e do Adolescente e dá outras providências.* Disponível em: https://www.planalto.gov.br/ccivil_03/leis/l8069.htm. Acesso em: 12 dez. 2022.

(122) **Artigo 2º.** Considera-se criança, para os efeitos desta Lei, a pessoa até doze anos de idade incompletos, e adolescente aquela entre doze e dezoito anos de idade. *Dispõe sobre o Estatuto da Criança e do Adolescente e dá outras providências.* Disponível em: https://www.planalto.gov.br/ccivil_03/leis/l8069.htm. Acesso em: 12 dez. 2022.

(123) "Assim, não será correto permitir-se que uma divergência contratual envolvendo o exame de uma questão de engenharia seja resolvida por uma pessoa leiga, sem qualquer conhecimento tanto do ramo de construção, como dos princípios, mesmo que elementares, da atividade". CORRÊA, Antônio. *Arbitragem no direito brasileiro* – teoria e prática. Rio de Janeiro: Editora Forense, 1998. p. 79-80.

a ocorrência de possíveis empates, não apenas na sentença prolatada, mas também em decisões demandadas durante as fases do processo arbitral. Caso insistam na nomeação em número par de árbitros, os próprios indicados poderão apontar um membro extra e, se as partes não concordarem com a escolha, deverão requerer ao Poder Judiciário essa nomeação. Situações como esta podem ser evitadas a partir de um acordo prévio que estabeleça a forma de escolha do árbitro ou dos árbitros estabelecendo critérios que não se limitem à capacidade e à confiança.

A opção por uma entidade especializada com lista de árbitros e a adoção de seu regimento para seleção dos indicados também é possível. Havendo mais de um árbitro, estes deverão eleger o Presidente do Tribunal Arbitral e, caso não haja consenso, o presidente será o mais idoso, cabendo a este nomear um secretário para lhe ajudar. No desempenho de sua função, o árbitro deve proceder com imparcialidade, independência, competência, diligência e discrição, reafirmando a fé depositada nele pelas partes, que motivou sua designação para dirimir a controvérsia, como frisa Álvaro Villaça de Azevedo.(124) O árbitro ou o Tribunal Arbitral pode solicitar um adiantamento de verba para despesas e diligências que entenderem necessárias, podendo o procedimento arbitral ser prejudicado caso essa medida seja imprescindível e as partes se negarem a adianta-la.(125) A denegação de adiantamento de despesas deverá

---

(124) AZEVEDO, Álvaro Villaça. Arbitragem. *Revista dos Tribunais*, São Paulo, vol. 753, jul. 1998, p. 19.

(125) **Artigo 13.** Pode ser árbitro qualquer pessoa capaz e que tenha a confiança das partes. § 1º As partes nomearão um ou mais árbitros, sempre em número ímpar, podendo nomear, também, os respectivos suplentes. § 2º Quando as partes nomearem árbitros em número par, estes estão autorizados, desde logo, a nomear mais um árbitro. Não havendo acordo, requererão as partes ao órgão do Poder Judiciário a que tocaria, originariamente, o julgamento da causa a nomeação do árbitro, aplicável, no que couber, o procedimento previsto no artigo 7º desta Lei. § 3º As partes poderão, de comum acordo, estabelecer o processo de escolha dos árbitros, ou adotar as regras de um órgão arbitral institucional ou entidade especializada. § 4º Sendo nomeados vários árbitros, estes, por maioria, elegerão o presidente do tribunal arbitral. Não havendo consenso, será designado presidente o mais idoso. § 4º As partes, de comum acordo, poderão afastar a aplicação de dispositivo do regulamento do órgão arbitral institucional ou entidade especializada que limite a escolha do árbitro único, coárbitro ou presidente do tribunal à respectiva lista de árbitros, autorizado o controle da escolha pelos órgãos competentes da instituição, sendo que, nos casos de impasse e arbitragem multiparte, deverá ser observado o que dispuser o regulamento aplicável. § 5º O árbitro ou o presidente do tribunal designará, se julgar conveniente, um secretário, que poderá ser um dos árbitros. § 6º No desempenho de sua função, o árbitro deverá proceder com imparcialidade, independência, competência, diligência e discrição. § 7º Poderá o árbitro ou o tribunal arbitral determinar às partes o adiantamento de verbas para despesas e diligências que julgar necessárias. BRASIL. Lei n. 9.307, de 23 de setembro de 1996. *Dispõe sobre a arbitragem*. Disponível em: http://www.planalto.gov.br/ccivil_03/leis/l9307.htm. Acesso em: 10 out. 2022.

ser motivada, embasada no artigo 464 da Lei n. 13.105, de 16 de março de 2015 – o Código de Processo Civil de 2015.[126]

Já o artigo 14 da Lei n. 9.307, de 23 de setembro de 1996 estabelece que os árbitros sofram as mesmas limitações que os juízes togados no que diz respeito às possibilidades de impedimento ou ainda de suspeição, conforme elencados nos artigos 144 e 145 da Lei n. 13.105, de 16 de março de 2015.[127]

---

(126) **Artigo 464.** A prova pericial consiste em exame, vistoria ou avaliação. § 1º O juiz indeferirá a perícia quando: I – a prova do fato não depender de conhecimento especial de técnico; II – for desnecessária em vista de outras provas produzidas; III – a verificação for impraticável. § 2º De ofício ou a requerimento das partes, o juiz poderá, em substituição à perícia, determinar a produção de prova técnica simplificada, quando o ponto controvertido for de menor complexidade. § 3º A prova técnica simplificada consistirá apenas na inquirição de especialista, pelo juiz, sobre ponto controvertido da causa que demande especial conhecimento científico ou técnico. § 4 º Durante a arguição, o especialista, que deverá ter formação acadêmica específica na área objeto de seu depoimento, poderá valer-se de qualquer recurso tecnológico de transmissão de sons e imagens com o fim de esclarecer os pontos controvertidos da causa. BRASIL. Lei n. 13.105 de 16 de março de 2015. *Código de processo civil.* Disponível em: http://www.planalto.gov.br/ccivil_03/_ato2015-2018/2015/lei/l13105.htm. Acesso em: 16 out. 2022.

(127) **Artigo 144.** Há impedimento do juiz, sendo-lhe vedado exercer suas funções no processo: I – em que interveio como mandatário da parte, oficiou como perito, funcionou como membro do Ministério Público ou prestou depoimento como testemunha; II – de que conheceu em outro grau de jurisdição, tendo proferido decisão; III – quando nele estiver postulando, como defensor público, advogado ou membro do Ministério Público, seu cônjuge ou companheiro, ou qualquer parente, consanguíneo ou afim, em linha reta ou colateral, até o terceiro grau, inclusive; IV – quando for parte no processo ele próprio, seu cônjuge ou companheiro, ou parente, consanguíneo ou afim, em linha reta ou colateral, até o terceiro grau, inclusive; V – quando for sócio ou membro de direção ou de administração de pessoa jurídica parte no processo; VI – quando for herdeiro presuntivo, donatário ou empregador de qualquer das partes; VII – em que figure como parte instituição de ensino com a qual tenha relação de emprego ou decorrente de contrato de prestação de serviços; VIII – em que figure como parte cliente do escritório de advocacia de seu cônjuge, companheiro ou parente, consanguíneo ou afim, em linha reta ou colateral, até o terceiro grau, inclusive, mesmo que patrocinado por advogado de outro escritório; IX – quando promover ação contra a parte ou seu advogado.

§ 1º Na hipótese do inciso III, o impedimento só se verifica quando o defensor público, o advogado ou o membro do Ministério Público já integrava o processo antes do início da atividade judicante do juiz. § 2º É vedada a criação de fato superveniente a fim de caracterizar impedimento do juiz. § 3º O impedimento previsto no inciso III também se verifica no caso de mandato conferido a membro de escritório de advocacia que tenha em seus quadros advogado que individualmente ostente a condição nele prevista, mesmo que não intervenha diretamente no processo. Artigo 145. Há suspeição do juiz: I – amigo íntimo ou inimigo de qualquer das partes ou de seus advogados; II – que receber presentes de pessoas que tiverem interesse na causa antes ou depois de iniciado o processo, que aconselhar alguma das partes acerca do objeto da causa ou que subministrar meios para atender às despesas do litígio; III – quando qualquer das partes for sua credora ou devedora, de seu cônjuge ou companheiro ou de parentes destes, em linha reta até o terceiro grau, inclusive; IV – interessado no julgamento do processo em favor de qualquer das partes. § 1º Poderá o juiz declarar-se suspeito por motivo de foro íntimo, sem necessidade de declarar suas razões. § 2º Será ilegítima a alegação de suspeição quando: I – houver sido provocada por quem a alega; II – a parte que a alega houver praticado

Parece contraditório falar-se em hipóteses de existência de suspeição no procedimento arbitral, sendo o árbitro de confiança das partes, porém, como bem explica Celso Barbi Filho, "se é árbitro único, a confiança é comum e, se for mais de um, cada parte indica o de sua confiança. A suspeição é sempre quanto ao árbitro comum ou da parte contrária, seja por amizade íntima ou inimizade".[128] É preciso que os árbitros aceitem expressamente a função, até porque, ao fazê-lo assumem a responsabilidade de decidir no prazo fixado no compromisso, sob pena de responderem pessoalmente pelos prejuízos que causarem às partes, estando obrigados, ainda a revelarem, antes da nomeação, qualquer fato que denote dúvida justificada quanto à sua imparcialidade e à sua independência.[129]

O árbitro somente poderá ser recusado, por motivo ocorrido após a nomeação, regra esta que encontra exceção quando ele não for nomeado diretamente pela parte, ou quando o motivo da recusa for conhecido posteriormente. Caso seja declarado impedido ou suspeito e inexistir substituto indicado pelas partes, não chegando a um consenso sobre tal nomeação, a parte interessada promoverá a citação da outra para comparecer em juízo, a fim de ser resolvida a questão, salvo se elas tiverem declarado, em momento anterior à convenção de arbitragem, não aceitar substituto para o cargo de árbitro, ato que extinguiria o procedimento arbitral.

Devido à reduzida interferência do Poder Judiciário no rito arbitral, o artigo 17 da Lei de Arbitragem, equipara o árbitro, no exercício de sua função, ao funcionário público em direitos e em deveres daí decorrentes, como destaca João Roberto Parizatto[130], inclusive nos efeitos da legislação penal, mais

---

ato que signifique manifesta aceitação do arguido. BRASIL. Lei n. 13.105 de 16 de março de 2015. *Código de processo civil.* Disponível em: http://www.planalto.gov.br/ccivil_03/_ato2015-2018/2015/lei/l13105.htm. Acesso em: 16 out. 2022.

(128) BARBI FILHO, Celso. Cumprimento judicial da cláusula compromissória na Lei n. 9.307/96 e outras intervenções do judiciário na arbitragem privada. *Revista dos Tribunais*, São Paulo, n. 794, set. 1998, p. 116.

(129) **Artigo 14.** Estão impedidos de funcionar como árbitros as pessoas que tenham, com as partes ou com o litígio que lhes for submetido, algumas das relações que caracterizam os casos de impedimento ou suspeição de juízes, aplicando-se-lhes, no que couber, os mesmos deveres e responsabilidades, conforme previsto no Código de Processo Civil. § 1º As pessoas indicadas para funcionar como árbitro têm o dever de revelar, antes da aceitação da função, qualquer fato que denote dúvida justificada quanto à sua imparcialidade e independência. § 2º O árbitro somente poderá ser recusado por motivo ocorrido após sua nomeação. Poderá, entretanto, ser recusado por motivo anterior à sua nomeação, quando: a) não for nomeado, diretamente, pela parte; ou b) o motivo para a recusa do árbitro for conhecido posteriormente à sua nomeação. BRASIL. Lei n. 9.307, de 23 de setembro de 1996. *Dispõe sobre a arbitragem.* Disponível em: http://www.planalto.gov.br/ccivil_03/leis/l9307.htm. Acesso em: 10 out. 2022.

(130) O Código Penal, em seus artigos 312 a 359 tratam dos crimes contra a administração pública, cabendo assim, a responsabilidade dos árbitros, no que for aplicável, de acordo com tais

especificamente o Decreto-Lei n. 2.848, de 07 de dezembro de 1940 — o Código Penal — que, em seus artigos 312 a 359, tipifica os crimes contra a administração pública.[131]

O artigo 18 da Lei n. 9.307, de 23 de setembro de 1996[132] explica que a sentença proferida pelo árbitro é irrecorrível frente ao juízo arbitral, todavia, a parte que se sentir prejudicada poderá pleitear ao Poder Judiciário competente a decretação da nulidade da sentença arbitral e o artigo 19 da Lei de Arbitragem lembra que a arbitragem somente será constituída após o aceite do árbitro ou dos árbitros, dando início aos trabalhos.[133]

Jaz nos arquivos físicos do Setor de Documentação da Casa Civil, sob responsabilidade da Secretaria Geral da Presidência da República, um anteprojeto de lei, que veio à tona durante a pesquisa de campo realizada para a confecção desta tese, apresentado pela Portaria n. 298, de 20 de junho de 1988, do Ministério da Justiça[134], sob a batuta do então Ministro Paulo Brossard de Souza Pinto, que alteraria apenas alguns dos artigos da Lei n. 5.869, de 11 de janeiro de 1973 — o Código de Processo Civil[135] — em vigor na época. Apesar de ser pouco ambicioso, não tendo como objetivo uma lei própria para a arbitragem, o texto, se aprovado fosse, teria trazido algumas alterações polêmicas, principalmente no que tange à figura do árbitro, sendo, por isso, dignas de nota.

Seu texto, colocado sob consulta pública por meio da Portaria n. 298, de 20 de junho de 1988, do Ministério da Justiça, trazia a possibilidade de

---

dispositivos. PARIZATTO, João Roberto. *Arbitragem. Comentários à Lei n. 9.307 de 23/09/96.* São Paulo: Livraria e Editora de Direito, 1997. p. 60.

(131) BRASIL. Decreto-Lei n. 2.848, de 07 de dezembro de 1940. *Código Penal.* Disponível em: https://www.planalto.gov.br/ccivil_03/decreto-lei/del2848compilado.htm. Acesso em: 22 nov. 2022.

(132) **Artigo 18.** O árbitro é juiz de fato e de direito, e a sentença que proferir não fica sujeita a recurso ou a homologação pelo Poder Judiciário. BRASIL. Lei n. 9.307, de 23 de setembro de 1996. *Dispõe sobre a arbitragem.* Disponível em: http://www.planalto.gov.br/ccivil_03/leis/l9307.htm. Acesso em: 10 out. 2022.

(133) **Artigo 19.** Considera-se instituída a arbitragem quando aceita a nomeação pelo árbitro, se for único, ou por todos, se forem vários. BRASIL. Lei n. 9.307, de 23 de setembro de 1996. *Dispõe sobre a arbitragem.* Disponível em: http://www.planalto.gov.br/ccivil_03/leis/l9307.htm. Acesso em: 10 out. 2022.

(134) BRASIL. PODER EXECUTIVO. MINISTÉRIO DA JUSTIÇA. Portaria n. 298-A, de 20 de junho de 1988. *Anteprojeto de lei sobre o juízo arbitral. Altera, no Código de Processo Civil, o capítulo relativo ao juízo arbitral e dá outras providências.* Publicado no diário Oficial da União de quinta-feira, dia 14 de julho de 1988, Seção I. p. 13.075-6. Mimeografado.

(135) BRASIL. Lei n. 5.869, de 11 de janeiro de 1973. *Institui o Código de Processo Civil.* Disponível em: Disponível em: http://www.planalto.gov.br/ccivil_03/leis/l5869.htm.. Acesso em: 20 abr. 2022.

que, para ocupar o posto de árbitro, as partes poderiam indicar não apenas as pessoas naturais, como também as pessoas jurídicas, numa tentativa, ao que parece, de antecipar a indicação de uma organização que assumiria a responsabilidade pela nomeação das pessoas físicas que comporiam o tribunal arbitral, bem como o estabelecimento das regras a serem aplicadas na resolução da disputa em concreto.(136)

O anteprojeto de lei estipulava, ainda, que o árbitro deveria ser obrigatoriamente bacharel em direito, exceto nos procedimentos que optassem pela equidade, determinação esta que caracterizaria um retrocesso no trato a certos princípios que regem a arbitragem, configurando uma reserva de mercado que não condiz com as características do instituto.(137) Não se sabe ao certo se foi uma resposta a esta proposta no mínimo controversa, mas alguns anos depois da publicação da Portaria n. 298, de 20 de junho de 1988 do Ministério da Justiça, Carlos Alberto Carmona escreveu que "a possibilidade da presença de especialistas das mais diversas áreas no exercício da arbitragem é extremamente saudável". Ainda segundo o autor, essa participação, "principalmente naquelas lides que versem sobre assunto

---

(136) **Artigo 1º** Os artigos 1.072, 1.073, 1.074, 1.076, 1.077, 1.078, 1.079, 1.084 e 1.086 do Código de Processo Civil passam a vigorar com a seguinte redação: [...] **Artigo 1.074**. A cláusula compromissória ou o compromisso devem conter, sob pena de nulidade: I – a qualificação das pessoas físicas ou jurídicas que instituírem o juízo arbitral; II – a qualificação das pessoas físicas ou jurídicas indicadas como árbitros; III – o objeto do litígio; IV – a declaração de responsabilidade pelo pagamento dos honorários dos peritos e das despesas processuais (artigo 20). Parágrafo Único: Se houver sido designado como árbitro uma pessoa jurídica ou entidade, competirá a esta nomear a pessoa física ou as pessoas físicas que servirão como árbitros e seus substitutos, no máximo em número de 3 (três), no silêncio do contrato, levando em conta a relevância econômica e a complexidade jurídica das questões. BRASIL. PODER EXECUTIVO. MINISTÉRIO DA JUSTIÇA. Portaria n. 298-A, de 20 de junho de 1988. *Anteprojeto de lei sobre o juízo arbitral. Altera, no Código de Processo Civil, o capítulo relativo ao juízo arbitral e dá outras providências.* Publicado no diário Oficial da União de quinta-feira, dia 14 de julho de 1988, Seção I. p. 13.075-6.

(137) **Artigo 1º** Os artigos 1.072, 1.073, 1.074, 1.076, 1.077, 1.078, 1.079, 1.084 e 1.086 do Código de Processo Civil passam a vigorar com a seguinte redação: [...] **Artigo 1.079**. Pode ser árbitro quem quer que, tendo capacidade para os atos da vida civil, possua a confiança das partes. Excetuam-se, qualquer que seja a forma de designação: I – os que não sejam bacharéis em Direito; II – os legalmente impedidos de servirem como juízes (artigo 134), ou os suspeitos de parcialidade (artigo 135). § 1º Exige-se seja o árbitro alfabetizado, mas não que detenha o título de bacharel em direito, se a sentença houver de obedecer a critérios de equidade. § 2º A exceção de suspeição ou de impedimento será apresentada ao próprio árbitro e, ouvido ele, em 5 (cinco) dias, se não concordar com a arguição, ao juiz para decisão. BRASIL. PODER EXECUTIVO. MINISTÉRIO DA JUSTIÇA. Portaria n. 298-A, de 20 de junho de 1988. *Anteprojeto de lei sobre o juízo arbitral. Altera, no Código de Processo Civil, o capítulo relativo ao juízo arbitral e dá outras providências.* Publicado no Diário Oficial da União de quinta-feira, dia 14 de julho de 1988, Seção I. p. 13.075-6.

técnico estranho ao direito onde o conhecimento específico do árbitro dará maior qualidade na decisão".(138)

O anteprojeto de lei trazia ainda a possibilidade de recurso da sentença arbitral, ainda tratada no texto, talvez por um lapso, como laudo arbitral, a ser apresentado ao árbitro ou ao tribunal arbitral para julgamento pelos tribunais de justiça dos estados.(139) Todas essas polêmicas alterações ainda passariam por diversos debates e revisões inerentes ao processo legislativo, contudo, o acúmulo de novidades em um texto até que breve, pode ter motivado seu esquecimento em alguma gaveta do Palácio do Planalto, sepultando suas inovações.

Atualmente, tramita na Câmara dos Deputados o Projeto de Lei n. 3.293, de 23 de setembro de 2021, de autoria da Deputada Federal Margarete de Castro Coelho (PP-PI), que tem como um dos seus objetivos disciplinar a atuação dos árbitros, segundo as justificativas à proposta apresentada. O texto, que se encontra na Comissão de Constituição e Justiça da casa e tramita em caráter conclusivo — rito pelo qual é votado apenas pelas comissões designadas para analisa-lo, dispensando a deliberação em plenário — estabelece que os árbitros deverão informar, antes da aceitação da função e durante todo o processo, a quantidade de arbitragens em que atuam, não podendo ser mais do que 10 (dez) arbitragens concomitantes, impedimento este que atinge tanto a função de árbitro único, como a atividade de coárbitro ou ainda o cargo de presidente do tribunal arbitral. Além disso, os diretores ou os secretários das câmaras arbitrais não poderão atuar como árbitros em processos dessas mesmas instituições.(140)

---

(138) CARMONA, Carlos Alberto. *A arbitragem no processo civil brasileiro.* São Paulo: Malheiros Editores, 1993. p. 102.

(139) Artigo 1º Os artigos 1.072, 1.073, 1.074, 1.076, 1.077, 1.078, 1.079, 1.084 e 1.086 do Código de Processo Civil passam a vigorar com a seguinte redação: [...] Artigo 1.078 – O árbitro é juiz de fato e de direito e a sentença que proferir não fica sujeita a recurso, salvo se o contrário convencionarem as partes. Considera-se, porém, não escrita a cláusula que preveja recursos sempre que a sentença deva obedecer a critérios de equidade. § 1º Interposta a apelação perante o árbitro tem ela efeito suspensivo, e será julgada em caráter definitivo, por uma das câmaras do Tribunal de Justiça do Estado, competente em razão do lugar onde foi proferido o laudo, ficando o recorrente obrigado a pagar as custas previstas na legislação própria. § 2º Aplica-se ao recurso, no que couber, as disposições dos artigos 496e seguintes do Código de Processo Civil. BRASIL. PODER EXECUTIVO. MINISTÉRIO DA JUSTIÇA. Portaria n. 298-A, de 20 de junho de 1988. *Anteprojeto de lei sobre o juízo arbitral. Altera, no Código de Processo Civil, o capítulo relativo ao juízo arbitral e dá outras providências.* Publicado no diário Oficial da União de quinta-feira, dia 14 de julho de 1988, Seção I. p. 13.075-6.

(140) **Artigo 1º** Os artigos 13, 14 e 33 da Lei n. 9.307, de 23 de setembro de 1996, passam a vigorar com a seguinte redação: "Art. 13. Poderá ser árbitro qualquer pessoa capaz que tenha disponibilidade e a confiança das partes. [...] § 8º O árbitro não poderá atuar, concomitantemente, em mais de dez arbitragens, seja como árbitro único, coárbitro ou como presidente do tribunal arbitral. § 9º Não poderá haver identidade absoluta ou parcial dos membros de dois

Segundo a Deputada Federal Margarete de Castro Coelho (PP-PI), o Projeto de Lei n. 3.293, de 23 de setembro de 2021 visa aprimorar a Lei n. 9.307, de 23 de setembro de 1996, estabelecendo limites objetivos à atuação do árbitro e otimizar o dever de revelação às partes da demanda. "O que se tem notado", explica a parlamentar é "a presença de um mesmo árbitro em algumas dezenas de casos simultaneamente, bem assim o aumento no tempo de tramitação das arbitragens. Muitas vezes, essas constatações guardam relação direta de causa e efeito, abrindo brecha para o ajuizamento de uma maior quantidade de ações anulatórias". Para a congressista, "chegou o momento para se destacar que a disponibilidade do árbitro é fator essencial para permitir sua atuação na arbitragem, fator esse que se mostra tão relevante quanto sua independência e imparcialidade, devendo, portanto, ser automaticamente revelado às partes". A proposta visa ainda, segundo a representante, "impedir a repetição dos mesmos árbitros em painéis arbitrais que estejam funcionando concomitantemente, evitando-se, com isso, a possibilidade de haver favorecimento a determinada parte". Em última análise, o projeto busca "ampliar o campo de atuação de diversos profissionais da área e aumentar a segurança jurídica, refletida em decisões de maior profundidade e qualidade, privilegiando também os princípios da eficiência e duração razoável do processo arbitral", resume.(141)

---

tribunais arbitrais em funcionamento, independentemente da função por eles desempenhada." "Artigo 14. Estão impedidos de funcionar como árbitros as pessoas que tenham, com as partes ou com o litígio que lhes for submetido, algumas das relações que caracterizam os casos de impedimento ou suspeição de juízes, aplicando-se-lhes, no que couber, os mesmos deveres e responsabilidades, conforme previsto no Código de Processo Civil. § 1º A pessoa indicada para funcionar como árbitro tem o dever de revelar, antes da aceitação da função e durante todo o processo a quantidade de arbitragens em que atua, seja como árbitro único, coárbitro ou presidente do tribunal, e qualquer fato que denote dúvida mínima quanto à sua imparcialidade e independência. [...] § 3º Os integrantes da secretaria ou diretoria executiva da câmara arbitral não poderão funcionar em nenhum procedimento administrado por aquele órgão, seja como árbitro único, coárbitro ou presidente do tribunal, ou ainda como patrono de qualquer das partes." BRASIL. PODER LEGISLATIVO. CÂMARA DOS DEPUTADOS. Projeto de Lei n. 3.293, de 23 de setembro de 2021. Altera a Lei n. 9.307, de 23 de setembro de 1996, para disciplinar a atuação do árbitro, aprimorar o dever de revelação, estabelecer a divulgação das informações após o encerramento do procedimento arbitral e a publicidade das ações anulatórias, além de dar outras providências. Disponível em:https://www.camara.leg.br/proposicoesWeb/prop_mostrarintegra;jsessionid=node09hx8nrx5rq7r1jhr4zogb7tum3831909.node0?codteor=2078848&filename=Tramitacao-PL+3293/2021. Acesso em: 23 nov. 2022.

(141) BRASIL. PODER LEGISLATIVO. CÂMARA DOS DEPUTADOS. Projeto de Lei n. 3.293, de 23 de setembro de 2021. *Altera a Lei n. 9.307, de 23 de setembro de 1996, para disciplinar a atuação do árbitro, aprimorar o dever de revelação, estabelecer a divulgação das informações após o encerramento do procedimento arbitral e a publicidade das ações anulatórias, além de dar outras providências.* Disponível em:https://www.camara.leg.br/proposicoesWeb/prop_mostrarintegra;jsessionid=node09hx8nrx5rq7r1jhr4zogb7tum3831909.node0?codteor=2078848&filename=Tramitacao-PL+3293/2021. Acesso em: 23 nov. 2022.

Com a devida vênia, toda alteração legislativa deve ser bastante ponderada, pois, uma mudança realizada de maneira abrupta pode causar danos irreparáveis ao instituto objeto de nova regulamentação. A arbitragem, com muito custo, tem conquistado, ano a ano, cada vez mais espaço como método extrajudicial de resolução de conflitos e isso se deve muito à crescente confiança no instituto. Ao justificar uma mudança normativa na arbitragem, que restringe a atividade do árbitro fundamentada no aumento de ações rescisórias atribuídas ao acúmulo de trabalho desse profissional, além de não refletir necessariamente uma relação de causa e efeito, afinal o número de ações rescisórias pode estar aumentado simplesmente pelo crescimento no número de arbitragens realizadas no país, apontar uma possível desídia do árbitro responsável pela análise da disputa coloca em risco a credibilidade do instituto, construída a duras penas em um país culturalmente avesso à resolução de disputas por vias não estatais.

Se a verdadeira intenção do Projeto de Lei n. 3.293, de 23 de setembro de 2021 é a de restringir a atuação de um mesmo árbitro em mais de 10 (dez) processos para abrir espaço para outros profissionais que não conseguem atuar devido a uma possível reserva de mercado, o efeito pode ser justamente o contrário, devido à insegurança jurídica que determinações como esta podem causar, diminuindo o número de arbitragens e limitando ainda mais o acesso ao mercado.

A única forma de aumentar a demanda por profissionais para atuarem como árbitros é garantindo a estabilidade nas regras do jogo para que mais lides sejam resolvidas por meio da arbitragem e, para isso, o reconhecimento de que o instituto é aplicável a áreas como o Direito do Trabalho torna-se ainda mais essencial.

6. A noção terminológica de arbitrabilidade

No intuito de se estabelecer um conjunto de direitos e de obrigações que possam ser objetos de uma arbitragem, na eventual hipótese de surgimento de um conflito entre as partes contratantes — como ensina Aluísio de Freitas Miele, em importante dissertação que aborda o assunto[142] — a doutrina cunhou um termo — *arbitrablidade* — que, em última análise, tornou-se uma espécie de selo de garantia da validade, seja da cláusula compromissória, seja do compromisso arbitral e, porque não, de reconhecimento da legitimidade do processo arbitral como um todo.[143]

---

(142) MIELE, Aluísio de Freitas. *A arbitragem como instrumento de política pública de defesa da concorrência*. 2019. 230 f. Dissertação (Mestrado). Faculdade de Direito de Ribeirão Preto, Universidade de São Paulo (USP), Ribeirão Preto, 2019. p. 105.

(143) "Denomina-se arbitrabilidade a viabilidade jurídica de submeter determinada controvérsia à arbitragem. O tema é relevante porque nem todas as partes podem se vincular à arbitragem

A *arbitrabilidade* é, segundo Bernard Hanotiau, "uma condição de validade da convenção de arbitragem e, consequentemente, da jurisdição conferida aos árbitros".(144) Consiste em saber "quem" pode se valer da arbitragem e "o que" pode ser objeto de disputa pelo instituto, numa definição bem direta. Nessa esteira, Karim Youssef estabelece que a verificação da *arbitrabilidade* se dá em duas frentes, quais sejam: *(i)* a chamada *arbitrabilidade* subjetiva *(ratione personae)*, que se refere à capacidade das partes contratantes para exercício da opção pela arbitragem; e *(ii)* a denominada *arbitrabilidade* objetiva *(ratione materiae)*, que se ocupa das matérias cuja disputa pelas partes contratantes possa ser solucionada em sede de arbitragem.(145)

Estabelece a Lei n. 9.307, de 23 de setembro de 1996 — apelidada de Lei de Arbitragem, ou ainda de Lei Marco Maciel — em seu artigo 1º, que, podem optar pela arbitragem, por meio de uma cláusula arbitral ou ainda por meio de um compromisso arbitral, as pessoas capazes de contratar, sejam elas naturais ou jurídicas, de direito público ou ainda de direito privado.(146)

A capacidade está prevista entre os artigos 1º ao 5º da Lei n. 10.406, de 10 de janeiro de 2002, o Código Civil, sendo subdividida em: *(i)* capacidade de direito, advinda do evento nascimento com vida e a consequente atribuição ao indivíduo da personalidade jurídica. Considerados incapazes, ou relativamente incapazes para certos atos, os menores são assistidos ou representados; e *(ii)* a capacidade de fato, decorrente do atingimento dos dezoito anos pelo indivíduo que passa a ser considerado apto. Sob certas circunstâncias e cumprindo

---

e, além disso, não são todas as questões que podem ser apreciadas em juízos arbitrais. Dizer que o litígio não é arbitrável significa que não pode ser solucionado por tribunal arbitral, de modo que a arbitrabilidade é uma condição de validade da convenção de arbitragem e, consequentemente, da competência dos árbitros". TIBÚRCIO, Carmem. Arbitragem envolvendo a administração pública: estado atual no direito brasileiro. *Revista de Direito Público*, Brasília v. 11, ano XI, n. 58, p. 62-82, jul./ago. 2014. Disponível em: https://www.portaldeperiodicos.idp.edu.br/direitopublico/article/view/2559/1268. Acesso em: 20 abr. 2022.

(144) HANOTIAU, BERNARD. The law applicable to arbitrability. *Singapore academy of law journal*, n. 26, 2014. p. 874-5. Disponível em: https://journalsonline.academypublishing.org.sg/Journals/Singapore-Academy-of-Law-Journal-Special-Issue/e-Archive/ctl/eFirstSALPDFJournalView/mid/513/ArticleId/336/Citation/JournalsOnlinePDF. Acesso em: 22 jan. 2022.

(145) YOUSSEF, Karim. The death of inarbitrability. In: MISTELIS, Loukas; BREAKOULASKIS, Stavros. *Arbitrability:* international & comparative perspectives. The Netherlands: Klwer Law International, 2009. p. 47-68. p. 48-50. Disponível em: https://www.iaiparis.com/profile/karim.youssef. Acesso em: 25 jan. 2022.

(146) **Artigo 1º.** As pessoas capazes de contratar poderão valer-se da arbitragem para dirimir litígios relativos a direitos patrimoniais disponíveis. § 1º A administração pública direta e indireta poderá utilizar-se da arbitragem para dirimir conflitos relativos a direitos patrimoniais disponíveis. § 2º A autoridade ou o órgão competente da administração pública direta para a celebração de convenção de arbitragem é a mesma para a realização de acordos ou transações. BRASIL. Lei n. 9.307, de 23 de setembro de 1996. *Dispõe sobre a arbitragem*. Disponível em: http://www.planalto.gov.br/ccivil_03/leis/l9307.htm. Acesso em: 10 out. 2022.

determinados requisitos, os efeitos da maioridade podem ser antecipados, por meio do instituto da emancipação, para dezesseis anos.(147)

Destaca Aluísio de Freitas Miele que a doutrina debate a possibilidade das pessoas naturais, relativamente ou totalmente incapazes, e se os entes despersonalizados, também chamados de quase pessoas jurídicas podem, ou não, estarem em um dos polos do processo arbitral.(148) No tocante à capacidade das partes, nas várias oportunidades em que se debruçou sobre o instituto, o legislador brasileiro sempre destacou que a arbitragem poderia estar presente para as mesmas situações em que a transação fosse possível.(149) É o que explica, por exemplo, Guido Fernando Silva Soares, para quem a noção de arbitrabilidade está ligada à natureza dos direitos, se disponíveis ou não. "No direito interno brasileiro, só os direitos patrimoniais sobre os quais a lei permita transação são arbitráveis.(150)

João Roberto Parizzatto afirma que os incapazes e os relativamente incapazes, ainda que representados ou assistidos, além daqueles que tenham

---

(147) **Artigo 5.º** A menoridade cessa aos dezoito anos completos, quando a pessoa fica habilitada à prática de todos os atos da vida civil. Parágrafo único. Cessará, para os menores, a incapacidade: I – pela concessão dos pais, ou de um deles na falta do outro, mediante instrumento público, independentemente de homologação judicial, ou por sentença do juiz, ouvido o tutor, se o menor tiver dezesseis anos completos; II – pelo casamento; III – pelo exercício de emprego público efetivo; IV – pela colação de grau em curso de ensino superior; V – pelo estabelecimento civil ou comercial, ou pela existência de relação de emprego, desde que, em função deles, o menor com dezesseis anos completos tenha economia própria. BRASIL. Lei n. 10.406, de 10 de janeiro de 2002. *Institui o Código Civil.* Disponível em: http://www.planalto.gov.br. Acesso em: 20 abr. 2022.

(148) MIELE, Aluísio de Freitas. *A arbitragem como instrumento de política pública de defesa da concorrência.* 2019. 230 f. Dissertação (Mestrado). Faculdade de Direito de Ribeirão Preto, Universidade de São Paulo (USP), Ribeirão Preto, 2019. p. 105-6.

(149) São exemplos dessa disposição do legislador em aproximar a aplicação da arbitragem em situações em que seriam possíveis a transação: **Artigo 414.** Podem fazer compromisso todos os que podem transigir. BRASIL. Decreto (Regulamento) n. 737, de 25 de novembro de 1850. Determina a ordem do Juizo no Processo Commercial. *(Grafia original)*; **Artigo 4º.** Podem fazer compromisso todos os que podem transigir. BRASIL. Decreto n. 3.900, de 26 de junho de 1867. Regula o Juizo Arbitral do Commercio. *(grafia original)*; **Artigo 1.037.** As pessoas capazes de contratar poderão, em qualquer tempo, louvar-se, mediante compromisso escrito, em árbitros, que lhes resolvam as pendências judiciais ou extrajudiciais; **Artigo 1.048**. Ao compromisso se aplicará, quanto possível, o disposto acerca da transação (artigos 1.025 a 1.036) BRASIL. Lei n. 3.071, de 1º de janeiro de 1916. Código Civil dos Estados Unidos do Brasil; Artigo 1.072: As pessoas capazes de contratar poderão louvar-se. mediante compromisso escrito, em árbitros que lhes resolvam as pendências judiciais ou extrajudiciais de qualquer valor, concernentes a direitos patrimoniais, sobre os quais a lei admita transação. BRASIL. Lei n. 5.869, de 11 de janeiro de 1973. *Institui o Código de Processo Civil.* Disponível em: Disponível em: http://www.planalto.gov.br. Acesso em: 20 abr. 2022.

(150) SOARES, Guido Fernando Silva. Arbitragens comerciais internacionais no Brasil — vicissitudes. *Revista dos Tribunais*, São Paulo, n. 641, p. 29-57, mar. 1989, p. 34.

apenas poderes de administração, não poderão ser partes na arbitragem.(151) Francisco José Cahali também é pela impossibilidade de participação do incapaz, esteja ele representado ou assistido, porque seus direitos são indisponíveis, mesmo que o objeto *sub judice* seja de mera administração de bens e de direitos pois, neste caso, ainda seria necessário, segundo o autor, a intervenção do Ministério Público como fiscal da ordem jurídica(152), conforme disposto no artigo 178, I, da Lei n. 13.105 de 16 de março de 2015, o novo Código de Processo Civil.(153) Nesse mesmo sentido, Carlos Alberto Carmona alega que "considerando-se que a instituição de juízo arbitral pressupõe a disponibilidade do direito, não pode instaurar processo arbitral aqueles que tenham apenas poderes de administração". (154)

Luiz Antônio Scavone Junior, por sua vez, entende que os incapazes podem sim se valer da arbitragem, desde que devidamente representados ou assistidos, e contanto que o processo arbitral trate de direito patrimonial disponível. Explica o autor que se "os representantes e assistentes estão autorizados a praticar atos de mera administração do patrimônio dos incapazes, contratos que não fujam destes limites poderão conter cláusula arbitral".(155)

A proteção dada pela legislação ao absolutamente ou ao relativamente incapaz visa proteger os interesses deste indivíduo, contudo, a busca por esta guarida não deve ser confundida com um impedimento ao juízo arbitral, na medida em que este também é reconhecido como jurisdição. Para Aluísio de Freitas Miele, desde que observados e cumpridos os requisitos legais, não há impeditivo para que um assistente ou representante submeta um interesse do incapaz a uma arbitragem concertada por meio de uma cláusula arbitral ou através de um compromisso arbitral.(156)

Em relação às entidades despersonalizadas, grupo este formado pela massa falida, pelo espólio e pelos condomínios edilícios, Carlos Alberto Carmona

---

(151) PARIZATTO, João Roberto. *Arbitragem*: comentários à Lei n. 9.307 de 23 de setembro de 1996. São Paulo: Editora de Direito, 1997. p. 13-7.

(152) CAHALI, Francisco José. *Curso de arbitragem*. São Paulo: Editora Revista dos Tribunais, 2015. p. 94-5.

(153) BRASIL. Lei n. 13.105 de 16 de março de 2015. *Código de processo civil*. Disponível em: http://www.planalto.gov.br/ccivil_03/_ato2015-2018/2015/lei/l13105.htm. Acesso em: 16 out. 2022.

(154) CARMONA, Carlos Alberto. *Arbitragem e processo:* um comentário à Lei n. 9.307/1996. São Paulo: Editora Atlas, 2009. p. 37.

(155) SCAVONE JÚNIOR, Luiz Antônio. *Manual de arbitragem:* mediação e conciliação. Rio de Janeiro: Editora Forense, 2018. p. 20-1.

(156) MIELE, Aluísio de Freitas. *A arbitragem como instrumento de política pública de defesa da concorrência*. 2019. 230 f. Dissertação (Mestrado). Faculdade de Direito de Ribeirão Preto, Universidade de São Paulo (USP), Ribeirão Preto, 2019. p. 106-7.

acredita que podem ser sim partes na arbitragem, uma vez permitidos, porque, segundo o autor, estas organizações "têm capacidade de ser parte e de estar em juízo, nada impedindo que disponham de seus direitos".(157) Francisco José Cahali, frisa a importância da concessão de uma autorização para que estas entidades despersonalizadas sejam partes em um processo arbitral — no caso do espólio e da massa falida, seria necessária a autorização judicial ao inventariante e ao administrador; e, no condomínio, o síndico precisaria da permissão da assembleia de condôminos — para a instauração do juízo arbitral em que figurem em um dos polos. (158)

A *arbitrabilidade* objetiva, por sua vez, enfatiza a necessidade de que a questão *sub judice* na arbitragem verse sobre um direito patrimonial disponível. Como bem delimita Luiz Antônio Scavone Júnior, o direito submetido ao processo arbitral normalmente está ligado às relações jurídicas obrigacionais, decorrendo dos contratos, dos atos ilícitos e das declarações unilaterais da vontade.(159) Ficam de fora da análise pelo instituto, como ensina Francisco José Cahali, os direitos da personalidade, a exemplo do direito à vida, à honra, à imagem, ao nome, e relativos ao estado das pessoas, como a capacidade, a interdição, a filiação, o poder familiar, entre outros, não poderá ser objeto de apreciação na arbitragem.(160) Complementa Carlos Alberto Carmona, no entanto, que, os reflexos patrimoniais ligados ao Direito Penal ou ainda ao Direito de Família também podem ser objeto de arbitragem, como será debatido mais à frente.(161) Não basta, apenas, o caráter patrimonial do direito, ele deve também ser disponível, como pontua Francisco José Cahali. Segundo o autor, trata-se de "interesses individuais, passíveis de negociação, ou seja, podem ser livremente exercidos pelas partes".(162)

A noção de arbitrabilidade escorou-se, inicialmente, numa tradicional e, porque não dizer, superada dicotomia entre o direito público e o direito privado, assim, os conflitos que abrangessem aspectos do direito privado, especialmente aqueles referentes a direitos patrimoniais, poderiam ser objeto de solução via arbitragem, enquanto que, as disputas que compreendiam

---

(157) CARMONA, Carlos Alberto. *Arbitragem e processo:* um comentário à Lei n. 9.307/1996. São Paulo: Editora Atlas, 2009. p. 37-8.

(158) CAHALI, Francisco José. *Curso de arbitragem.* São Paulo: Editora Revista dos Tribunais, 2015. p. 94-5.

(159) SCAVONE JÚNIOR, Luiz Antônio. *Manual de arbitragem:* mediação e conciliação. Rio de Janeiro: Editora Forense, 2018. p. 23-4.

(160) CAHALI, Francisco José. *Curso de arbitragem.* São Paulo: Editora Revista dos Tribunais, 2015. p. 94-5.

(161) CARMONA, Carlos Alberto. *Arbitragem e processo:* um comentário à Lei n. 9.307/1996. São Paulo: Editora Atlas, 2009. p. 38-9.

(162) CAHALI, Francisco José. *Curso de arbitragem.* São Paulo: Editora Revista dos Tribunais, 2015. p. 95-6.

direitos que tutelam interesses públicos, não poderiam ser objeto de solução via arbitragem.

Historicamente presente na legislação mercantil — a Lei n. 556, de 25 de junho de 1850 — o Código Comercial — ainda hoje vigente na sua Parte II – Do Comércio Marítimo, em seu Título XV, Das Companhias e Sociedades Comerciais, estabelecia, inspirado em moldes franceses, o arbitramento obrigatório;(163) e o Decreto n. 737, de 25 de novembro de 1850 — chamado simplesmente de Regulamento n. 737 — reconhecido como o primeiro diploma processual brasileiro codificado, os artigos 411 a 475 referem-se ao Juízo Arbitral no Capítulo A Ordem do Juízo no Processo Comercial, também como obrigatório(164) — a arbitragem, por ter se desenvolvido e ganhado força na resolução de litígios de natureza privada, para Francisco José Cahali pode ser esta uma das explicações para a barreira imposta a este método alternativo de resolução de conflitos na seara pública.(165) O autor refere-se a um possível temor de que o julgamento não fosse justo devido a uma dificuldade do tribunal arbitral em lidar com questões de direito público, predisposto a favorecer argumentos de direito privado, se colocando ao lado dos interesses privados e indo contra os interesses públicos.(166)

Superado em parte esses entraves à jurisdição arbitral, pode-se dizer que predomina, hodiernamente, dois métodos utilizados para a definição dos assuntos passíveis de arbitragem, segundo Antônio Sampaio Caramelo: (i) a natureza conceitual do objeto; e (ii) as exceções advindas por meio de lei ou através de decisão judicial com efeito de restringir a noção ampla de *arbitrabilidade*.(167) Esta última, por se tratar de balizas ao instituto estabelecidas pela norma ou pela jurisprudência, necessitam de análise caso a caso, diferente daquela primeira, em que a doutrina enumera em três, e que podem ser previstas de forma isolada ou conjunta pelas legislações de capa país,

---

(163) **Artigo 294.** Todas as questões sociais que se suscitarem entre sócios, durante a existência da sociedade ou companhia, sua liquidação ou partilha, serão decididas em juízo arbitral. BRASIL. Lei n. 556, de 25 de junho de 1850. *Codigo commercial. (Grafia original).* Disponível em: http://www.planalto.gov.br/ccivil_03/leis/lim/LIM556compilado.htm. Acesso em: 20 out. 2022.

(164) **Artigo 411.** O Juizo arbitral ou é voluntario ou necessario: § 1.º É voluntario, quando é instituido por compromisso das partes. § 2.º E' necessario, nos casos dos artigos 245, 294, 348, 739, 783 e 846 do Codigo Commercial, em que esta fórma de Juizo é pelo mesmo Codigo determinada. BRASIL. Decreto n. 737, de 25 de novembro de 1850. Determina a ordem do juízo no processo commercial. *(Grafia original).* Disponível em: http://www.planalto.gov.br/ccivil_03/decreto/historicos/dim/DIM0737.htm. Acesso em: 20 out. 2022.

(165) CAHALI, Francisco José. *Curso de arbitragem.* São Paulo: Editora Revista dos Tribunais, 2015. p. 49-50.

(166) *Idem.*

(167) CARAMELO, Antônio Sampaio. Critérios de arbitrabilidade dos litígios: revisitando o tema. *Revista de arbitragem e mediação*, n. 27, 2010. p. 129-161.

conforme ressalta Lucas Moreira Jimenez. São eles: *(i)* a patrimonialidade; *(ii)* a disponibilidade de direitos; e *(iii)* a ordem pública.(168)

A superada dicotomia do direito entre uma vertente pública e uma outra privada guia o entendimento de interesse público rumo à jurisdição estatal numa via de mão única, na medida em que litígios que tratam de direitos indisponíveis somados à noção de ordem pública, não poderiam seguir a rota alternativa da jurisdição arbitral. Carlos Ari Sundfeld e Jacintho Arruda Câmara acreditam que esse entendimento, embora equivocado, é de fácil compreensão devido à sua linearidade, eis que, se apenas os chamados direitos disponíveis podem ser objetos de um processo arbitral, logo qualquer debate acerca de direito que tangencia o interesse público e a ordem pública estaria fora do escopo do instituto.

Some-se a este raciocínio a denominada supremacia do interesse público sobre o individual e já se tem uma fórmula para sacramentar a impossibilidade de opção pela arbitragem.(169)

Elton Venturi acredita que a confusão existente entre os conceitos de interesse público, de interesse público primário, de direitos disponíveis e de ordem pública, leva a este imbróglio, carecendo de uma análise detida no intuito de identificar a *arbitrabilidade* do objeto *sub judice*.(170)

6.1. O interesse público

Muitas vezes apontado pela doutrina como exemplo de conceito jurídico indeterminado, o interesse público, na verdade, pode ser compreendido como o resultado da ação do conjunto de forças aplicadas por uma sociedade em um determinado período e em um certo local, cujo desfecho apresenta a situação mais interessante para o maior número possível de membros daquele grupo, o que pode ser apontado como o principal motivo de existência do estado, como bem ensina Aluísio de Freitas Miele.(171) A Carta Magna de

---

(168) JIMENEZ, Lucas Moreira. A aplicação do direito concorrencial na arbitragem internacional. In: FINKELSTEIN, Claudio. (Org.). *Direito e arbitragem:* estudos acadêmicos. Série Trabalhos Premiados, v. II. Belo Horizonte: Arraes Editores, 2017. p. 202-249.

(169) SUNDFELD, Carlos Ari; CÂMARA, Jacintho Arruda. O cabimento da arbitragem nos contratos administrativos. *Revista de direito administrativo*, n. 248, maio/ago. 2008. p. 117-126. Disponível em: https://bibliotecadigital.fgv.br/ojs/index.php/rda/article/view/41529/40879. Acesso em: 13 jun. 2022.

(170) VENTURI, Elton. Transação de direitos indisponíveis? *Revista de processo*, volume 251, jan. 2016. p. 391-426. Disponível em: https://edisciplinas.usp.br/pluginfile.php/4597236/mod_resource/content/0/TRANSACAO_DE_DIREITOS_INDISPONIVEIS%20-%20Elton%20Venturi.pdf. Acesso em: 15 jul. 2022.

(171) MIELE, Aluísio de Freitas. *A arbitragem como instrumento de política pública de defesa da concorrência*. 2019. 230 f. Dissertação (Mestrado). Faculdade de Direito de Ribeirão Preto, Universidade de São Paulo (USP), Ribeirão Preto, 2019. p. 107-8.

1988, não à toa, estabelece em seu artigo 3º, que são objetivos fundamentais da República Federativa do Brasil: I – construir uma sociedade livre, justa e solidária; II – garantir o desenvolvimento nacional; III – erradicar a pobreza e a marginalização e reduzir as desigualdades sociais e regionais; IV – promover o bem de todos, sem preconceitos de origem, raça, sexo, cor, idade e quaisquer outras formas de discriminação.(172)

De acordo com Iara Alves Cordeiro Pacheco, normas de interesse público não devem ser confundidas com regras de direito público, uma vez que o estado não participa da relação jurídica.(173)

Na lição de Phillip Gil França, "o interesse público possui relevância jurídica quando é passível de determinação e de concretização — do contrário, trata-se de discurso vazio e sem força jurídica vinculante", o que, ainda segundo o autor, afasta a ideia de conceito jurídico indeterminado.(174)

Cumpre destacar, contudo, na esteira da excelente análise de Aluísio de Freitas Miele sobre o tema, que a Constituição da República Federativa do Brasil, de 05 de outubro de 1988, não estabelece apenas a proteção ao interesse público, mas também se volta para a defesa ao interesse privado exigindo uma interpretação sistemática de seus mandamentos.(175) Em seu Preâmbulo, por exemplo, o texto determina a tutela dos exercícios dos interesses individuais, perpassando pela proteção da dignidade da pessoa humana em seu artigo 1º, inciso III, e encarta a promoção do bem de todos os indivíduos, a liberdade, a igualdade, o direito à saúde, à alimentação, os direitos trabalhistas, os direitos políticos, que constam entre o artigo 3º até o artigo 17, a tutela do exercício da atividade econômica e da livre iniciativa, em seu artigo 170, a proteção à maternidade, artigo 201, II, à assistência social, são algumas das regras e dos princípios que configuram a proteção dos interesses de cada indivíduo

(172) **Artigo 3.º** Constituem objetivos fundamentais da República Federativa do Brasil: I – construir uma sociedade livre, justa e solidária; II – garantir o desenvolvimento nacional; III – erradicar a pobreza e a marginalização e reduzir as desigualdades sociais e regionais; IV – promover o bem de todos, sem preconceitos de origem, raça, sexo, cor, idade e quaisquer outras formas de discriminação. BRASIL. *Constituição da República Federativa do Brasil*, de 05 de outubro de 1988. Disponível em: https://www.planalto.gov.br/ccivil_03/constituicao/constituicao.htm. Acesso em: 20 abr. 2021.

(173) PACHECO, Iara Alves Cordeiro. *Os direitos trabalhistas e a arbitragem*. São Paulo: Editora Legislação Trabalhista, 2003. p. 72.

(174) FRANÇA, Phillip Gil. Interesse público, um conhecido conceito não indeterminado. Direito do estado, n. 249, 2016. Disponível em: http://www.direitodoestado.com.br/colunistas/phillip-gil-franca/interesse-publico-um-conhecido-conceito-nao-indeterminado. Acesso em: 17 out. 2022.

(175) MIELE, Aluísio de Freitas. *A arbitragem como instrumento de política pública de defesa da concorrência*. 2019. 230 f. Dissertação (Mestrado). Faculdade de Direito de Ribeirão Preto, Universidade de São Paulo (USP), Ribeirão Preto, 2019. p. 108-9.

diante da ameaça que possa vir dos interesses gerais promovidos pelo estado.[176] Floriano de Azevedo Marques Neto assinala que a ordem jurídica ao reconhecer e consagrar direitos aos cidadãos, imputa à administração pública o dever de efetivá-los, não podendo se desincumbir de tal ônus.[177]

Embora de importância inequívoca para as relações sociais e para a organização do estado, o interesse público não se encontra em nível acima do interesse privado. Conforme constatado por Gustavo Binenbojm[178], um discurso que pregue a primazia do interesse público sobre o interesse privado, dogmatizando a indisponibilidade daquele perante este, impede que um tema de repercussão para ambos seja debatido de forma mais ampla, conformando uma interpretação mais legítima, democrática e republicana sobre determinado assunto.[179]

Pedro José Costa Melo explica que, ao se afastar a suposição excludente de que o interesse público é mais relevante do que o interesse privado se torna possível a busca por um critério inclusivo, assentado na ponderação entre os direitos fundamentais e os valores metaindividuais[180], também chamados de direitos coletivos em sentido amplo, do qual fazem parte os direitos difusos, os direitos coletivos em sentido estrito e os direitos individuais homogêneos, na lição de Gustavo Filipe Barbosa Garcia, consagrados na Constituição da República Federativa do Brasil, de 05 de outubro de 1988, respeitando a análise das especificidades encontradas em cada caso concreto.[181]

---

(176) BRASIL. *Constituição da República Federativa do Brasil*, de 05 de outubro de 1988. Disponível em: https://www.planalto.gov.br/ccivil_03/constituicao/constituicao.htm. Acesso em: 20 abr. 2021.

(177) MARQUES NETO, Floriano de Azevedo. A bipolaridade do direito administrativo e sua superação. In: SUNDFELD, Carlos Ari; JURKSAOTIS, Guilherme Jardim. (Orgs.) *Contratos públicos e direito administrativo*. São Paulo: Malheiros Editores, 2015. p. 353-425. p. 403.

(178) BINEBOJM, Gustavo. *Uma teoria do direito administrativo*: direitos fundamentais, democracia e constitucionalização. Rio de Janeiro: Editora Renovar, 2008. p. 14-6.

(179) "Na verdade, o conceito de interesse público só ganha concretude a partir da disposição constitucional dos direitos fundamentais em um sistema que contempla e pressupõe restrições ao seu exercício em prol de outros direitos, bem como de metas e aspirações coletivas de caráter individual, igualmente estampada na constituição. Ao estado legislador e ao estado administrador, incumbe atuar como intérpretes e concretizadores de tal sistema, realizando as ponderações entre interesses a partir de um procedimento racional que envolve a disciplina constitucional de interesses individuais e coletivos específicos, bem como um juízo de ponderação que permita a realização de todos eles na maior extensão possível". BINEBOJM, Gustavo. *Uma teoria do direito administrativo*: direitos fundamentais, democracia e constitucionalização. Rio de Janeiro: Editora Renovar, 2008. p. 8-9.

(180) MELO, Pedro José Costa. Existe uma regra da supremacia do interesse público? In: CARVALHO, Fábio Lins de Lessa. (Coord.) *Direito Administrativo Inovador*. São Paulo: Editora Juruá, 2015. p. 339-40.

(181) GARCIA, Gustavo Filipe Barbosa. *Curso de direito processual do trabalho*. Rio de Janeiro: Editora Forense, 2014. p. 894-5.

Também se deve questionar a existência de um princípio da supremacia do interesse público sobre o interesse privado pois, se todos os valores estão em pé de igualdade no ordenamento jurídico e devem ser ponderados na busca da resolução de um problema fático, a existência de um mandamento que se apresenta como superior aos outros contraria essa lógica. Assim, a partir do juízo que se faz da análise de princípios e de valores equivalentes é possível que prevaleça, em um caso concreto, o interesse privado sobre o interesse público, como assevera Aluísio de Freitas Miele.(182)

Nessa esteira, Marçal Justen Filho esclarece que o interesse é público por ser indisponível, contudo, o interesse não é indisponível por ser público, ou seja, "o interesse é reconhecido como público porque é indisponível, porque não pode ser colocado em risco, porque sua natureza exige que seja realizado".(183) Ao contrário do interesse privado, marcado unicamente pela disponibilidade de direitos, explica o autor, "o interesse público é composto por direitos disponíveis e também por direitos indisponíveis, afastando-se a *arbitrabilidade* apenas para estes últimos, mas não para aqueles primeiros".(184)

Eros Roberto Grau se refere a esta dualidade em seus estudos, nomeando-as de interesse público primário e de interesse público secundário. Explica o autor que, o *(i) interesse público primário* corresponde aos atos de império e aos atos inerentes ao estado na execução de suas funções políticas e legislativas, promovendo e concretizando valores constitucionais como a proteção ao meio ambiente, a justiça, o crescimento econômico, a dignidade da pessoa humana, a busca pelo pleno emprego, etc., por natureza indisponíveis; por sua vez, *(ii) o interesse público secundário* coincide com os chamados atos de gestão, quando o estado desempenha suas funções administrativas instrumentais e dizem respeito a interesses patrimoniais, por sua função disponíveis.(185) Já Miguel Thomaz Di Pierro Junior, de forma sintética, diferencia interesse público primário e interesse público secundário, afirmando que aquele diz respeito à vontade geral da coletividade, enquanto que este pertence ao próprio estado como pessoa jurídica.(186)

---

(182) MIELE, Aluísio de Freitas. *A arbitragem como instrumento de política pública de defesa da concorrência*. 2019. 230 f. Dissertação (Mestrado). Faculdade de Direito de Ribeirão Preto, Universidade de São Paulo (USP), Ribeirão Preto, 2019. p. 109.

(183) JUSTEN FILHO, Marçal. *Curso de direito administrativo*. São Paulo: Editora Revista dos Tribunais. p. 153.

(184) JUSTEN FILHO, Marçal. *Curso de direito administrativo*. São Paulo: Editora Revista dos Tribunais. p. 153.

(185) GRAU, Eros Roberto. Arbitragem e contrato administrativo. *Revista da Faculdade de Direito da Universidade Federal do Rio Grande do Sul*, n. 21. p. 141-8, mar. 2002. p. 146. Disponível em: https://seer.ufrgs.br/index.php/revfacdir/issue/view/3104. Acesso em: 20 set. 2022.

(186) DI PIERRO JÚNIOR, Miguel Thomaz. A indisponibilidade do direito público e a participação da administração pública na conciliação. In: MARQUES NETO, Floriano de Azevedo. (Orgs.).

Diogo de Figueiredo Moreira Neto aponta, como disponível, "os interesses e os direitos deles derivados que tenham expressão patrimonial, ou seja, que possam ser quantificados monetariamente, e estejam no comércio".(187) Ainda segundo o autor, devido a estas características, são normalmente "objeto de contratação que vise a dotar a administração ou seus delegados, dos meios instrumentais de modo a que estejam em condições de satisfazer os interesses finalísticos que justificam o próprio estado".(188) Cumpre ressaltar que, mesmo diante de certa relativização em comparação ao interesse público primário, o interesse público secundário é extremamente importante, ainda quando se confunde com uma atividade privada, ele não perde seu caráter público. Dizer que determinado produto ou serviço pactuado pela autoridade pública com uma entidade privada pode gerar um impasse e que a solução para esta disputa possa advir pela jurisdição arbitral e não obrigatoriamente pela jurisdição estatal não causa o efeito de diminuir a importância do interesse público secundário frente ao interesse público primário para a coletividade, mas sim o de reconhecer a igualdade entre as duas jurisdições.

Para Floriano de Azevedo Marques Neto, na inexistência de afronta ao interesse público, não há motivo para impedir a solução de determinado litigio pela arbitragem sob uma equivocada compreensão de supremacia do interesse público e consequente presunção de indisponibilidade. .(189) E Carlos Alberto de Salles, nessa mesma direção esclarece que é possível transacionar sem dispor do interesse público, tendo como único fim a consecução de um dado objetivo em um determinado contexto. O que existe e deve prevalecer é a funcionalidade, eficácia e alcance dos direitos, liberdades e princípios consagrados por lei.(190)

É necessário superar a utilização da indisponibilidade do interesse público como argumento de imposição de obstáculo à satisfação de direitos pela via arbitral, mais do que isso, é preciso assumir a possibilidade de implementação de políticas públicas para alcançar objetivos e direitos coletivos e individuais por meio da arbitragem.

Colaboração Premiada: estudos em homenagem a Maria Sylvia Zanella Di Pietro. São Paulo: Editora Atlas, 2013. p. 188-269. p. 192.

(187) MOREIRA NETO, Diogo de Figueiredo. Arbitragem nos contratos administrativos. *Revista de Direito Administrativo*, vol. 209. p. 81-90. p. 84-5, jul./set. 1997. Disponível em: https://bibliotecadigital.fgv.br/ojs/index.php/rda/article/view/47043/46028. Acesso em: 20 set. 2022.

(188) MOREIRA NETO, Diogo de Figueiredo. Arbitragem nos contratos administrativos. *Revista de Direito Administrativo*, vol. 209. p. 81-90. p. 85-6 jul./set. 1997. Disponível em: https://bibliotecadigital.fgv.br/ojs/index.php/rda/article/view/47043/46028. Acesso em: 20 set. 2022.

(189) MARQUES NETO, Floriano de Azevedo. A bipolaridade do direito administrativo e sua superação. In: SUNDFELD, Carlos Ari; JURKSAOTIS, Guilherme Jardim. (Orgs.). *Contratos públicos e direito administrativo.* São Paulo: Malheiros Editores, 2015. p. 353-425. p. 409.

(190) SALLES, Carlos Alberto de. *Arbitragem em contratos administrativos.* Rio de Janeiro: Editora Forense, 2011. p. 129.

6.2. A ordem pública

A chamada ordem pública pode ser definida como, segundo Paulo Furtado e Uadi Lammego Bulos "a situação e o estado de legalidade normal, em que as autoridades exercem suas precípuas atribuições e os cidadãos as respeitam e as acatam".[191] Para boa parte da doutrina, contudo, está-se diante de uma expressão de difícil conceituação, já que a ordem pública apresenta a capacidade de transformar-se e de adaptar-se, variando conforme o grupo social e o momento histórico analisado, conforme bem alude Aluísio de Freitas Miele.[192]

Mesmo reconhecendo a importância dos valores culturais e fundamentais na construção da ordem pública, Álvaro Lazzarini acredita que três elementos sejam necessários para sua caracterização: *(i)* a segurança pública; *(ii)* a salubridade pública, e *(iii)* a tranquilidade pública.[193] Formalmente, a ordem pública é o conjunto de valores, princípios e normas que se pretende sejam observados em uma sociedade; e materialmente, a ordem pública é a situação de fato ocorrente em uma sociedade, resultante da disposição harmônica dos elementos que nela interagem, de modo a permitir um funcionamento regular e estável, pautado pelo interesse público que garanta a os direitos individuais e coletivos, explica o autor.[194]

Os contornos e os limites da ordem pública em um determinado tempo e espaço são traçados pelo Poder Judiciário, por meio de suas decisões e também pelo Poder Legislativo, pela edição de normas. Numa democracia, a preservação da ordem pública deve, portanto, realizar-se dentro do ordenamento jurídico de forma integrada e harmoniosa de modo a garantir os direitos e interesses de uma nação livre e soberana.

Convém, neste momento, esclarecer, com a ajuda de Rachel Stein, que a ordem pública não é sinônimo de interesse público.[195] Na verdade, a presença desse último caracteriza determinada norma como pertencente àquele

---

(191) FURTADO, Paulo; Bulos, Uadi Lammego. *Lei da arbitragem comentada:* breves comentários à Lei n. 9.307, de 23 de setembro de 1996. São Paulo: Editor Saraiva, 1997. p. 132.

(192) MIELE, Aluísio de Freitas. *A arbitragem como instrumento de política pública de defesa da concorrência.* 2019. 230 f. Dissertação (Mestrado). Faculdade de Direito de Ribeirão Preto, Universidade de São Paulo (USP), Ribeirão Preto, 2019.

(193) LAZZARINI, Álvaro. O direito administrativo da ordem pública. *O alferes*, Belo Horizonte, n. 13, vol. 47. p. 13-35, out./dez. 1997. Disponível em: file:///C:/Users/Usu%C3%A1rio/Downloads/643-Texto%20do%20Artigo-1906-1-10-20180508.pdf. Acesso 17 out. 2022.

(194) LAZZARINI, Álvaro. O direito administrativo da ordem pública. *O alferes*, Belo Horizonte, n. 13, vol. 47. p. 13-35, out./dez. 1997. Disponível em: file:///C:/Users/Usu%C3%A1rio/Downloads/643-Texto%20do%20Artigo-1906-1-10-20180508.pdf. Acesso 17 out. 2022.

(195) STEIN, Rachel. *Arbitrabilidade no direito societário.* Rio de Janeiro: Editora Renovar, 2014. p. 103.

primeiro. A ordem pública é identificada a partir da existência do interesse público. A autora não apenas defende este entendimento, como também ressalta que, no ordenamento jurídico brasileiro, não existe uma previsão que vede a utilização da arbitragem como meio de solução de disputas que envolva matéria de ordem pública.[(196)]

Arnaldo Lopes Süssekind, Délio Maranhão e Segadas Vianna destacam que, no intuito de amparar o obreiro "como ser humano e a prevalência dos princípios de justiça social, mediante limitação da autonomia da vontade, o Direito do Trabalho se constitui, em grande parte, de preceitos de ordem pública".[(197)]

A Lei n. 9.307, de 23 de setembro de 1996, a chamada Lei de Arbitragem, cita a ordem pública em conjunto com os bons costumes como critério limitador à autonomia da vontade na opção pelas regras de direito que serão aplicadas durante o procedimento arbitral, no § 1º do artigo 2º, apenas isso.[(198)] A ordem pública estabelece o limite e o caminho para a escolha das regras de direito que serão aplicadas durante a arbitragem e para a atuação do árbitro. Explica Rachel Stein que, uma violação ou um desrespeito às normas que se esquadriam no conceito de ordem pública levará à nulidade do processo arbitral.[(199)]

Não é porque determinada regra é considerada como de ordem pública que ela é, necessariamente, indisponível, afastando, dessa forma, a sua *arbitrabilidade*. Entendimento diverso deste levaria, ainda segundo a autora, "à inaplicabilidade, não apenas do instituto da arbitragem, mas de uma série de métodos alternativos de resolução de disputas por ser rotineiro o surgimento de uma questão que envolva a ordem pública na aplicação destes procedimentos".[(200)] Uma eventual dúvida no trato de matéria de ordem pública dentro da arbitragem poderá ser fundamento para pedidos de análise de procedimentos específicos na consecução do processo arbitral ou para pleito

---

(196) STEIN, Rachel. *Arbitrabilidade no direito societário*. Rio de Janeiro: Editora Renovar, 2014. p. 103.

(197) SÜSSEKIND, Arnaldo, MARANHÃO, Délio e VIANNA, Segadas. *Instituições de direito do trabalho*. São Paulo: Editora Legislação Trabalhista, 1996. v. 01, p. 200.

(198) **Artigo 2º** A arbitragem poderá ser de direito ou de eqüidade, a critério das partes. § 1º Poderão as partes escolher, livremente, as regras de direito que serão aplicadas na arbitragem, desde que não haja violação aos bons costumes e à ordem pública. (*Grafia original.*) BRASIL. Lei n. 9.307, de 23 de setembro de 1996. *Dispõe sobre a arbitragem*. Disponível em: http://www.planalto.gov.br/ccivil_03/leis/l9307.htm. Acesso em: 10 out. 2022.

(199) STEIN, Rachel. *Arbitrabilidade no direito societário*. Rio de Janeiro: Editora Renovar, 2014. p. 103.

(200) *Ibidem*, p. 105.

de ação anulatória de sentença arbitral, destacando a importância do assunto para o instituto, como bem lembra Aluísio de Freitas Miele.(201)

Em suma, a ordem pública não é critério de arbitrabilidade em relação a determinada matéria, mas deve ser observada quando da escolha das regras de direito que nortearão a decisão do árbitro ou do tribunal arbitral que, por sua vez, a respeitará e a observará em todos os momentos dentro do processo arbitral, bem como na prolação da sentença arbitral.

6.3. A disponibilidade de direitos

Ao contrário do que se possa imaginar, definir a disponibilidade não é tarefa das mais fáceis. Corroborando esta afirmação, Eduardo Damião Gonçalves — que escreveu uma interessante tese sobre o assunto — explica que a tentativa de decifrar a acepção de direitos disponíveis "é passível de receber tantos significados quantos forem os doutrinadores chamados para a tarefa de definir este conceito".(202)

Francisco José Cahali não foge do tema, estabelecendo que "a disponibilidade do direito se refere à possibilidade de seu titular ceder, de forma gratuita ou onerosa, estes direitos sem qualquer restrição". Logo, continua o autor, é "necessário terem as partes o poder de autorregulamentação dos interesses submetidos à arbitragem, podendo dispor sobre eles pelas mais diversas formas de negócios jurídicos".(203)

No intuito de melhor compreender a disponibilidade, talvez a melhor estratégia seja a de abordar o assunto pelo seu extremo oposto, ou seja, a indisponibilidade, que pode se apresentar sob duas formas: (i) fazendo alusão a um direito próprio do titular — é o denominado direito indisponível; ou (ii) fazendo menção a um bem específico — é o designado bem indisponível. Seu entendimento, contudo, adverte Aluísio de Freitas Miele, deve ser construído a partir do caso concreto, investigando a legislação pertinente ao tema em busca de eventuais limites legais à sua cognição.(204)

---

(201) MIELE, Aluísio de Freitas. *A arbitragem como instrumento de política pública de defesa da concorrência*. 2019. 230 f. Dissertação (Mestrado). Faculdade de Direito de Ribeirão Preto, Universidade de São Paulo (USP), Ribeirão Preto, 2019.

(202) GONÇALVES, Eduardo Damião. *Arbitrabilidade objetiva*. 2008. 183 f. Tese (Doutorado). Faculdade de Direito da Universidade de São Paulo, USP, São Paulo, 2008.

(203) CAHALI, Francisco José. *Curso de arbitragem*. São Paulo: Editora Revista dos Tribunais, 2015. p. 81-2.

(204) MIELE, Aluísio de Freitas. *A arbitragem como instrumento de política pública de defesa da concorrência*. 2019. 230 f. Dissertação (Mestrado). Faculdade de Direito de Ribeirão Preto, Universidade de São Paulo (USP), Ribeirão Preto, 2019. p. 118-9.

É o que faz, por exemplo, a Lei n. 10.406, de 10 de janeiro de 2002 — o Código Civil de 2002 — que estabelece, em seu artigo 11, que os direitos da personalidade são intransmissíveis e irrenunciáveis, não podendo o seu exercício sofrer limitação voluntária, ou ainda o artigo 1.707, que prevê a possibilidade de não exercício vedando, porém, a possibilidade de renunciar ao direito a alimentos, determinando que o respectivo crédito é insuscetível de cessão, compensação ou penhora.(205) Na prática, contudo, permite-se que esses direitos normativamente determinados como indisponíveis sejam tratados como disponíveis no caso concreto. Exemplifica o sempre presente Aluísio de Freitas Miele que isso é facilmente observado quando uma vítima de calúnia não procura a justiça para se defender de quem lhe ofende, ou ainda quando uma mãe, responsável pelo exercício dos direitos do menor de idade, não exige alimentos do pai.(206) Conclui Leonardo de Faria Beraldo que, mesmo "que se leve em consideração a indisponibilidade como legalmente determinada, seus efeitos patrimoniais podem ser objetos de apreciação pela arbitragem".(207)

Essa interpretação não enseja a alteração da natureza da ordem pública e nem do interesse público, nem mesmo significa a disposição do direito regulamentado como indisponível. Para Ana Luíza Nery, em outra importante tese sobre o tema, "a indisponibilidade não é um conceito absoluto, sendo possível sua relativização caso a caso". O que deve prevalecer "é garantia da ordem pública e o alcance do interesse público efetivando os objetivos de um determinado direito, mesmo que regulamentado como indisponível, sem afrontá-lo", completa a autora.(208)

No que diz respeito ao Direito do Trabalho, essa perspectiva se revela em toda a sua plenitude, pois, uma vez extinto o contrato laboral, os direitos eventualmente violados convertem-se, na maioria das vezes, em direitos de

(205) Artigo 11. Com exceção dos casos previstos em lei, os direitos da personalidade são intransmissíveis e irrenunciáveis, não podendo o seu exercício sofrer limitação voluntária. [...] Artigo 1.707. Pode o credor não exercer, porém lhe é vedado renunciar o direito a alimentos, sendo o respectivo crédito insuscetível de cessão, compensação ou penhora. BRASIL. Lei n. 10.406, de 10 de janeiro de 2002. *Institui o Código Civil.* Disponível em: http://www.planalto.gov.br/ccivil_03/leis/2002/l10406compilada.htm. Acesso em: 20 abr. 2022.

(206) MIELE, Aluísio de Freitas. *A arbitragem como instrumento de política pública de defesa da concorrência.* 2019. 230 f. Dissertação (Mestrado). Faculdade de Direito de Ribeirão Preto, Universidade de São Paulo (USP), Ribeirão Preto, 2019. p. 119.

(207) BERALDO, Leonardo de Faria. *Curso de arbitragem*: nos termos da Lei n. 9.307/96. São Paulo: Editora Atlas, 2014. p. 13-4.

(208) NERY, Ana Luíza. *O que é interesse público numa sociedade complexa e plural não pode ser definido abstratamente, pois a velocidade das mudanças sociais e as particularidades de cada caso podem rapidamente tornar inadequadas as soluções pensadas casuisticamente pelo legislador.* 2015. 408 f. Tese (Doutorado). Pontifícia Universidade Católica de São Paulo (PUC), São Paulo, 2015. p. 132.

crédito, que passam a estar contidos dentro do conjunto de direitos disponíveis das partes, sejam como direitos patrimoniais, sejam como reflexos patrimoniais de direitos anteriormente indisponíveis, como elucida João Renda Leal Fernandes.(209) Concorda com essa interpretação Francisco José Cahali, para quem a disponibilidade no Direito Laboral é evidente após o encerramento do vínculo. Trata-se, segundo o autor, "de mera repercussão patrimonial decorrente da relação de emprego".(210)

O Decreto-Lei n. 4.657, de 04 de setembro de 1942 — antiga Lei de Introdução ao Código Civil, atual Lei de Introdução às Normas do Direito Brasileiro — com alterações trazidas pela Lei n. 12.376, de 30 de dezembro de 2010(211) e pela Lei n. 13.655, de 25 de abril de 2018(212), estabelece, em seu artigo 20, que nas esferas administrativa, controladora e judicial, não se decidirá com base em valores jurídicos abstratos sem que sejam consideradas as consequências práticas da decisão.(213) O que prevalece é a funcionalidade e a efetividade na resolução de um conflito que envolva o direito ou o bem em disputa. De fato, como acredita Priscila Faricelli de Mendonça o que é indisponível é o dever do estado de agir no interesse da sociedade e de acordo com os princípios constitucionais vigentes.(214)

Diego Franzoni lembra ainda que parte da doutrina defende a derrogação tácita do artigo 1º da Lei n. 9.307, de 23 de setembro de 1996 — a Lei de Arbitragem — operada pelos artigos 851 e 852 da Lei n. 10.406, de 10 de janeiro de 2002 — o Código Civil — por tratar-se de disposição posterior.(215)

---

(209) FERNANDES, João Renda Leal. A arbitragem em conflitos individuais trabalhistas: uma interpretação constitucional e lógico-sistemática do artigo 507-A da CLT. *Revista eletrônica do Tribunal Regional do Trabalho da Bahia*, ano VII, n. 10, outubro de 2018, p. 93.

(210) CAHALI, Francisco José. *Curso de arbitragem:* mediação e conciliação. São Paulo: Editora Thomson Reuters Brasil, 2018.

(211) BRASIL. Lei n. 12.376, de 30 de dezembro de 2010. Altera a ementa do Decreto-Lei n. 4.657, de 4 de setembro de 1942. Disponível em: http://www.planalto.gov.br/ccivil_03/_Ato2007-2010/2010/Lei/L12376.htm#art2. Acesso em: 21 out. 2022.

(212) BRASIL. Lei n. 13.655, de 25 de abril de 2018. Inclui no Decreto-Lei n. 4.657, de 4 de setembro de 1942 (Lei de Introdução às Normas do Direito Brasileiro), disposições sobre segurança jurídica e eficiência na criação e na aplicação do direito público. Acesso em: http://www.planalto.gov.br/ccivil_03/_Ato2015-2018/2018/Lei/L13655.htm#art1. Acesso em: 21 out. 2022.

(213) **Artigo 20.** Nas esferas administrativa, controladora e judicial, não se decidirá com base em valores jurídicos abstratos sem que sejam consideradas as consequências práticas da decisão. BRASIL. Decreto-Lei n. 4.657, de 04 de setembro de 1942. *Lei de introdução às normas do direito brasileiro.* Disponível em: http://www.planalto.gov.br/ccivil_03/decreto-lei/del4657.htm. Acesso em: 21 out. 2022.

(214) MENDONÇA, Faricelli de Mendonça. Arbitragem e transação tributárias. Brasília, Distrito Federal: *Gazeta Jurídica*, 2014. p. 212.

(215) **Artigo 1º** As pessoas capazes de contratar poderão valer-se da arbitragem para dirimir litígios relativos a direitos patrimoniais disponíveis. BRASIL. Lei n. 9307, de 23 de setembro de

Ao discorrer no artigo 851 sobre a possibilidade de compromisso, judicial ou extrajudicial, para resolver litígios entre pessoas que podem contratar e, ao vedar, no artigo 852, o compromisso para solução de questões de estado, de direito pessoal de família e de outras que não tenham caráter patrimonial, o legislador, em momento algum, faz referência expressa à disponibilidade como um critério da arbitrabilidade[(216)].

Nessa esteira, Aluísio de Freitas Miele desenvolve a teoria lembrando que, assim como é no direito alemão, belga, suíço e português, o direito brasileiro também teria adotado como único critério o patrimonial[(217)] que prevalece mesmo diante da alteração advinda da sanção da Lei n. 13.129 de 26 de maio de 2015 que alterou o § 1º do artigo 1º da Lei n. 9.307, de 23 de setembro de 1996[(218)] — a Lei de Arbitragem — que estabelece para a administração pública direta e indireta a possibilidade de utilizar-se da arbitragem para dirimir conflitos relativos a direitos patrimoniais disponíveis pois, como destaca o autor, essa disposição atinge apenas as entidades públicas, como explica André Luís Monteiro.[(219)]

A inclusão do artigo 507-A no Decreto-Lei n. 5.452, de 1º de maio de 1943 — a Consolidação das Leis do Trabalho (CLT) — que autorizara o uso da arbitragem para as relações individuais de trabalho, desde que o empregado receba remuneração superior a duas vezes o limite máximo do salário de contribuição estipulado na legislação previdenciária e que a instauração da arbitragem se dê por sua iniciativa ou mediante a sua expressa concordância — o chamado empregado hipersuficiente — reacendeu o estopim do

---

1996. *Dispõe sobre arbitragem*. Disponível em: http://www.planalto.gov.br/ccivil_03/leis/l9307.htm. Acesso em: 21 out. 2022. Artigo 851. É admitido compromisso, judicial ou extrajudicial, para resolver litígios entre pessoas que podem contratar. Artigo 852. É vedado compromisso para solução de questões de estado, de direito pessoal de família e de outras que não tenham caráter estritamente patrimonial. BRASIL. Lei n. 10.406, de 10 de janeiro de 2002. *Institui o Código Civil*. Acesso em: http://www.planalto.gov.br/ccivil_03/leis/2002/l10406compilada.htm. Acesso em: 21 out. 2022.

(216) FRANZONI, Diego. *Arbitragem societária*. São Paulo: Editora Revista dos Tribunais, 2015. p. 106.

(217) MIELE, Aluísio de Freitas. *A arbitragem como instrumento de política pública de defesa da concorrência*. 2019. 230 f. Dissertação (Mestrado). Faculdade de Direito de Ribeirão Preto, Universidade de São Paulo (USP), Ribeirão Preto, 2019. p. 120.

(218) **Artigo 1º** As pessoas capazes de contratar poderão valer-se da arbitragem para dirimir litígios relativos a direitos patrimoniais disponíveis. § 1º A administração pública direta e indireta poderá utilizar-se da arbitragem para dirimir conflitos relativos a direitos patrimoniais disponíveis. BRASIL. Lei n. 9307, de 23 de setembro de 1996. *Dispõe sobre arbitragem*. Disponível em: http://www.planalto.gov.br/ccivil_03/leis/l9307.htm. Acesso em: 21 out. 2022.

(219) MONTEIRO, André Luís. Algumas questões sobre a recente decisão do STJ na arbitragem Petrobrás versus ANP: princípio da competência-competência, arbitrabilidade e a Convenção de Nova Iorque. *Revista de Arbitragem e mediação*, vol. 15, n. 57. p. 57-98, abr./jun. 2018, p. 61-2.

debate em torno do princípio da indisponibilidade dos direitos oriundos das relações de trabalho.(220)

Sobre esse assunto, não se pode negar que, apesar de todos os problemas que se pode apontar na Lei n. 13.467, de 13 de julho de 2017(221) — a Reforma Trabalhista — é positiva, pois reconhece, para o bem ou para o mau, a disponibilidade do direito, ainda que voltada para uma situação pontual — o chamado trabalhador hipersuficiente — como bem destaca Francisco José Cahali.(222)

---

(220) **Artigo 507-A.** Nos contratos individuais de trabalho cuja remuneração seja superior a duas vezes o limite máximo estabelecido para os benefícios do Regime Geral de Previdência Social, poderá ser pactuada cláusula compromissória de arbitragem, desde que por iniciativa do empregado ou mediante a sua concordância expressa, nos termos previstos na Lei n. 9.307, de 23 de setembro de 1996. BRASIL. Decreto-Lei n. 5.452, de 1º de maio de 1943. *Institui a Consolidação das Leis do Trabalho.* Disponível em: http://www.planalto.gov.br/ccivil_03/decreto-lei/del5452.htm. Acesso em: 09 set. 2022.

(221) BRASIL. Lei n. 13.467, de 13 de julho de 2017. *Altera a Consolidação das Leis do Trabalho (CLT), aprovada pelo Decreto-Lei n. 5.452, de 1º de maio de 1943, e as Leis n º 6.019, de 3 de janeiro de 1974, 8.036, de 11 de maio de 1990, e 8.212, de 24 de julho de 1991, a fim de adequar a legislação às novas relações de trabalho.* Disponível em: http://www.planalto.gov.br/ccivil_03/_ato2015-2018/2017/lei/l13467.htm. Acesso em: 23 abr. 2021.

(222) "Aliás, esta posição é bem marcada na Reforma Trabalhista pela qual, em diversas passagens, e como princípio orientador das modificações, prestigia a flexibilidade das regras em prestígio às negociações entre as partes (individuais e/ou coletivas), preservados evidentemente as garantias constitucionais". CAHALI, Francisco José. *Curso de arbitragem:* mediação e conciliação. São Paulo: Editora Thomson Reuters Brasil, 2018.

Capítulo II

O Princípio da Proteção, a Flexibilização das Condições de Trabalho e a Reforma Trabalhista

Sumário: 1. A índole de proteção do Direito do Trabalho; **2.** O caráter jurídico do princípio da proteção do trabalhador; **3.** A flexibilização das condições de trabalho; **4.** A flexibilização das condições de trabalho e o princípio da proteção; **5.** A reforma trabalhista como proposta de flexibilização; **5.1.** A reforma trabalhista na omissão do Senado Federal; **5.2.** A reforma trabalhista que realmente foi questionada no Supremo Tribunal Federal.

1. A índole de proteção do Direito do Trabalho

Apresentado por Américo Plá Rodriguez como "o critério fundamental que orienta o Direito do Trabalho, pois este, ao invés de inspirar-se em um propósito de igualdade, responde ao objetivo de se estabelecer um amparo preferencial a uma das partes" — o empregado — o princípio da proteção representa a correção da desigualdade econômica — que faz "a correlação de forças pender para o empregador — por meio do estabelecimento de uma outra assimetria — a jurídica — como bem explica o autor".(223)

No final do século XIX, com o processo de industrialização e o crescimento das cidades e, consequentemente, da população prestando serviços nas fábricas, foi possível perceber que o Direito Civil não apresentava efetividade diante dos conflitos que surgiam como decorrência da nova realidade que despontava. Evaristo de Morais já destacava que as "consequências iniludíveis e tremendas da liberdade de trabalho indicam a necessidade de

(223) RODRIGUEZ, Américo Plá. *Princípios de direito do trabalho.* Tradução de Wagner Giglio. São Paulo: Editora Legislação Trabalhista e Editora da Universidade de São Paulo, 1978. p. 28.

regular-se, no interesse do trabalhador, e sem prejuízo do industrial, as condições em que aquele vender a este seu esforço consciente".[224] Assim, em pleno momento de valorização do contrato primando pelo reconhecimento da igualdade e da liberdade das partes para estabelecer as próprias condições laborais, afastando-se o estado das relações trabalhistas, surgiram as primeiras manifestações no sentido de que o estado produzisse normas com o intuito de tutelar o contratado que, reconhecidamente, não dispõe de igualdade de forças quando comparado ao contratante.

Nessa esteira, ainda na lição de Evaristo de Morais, era "preciso admitir e legalizar, até, as maiores minuciosidades, conforme as indústrias e as circunstâncias do lugar". Ainda segundo o autor, o contrato laboral fixava três condições, a saber: *(i)* o preço do trabalho ou taxa do salário; *(ii)* a duração do trabalho e *(iii)* a qualidade do trabalho".[225] Ganha substância, destarte, um dos princípios basilares do Direito Laboral – o princípio da proteção – para compensar a disparidade econômica do empregado perante seu empregador, interferindo o estado por meio da edição de normas que restabelecem o equilíbrio entre as partes.

A ideia de uma proteção pura e simples do contratado em sua relação com o contratante, socialmente beneficiado pela figura do chamado estado-providência e que guarda relação com a igualdade compensatória do princípio protetivo, fornece a impressão de que, "através de medidas protetoras e da modificação das estruturas sociais, o Direito do Trabalho promove a melhoria das condições do empregado", como ressalta Octávio Bueno Magano.[226] Na verdade, entendidas as leis laborais como o resultado da intermediação do estado para reprimir a luta de classes, como bem ensina Américo Plá Rodriguez, faz-se necessário reconhecer "o aspecto emancipatório das reivindicações operárias que tiveram como consequência justamente a construção de todo um arcabouço jurídico sobre o tema".[227]

Há ainda uma preocupação centrada na necessidade de coordenação entre o capital e o trabalho, cujos relevos mostram-se bastante acentuados no contexto sempre atual de redefinição do papel do estado, ensejando questionamentos acerca desse caráter protetivo das normas trabalhistas e de sua legitimidade dentro das relações sociais, ou seja, "há muito tempo que se quer

(224) MORAIS, Evaristo de. *Apontamentos do direito operário.* São Paulo: Editora Legislação Trabalhista, 1986. p. 09.

(225) MORAIS, Evaristo de. *Apontamentos do direito operário.* São Paulo: Editora Legislação Trabalhista, 1986. p. 09.

(226) MAGANO, Octávio Bueno. *Manual de direito do trabalho.* Direito tutelar do trabalho. São Paulo: Editora Legislação Trabalhista, 1992. vol. IV, p. 10-11.

(227) RODRIGUEZ, Américo Plá. *Princípios de direito do trabalho.* Tradução de Wagner Giglio. São Paulo: Editora Legislação Trabalhista e Editora da Universidade de São Paulo, 1978. p. 28-9.

dar ênfase à existência da crise do Direito do Trabalho", como já apontava Amauri Mascaro Nascimento, cuja consequência é a restrição do direito dos obreiros segundo as necessidades econômicas do momento, daí surgindo a ideia de flexibilização das condições de trabalho, cuja tônica centra-se na redefinição das formas jurídicas do contrato laboral — como o temporário e o realizado em domicílio — e em espécies de subcontratação derivadas de relações triangulares de trabalho por empresas interpostas, ou ainda o trabalho intermitente — o que significa a completa alteração na forma tradicional de prestação laboral com influência sobre a jornada de trabalho — no tocante à duração e metas — e também sobre a produção do trabalhador — quanto à forma de organização e a ordem hierárquica.(228)

A partir do momento em que as entidades sindicais, os operários e suas reivindicações foram reapresentados como nocivas ao interesse público, coube ao estado intervir e regulamentar suas diversas formas de manifestação. Em virtude do ideário liberal de intervenção mínima nas relações sociais — doutrina esta retomada no Brasil durante o governo do ex-Presidente da República Jair Messias Bolsonaro (PL-RJ) — o estado problematiza de forma demasiada os aspectos laborais, como se o Direito do Trabalho fosse a causa para todos os males que impedem o desenvolvimento econômico do país. Esse enfoque é acompanhado de perplexidade pelos direitos garantidos aos empregados, os quais, alega-se, oneram em muito aos empregadores, estimulando-se a autonomia individual como forma de garantir a isonomia das partes numa autêntica volta ao Direito Civil.(229)

Nessa esteira, Mário Antônio Lobato de Paiva, alega que o modelo de Direito Laboral, "assegurando um acréscimo de tutela dos trabalhadores, tem sido acusado de constituir fator de rigidez do mercado de emprego e da alta de custo do trabalho e, dessa medida, de contribuir para o decréscimo dos níveis de emprego". Ressalta o autor que é por esse motivo que as legislações tendam hoje para a flexibilização, admitindo-se a mobilidade, a suspensão e até mesmo a cessação dos contratos de trabalho, atendendo a uma expectativa de adaptação conjuntural, não apenas às crises econômicas, mas também às consequências de um mercado sem fronteiras e de uma linha de produção espalhada por todo o globo.(230)

---

(228) NASCIMENTO, Amauri Mascaro. *Iniciação ao direito do trabalho*. São Paulo: Editora Legislação Trabalhista, 1999. p. 42.

(229) NASCIMENTO, Amauri Mascaro. *Iniciação ao direito do trabalho*. São Paulo: Editora Legislação Trabalhista, 1999. p. 42-3.

(230) "Fala-se ao mesmo tempo de 'desregulamentação', ou seja, da progressiva supressão de regras imperativas, com o correspondente alargamento da liberdade de estipulação. Verifica-se um significativo recuo da força imperativa das leis do trabalho, admitindo-se que as convenções coletivas se adaptem com vista a setores ou empresas em crise. Em suma, a legislação do trabalho está mais aberta à economia e às necessidades de adaptação conjuntural". PAIVA,

O que se observa historicamente, segundo José Eduardo Faria é "a dialética perversa entre o capital e o trabalho, no sentido de impor aos empregados os riscos da atividade econômica juntamente aos empregadores", numa sobreposição de papéis, conforme a pressão que o empresariado exerça sobre as instituições estatais.(231) "O progresso econômico, dentro dessa lógica, encontra-se intimamente ligado à concepção do trabalho como mercadoria", enfatiza ainda José Eduardo Faria. (232)

É certo que, nesses tempos de vacas magras, já se vislumbra no horizonte a transformação do Direito Laboral, cujo conteúdo axiológico mais importante é a valorização da atividade obreira, para um Direito do Trabalho que organize tão somente a vida econômica da sociedade. Pode-se defender, por conseguinte, a atribuição de um novo conteúdo ao Direito Laboral, revelando que o princípio da proteção presente por meio de suas formas de concretização — as regras: *(i)* na dúvida, pelo empregado; *(ii)* aplicação da norma mais favorável; e *(iii)* condição mais benéfica — além dos outros princípios propostos, segundo Américo Plá Rodriguez não foram os inspiradores do Direito do Trabalho, "de forma que poderá haver uma mudança de posicionamento legislativo e portanto, normativo, segundo determinada concepção ideológica ou política em vigor, que resolva recontar a história numa verdadeira distopia".(233)

O reconhecimento pelo estado da organização sindical brasileira não ocorreu de forma pacífica. As associações dos trabalhadores do período denominado anarcossindicalismo tornaram-se atreladas à vida oficial após a edição do Decreto-Lei n. 5.452, de 1º de maio de 1943 — a Consolidação das Leis do Trabalho(234) — resultado de treze anos de debates e de discussões após a instalação do chamado Estado Novo por Getúlio Dornelles Vargas no dia 10 de novembro de 1937, caracterizadas pela ingerência estatal na vida das organizações profissionais.(235) O movimento sindical forçou o reconhecimento

Mário Antônio Lobato de. Flexibilização e desregulamentação. *Revista de Informação Legislativa*, ano 37, n. 147, Brasília, 2000, p. 107.

(231) FARIA, José Eduardo Campos de Oliveira. Positivismo *versus* jusnaturalismo: um falso dilema. In: SOUSA JÚNIOR, José Geraldo. *Introdução crítica ao direito*. Série o direito achado na rua, volume 01, Universidade de Brasília: Brasília, 1988. p. 19-22. p. 21-2.

(232) *Ibidem*, p. 22.

(233) RODRIGUEZ, Américo Plá. *Princípios de direito do trabalho*. Tradução de Wagner Giglio. São Paulo: Editora Legislação Trabalhista e Editora da Universidade de São Paulo, 1978. p. 28-9.

(234) BRASIL. Decreto-Lei n. 5.452, de 1º de maio de 1943. *Aprova a Consolidação das Leis do Trabalho* (CLT). Disponível em: http://www.planalto.gov.br/ccivil_03/decreto-lei/del5452.htm. Acesso em: 05 set. 2022.

(235) "A Consolidação das Leis do Trabalho, com seus minuciosos 922 artigos, representava um inegável avanço em relação ao período republicano anterior, no qual as relações entre o capital e o trabalho eram encaradas como uma questão de polícia e os empregados ficavam à mercê

de sua autonomia, pressionando politicamente para que ocorresse a abertura democrática no país. Nesse sentido, Arion Sayão Romita, ressalta que o "reconhecimento da licitude do associacionismo profissional não foi uma dádiva do estado" e os obreiros foram os protagonistas na luta contra a opressão representada pelas condições de trabalho a que estavam todos submetidos, desmitificando o aspecto caricato e desfocado da intervenção estatal.(236)

A função de "autodefesa do próprio estado", segundo Carlos Alberto Barata Silva "fica a descoberto e a concepção de caráter paternalista atribuída ao aparato estatal torna-se ingênua", se for considerada a sociedade em que se vive e se for observado que a intervenção do estado por meio das normas laborais nada mais representa do que uma nova forma de organização da classe trabalhadora, sempre sob as mais diversas denominações — revolução industrial, de início, à qual se atrela o surgimento do Direito do Trabalho apenas às conquistas tecnológicas do período, e segunda revolução industrial, ou nova forma de organização dos métodos produtivos, consoante a gama de modificações implantadas pelas empresas ao aderirem ao toyotismo, sob a propalada terceira revolução industrial ancorada no desenvolvimento tecnológico que leva à automação da produção.(237)

O sistema capitalista adotado não deixa dúvidas sobre o "antagonismo básico, ínsito a ele", com bem destaca Aryon Saion Romita.(238) "Os objetivos perseguidos pelos interlocutores sociais não são comuns e o estado intervém por meio das normas laborais para limitar as posições opostas que possam tornar insuportável a superposição evidente da classe empregadora sobre a empregada".(239)

No entanto, quando a concepção de estado social cede àquela do estado mínimo, são incentivados, como nunca, os acordos diretos por meio dos contratos coletivos, de modo a dar a impressão de que a não intervenção estatal levaria, finalmente, ao crescimento econômico por meio da legitimação da negociação entre as partes. No discurso encetado, a denominada flexibilização das condições de trabalho passa a ser a alavanca do desenvolvimento e a paridade de armas parece um conceito mais do que superado. Segundo

---

das arbitrariedades dos patrões, sem praticamente nenhuma legislação que lhes assegurasse os direitos básicos". NETO, Lira. *Getúlio* — do governo provisório à ditadura do estado novo (1930-1945). São Paulo: Editora Companhia das Letras, 2013. p. 443.

(236) ROMITA, Arion Sayão. *Sindicalismo, economia, estado democrático*: estudos. São Paulo: Editora Legislação Trabalhista, 1993. p. 76.

(237) SILVA, Carlos Alberto Barata. *Compêndio de direito do trabalho*. São Paulo: Editora Legislação Trabalhista, 1986. p. 41-2.

(238) ROMITA, Arion Sayão. *Sindicalismo, economia, estado democrático:* estudos. São Paulo: Editora Legislação Trabalhista, 1993. p. 76.

(239) *Idem*.

Boaventura de Sousa Santos, "a flexibilização das relações de produção significa invariavelmente a precarização da relação salarial, enquanto que a flexibilização nas relações de produção pode significar enriquecimento e maior autonomia do processo de trabalho".[(240)]

Como assevera Arnaldo Süssekind, o Direito Laboral nasceu, é e será intervencionista, visando a limitar, com normas imperativas, a autonomia da vontade numa relação jurídica entre as partes desiguais econômica e socialmente", mas o autor ressalva que o "intervencionismo se reduz na razão inversa do fortalecimento das associações sindicais, em termos nacionais, mas impõe, pelo menos, um nível mínimo de proteção ao trabalhador, abaixo do qual não se concebe a dignidade humana.[(241)]

Um novo conteúdo ao Direito do Trabalho — quando já não mais interessam princípios como o da proteção — está em gestação no Brasil. Os regulamentos de empresa, as convenções coletivas e os acordos coletivos são exemplos de autorregulação amplamente difundidos, mas para sua utilização não há necessidade de que sejam abolidas conquistas sociais já consolidadas, por meio de disposições prejudiciais aos trabalhadores nos contratos, nos quais se pretende a renúncia a seus direitos. É importante, para uma análise mais precisa neste momento, ser destacada a importância do princípio da proteção no Direito Laboral.

2. O caráter jurídico do princípio da proteção do trabalhador

Ensina Sérgio Pinto Martins[(242)] que os princípios exercem uma série de incumbências no ordenamento jurídico: *(i)* a função informadora do princípio, que transpõe todo o sistema normativo com sua carga valorativa e se impõe como elemento norteador do processo legislativo; *(ii)* a função normativa do princípio, que é inerente à sua própria natureza jurídica, na medida em que a reafirma como norma, embora dotadas de maior abstração, quando necessárias ao preenchimento de lacunas no arcabouço jurídico; e *(iii)* a função interpretativa ou integrativa do princípio, que acarreta sua observação na tentativa de extração do sentido da norma, mencionada pelo artigo 8º do Decreto-Lei n. 5.452, de 1º de maio de 1943 — a Consolidação das Leis do

(240) SANTOS, Boaventura de Sousa. *Teses para a renovação do sindicalismo em Portugal*. Lisboa, mimeografado. 1995.

(241) SÜSSEKIND, Arnaldo. História da CLT no seu cinquentenário. In: SANTOS, Aloysio. (Coordenador) *A consolidação das leis do trabalho histórica*. Rio de Janeiro: Editora SENAI/ SESI, 1993. p. 34-5.

(242) MARTINS, Sérgio Pinto. *Direito do trabalho*. São Paulo: Editora Atlas, 2016. p. 129.

Trabalho — o qual possibilita a utilização de outros meios de resolução dos conflitos judiciais quando não há tutela por norma específica.(243)

Se for atribuído ao princípio da proteção presente no Direito do Trabalho uma configuração contingente, cuja dependência, segundo Américo Plá Rodriguez obtém-se da "realidade política que, por definição, é cambiante", e desde que represente " a meta a alcançar pelo direito positivo em um país e em um momento determinados"(244), ao explicar as diferenças entre princípios jurídicos e políticos, será correto afirmar que o estado terá a opção de renunciar a ele quando convier a seus dirigentes, sem embargo de atentar para as consequências de seu ato. Se a interpenetração do estado na questão social representa uma postura política, de definição de metas a serem alcançadas com uma finalidade determinada, sua abstenção corresponderá, ato contínuo, a uma nova postura, segundo os moldes liberais, ou seja, o princípio da proteção é dotado de transitoriedade que denuncia os atos políticos determinados de momento, ou se é característica constante e, porque não dizer, inerente do Direito Laboral.

O estado que adota como sistema a economia de mercado precisa constantemente reorganizar a mentalidade dos trabalhadores, buscando sua adaptação às novas formas de produção — ligadas à manipulação dessa massa obreira, que deve permanecer incentivada a manter-se como força assalariada. Karl Marx sustentava que "não basta que haja, de um lado, condições de trabalho sob a forma de capital, e, de outro, seres humanos que nada tem para vender além de sua força de trabalho. Tampouco basta força-los a se venderem livremente".(245)

O desenvolvimento do capitalismo levou, conforme Claus Offe, ao surgimento de uma classe trabalhadora que, por educação, por tradição e por costume, aceita as exigências daquele modo de produção como leis naturais evidentes. A organização do processo produtivo numa economia de mercado, em seu pleno desenvolvimento, quebra toda resistência, a produção contínua de uma superpopulação relativa mantém a lei da oferta e da procura de trabalho

---

(243) **Artigo 8º.** As autoridades administrativas e a Justiça do Trabalho, na falta de disposições legais ou contratuais, decidirão, conforme o caso, pela jurisprudência, por analogia, por equidade e outros princípios e normas gerais de direito, principalmente do Direito do Trabalho, e, ainda, de acordo com os usos e costumes, o direito comparado, mas sempre de maneira que nenhum interesse de classe ou particular prevaleça sobre o interesse público. BRASIL. Decreto-Lei n. 5.452, de 1º de maio de 1943. *Aprova a Consolidação das Leis do Trabalho.* Disponível em: http://www.planalto.gov.br/ccivil_03/decreto-lei/del5452.htm. Acesso em: 05 set. 2022.

(244) RODRIGUEZ, Américo Plá. *Princípios de direito do trabalho.* Tradução de Wagner Drdla Giglio. São Paulo: Editora Legislação Trabalhista e Editora da Universidade de São Paulo, 1978. p. 28-9.

(245) MARX, Karl. *O capital:* crítica da economia política: o processo de produção do capital, livro I, tradução Reginaldo Sant'Anna. Rio de Janeiro: Editora Bertrand Brasil, 1996. vol. 02, p. 854.

e, portanto, o salário, em harmonia com as necessidades de expansão deste sistema, e a coação das relações econômicas consolida o domínio do empregador sobre o empregado.[246] Ainda constata Claus Offe que a socialização do trabalho assalariado, como forma de mercadoria, não pode ser explicada tão somente pela "coerção muda das relações econômicas", mas também pelo papel de sanção desempenhado pelo estado. Portanto, a mola que dá impulso ao capitalismo é a manutenção da força de trabalho assalariado e a sua conversão em mercado consumidor.[247]

Se se assentir que os princípios jurídicos são "critérios formais aplicáveis em geral, em qualquer circunstância de lugar e tempo" segundo Américo Plá Rodriguez, conclui-se que o princípio da proteção, ora em relevo, reveste-se de juridicidade, já que constitui em pressuposto lógico necessário para a manutenção das relações de emprego, a fim de que sejam resguardadas as condições — a tão propalada paridade de armas — para que a prestação laboral não se transforme em escravidão.[248]

O princípio da proteção do obreiro, inspirador do Direito do Trabalho, consubstancia-se em principio jurídico, por corresponder ao conteúdo intrínseco das normas laborais. Sua existência, todavia, será sempre questionada pela queda de braço representada pelas forças antagônicas do mercado — o capital *versus* o trabalho — como se fora determinada pelas circunstâncias conjunturais do momento. Assim, o princípio da proteção "terá maior ou menor aceitação ou maior ou menor gravitação, segundo a escala de valores vigente em determinada circunstância histórica", como bem resume Américo Plá Rodriguez.[249]

3. A flexibilização das condições de trabalho

O modelo clássico de vínculo laboral, como lembra Arion Sayão Romita, pressupõe a contratação do empregado por um único empregador, em turno completo, com caráter estável e permanente, usufruindo de vantagens adquiridas em função da antiguidade e da qualificação profissional adquirida.[250]

A reestruturação do capital, contudo, redimensionou as organizações, levando ao rompimento das fronteiras nacionais, provocando uma readequação

(246) OFFE, Claus. *Problemas estruturais no estado capitalista*. Rio de Janeiro: Editora Tempo Brasileiro, 1984. p. 20.

(247) *Idem*.

(248) RODRIGUEZ, Américo Plá. *Princípios de direito do trabalho,* tradução de Wagner Giglio. São Paulo: Editora Legislação Trabalhista e Editora da Universidade de São Paulo, 1978. p. 22.

(249) *Ibidem*, p. 28-9.

(250) ROMITA, Arion Sayão. *Sindicalismo, economia, estado democrático:* estudos. São Paulo: Editora Legislação Trabalhista, 1993. p. 24.

no mercado de trabalho. A internacionalização da produção industrial possibilita a contratação de pessoal em qualquer lugar do globo, desde que se mostre economicamente mais vantajoso. Os salários são mantidos baixos, graças ao enorme contingente de mão de obra reserva existente no planeta, somado à impossibilidade de uma oposição eficaz por parte dos sindicatos, limitados em seu poder às divisas fronteiriças dos estados, propiciando, destarte, maiores lucros às empresas. Uma outra consequência é o desaparecimento dos empregos em um mundo onde as organizações conseguem produzir mais criando menos postos de trabalho. A tecnologia — talvez a maior das contradições deste momento — gera ganhos significativos de produtividade e de qualidade, mas, leva, como explica Leonardo Silva, à readaptação, ao exercício de outra função ou, com maior frequência, ao desemprego.[(251)]

Nessa esteira, Maurício Azevedo de Araújo, Renata Queiroz Dutra e Selma Cristina Silva de Jesus expõem que, a crise do modelo de regulação do trabalho estabelecido pelo estado de bem-estar social, proporcionou "a criação de condições objetivas e subjetivas para a reação do capital, que se expressou através do neoliberalismo, da reestruturação produtiva e da mundialização" que conduziram a um novo padrão de desenvolvimento da economia de mercado, promovendo um novo modo de organização laboral "pautado na flexibilização das estruturas produtivas e salariais e no desmantelamento da proteção social".[(252)]

Em razão dessas alterações determinadas pelo processo de globalização e implementadas no campo das relações entre o empregado e o empregador, surge a discussão acerca da flexibilização das condições de trabalho[(253)], que propicia o rápido ajustamento do complexo normativo laboral às mudanças decorrentes das flutuações ocorridas na economia, evoluções tecnológicas ou quaisquer outras transformações que requeiram imediata adequação da norma jurídica, como bem enumera Arion Sayão Romita.[(254)]

---

(251) SILVA, Leonardo. *Capital e trabalho*. Síntese trabalhista, n. 101. p. 136-146, nov. 1997. p. 138-9.

(252) ARAÚJO, Maurício Azevedo de; DUTRA, Renata Queiroz; JESUS, Selma Cristina Silva de. Neoliberalismo e flexibilização da legislação trabalhista no Brasil e na França. *Caderno do CEAS*, n. 242, Salvador/Recife, set./dez. 2017, p. 558-581, p. 560.

(253) Nesse mesmo sentido, Sérgio Pinto Martins, destaca que "não há que se falar em flexibilização do Direito do Trabalho, mas sim das condições e das regras que devem ser observadas em relação ao pacto laboral, visto que o objetivo do Direito do Trabalho não é ser flexível, mas buscar melhores condições laborais". MARTINS, Sérgio Pinto. *Flexibilização das condições de trabalho*. São Paulo: Editora Atlas, 2015. p. 13.

(254) ROMITA, Arion Sayão. *Sindicalismo, economia, estado democrático:* estudos. São Paulo: Editora Legislação Trabalhista, 1993. p. 10.

Sérgio Pinto Martins ao introduzir o debate em torno do assunto, destaca a existência de uma polarização em torno do tema, relatando que para uns "a flexibilização é um anjo, para outros, o demônio".(255) E complementa explicando que "para certas pessoas é a forma de salvar a pátria dos males do desemprego, para outras é uma forma de destruir tudo aquilo que o obreiro conquistou em séculos de reivindicações, que apenas privilegiam os interesses do capital".(256)

Na doutrina acerca do tema, Cláudia Coutinho Stephan destaca que a flexibilização das condições de trabalho "está ligada à ideia de adaptabilidade às situações fáticas, simbolizando a primazia da realidade".(257) E Sérgio Pinto Martins, por sua vez, esclarece que a flexibilização das condições de trabalho consubstancia-se em "um conjunto de regras que objetivam instituir mecanismos tendentes a compatibilizar as mudanças econômicas, tecnológicas, políticas e sociais existentes nas relações entre o capital e o trabalho".(258)

Ainda lembra Cláudia Coutinho Stephan que não se deve confundir o processo de flexibilização das condições de trabalho com a desregulamentação do Direito Laboral. Enquanto que o primeiro movimento pretende adaptar a aplicação da legislação às particularidades, significando conciliar a fonte autônoma — as leis — e a fonte heterônoma — negociação entre as partes —, o segundo fluxo é marcado pela ausência de intervenção estatal nas relações trabalhistas.(259)

Nessa mesma perspectiva, também destaca Sérgio Pinto Martins que, a desregulamentação se caracteriza pela ausência de intervenção nas relações laborais, retirando do estado a proteção do emprego, enquanto que a flexibilização das condições de trabalho se apresenta como um movimento que busca diminuir a interferência, mas garantindo um mínimo indispensável de proteção do obreiro.(260) Assim sendo, pode-se considerar que a flexibilização das condições de trabalho corresponde a uma adaptação dos princípios da

---

(255) MARTINS, Sérgio Pinto. Flexibilização das normas trabalhistas. Orientador trabalhista. *Suplemento de legislação, jurisprudência e doutrina*, n. 11, p. 03-6, out. 1997, p. 03.

(256) MARTINS, Sérgio Pinto. *Flexibilização das condições de trabalho*. São Paulo: Editora Atlas, 2015. p. 13.

(257) STEPHAN, Cláudia Coutinho. *Relações individuais de trabalho*. São Paulo: Editora Legislação Trabalhista, 1998. p. 35.

(258) MARTINS, Sérgio Pinto. *Flexibilização das condições de trabalho*. São Paulo: Editora Atlas, 2015. p. 36-7.

(259) STEPHAN, Cláudia Coutinho. *Relações individuais de trabalho*. São Paulo: Editora Legislação Trabalhista, 1998. p. 35.

(260) MARTINS, Sérgio Pinto. *Flexibilização das condições de trabalho*. São Paulo: Editora Atlas, 2015. p. 36-7.

inderrogabilidade das normas de ordem pública e o da inalterabilidade *in pejus* das condições contratuais ajustadas em favor do obreiro, no intuito de preservar a saúde econômica da empresa e a manutenção de empregos.

Aqueles que estão inseridos no mercado formal debatem-se pela garantia de emprego, melhores salários e condições de trabalho, além de equilíbrio no poder aquisitivo da moeda. Mas o mercado informal, porém, o qual se alastra cada vez mais, é totalmente desregulamentado; não há anotação na Carteira de Trabalho e Previdência Social (CTPS) assinada[(261)], nem Fundo de Garantia por Tempo de Serviço (FGTS)[(262)], nem seguro contra acidentes do trabalho[(263)].

Arion Sayão Romita, explica que o objetivo da flexibilização das condições de trabalho é o de adaptar e de atualizar a legislação laboral por meio: *(a)* da flexibilidade das relações sociais; *(b)* da flexibilidade da estrutura produtiva; e *(c)* da flexibilidade na utilização da força de trabalho.[(264)] As técnicas de flexibilização das condições de trabalho evidenciam: *(i)* a formação profissional, permitindo o exercício de múltiplas funções; *(ii)* a mobilidade interna, possibilitando o desempenho de distintas tarefas; *(iii)* a mobilidade externa, garantindo liberdade para a contratação ou a dispensa; *(iv)* a reorganização do tempo, estabelecendo horários mais flexíveis para a prestação do serviço; *(v)* a nova tipologia contratual, legalizando o trabalho temporário ou precário.

---

(261) **Artigo 29.** O empregador terá o prazo de 5 (cinco) dias úteis para anotar na CTPS, em relação aos trabalhadores que admitir, a data de admissão, a remuneração e as condições especiais, se houver, facultada a adoção de sistema manual, mecânico ou eletrônico, conforme instruções a serem expedidas pelo Ministério da Economia. BRASIL. Decreto-Lei n. 5.452, de 1º de maio de 1943. *Aprova a Consolidação das Leis do Trabalho*. Disponível em: http://www.planalto.gov.br/ccivil_03/decreto-lei/del5452.htm. Acesso em: 05 set. 2022.

(262) **Artigo 2º** O FGTS é constituído pelos saldos das contas vinculadas a que se refere esta lei e outros recursos a ele incorporados, devendo ser aplicados com atualização monetária e juros, de modo a assegurar a cobertura de suas obrigações. BRASIL. Lei n. 8.036, de 11 de maio de 1990. *Dispõe sobre o Fundo de Garantia do Tempo de Serviço e dá outras providências*. Disponível em: http://www.planalto.gov.br/ccivil_03/leis/l8036consol.htm#:~:text=LEI%20N%C2%BA%208.036%2C%20DE%2011%20DE%20MAIO%20DE%201990.&text=Disp%C3%B5e%20sobre%20o%20Fundo%20de,Servi%C3%A7o%2C%20e%20d%C3%A1%20outras%20provid%C3%AAncias.. Acesso em: 22 out. 2022.

(263) **Artigo 2º** Acidente do trabalho é aquele que ocorrer pelo exercício do trabalho a serviço da empresa, provocando lesão corporal ou perturbação funcional que cause a morte, ou perda, ou redução, permanente ou temporária, da capacidade para o trabalho. Brasil. Lei n. 6.367, de 19 de outubro de 1976. *Dispõe sobre o seguro de acidentes do trabalho a cargo do INPS e dá outras providências*. Disponível em: http://www.planalto.gov.br/ccivil_03/leis/l6367.htm#:~:text=LEI%20No%206.367%2C%20DE%2019%20DE%20OUTUBRO%20DE%201976.&text=Disp%C3%B5e%20sobre%20o%20seguro%20de,INPS%20e%20d%C3%A1%20outras%20provid%C3%AAncias.. Acesso em: 22 out. 2022.

(264) ROMITA, Arion Sayão. *Sindicalismo, economia, estado democrático*: estudos. São Paulo: Editora Legislação Trabalhista, 1993. p. 25-6.

Tal modernização pressupõe, ainda, uma flexibilização das condições de trabalho diferenciada, tratando de modo desigual os operários e os altos empregados — a exemplo da inserção da cláusula compromissória nos contratos de trabalho — as grandes e as pequenas organizações — a exemplo do recolhimento diferenciado do Fundo de Garantia de Tempo de Serviço (FGTS). Presume, ademais, a democratização das relações de trabalho no âmbito da própria empresa, com a redução da vocação autoritária patronal e a disposição séria e de boa-fé para as soluções negociadas, sendo tempo para se colocar em prática a representação dos empregados nas empresas, conforme preconizado pelo artigo 11 da Constituição da República Federativa do Brasil de 1988[265], e regulamentado pelos artigos 510-A, 510-B, 510-C e 510-D do Decreto-Lei n. 5.452, de 1º de maio de 1943 — a Consolidação das Leis do Trabalho, incluídos pela Lei n. 13.467, de 13 de julho de 2017 — a Reforma Trabalhista de 2017 — com a finalidade de promover e facilitar o entendimento direto entre os interlocutores dessa relação.[266]

---

(265) **Artigo 11.** Nas empresas de mais de duzentos empregados, é assegurada a eleição de um representante destes com a finalidade exclusiva de promover-lhes o entendimento direto com os empregadores. BRASIL. *Constituição da República Federativa do Brasil de 05 de outubro de 1988.* Disponível em: www2.camara.leg.br/atividade-legislativa/legislacao/constituicao1988. Acesso em: 31 set. 2022.

(266) **Artigo 510-A.** Nas empresas com mais de duzentos empregados, é assegurada a eleição de uma comissão para representá-los, com a finalidade de promover-lhes o entendimento direto com os empregadores. § 1º A comissão será composta: I – nas empresas com mais de duzentos e até três mil empregados, por três membros; II – nas empresas com mais de três mil e até cinco mil empregados, por cinco membros; III – nas empresas com mais de cinco mil empregados, por sete membros. § 2º No caso de a empresa possuir empregados em vários Estados da Federação e no Distrito Federal, será assegurada a eleição de uma comissão de representantes dos empregados por Estado ou no Distrito Federal, na mesma forma estabelecida no § 1º deste artigo. **Artigo 510-B.** A comissão de representantes dos empregados terá as seguintes atribuições: I – representar os empregados perante a administração da empresa; II – aprimorar o relacionamento entre a empresa e seus empregados com base nos princípios da boa-fé e do respeito mútuo; III – promover o diálogo e o entendimento no ambiente de trabalho com o fim de prevenir conflitos; IV – buscar soluções para os conflitos decorrentes da relação de trabalho, de forma rápida e eficaz, visando à efetiva aplicação das normas legais e contratuais; V – assegurar tratamento justo e imparcial aos empregados, impedindo qualquer forma de discriminação por motivo de sexo, idade, religião, opinião política ou atuação sindical; VI – encaminhar reivindicações específicas dos empregados de seu âmbito de representação; VII – acompanhar o cumprimento das leis trabalhistas, previdenciárias e das convenções coletivas e acordos coletivos de trabalho. § 1º As decisões da comissão de representantes dos empregados serão sempre colegiadas, observada a maioria simples. § 2º A comissão organizará sua atuação de forma independente. **Artigo 510-C.** A eleição será convocada, com antecedência mínima de trinta dias, contados do término do mandato anterior, por meio de edital que deverá ser fixado na empresa, com ampla publicidade, para inscrição de candidatura. § 1º Será formada comissão eleitoral, integrada por cinco empregados, não candidatos, para a organização e o acompanhamento do processo eleitoral, vedada a interferência da empresa e do sindicato da categoria. § 2º Os empregados da empresa poderão candidatar-se, exceto aqueles com contrato de trabalho por prazo determinado, com contrato suspenso ou que estejam

No processo de flexibilização das condições de trabalho, o sindicato detém o papel principal na participação das negociações coletivas que irão conduzir ao acordo ou à convenção coletiva, mantendo o emprego do trabalhador e ajudando na sobrevivência da organização, assegurando um grau de lucro razoável ao segundo e garantias mínimas ao primeiro.(267)

Segundo Manoel Mendes de Freitas, é uma forma de adaptação das normas vigentes às necessidades e conveniências de ambos em momentos de crise, portanto, as portas estão abertas para o entendimento direto entre empregados e empregadores para que possam adotar as normas de convivência que assegurem a paz social com grande poder de adaptação às peculiaridades de cada época atendendo melhor aos interesses das partes e de cada conjuntura.(268)

Anselmo César Lins de Góis, Mário Antônio Lobato de Paiva e Miguel Angel Sardegna destacam que a flexibilização permite uma maior liberdade de negociação, destacando que, "obviamente, pode haver redução efetiva de direito específico, mas, o que se deve perquirir", segundo os autores é se, "considerando a integralidade dos direitos e das garantias, houve ou não redução". A depender das circunstâncias do caso concreto, o afastamento de algum direito para, em última instância, beneficiar os empregados e os empregadores pode ser conveniente para ambas as partes. Em outras palavras,

---

em período de aviso prévio, ainda que indenizado. § 3º Serão eleitos membros da comissão de representantes dos empregados os candidatos mais votados, em votação secreta, vedado o voto por representação. § 4º A comissão tomará posse no primeiro dia útil seguinte à eleição ou ao término do mandato anterior. § 5º Se não houver candidatos suficientes, a comissão de representantes dos empregados poderá ser formada com número de membros inferior ao previsto no artigo 510-A desta Consolidação. § 6º Se não houver registro de candidatura, será lavrada ata e convocada nova eleição no prazo de um ano. **Artigo 510-D.** O mandato dos membros da comissão de representantes dos empregados será de um ano. § 1º O membro que houver exercido a função de representante dos empregados na comissão não poderá ser candidato nos dois períodos subsequentes. § 2º O mandato de membro de comissão de representantes dos empregados não implica suspensão ou interrupção do contrato de trabalho, devendo o empregado permanecer no exercício de suas funções. § 3º Desde o registro da candidatura até um ano após o fim do mandato, o membro da comissão de representantes dos empregados não poderá sofrer despedida arbitrária, entendendo-se como tal a que não se fundar em motivo disciplinar, técnico, econômico ou financeiro. § 4º Os documentos referentes ao processo eleitoral devem ser emitidos em duas vias, as quais permanecerão sob a guarda dos empregados e da empresa pelo prazo de cinco anos, à disposição para consulta de qualquer trabalhador interessado, do Ministério Público do Trabalho e do Ministério do Trabalho. BRASIL. Decreto-Lei n. 5.452, de 1º de maio de 1943. *Aprova a Consolidação das Leis do Trabalho.* Disponível em: http://www.planalto.gov.br/ccivil_03/decreto-lei/del5452.htm. Acesso em: 05 set. 2022.

(267) ROMITA, Arion Sayão. *Sindicalismo, economia, estado democrático*: estudos. São Paulo: Editora Legislação Trabalhista, 1993. p. 76.

(268) FREITAS, Manoel Mendes. O juiz do trabalho e a flexibilização. *Revista do tribunal superior do trabalho*, vol. 62/93. p. 130-8, 1993, p. 132-4.

"pode ser justificável e legítima a redução de um direito trabalhista, acordada em acordo ou em convenção coletiva se for para evitar um mal maior: o desemprego", concluem os autores.(269)

Novamente na lição de Manoel Mendes de Freitas, o equilíbrio social neste processo de flexibilização das condições de trabalho impõe às partes interessadas a resignação à máxima de que "a nenhuma delas é dado lograr apenas vitórias ou padecer somente derrotas, como se envolvidas por inexorável sina social".(270)

No embate entre o capital e o trabalho, os personagens principais são os próprios interessados — os empregados e os empregadores — a quem a Constituição da República Federativa do Brasil, de 05 de outubro de 1988, abriu imensos espaços para o entendimento direto, cabendo às entidades representativas de ambas as classes importante papel neste novo cenário.(271)

4. A flexibilização das condições de trabalho e o princípio da proteção

Tomado o princípio da proteção como intrínseco ao Direito do Trabalho, deve-se considerar o seu confronto com as normas heterônimas e autônomas do sistema jurídico. Para determinar seu campo de extensão, é importante ressaltar, como argumentam Arnaldo Sussekind, Délio Maranhão e Segadas Vianna, o princípio da proteção "resulta das normas imperativas e, portanto, de ordem pública, que caracterizam a intervenção básica do estado nas relações de trabalho, visando a opor obstáculos à autonomia da vontade".(272)

Ao reger o Direito do Trabalho, o princípio da proteção apresenta formas diferentes de aplicação. No direito individual, "o princípio se refere à seleção, à aplicação e à interpretação das normas", como ensina Américo Plá Rodriguez.(273) Por sua vez, no direito coletivo, busca-se o ponto de equilíbrio entre os diversos posicionamentos, para o que é imprescindível a união dos

---

(269) GÓIS, Anselmo César Lins de; PAIVA, Mário Antônio Lobato de; SARDEGNA, Miguel Angel. O novo direito do trabalho. *Revista de Informação Legislativa*, ano 38, n. 150, Brasília, 2001, p. 13-4.

(270) FREITAS, Manoel Mendes. O juiz do trabalho e a flexibilização. *Revista do tribunal superior do trabalho*, vol. 62/93, p. 130-8, 1993, p. 132-4.

(271) BRASIL. *Constituição da República Federativa do Brasil de 05 de outubro de 1988.* Disponível em: www2.camara.leg.br/atividade-legislativa/legislacao/constituicao1988. Acesso em: 31 set. 2022.

(272) SÜSSEKIND, Arnaldo, MARANHÃO, Délio e VIANNA, Segadas. *Instituições de direito do trabalho.* São Paulo: Editora Legislação Trabalhista, 1996. v. 01, p. 133.

(273) RODRIGUEZ, Américo Plá. *Princípios de direito do trabalho.* Tradução de Wagner Giglio. São Paulo: Editora Legislação Trabalhista e Editora da Universidade de São Paulo, 1978. p. 26.

trabalhadores, de forma que, na lição de Arion Sayão Romita, "os instrumentos de caráter normativo criados representem o consenso entre as partes". As relações coletivas que poderão surgir desse confronto serão sindicais, não sindicais ou mistas.(274)

Deve-se, portanto, manter o princípio da proteção, não no sentido de hipossuficiência do obreiro, mas sim daquele que garante o tratamento desigual das partes, porquanto é imprescindível que se reconheça a falsa concepção de isonomia que se forma numa sociedade de classes.(275)

O Direito do Trabalho não pode ter seu alcance limitado às normas individuais do contrato. As formas autônomas de manifestação da vontade, coletivas, devem ser incentivadas, não obstante a organização e a divisão do trabalho continuarem por conta e obra alheias. Porém, justamente por este aspecto, o princípio que reconhece a necessidade de tratamento diferenciado das partes evidencia-se como básico na legislação laboral, tendo em vista o caráter de classe do direito positivado, que consubstancia a divisão social entre empregados e empregadores.

A relação de dominação da classe trabalhadora dentro do sistema capitalista não desaparece com a atuação dos sindicatos. Mesmo na produção coletiva autônoma das normas deve vigorar o princípio da proteção. A igualdade entre as partes, explica Américo Plá Rodriguez não se restabelece por meio da força sindical, fazendo desaparecer a "razão de tratamento desigual por parte do estado", e significando uma "superposição de proteções que engendre outro equilíbrio no sentido oposto". Resta equivocado qualquer entendimento no sentido de restringir a aplicação do princípio da proteção nas relações laborais coletivas. (276)

A "tese da flexibilização", como se referem ao fenômeno Arnaldo Süssekind, Délio Maranhão e Segadas Vianna (277) adotada pela Constituição Federal de 1988, em seu artigo 7º, referente à irredutibilidade do salário — conforme

---

(274) ROMITA, Arion Sayão. *Sindicalismo, economia, estado democrático*: estudos. São Paulo: Editora Legislação Trabalhista, 1993. p. 76.

(275) Entendimento contrário ao de Arion Savão Romita para quem não "constitui função do Direito — de qualquer dos ramos do Direito — proteger algum dos sujeitos de cada relação social. Função do direito é regular a relação em busca da realização do ideal de justiça. Se para dar atuação prática ao ideal de justiça for necessária a adoção de alguma providencia tendente a equilibrar os polos da relação, o direito concede a parte em posição desfavorável alguma garantia, vantagem ou benefício capaz de preencher aquele requisito. ROMITA, Arion Sayão. *O Princípio da Proteção em Xeque*. São Paulo: Editora Legislação Trabalhista, 2003. p. 23.

(276) RODRIGUEZ, Américo Plá. *Princípios de direito do trabalho*. Tradução de Wagner Giglio. São Paulo: Editora Legislação Trabalhista e Editora da Universidade de São Paulo, 1978. p. 26.

(277) SÜSSEKIND, Arnaldo; MARANHÃO, Délio; VIANNA, Segadas. *Instituições de direito do trabalho*. São Paulo: Editora Legislação Trabalhista, 1996. v. 01, p. 134.

consta do inciso XIII — e aos turnos ininterruptos de revezamento — incluído no inciso XIV — reflete o papel de destaque atribuído à negociação coletiva entre as partes, mesmo que o personagem principal ainda seja a norma.(278)

A flexibilização cuja finalidade é a de reduzir os custos ocorre basicamente de duas formas: *(a)* por meio da flexibilidade do mercado de trabalho e; *(b)* por meio da flexibilidade funcional do trabalho. O primeiro diz respeito aos salários, às obrigações da seguridade social e às normas de contratação e de dispensa; e, o segundo volta-se para a organização produtiva e de qualificações nas organizações. As vantagens vislumbradas relacionam-se, sob o viés econômico, principalmente com a desconcentração do capital e com sua aplicação na melhoria do processo produtivo.

A organização da gestão das empresas, porém, insiste em explorar ao máximo a capacidade física e psíquica, além de reorganizar produtivamente a atuação do obreiro, de modo que ele execute uma tarefa mais complexa — as várias partes de um processo — o que, em um primeiro momento, trata-se da flexibilidade operacional, ou da chamada "intelectualização laboral", mas que, na verdade, redunda na mesma prática de manipulação da mão de obra segundo os desejos do capital, e que exige além dos limites suportáveis. Como expõe Claus Offe, "os sistemas de remuneração baseados no desempenho impõem o comportamento dos obreiros no sentido de estarem constantemente sob a pressão de tomarem decisões nefastas para a sua saúde, no caso do trabalho pouco regulamentado e com autonomia decisória dos operários".(279)

Para o segmento dos empregados cuja flexibilidade é numérica e não operacional, as novas técnicas de acumulação empreendidas pelo empregador mantêm a mesma característica básica do regime fordista: a desapropriação da força laboral, cuja consequência é verificada, ainda na lição de Claus Offe, na "limitação séria na motivação para o trabalho".(280) Os países de economia de mercado ainda têm, apesar das tecnologias, necessidade de garantir a disposição para o ofício e a razão para a intervenção normativa revela-se nesse

(278) **Artigo 7º.** São direitos dos trabalhadores urbanos e rurais, além de outros que visem à melhoria de sua condição social: XIII – duração do trabalho normal não superior a oito horas diárias e quarenta e quatro semanais, facultada a compensação de horários e a redução da jornada, mediante acordo ou convenção coletiva de trabalho; XIV – jornada de seis horas para o trabalho realizado em turnos ininterruptos de revezamento, salvo negociação coletiva. BRASIL. *Constituição da República Federativa do Brasil, promulgada no dia 05 de outubro de 1988.* Disponível em: http://www.planalto.gov.br/ccivil_03/constituicao/constituicao.htm. Acesso em: 20 set. 2022.

(279) OFFE, Claus. *Problemas estruturais no estado capitalista.* Rio de Janeiro: Editora Tempo Brasileiro, 1984. p. 20.

(280) *Idem.*

sentido e também naquele de limitar os abusos contra o serviço prestado a outrem, o que determina a subordinação hierárquica e econômica.

O princípio da proteção — que garante as conquistas sociais dos obreiros — deve ficar *pari passu* com o incentivo ao trabalho assalariado, mesmo que a ideia pareça contrassenso quando contraposta ao estímulo à prestação do serviço autônomo que a desconcentração das atividades empresariais ocasiona. Se é importante para o sistema econômico de um país a continuidade da acumulação material capitalista, a sua manutenção deve ser obtida segundo critérios axiológicos que atribuam importância ao trabalhador. Prevalecentes as negociações coletivas, este princípio exsurge no âmbito do Direito do Trabalho.

O discurso que propugna o abandono à rigidez da legislação laboral a fim de que sejam mantidos os postos de trabalho, ou criados novos, revela o interesse de uma classe — a empresarial — a despeito dos interesses da outra classe — a operária — a que fornece a sua força. Evidencia-se o apego ideológico a uma corrente do pensamento que acredita na autorregulação do mercado, por meio da livre negociação. Se a normatização pormenorizada das relações sociais não conduziu à solução do conflito entre o capital e o trabalho, não é de se esperar que o livre acordo entre as partes a desencadeie. O antagonismo inerente ás partes em conflito indica que a decisão a respeito do objetivo a ser perseguido pelo estado através de seus atos é política e não apenas econômica, e revela a luta de classes presente na sociedade.

O princípio da proteção surge como contraponto à pretendida isonomia das partes, indicando a concepção dialética que se deve ter o direito para a aplicação e a interpretação das normas jurídicas laborais, sejam elas de origem autônoma ou heterônoma. O estado viu-se obrigado a impor regras que restringissem a exploração do trabalho pelo capital, no intuito de pacificar as tensões, é obvio, mas também como forma de manter o modo de produção estabelecido, em um indubitável posicionamento ideológico de manutenção do *status quo*.

Estimular contratos coletivos de trabalho que primem pela flexibilização destrutiva da própria força de trabalho, através da contratação precária, sob a justificativa de que o mercado não pode mais ceder à proteção exagerada que lhes é conferida pela legislação, indica uma nova investida do capital de exploração extremada do trabalho.

A redução dos custos da produção torna-se, como sempre, a nota aguda do acorde executado pelo conjunto produtivo. Os trabalhadores, no entanto, estão expostos ao desemprego crescente, seja porque não dominam as novas técnicas que os sistemas industriais impõem para a otimização da produção, implicando na sua gradual desqualificação, seja porque as novas tecnologias redundem no desemprego estrutural. A partir deste quadro, o trabalhador, fragilizado, cede às pressões do mercado e fornece mão de obra flexível numericamente e incapaz de organizar-se para exigir o atendimento das conquistas sociais que já considerava intocáveis.

Depreende-se, do contexto, que o princípio que trata da desigualmente os desiguais, sem que incorra em injustiça, é jurídico e não pode ter determinação política, o que poderia conduzir à dúvida sobre a constância em nosso sistema. Pode-se, hipoteticamente, muito bem passar de um Direito do Trabalho atento às diferenças sociais para aquele que, segundo o caráter da produção, tenha por elas marcante diferença — basta não reconhecer que a legislação trabalhista como um todo possui normas mantenedoras dos direitos arduamente alcançados pelos trabalhadores, cujo bem maior a ser conservado é a própria dignidade para trabalhar dentro de uma moldura prefixada que os cerquem de garantias no tocante ao trabalho executado. Observa-se que as mudanças nas sociedades humanas são determinadas consoante o grau de desenvolvimento que a produção proporciona — incitada modernamente, com a globalização, pela concorrência nos mercados.

Como acentuado por Karl Marx, as evoluções da sociedade encontram suas causas "na estrutura econômica, no modo de produção e da troca, que preside a distribuição das riquezas e, por conseguinte, à formação das classes e à hierarquia. Quando essas evoluções se efetuam, não é porque obedeçam a um ideal elevado de justiça, mas sim porque se ajustam à ordem econômica do momento".(281)

A criação de postos de trabalho e a manutenção dos já existentes representa importante objetivo a ser alcançado para equilibrar a economia de um país. Contudo, a classe trabalhadora não poderá arcar sozinha com as consequências decorrentes da modernização das empresas e do acirramento competitivo entre elas. Resta aos trabalhadores, enfim, nesta época de negociações, desenvolver mecanismos de resistência que limitem a flexibilização que represente prejuízo aos direitos conquistados, de modo que haja efetiva restrição aos contratos coletivos que pretendam negligenciá-los.

5. A reforma trabalhista como proposta de flexibilização

No Brasil, as leis são individualizadas pelo número e pelo dia, mês e ano de sanção presidencial, mas, às vezes são identificadas por um nome de fantasia que "pega", como se diria nos dias de hoje, atribuído normalmente durante sua tramitação, a exemplo da própria Lei n. 9.307, de 23 de setembro de 1996 — a Lei de Arbitragem — que recebeu a denominação de Lei Marco Maciel, em homenagem ao Vice-Presidente e Senador da República pelo

(281) MARX, Karl. *O capital.* Rio de Janeiro: Editora Melso, 1961. p. 10.

Estado de Pernambuco por três mandatos(282), autor do projeto de lei que recebeu o número 78/1992 no Senado Federal e n. 4.018/1993 na Câmara dos Deputados. Até mais comum do que um apelido, as normas recebem muitas vezes uma alcunha que busca destacar as mudanças em determinado ramo jurídico a partir da entrada em vigor daquelas regras. Mesmo que inúmeras outras normas tenham sido chamadas de "Reforma Trabalhista" em momentos distintos da história legislativa brasileira, talvez nenhuma outra tenha feito tanto por merecer esse epíteto quanto a Lei n. 13.467, de 13 de julho de 2017.

Nascida ainda sob o mandato do Presidente Michel Miguel Elias Temer Lulia (2016-18), no esforço de neutralizar o impacto das delações de executivos da Odebrecht S/A que o envolveram e a seu núcleo de governo(283), seu texto foi concebido a partir do Projeto de Lei n. 6.787, apresentado na Câmara dos Deputados no dia 22 de dezembro de 2016, por meio da Mensagem n. 688/2016, seguindo posteriormente para o Senado Federal, tramitando em regime de urgência de que trata o artigo 64, § 1º da Constituição da República Federativa do Brasil, de 05 de outubro de 1988(284).

O então Ministro Chefe da Casa Civil da Presidência da República, Eliseu Lemos Padilha (MDB-RS), chegou a defender a aprovação do texto final em um prazo máximo de 45 a 60 dias.(285) Sua redação buscava, a princípio, dispor

---

(282) O imortal Marco Antônio de Oliveira Maciel foi eleito para a cadeira número 22 da Academia Pernambucana de Letras, antes ocupada pelo Monsenhor Severino Nogueira Leite, tomando posse em 27 de julho de 1992 e para a cadeira número 39 da Academia Brasileira de Letras, tendo como antecessor Roberto Marinho, tomando posse no dia 18 de outubro de 2003. Nascido no Recife, no dia 21 de julho de 1940 e falecido em Brasília, no dia 12 de junho de 2021 foi advogado, professor e político. Foi vice-presidente do Brasil e presidente da Câmara dos Deputados, além de ministro da Educação e da Casa Civil durante o governo José Sarney. Pelo Estado de Pernambuco, foi governador, senador por três mandatos, deputado federal por dois e deputado estadual. ACADEMIA BRASILEIRA DE LETRAS. *Perfil do Acadêmico Marco Maciel.* Disponível em: https://www.academia.org.br/academicos/marco-maciel. Acesso em: 07 set. 2022.

(283) "O então recém empossado Presidente da República não queria ficar a reboque da Operação Lava-Jato e o lançamento de um pacote de medidas microeconômicas que aliviassem o setor empresarial e acelerassem a reforma trabalhista seria uma forma de se descolar de eventuais escândalos políticos". LIMA, Vandson; JUBÉ, Andrea; PERES, Bruno; MAGRO, Maíra; VIEIRA, André Guilherme. Contra crise política, Temer acelera agenda econômica. *Jornal Valor Econômico* de 12 de dezembro de 2016. Disponível em: https://valor.globo.com. Acesso em: 08 set. 2022.

(284) **Artigo 64.** A discussão e votação dos projetos de lei de iniciativa do Presidente da República, do Supremo Tribunal Federal e dos Tribunais Superiores terão início na Câmara dos Deputados. § 1º – O Presidente da República poderá solicitar urgência para apreciação de projetos de sua iniciativa. BRASIL. *Constituição da República Federativa do Brasil* de 05 de outubro de 1988. Disponível em: http://www.planalto.gov.br/ccivil_03/constituicao.htm. Acesso em: 20 abr. 2021.

(285) O então Ministro Chefe da Casa Civil Eliseu Lemos Padilha (MDB-RS) resumiu o Projeto de Lei n. 6.787, de 22 de dezembro de 2016 a cinco aspectos essenciais: a valorização dos

sobre as eleições para representantes dos operários no local de trabalho e ainda sobre o a prestação de serviço temporário, contudo, seu conteúdo transformou-se por completo a partir da apresentação de um Substituto pela Comissão Especial.(286)

O Projeto de Lei n. 6.787, de 22 de dezembro de 2016 — justiça seja feita — começou a ser alterado antes mesmo de ser submetido ao Congresso Nacional pelo Poder Executivo. Para aceitarem uma maior presença da regra que estabelece a prevalência do negociado sobre o legislado, os sindicatos pediram que houvesse eleições para a comissão de representantes nas organizações com mais de 50 (cinquenta) empregados — condição prontamente aceita — contudo, o texto que seguiu para a Câmara dos Deputados estipulava o sufrágio apenas em empresas com mais de 200 (duzentos) funcionários, conforme estipulado no artigo 11 da Constituição da República Federativa do Brasil de 1988(287), deixando mais da metade dos trabalhadores celetistas do país e 99,3% das organizações sem representação no local de trabalho, tornando praticamente inócua a regulamentação.(288)

---

acordos trabalhistas; a jornada de meio turno de trabalho; a ampliação do tempo do contrato temporário de 90 para 120 dias, prorrogáveis por mais 120 dias e a eleição de representantes dos trabalhadores por empresa. A princípio o texto foi chamado de "Minirreforma Trabalhista" devido ao seu objetivo restrito e alcance delimitado, contudo, durante sua tramitação no Congresso Nacional, em especial na Câmara dos Deputados, acabou se revelando algo bem diferente do pretendido inicialmente. MURAKAWA, Fabio; CUNTOE, Raphael Di; BITENCOUR, Rafael. Governo ganhou "presente de Natal", diz Temer sobre minirreforma. *Jornal Valor Econômico* de 22 de dezembro de 2016. Disponível em: https://valor.globo.com. Acesso em: 08 set. 2022.

(286) "O Substitutivo apresentado não está focado na supressão de direitos, mas sim em proporcionar uma legislação mais moderna, que busque soluções inteligentes para novas modalidades de contratação, que aumente a segurança jurídica de todas as partes da relação de emprego, enfim, que adapte a CLT às modernizações verificadas no mundo nesses mais de 70 anos que separam o nascimento da CLT deste momento". BRASIL. POLDER LEGISLATIVO. CÂMARA DOS DEPUTADOS. *Parecer da Comissão Especial destinada a proferir parecer ao Projeto de Lei n. 6.787, de 2016, do Poder Executivo, que "altera o Decreto-Lei n. 5.452, de 1º de maio de 1943 — Consolidação das Leis do Trabalho, e a Lei n. 6.019, de 3 de janeiro de 1974, para dispor sobre eleições de representantes dos trabalhadores no local de trabalho e sobre trabalho temporário, e dá outras providências.* Disponível em: https://www.camara.leg.br. Acesso em: 10 set. 2022.

(287) Artigo 11. Nas empresas de mais de duzentos empregados, é assegurada a eleição de um representante destes com a finalidade exclusiva de promover-lhes o entendimento direto com os empregadores. BRASIL. *Constituição da República Federativa do Brasil, promulgada no dia 05 de outubro de 1988.* Disponível em: http://www.planalto.gov.br. Acesso em: 09 set. 2022.

(288) Embora o então Ministro Chefe da Casa Civil Eliseu Lemos Padilha (MDB/RS) tenha considerado a proposta um avanço por não haver regulamentação sobre o assunto, dos quarenta e oito milhões de brasileiros com carteira assinada, 55,2% estão empregados em estabelecimentos com até 199 trabalhadores, conforme o Relatório Anual de Informações Sociais (Rais) de 2015". MOTA, Camilla Veras; NEUMANN, Denise. Reforma deixa 55% dos empregados sem representação nas empresas. *Jornal Valor Econômico* de 04 de janeiro de 2017. Disponível em: https://valor.globo.com. Acesso em: 08 set. 2022.

O Ministério do Trabalho e Emprego justificou essa alteração alegando que não poderia estipular um número inferior ao estabelecido pela Carta Magna e que, diante da inexistência de regulamentação sobre o assunto, o disposto no texto era um avanço e atenderia a pleito histórico do movimento sindical.[(289)]

No dia 09 de fevereiro de 2017 foi constituída em Plenário uma Comissão Especial presidida pelo Deputado Federal Daniel Elias Carvalho Vilela (MDB-GO) para análise do texto e designado como Relator o Deputado Federal Rogério Simonetti Marinho (PSDB-RN) que teve o desejo pessoal de aumentar o escopo da reforma trabalhista atendido[(290)] ao se ver que, apenas na passagem pela Câmara dos Deputados, o Projeto de Lei n. 6.787/2016 recebeu nada menos do que 883 (oitocentas e oitenta e três) e seu Substitutivo acolheu outras 457 (quatrocentas e cinquenta e sete) emendas que alteraram seu objeto, promovendo mudanças no direito material e no direito processual do trabalho, bem como no direito sindical, sob a justificativa de que as regras de Direito Laboral até então em vigor geravam "injustiças, estimulando o desemprego e a informalidade".[(291)]

Logo em seu primeiro discurso como Relator do Projeto de Lei n. 6.787, de 22 de dezembro de 2016, o Deputado Federal Rogério Simonetti Marinho (PSDB-RN) afirmou que a Consolidação das Leis do Trabalho (CLT), tem inspiração fascista. "Essa legislação tem origem num documento chamado carta ao trabalhador, que data de 1927, expedida por Benito Mussolini, na época ditador da Itália e criador do partido fascista"[(292)], disse, desconsiderando o

---

(289) "Hoje em dia sequer há essa representação, pois, mesmo passados mais de 25 anos da promulgação da Constituição de 1988 ainda não havia regulamentação do artigo 11". MOTA, Camila Veras. Eleição de representante é um 'avanço'. *Jornal Valor Econômico* do dia 05 de janeiro de 2017. Disponível em: https://valor.globo.com. Acesso em: 08 set. 2022.

(290) "A CLT é de 70 anos atrás. O mundo se modernizou e as formas de trabalho também, mas a legislação não acompanhou essa evolução e por isso causa insegurança jurídica, dificultando a criação de novos postos de trabalho". SAFATLE, Cláudia; COSTA, Raymundo. Relator quer ampliar mudança trabalhista. *Jornal Valor Econômico* de 08 de fevereiro de 2017. Disponível em: https://valor.globo.com. Acesso em: 08 set. 2022.

(291) "A legislação trabalhista brasileira vigente hoje é um instrumento de exclusão, prefere deixar as pessoas à margem da modernidade e da proteção legal do que permitir contratações atendendo as vontades e as realidades das pessoas". BRASIL. PODER LEGISLATIVO. CÂMARA DOS DEPUTADOS. *Comissão Especial destinada a proferir parecer ao Projeto de Lei n. 6.787, de 2016, do Poder Executivo, que "altera o Decreto-Lei n. 5.452, de 1º de maio de 1943 — Consolidação das Leis do Trabalho, e a Lei n. 6.019, de 3 de janeiro de 1974, para dispor sobre eleições de representantes dos trabalhadores no local de trabalho e sobre trabalho temporário, e dá outras providências.* Disponível em: https://www.camara.leg.br. Acesso em: 10 set. 2022.

(292) Ainda segundo o Deputado Federal Rogério Simonetti Marinho (PSDB-RN): "Na época, levando-se em consideração o que pensavam Lênin, Marx, Engels, tinha-se a ideia de que os interesses do trabalho tinham que estar à disposição do Estado, não da sociedade. A única alteração mais visível é que Benito Mussolini não reprimia a iniciativa privada. Mas a atrelava ao

fato de que, embora o Decreto-Lei n. 5.452, de 1º de maio de 1943 esteja localizado no tempo em um período de exceção, sob a ditadura varguista, seu conteúdo é referendado pela Constituição da República Federativa do Brasil, promulgada no dia 05 de outubro de 1988. Ao término da Reforma Trabalhista, a CLT sobreviveu, contudo, recebeu nada menos que 100 (cem) novos artigos.

No Relatório apresentado em 12 de abril de 2017, pouco mais de três meses depois do início de sua tramitação na Câmara dos Deputados, o Projeto de Lei n. 6.787, de 22 de dezembro de 2016 passou a propor 200 (duzentas) alterações nos dispositivos do Decreto-Lei n. 5.452, de 1º de maio de 1943 — a Consolidação das Leis do Trabalho (CLT) — e da Lei n. 6.019, de 03 de janeiro de 1974 — A Lei do Trabalho Temporário — sem um amplo debate. Mesmo que se tenha dado a oportunidade para a população se posicionar sobre a Reforma Trabalhista por meio da realização de audiências públicas, não houve tempo suficiente para absorver todos os pontos de vista apresentados para se chegar a um denominador comum. As reuniões com setores da sociedade foram realizadas mais por questão meramente protocolar do que realmente com o intuito de melhorar o texto.

Para Valdete Souto Severo e Jorge Luís Souto Maior Severo e Maior[(293)], houve desrespeito ao fundamento básico exposto pela Organização Internacional do Trabalho (OIT) quanto ao procedimento específico para o estabelecimento de novas regras laborais — a necessidade de diálogo social — dificultado ainda mais pelo fato de que a Comissão Especial, que encontrou pouca resistência para sua criação, tinha caráter terminativo, ou seja, tudo o que fosse decidido por ela não precisaria, a princípio, passar pelo Plenário da Câmara dos Deputados.[(294)]

---

governo, ao aparelho estatal". MURAKAWA, Fabio; CUNTO, Raphael Di. Relator de mudança trabalhista afirma que CLT tem inspiração no fascismo. *Jornal Valor Econômico* de 04 de janeiro de 2017. Disponível em: https://valor.globo.com. Acesso em: 08 set. 2022.

(293) SEVERO, Valdete Souto; MAIOR, Jorge Luiz Souto. *Manual da reforma trabalhista:* pontos e contrapontos. São Paulo: Editora Sensus, 2017. p. 22-3.

(294) "Durante e após a votação para a composição da mesa, o Deputado Federal Helder Salomão (PT-ES) apresentou duas questões de ordem pedindo que a sessão fosse suspensa. Em uma, alegava que o regimento prevê, em seu artigo 34, que metade dos integrantes das comissões especiais tem que ser composta por deputados de comissões permanentes com trabalhos correlatos ao tema. Mas as comissões permanentes ainda não foram instaladas. O deputado Gilberto Nascimento (PSC-SP), que presidia a sessão naquele momento, indeferiu o pedido. Na segunda questão de ordem, alegou que os integrantes da comissão teriam que ser indicados pelos líderes dos blocos formados para a eleição da Mesa Diretora da Câmara, não pelos líderes partidários, como ocorrera. O pedido foi negado por Vilela, já eleito. "Fica claro que há uma pressa da base aliada em acelerar a reforma. Não estamos falando de uma proposta qualquer", afirmou". MURAKAWA, Fabio; CUNTO, Raphael Di. Relator de mudança trabalhista afirma que CLT tem inspiração no fascismo. *Jornal Valor Econômico* de 04 de janeiro de 2017. Disponível em: https://valor.globo.com. Acesso em: 08 set. 2022.

5.1. A reforma trabalhista na omissão do Senado Federal

O Senado Federal se absteve de debater o texto da Reforma Trabalhista, garantindo a celeridade na tramitação conforme desejado pelo Poder Executivo, amparados em um acordo que previa a edição de uma Medida Provisória para corrigir pontos conflitantes(295) com a redação apresentada pela Câmara dos Deputados, assim, sem qualquer emenda ou alteração, o Projeto de Lei n. 6.787, de 22 de dezembro de 2016 foi aprovado pelas duas Casas do Congresso Nacional e promulgado pelo Presidente da República surgindo a Lei n. 13.467, em 13 de julho de 2017.

A Medida Provisória n. 808, de 14 de novembro de 2017 chegou a receber quase 1.000 (mil) emendas na tentativa de reverter ao menos parte das mudanças ocasionadas pela entrada em vigor da Lei n. 13.467, em 13 de julho de 2017, contudo, questionada em seu formato, na medida em que o então Presidente da Câmara dos Deputados Rodrigo Felinto Ibarra Epitácio Maia (DEM, atual União Brasil-RJ, filiado atualmente ao PSDB-RJ) preferia um novo Projeto de Lei, chegando até a levantar dúvidas quanto à legalidade da Medida Provisória n. 808, de 14 de novembro de 2017. A Comissão Mista formada por senadores e deputados federais encarregada de analisar o texto sequer reuniu-se para debatê-lo, o que naturalmente impedia que ela fosse pautada para votação, perdendo sua eficácia no dia 23 de abril de 2018 corroborando o apelido de "legislação soluçante" dado por Orlando Teixeira da Costa quanto tratava de outro exemplar desta espécie normativa.(296)

---

(295) São oitos os pontos modificados por esta Medida Provisória na chamada reforma trabalhista: 1. Jornada 12x36 estipulada por convenção ou acordo coletivo como regra, ao invés de acordo individual, que passa a ser exceção; 2. Indenização de dano extrapatrimonial parametrizada por novos fatores, ao invés de apenas pelo salário do trabalhador ofendido; 3. Nova regulamentação para o afastamento de gestantes e lactantes em atividades insalubres; 4. Vedação a cláusula de exclusividade na contratação de autônomos, anteriormente permitida; 5. Definição dos elementos que caracterizam o contrato de trabalho intermitente — bem como dos direitos e obrigações deste trabalhador perante à Previdência Social e à Seguridade Social — eliminação da multa de 50% anteriormente prevista em caso de descumprimento contratual, e criação de mecanismo de quarentena de 18 meses entre demissão e contratação de um mesmo trabalhador em regime intermitente; 6. Definição das atribuições da comissão de representantes em empresas com mais de 200 empregados; 7. Evidenciação da exigência de respeito integral às normas de saúde, higiene e segurança do trabalho previstas em leis ou normas regulamentadoras do Ministério do Trabalho nas negociações coletivas sobre enquadramento de grau de insalubridade e prorrogação de jornadas em ambientes insalubres; e 8. Definição de quais verbas não integram a remuneração do empregado, bem como limitação ao pagamento de tais verbas – que não se incorporam ao contrato de trabalho e sobre as quais não incidem encargos trabalhistas e previdenciários. BRASIL. PODER EXECUTIVO. Sumário Executivo de Medida Provisória. *Medida Provisória n. 808, de 14 de novembro de 2017.* Publicação: DOU de 14 de novembro de 2017 – Edição extra. Ementa: Altera a Consolidação das Leis do Trabalho – CLT, aprovada pelo Decreto-Lei n. 5.452, de 1º de maio de 1943. Disponível em: file:///C:/Users/Usu%C3%A1rio/Downloads/Sumario_Executivo_MP808.pdf. Acesso em: 13 set. 2022.

(296) COSTA, Orlando Teixeira da. Participação dos trabalhadores nos lucros e resultados da empresa. *Revista do Tribunal Regional do Trabalho da 8ª Região*, Belém/PA, vol. 29, n. 57, jul./dez. 1996, p. 18.

As modificações trazidas pela Medida Provisória n. 808, de 14 de novembro de 2017, visavam dirimir alguns pontos controvertidos ou lacunosos quanto à aplicação da Lei n. 13.467, de 13 de julho de 2017, seguindo, em grande medida, o posicionamento jurisprudencial sobre alguns dos temas abordados, estabelecendo limites às modificações trazidas pela Reforma Trabalhista.(297)

A pressa demonstrada em todo o processo legislativo, suprimindo etapas importantes de discussão ou restringindo seus efeitos, transformando as fases de debates em momentos meramente protocolares, somadas à falta de uma série de cuidados necessários para a construção de um texto claro, sistêmico e científico levaram Valdete Souto Severo e Jorge Luís Souto Maior a concluírem que a Reforma Trabalhista alcançou o fracasso nos objetivos declarados — trazer a modernidade ao Direito Laboral — mas logrou êxito nos propósitos revelados — trazer o caos ao Direito do Trabalho.(298)

Nessa esteira, Gabriela Neves Delgado e Maurício Godinho Delgado concluem que a Lei n. 13.467, de 13 de julho de 2017 se apresenta como um retrocesso "em busca do retorno ao antigo papel do Direito na História como instrumento de exclusão, segregação e sedimentação da desigualdade entre as pessoas e os grupos sociais".(299) Embora tardia, a reação veio na forma de 03 (três) ações declaratórias de constitucionalidade (ADC) e de 30 (trinta) ações diretas de inconstitucionalidade (Adins) que tramitam ou já tramitaram no Supremo Tribunal Federal (STF) questionando uma série de dispositivos advindos da Reforma Trabalhista(300).

5.2. *A reforma trabalhista que realmente foi questionada no Supremo Tribunal Federal*

Até o momento foram julgados sete eixos temáticos por meio de ações declaratórias de constitucionalidade ou ainda através de ações diretas de

(297) Mesmo perdendo sua validade a partir da citada data, a medida produziu efeitos jurídicos durante o período em que esteve vigente, ou seja, a contar de 14 de novembro de 2017 a 22 de abril de 2018. Neste período, todos os atos praticados pelo empregador com base na MP n. 808/2017, foram válidos e possuem amparo legal. Dessa forma, voltaram as disposições anteriores da Lei n. 13.467, de 13 de julho de 2017.

(298) SEVERO, Valdete Souto; MAIOR, Jorge Luiz Souto. *Manual da reforma trabalhista:* pontos e contrapontos. São Paulo: Editora Sensus, 2017. p. 21-2.

(299) DELGADO, Gabriela Neves; DELGADO, Mauricio Godinho. *A reforma trabalhista no Brasil:* com os comentários à Lei n. 13.467/2017. São Paulo: Editora Legislação Trabalhista, 2017. p. 39-40.

(300) MAIA, Flávia; RECONDO, Felipe. Entenda o que o STF ainda precisa decidir sobre Reforma Trabalhista: processos em tramitação na Corte discutem trechos da mudança legislativa realizada em 2017 nas relações de trabalho. *Sítio jurídico Jota*. Disponível em: https://www.jota.info/stf/do-supremo/entenda-o-que-o-stf-ainda-precisa-decidir-sobre-reforma-trabalhista-27102021. Acesso em: 16 nov. 2022.

inconstitucionalidade pelo Supremo Tribunal Federal (STF), nessa sequência: *(i)* a inconstitucionalidade do exercício de atividades insalubres por grávidas, questionada pela Confederação Nacional dos Trabalhadores Metalúrgicos a partir da ADI n. 5.938[(301)], julgada procedente pelo Plenário; *(ii)* a inconstitucionalidade da cobrança realizada aos beneficiários da justiça gratuita das perícias e dos honorários advocatícios sucumbenciais, caso fossem a parte vencida no processo levantada pela Procuradoria Geral da República a partir da ADI n. 5.766[(302)], julgada parcialmente procedente pelo Pleno, mantendo o pagamento apenas em caso de arquivamento injustificado por ausência em audiência; *(iii)* a inconstitucionalidade da correção dos depósitos, no sentido de considerar que a atualização dos créditos decorrentes de condenação judicial e a correção dos depósitos recursais em contas na Justiça do Trabalho, apontada pela Associação Nacional dos Magistrados da Justiça do Trabalho (Anamatra), a partir da ADI n. 5.867[(303)] — considerada o apenso principal, que também

---

(301) EMENTA: DIREITOS SOCIAIS. REFORMA TRABALHISTA. PROTEÇÃO CONSTITUCIONAL À MATERNIDADE. PROTEÇÃO DO MERCADO DE TRABALHO DA MULHER. DIREITO À SEGURANÇA NO EMPREGO. DIREITO À VIDA E À SAÚDE DA CRIANÇA. GARANTIA CONTRA A EXPOSIÇÃO DE GESTANTES E LACTANTES A ATIVIDADES INSALUBRES. BRASIL. PODER JUDICIÁRIO. SUPREMO TRIBUNAL FEDERAL. *Ação Direta de Inconstitucionalidade n. 5.938*. Requerente: Confederação Nacional dos Trabalhadores Metalúrgicos. Requerido: Presidente da República; Congresso Nacional. Trecho questionado: maternidade. Relator: Ministro Alexandre de Moraes, julgado no dia 23 de setembro de 2019. Disponível em: https://portal.stf.jus.br. Acesso em: 10 ago. 2023.

(302) EMENTA: CONSTITUCIONAL. AÇÃO DIRETA DE INCONSTITUCIONALIDADE. Lei n. 13.467/2017. REFORMA TRABALHISTA. REGRAS SOBRE GRATUIDADE DE JUSTIÇA. RESPONSABILIDADE PELO PAGAMENTO DE ÔNUS SUCUMBENCIAIS EM HIPÓTESES ESPECÍFICAS. ALEGAÇÕES DE VIOLAÇÃO AOS PRINCÍPIOS DA ISONOMIA, INAFASTABILIDADE DA JURISDIÇÃO, ACESSO À JUSTIÇA, SOLIDARIEDADE SOCIAL E DIREITO SOCIAL À ASSISTÊNCIA JURÍDICA GRATUITA. MARGEM DE CONFORMAÇÃO DO LEGISLADOR. CRITÉRIOS DE RACIONALIZAÇÃO DA PRESTAÇÃO JURISDICIONAL. AÇÃO DIRETA JULGADA PARCIALMENTE PROCEDENTE. BRASIL. PODER JUDICIÁRIO. SUPREMO TRIBUNAL FEDERAL. *Ação Direta de Inconstitucionalidade n. 5.766*. Autor: Procuradoria-Geral da República. Relator: Ministro Roberto Barroso. Redator do acórdão: Ministro Alexandre de Moraes. Requerido: Presidente da República; Congresso Nacional. Trecho questionado: Pagamento de custas. Data de publicação *DJe* de 03 de maio de 2022 – Ata número 72/2022. DJe n. 84, divulgado em 02 de maio de 2022. Disponível em: https://portal.stf.jus.br/processos/detalhe.asp?incidente=5250582. Acesso em: 10 ago. 2023.

(303) EMENTA: DIREITO CONSTITUCIONAL. DIREITO DO TRABALHO. AÇÕES DIRETAS DE INCONSTITUCIONALIDADE E AÇÕES DECLARATÓRIAS DE CONSTITUCIONALIDADE. ÍNDICES DE CORREÇÃO DOS DEPÓSITOS RECURSAIS E DOS DÉBITOS JUDICIAIS NA JUSTIÇA DO TRABALHO. ART. 879, § 7º, E ART. 899, § 4º, DA CLT, NA REDAÇÃO DADA PELA LEI N. 13. 467, DE 2017. ART. 39, *CAPUT* E § 1º, DA LEI N. 8.177 DE 1991. POLÍTICA DE CORREÇÃO MONETÁRIA E TABELAMENTO DE JUROS. INSTITUCIONALIZAÇÃO DA TAXA REFERENCIAL (TR) COMO POLÍTICA DE DESINDEXAÇÃO DA ECONOMIA. TR COMO ÍNDICE DE CORREÇÃO MONETÁRIA. INCONSTITUCIONALIDADE. PRECEDENTES DO STF. APELO AO LEGISLADOR. AÇÕES DIRETAS DE INCONSTITUCIONALIDADE E AÇÕES DECLARATÓRIAS DE CONSTITUCIONALIDADE JULGADAS PARCIALMENTE PROCEDENTES,

apresentou a ADI n. 6.021 sobre o mesmo tema; pela Confederação Nacional do Sistema Financeiro (Consif), por meio da ADC n. 58; e pela Confederação Nacional da Tecnologia da Informação e Comunicação (Contic), por meio da ADC n. 59, julgadas parcialmente procedentes pelo Plenário, devendo ser aplicados, até que sobrevenha solução legislativa, os mesmos índices de correção monetária e de juros vigentes para as condenações cíveis em geral, quais sejam, a incidência do IPCA-E na fase pré-judicial e, a partir da citação, a incidência da taxa SELIC; *(iv)* a inconstitucionalidade da facultatividade quanto ao recolhimento da contribuição sindical, suscitada pela Confederação dos Trabalhadores em Transporte Aquaviário (Conttmaf), por meio da ADI n. 5.794[(304)] — considerada o apenso principal; pela Confederação Nacional dos Trabalhadores na Atividade Profissional dos Empregados na Prestação de Serviços de Segurança Privada, de Monitorarmento, Ronda Motorizada e de Controle Eletro-Eletrônico e Digital (Contrasp), por meio da ADI n. 5.806; pela Central das Entidades de Servidores Públicos (Cesp), por meio da ADI

PARA CONFERIR INTERPRETAÇÃO CONFORME À CONSTITUIÇÃO AO ART. 879, § 7º, E AO ART. 899, § 4º, DA CLT, NA REDAÇÃO DADA PELA Lei n. 13.467, DE 2017. MODULAÇÃO DE EFEITOS. BRASIL. PODER JUDICIÁRIO. SUPREMO TRIBUNAL FEDERAL. *Ação Direta de Inconstitucionalidade n. 5.867*. Autor: Associação Nacional dos Magistrados da Justiça do Trabalho (Anamatra). Requerido: Presidente da República; Congresso Nacional. Relator: Ministro Gilmar Mendes. Trecho questionado: Correção de depósitos. Processos apensados: ADC n. 58; ADC n. 59; ADI n. 6021. Data da publicação DJe 09/12/2021 – Ata n. 210/2021. Diário de Justiça Eletrônico (*DJe*) n. 242, divulgado em 07/12/2021. Disponível em: https://portal.stf.jus.br/processos/detalhe.asp?incidente=5335099. Acesso em10 ago. 2023.

(304) EMENTA: DIREITO CONSTITUCIONAL E TRABALHISTA. REFORMA TRABALHISTA. FACULTATIVIDADE DA CONTRIBUIÇÃO SINDICAL. CONSTITUCIONALIDADE. INEXIGÊNCIA DE LEI COMPLEMENTAR. DESNECESSIDADE DE LEI ESPECÍFICA. INEXISTÊNCIA DE OFENSA À ISONOMIA TRIBUTÁRIA (ART. 150, II, DA CRFB). COMPULSORIEDADE DA CONTRIBUIÇÃO SINDICAL NÃO PREVISTA NA CONSTITUIÇÃO (ARTIGOS 8º, IV, E 149 DA CRFB). NÃO VIOLAÇÃO À AUTONOMIA DAS ORGANIZAÇÕES SINDICAIS (ART. 8º, I, DA CRFB). INOCORRÊNCIA DE RETROCESSO SOCIAL OU ATENTADO AOS DIREITOS DOS TRABALHADORES (ARTIGOS 1º, III E IV, 5º, XXXV, LV E LXXIV, 6º E 7º DA CRFB). CORREÇÃO DA PROLIFERAÇÃO EXCESSIVA DE SINDICATOS NO BRASIL. REFORMA QUE VISA AO FORTALECIMENTO DA ATUAÇÃO SINDICAL. PROTEÇÃO ÀS LIBERDADES DE ASSOCIAÇÃO, SINDICALIZAÇÃO E DE EXPRESSÃO (ARTIGOS 5º, INCISOS IV E XVII, E 8º, CAPUT, DA CRFB). GARANTIA DA LIBERDADE DE EXPRESSÃO (ART. 5º, IV, DA CRFB). AÇÕES DIRETAS DE INCONSTITUCIONALIDADE JULGADAS IMPROCEDENTES. AÇÃO DECLARATÓRIA DE CONSTITUCIONALIDADE JULGADA PROCEDENTE. BRASIL. PODER JUDICIÁRIO. SUPREMO TRIBUNAL FEDERAL. *Ação Direta de Inconstitucionalidade n. 5.794*. Autor: Confederação dos Trabalhadores em Transporte Aquaviário (Conttmaf). Relator: Ministro Edson Fachin. Redator do acórdão: Ministro Luiz Fux. Trecho questionado: Fim da contribuição sindical obrigatória. Processos apensados: ADI n. 5806; ADI n. 5810; ADI n. 5811; ADI n. 5813; ADI n. 5815; ADI n. 5850; ADI n. 5859; ADI n. 5865; ADI n. 5885; ADI n. 5887; ADI n. 5888; ADI n. 5892; ADI n. 5900; ADI n. 5912; ADI n. 5913; ADI n. 5923; ADI n. 5945; ADI n. 5950; e ADC n. 55. Ata n. 24, de 29/06/2018. Diário de Justiça Eletrônico (*DJe*) n. 157, divulgado em 03 de agosto de 2018. Disponível em: https://portal.stf.jus.br/processos/detalhe.asp?incidente=5288954. Acesso em: 10 ago. 2023.

n. 5.810; pela Confederação dos Trabalhadores de Logística., por meio da ADI n. 5.811; pela Federação dos Trabalhadores de Postos (Fenepospetro), por meio da ADI n. 5.813; pela Federação dos Trabalhadores em Empresas de Telecomunicações (Fenattel), por meio da ADI n. 5.815; pela Confederação dos Trabalhadores em Comunicações e Publicidade (Contcop), por meio da ADI n. 5.850; pela Confederação Nacional do Turismo, por meio da ADI n. 5.859; pela Confederação dos Servidores Públicos do Brasil (CSPB), por meio da ADI n. 5.865; pela Confederação Nacional dos Servidores e Funcionários Públicos das Fundações, Autarquias e Prefeituras Municipais (CSPM), por meio da ADI n. 5.885; pela Federação das Entidades Sindicais dos Oficiais de Justiça do Brasil (Fesojusbr), por meio da ADI n. 5.887; pela Confederação dos Trabalhadores em Turismo e Hospitalidade, por meio da ADI n. 5.888; pela Confederação Nacional dos Trabalhadores Metalúrgicos, por meio da ADI n. 5.892; pela Confederação Nacional dos Trabalhadores na Saúde, por meio da ADI n. 5.900; pela Federação Nacional dos Trabalhadores em Serviços, Asseio e Conservação, Limpeza Urbana, Ambiente e Áreas Verdes, por meio da ADI n. 5.912 e ADI n. 5.913; pela Federação Nacional dos Trabalhadores Celetistas nas Cooperativas no Brasil, por meio da ADI n. 5.923; pela Federação Nacional de Guias de Turismo (Fenagtur), por meio da ADI n. 5.945; pela Confederação Nacional dos Trabalhadores no Comércio (CNTC), por meio da ADI n. 5.950; e pela Associação Brasileira das Emissoras de Rádio e TV, por meio da ADC n. 55, julgadas improcedentes pelo Pleno; *(v)* a inconstitucionalidade de jornadas laborais de doze por trinta e seis horas, submetida pela Confederação Nacional dos Trabalhadores na Saúde por meio da ADI n. 5.994[305], julgada improcedente pelo Plenário; *(vi)* a inconstitucionalidade da fixação de um teto indenizatório para os danos morais, pela Associação de Magistrados da Justiça do Trabalho (Anamatra), por meio da ADI n. 6.050[306],

---

(305) ACÓRDÃO. VISTOS, RELATADOS E DISCUTIDOS ESTES AUTOS, ACORDAM OS MINISTROS DO SUPREMO TRIBUNAL FEDERAL, EM SESSÃO PLENÁRIA, SOB A PRESIDÊNCIA DA SENHORA MINISTRA ROSA WEBER, NA CONFORMIDADE DA ATA DE JULGAMENTO E DAS NOTAS TAQUIGRÁFICAS, POR MAIORIA DE VOTOS, JULGAR IMPROCEDENTE A AÇÃO, NOS TERMOS DO VOTO DO REDATOR. BRASÍLIA, SESSÃO VIRTUAL DE 23 A 30 DE JUNHO DE 2023. MINISTRO GILMAR MENDES REDATOR DOCUMENTO ASSINADO DIGITALMENTE. BRASIL. PODER JUDICIÁRIO. SUPREMO TRIBUNAL FEDERAL. *Ação Direta de Inconstitucionalidade n. 5.994*. Autor: Confederação Nacional dos Trabalhadores na Saúde. Requerido: Presidente da República; Congresso Nacional. Relator: Ministro Marco Aurélio Melo. Trecho questionado: Possibilidade de a chamada jornada "12×36" ser pactuada por meio de acordo individual. DECISÃO: O Tribunal, por maioria, julgou improcedente a ação, nos termos do voto do Ministro Gilmar Mendes, Redator para o acórdão, vencidos os Ministros Marco Aurélio (Relator), Edson Fachin e Rosa Weber (Presidente). Não votou o Ministro André Mendonça, sucessor do Relator. Plenário, Sessão Virtual de 23.6.2023 a 30.6.2023. Disponível em: https://portal.stf.jus.br/processos/detalhe.asp?incidente=5530775. Acesso em: 10 ago. 2023.

(306) DECISÃO: O TRIBUNAL, POR MAIORIA, CONHECEU DAS ADIS 6.050, 6.069 E 6.082 E JULGOU PARCIALMENTE PROCEDENTES OS PEDIDOS PARA CONFERIR INTERPRETAÇÃO CONFORME A CONSTITUIÇÃO, DE MODO A ESTABELECER QUE: 1) AS

julgada, pelo Pleno, parcialmente procedente, entendendo-se que o tabelamento das indenizações por danos extrapatrimoniais ou morais trabalhistas previstos na Consolidação das Leis do Trabalho deverá ser observado pelo julgador como critério orientador de fundamentação da decisão judicial, contudo, isso não impede a fixação de condenação em quantia superior, desde que devidamente motivada; e, por fim, *(vii)* a inconstitucionalidade do artigo 702, I, f, § 3º e § 4º, da Consolidação das Leis do Trabalho, julgada procedente, que regulava a edição de súmulas e de enunciados pelo Tribunal Superior do Trabalho (TST), objetada pelo Procurador Geral da República, por meio da ADI n. 6.188(307).

Cinco anos depois da entrada em vigor, dois assuntos relevantes ainda não foram julgados: *(i)* a inconstitucionalidade da permissão para o contrato de trabalho intermitente, refutada pela Federação dos Trabalhadores de Postos

REDAÇÕES CONFERIDAS AOS ARTIGOS 223-A E 223-B, DA CLT, NÃO EXCLUEM O DIREITO À REPARAÇÃO POR DANO MORAL INDIRETO OU DANO EM RICOCHETE NO ÂMBITO DAS RELAÇÕES DE TRABALHO, A SER APRECIADO NOS TERMOS DA LEGISLAÇÃO CIVIL; 2) OS CRITÉRIOS DE QUANTIFICAÇÃO DE REPARAÇÃO POR DANO EXTRAPATRIMONIAL PREVISTOS NO ARTIGO 223-G, *CAPUT* E § 1º, DA CLT DEVERÃO SER OBSERVADOS PELO JULGADOR COMO CRITÉRIOS ORIENTATIVOS DE FUNDAMENTAÇÃO DA DECISÃO JUDICIAL. É CONSTITUCIONAL, PORÉM, O ARBITRAMENTO JUDICIAL DO DANO EM VALORES SUPERIORES AOS LIMITES MÁXIMOS DISPOSTOS NOS INCISOS I A IV DO § 1º DO ARTIGO 223-G, QUANDO CONSIDERADAS AS CIRCUNSTÂNCIAS DO CASO CONCRETO E OS PRINCÍPIOS DA RAZOABILIDADE, DA PROPORCIONALIDADE E DA IGUALDADE. TUDO NOS TERMOS DO VOTO DO RELATOR, VENCIDOS OS MINISTROS EDSON FACHIN E ROSA WEBER (PRESIDENTE), QUE JULGAVAM PROCEDENTE O PEDIDO DAS AÇÕES. PLENÁRIO, SESSÃO VIRTUAL DE 16.6.2023 A 23.6.2023. BRASIL. PODER JUDICIÁRIO. SUPREMO TRIBUNAL FEDERAL. *Ação Direta de Inconstitucionalidade n. 6.050*. Autor: Associação Nacional dos Magistrados da Justiça do Trabalho (Anamatra). Requerido: Presidente da República; Congresso Nacional. Trecho questionado: Limites a indenizações. Relator: Ministro Gilmar Mendes. Processos apensados: ADI n. 6.069 e ADI n. 6.082. Diário de Justiça Eletrônico (DJe) n. 150, divulgado em 07/07/2023.Disponível em: https://digital.stf.jus.br/publico/publicacoes. Acesso em: 10 ago. 2023.

(307) DECISÃO: O TRIBUNAL, POR MAIORIA, JULGOU PROCEDENTE A AÇÃO AJUIZADA PELA PROCURADORIA-GERAL DA REPÚBLICA, PARA DECLARAR A INCONSTITUCIONALIDADE DO ART. 702, I, F, § 3º E § 4º, DA CONSOLIDAÇÃO DAS LEIS DO TRABALHO (DECRETO-LEI N. 5.452/1943), NA REDAÇÃO QUE LHE DEU A LEI N. 13.467/2017, RESTANDO PREJUDICADA, PORTANTO, A ANÁLISE DO PEDIDO DE LIMINAR, NOS TERMOS DO VOTO DO RELATOR, VENCIDOS OS MINISTROS GILMAR MENDES, DIAS TOFFOLI, LUIZ FUX, ROBERTO BARROSO E ANDRÉ MENDONÇA. REDIGIRÁ O ACÓRDÃO O MINISTRO EDSON FACHIN (ART. 38, IV, B, DO RI/STF). NÃO VOTOU O MINISTRO CRISTIANO ZANIN, SUCESSOR DO MINISTRO RICARDO LEWANDOWSKI. PLENÁRIO, SESSÃO VIRTUAL DE 11.8.2023 A 21.8.2023. BRASIL. PODER JUDICIÁRIO. SUPREMO TRIBUNAL FEDERAL. *Ação Direta de Inconstitucionalidade n. 6.188*. Autor: Procurador Geral da República. Trecho questionado: Edição de súmulas e enunciados pelo TST. Requerido: Presidente da República; Congresso Nacional. Relator: Ministro Ricardo Lewandowski. Disponível em: https://portal.stf.jus.br/processos/detalhe.asp?incidente=5731024. Acesso em: 10 ago. 2023.

(Fenepospetro), por meio da ADI n. 5.826[308] — considerada apenso principal; pela Federação dos Trabalhadores em Empresas de Telecomunicações (Fenattel), por meio da ADI n. 5.829; e pela Confederação Nacional dos Trabalhadores da Indústria (CNTI), por meio da ADI n. 6.154; e *(ii)* a inconstitucionalidade da dispensa da participação dos sindicatos nas demissões imotivadas de trabalho individuais, plúrimas ou coletivas e nas homologações de acordos extrajudiciais de trabalho, contestada pela Confederação Nacional dos Trabalhadores Metalúrgicos, por meio da ADI n. 6.142[309].

Cumpre ressaltar que a possibilidade da inclusão da cláusula compromissória de arbitragem nos contratos individuais de trabalho para o empregado que perceba salário mensal igual ou superior a duas vezes o limite máximo dos benefícios do Regime Geral da Previdência Social (RGPS), conforme preconiza o artigo 507-A do Decreto-Lei n. 5.452, de 1º de maio de 1943 — a Consolidação das Leis do Trabalho — trazido ao texto por meio da aprovação da. Lei n. 13.467, de 13 de julho de 2017 — a Reforma Trabalhista [310] — não foi sequer questionado em sede de ação direta de inconstitucionalidade no Supremo Tribunal Federal (STF).

---

(308) BRASIL. PODER JUDICIÁRIO. SUPREMO TRIBUNAL FEDERAL. *Ação Direta de Inconstitucionalidade n. 5.826*. Autor: Federação dos Trabalhadores de Postos (Fenepospetro). Trecho questionado: Trabalho intermitente. Apenso principal: ADI n. 5.826; Processos apensados: ADI n. 5.829 e ADI n. 6.154. Resultado final: Aguardando julgamento. Disponível em: https://portal.stf.jus.br/peticaoInicial/verPeticaoInicial.asp?base=ADI&numProcesso=5806. Acesso em: 10 ago. 2023.

(309) BRASIL. PODER JUDICIÁRIO. SUPREMO TRIBUNAL FEDERAL. *Ação Direta de Inconstitucionalidade n. 6.142*. Autor: Confederação Nacional dos Trabalhadores Metalúrgicos. Requerido: Presidente da República; Congresso Nacional. Relator: Ministro Edson Fachin. Trecho questionado: Dispensa da participação dos sindicatos nas demissões imotivadas de trabalho individuais, plúrimas ou coletivas e nas homologações de acordos extrajudiciais de trabalho. Última movimentação: autos conclusos ao relator no dia 05 de julho de 2022. Disponível em: https://portal.stf.jus.br/processos/detalhe.asp?incidente=5701599 Acesso em: 10 ago. 2023.

(310) **Artigo 507-A.** Nos contratos individuais de trabalho cuja remuneração seja superior a duas vezes o limite máximo estabelecido para os benefícios do Regime Geral de Previdência Social, poderá ser pactuada cláusula compromissória de arbitragem, desde que por iniciativa do empregado ou mediante a sua concordância expressa, nos termos previstos na Lei n. 9.307, de 23 de setembro de 1996. BRASIL. Lei n. 13.467, de 13 de julho de 2017. *Altera a Consolidação das Leis do Trabalho (CLT), aprovada pelo Decreto-Lei n. 5.452, de 1º de maio de 1943, e as Leis n º 6.019, de 3 de janeiro de 1974, 8.036, de 11 de maio de 1990, e 8.212, de 24 de julho de 1991, a fim de adequar a legislação às novas relações de trabalho.* Disponível em: http://www.planalto.gov.br/ccivil. Acesso em: 23 abr. 2021.

Capítulo III

A Arbitragem Aplicada aos Dissídios Individuais Laborais na Doutrina, na Jurisprução e na Legislação da Espanha

Sumário: 1. A arbitragem na Espanha; **2.** A estrutura da arbitragem na Espanha; **3.** O perfil e a competência dos árbitros na Espanha; **4.** O processo arbitral na Espanha; **5.** A sentença arbitral na Espanha; **6.** Anulação, revisão, execução e *exequatur* da sentença arbitral na Espanha; **7.** Jurisprudência da resolução de dissídios individuais trabalhistas por arbitragem na Espanha.

1. A arbitragem na Espanha

A Espanha sempre se mostrou sensível aos requerimentos de harmonização do regime jurídico da arbitragem — em particular a empresarial e a internacional — para favorecer a difusão de sua prática e para promover a unidade de critérios na sua aplicação, na convicção de que uma maior uniformidade do instituto propiciaria uma maior eficácia como meio adequado para a resolução de conflitos posto à disposição dos espanhóis.

A Lei n. 60, de 23 de dezembro de 2003 *(Ley 60/2003, de 23 de diciembre)*(311), que derrogou a Lei n. 36, de 5 de dezembro de 1988 *(Ley 36/1988, de 05 de diciembre)*(312), e que por sua vez, foi revisada em algumas

(311) ESPAÑA. MINISTERIO DE LA PRESIDENCIA, RELACIONES CON LAS CORTES Y MEMORIA DEMOCRATICA. *Ley núm. 60/2003, de 23 de diciembre, de Arbitraje.* Boletín Oficial del Estado, núm. 309, de 26 de diciembre de 2003. Entrada en vigor: 26 de marzo de 2004; Departamento: Jefatura del Estado; Referencia: BOE-A-2003-23646. Disponible en: https://www.boe.es/eli/es/l/2003/12/23/60/con. Acceso en: 02 feb. 2023.

(312) ESPAÑA. MINISTERIO DE LA PRESIDENCIA, RELACIONES CON LAS CORTES Y MEMORIA DEMOCRATICA. *Ley núm. 36/1988, de 05 de diciembre, de Arbitraje.* Boletín Oficial del

de suas disposições por meio da Lei n. 11, de 20 de maio de 2011 *(Ley 11/2011, de 20 de mayo)*[(313)], é tributária desta vocação, já antes manifestada explicitamente pelo Decreto Real n. 1.094, de 22 de maio de 1981 *(Real Decreto 1.094/1981, de 22 de mayo)*[(314)] que abriu as portas à arbitragem empresarial internacional, tendo em conta que o incremento das relações comerciais — em particular na região ibero-americana — e a inexistência de entidades especializadas — em especial na arbitragem empresarial internacional — no país impunha que o emprego do instituto por empresários se efetuasse em organizações imersas em outros contextos cultural e idiomático, com o efeito negativo que essa situação representava para a Espanha, e a perda que para os espanhóis significava a ruptura dos vínculos seculares que marcam suas relações com os países ibero-americanos em matéria de tão crescente interesse em comum.

A regulamentação mais recente sobre a arbitragem expõe ainda mais esta sensibilidade, esta vocação e esta prática, mas com a clara pretensão de produzir um salto qualitativo na aplicação do instituto. A principal inspiração da arbitragem na Espanha continua a ser a Lei Modelo sobre Arbitragem Comercial Internacional *(Ley Modelo sobre Arbitraje Comercial Internacional)*, elaborada pela Comissão das Nações Unidas para o Direito Mercantil Internacional *(Comisión de las Naciones Unidas para el Derecho Mercantil Internacional — CNUDMI)*, de 21 de junho de 1985, recomendada pela Assembleia Geral da Organização das Nações Unidas na sua Resolução n. 40/72, de 11 de dezembro de 1985 *(Resolución 40/72, de 11 de diciembre de 1985)*[(315)]. O

Estado, núm. 293, de 07 de diciembre de 1988, páginas 34.605 a 34.609; Sección: I. Disposiciones generales; Departamento: Jefatura del Estado; Referencia: BOE-A-1988-28027. Disponible en: https://www.boe.es/buscar/doc.php?id=BOE-A-1988-28027. Acceso en: 02 feb. 2023.

(313) ESPAÑA. MINISTERIO DE LA PRESIDENCIA, RELACIONES CON LAS CORTES Y MEMORIA DEMOCRATICA. *Ley núm. 11/2011, de 20 de mayo, de reforma de la Ley n. 60/2003, de 23 de diciembre, de Arbitraje y de regulación del arbitraje institucional en la Administración General del Estado.* Boletín Oficial del Estado, núm. 121, de 21 de mayo de 2003, páginas 50797 a 50804. Departamento: Jefatura del Estado; Referencia: BOE-A-2011-8847. Disponible en: https://www.boe.es/eli/es/l/2011/05/20/11. Acceso en: 02 feb. 2023.

(314) ESPAÑA. MINISTERIO DE LA PRESIDENCIA, RELACIONES CON LAS CORTES Y MEMORIA DEMOCRATICA. *Real Decreto núm. 1094, de 22 de mayo de 1981, sobre realización por el Consejo Superior de las Cámaras Oficiales de Comercio, Industria y Navegación de arbitraje comercial internacional.* Boletín Oficial del Estado, núm. 140, de 12 de junio de 1981, páginas 13.312 a 13.312; Sección: I. Disposiciones generales; Departamento: Presidencia del Gobierno; Referencia: BOE-A-1981-13182. Disponible en: http://www.boe.es/eli/es/rd/1981/05/22/1094. Acceso en: 02 feb. 2023.

(315) NACIONES UNIDAS. COMISIÓN DE LAS NACIONES UNIDAS PARA EL DERECHO MERCANTIL INTERNACIONAL. *Ley Modelo de la CNUDMI sobre Arbitraje Comercial Internacional de 21 de junio de 1985, con todas las enmiendas aprobadas en 2006, recomendada por la Asamblea General en su Resolución núm. 40/72, de 11 de diciembre de 1985.* Disponible en: file:///C:/Users/Usu%C3%A1rio/Downloads/International%20arbitration%20trade%20Law%20

legislador também leva em consideração os sucessivos trabalhos empreendidos por esta comissão com o propósito de incorporar os avanços e de atender as novas necessidades do instituto, particularmente em matéria de requisitos para a convenção arbitral e para a adoção de medidas cautelares pelos espanhóis.

A Exposição de Motivos da Lei n. n. 60, de 23 de dezembro de 2003 *(Ley 60/2003, de 23 de diciembre)* esclarece que a Lei Modelo sobre Arbitragem Comercial Internacional *(Ley Modelo sobre Arbitraje Comercial Internacional)* responde a um compromisso entre as tradições jurídicas do *civil law* e do *common law*, produto de um cuidadoso estudo do direito comparado. Sua redação não responde, por isso, plenamente aos cânones tradicionais do Direito da Espanha, mas facilita sua difusão entre os operadores pertencentes às áreas econômicas com que os espanhóis mantêm ativas e crescentes relações comerciais.(316)

Os agentes econômicos adquiriram, portanto, maior certeza sobre o conteúdo do ordenamento jurídico que rege a arbitragem na Espanha, o que facilita e impulsiona que se pactue pela utilização do instituto, resultando mais segura aos operadores econômicos do comércio internacional — habituados a uma maior flexibilidade e adaptabilidade das normas — e as peculiaridades de casos concretos surgidos aos espanhóis em cenários muito diversos.

A Lei n. 60, de 23 de dezembro de 2003 *(Ley 60/2003, de 23 de diciembre)* foi promulgada com consciência dos inegáveis avanços de sua antecessora — a Lei n. 36, de 5 de dezembro de 1988 *(Ley 36/1988, de 05 de diciembre)* — na regulação e na modernização da arbitragem.(317)

---

based%20on%20the%20model%20of%20the%20United%20Nations%20Commission%20on%20International%20Trade%20Law%20-Ley%20sobre%20arbitraje%20comercial%20intern%20I.pdf. Acceso en: 02 feb. 2023.

(316) "La Ley Modelo responde a un sutil compromiso entre las tradiciones jurídicas europeo--continental y anglosajona producto de un cuidado estudio del derecho comparado. Su redacción no responde, por ello, plenamente a los cánones tradicionales de nuestro ordenamiento, pero facilita su difusión entre operadores pertenecientes a áreas económicas con las que España mantiene activas y crecientes relaciones comerciales". ESPAÑA. MINISTERIO DE LA PRESIDENCIA, RELACIONES CON LAS CORTES Y MEMORIA DEMOCRATICA. Exposición de Motivos. *Ley núm. 60/2003, de 23 de diciembre, de Arbitraje.* Boletín Oficial del Estado, núm. 309, de 26 de diciembre de 2003. Entrada en vigor: 26 de marzo de 2004; Departamento: Jefatura del Estado; Referencia: BOE-A-2003-23646. Disponible en: https://www.boe.es/eli/es/l/2003/12/23/60/con. Acceso en: 02 feb. 2023.

(317) "La nueva ley se dicta con conciencia de los innegables avances que su precedente, la Ley 36/1988, de 5 de diciembre, de Arbitraje, supuso para la regulación y modernización del régimen de esta institución en nuestro ordenamiento jurídico. Durante su vigencia se ha producido una notable expansión del arbitraje en nuestro país; ha aumentado en gran medida el tipo y el número de relaciones jurídicas, sobre todo contractuales, para las que las partes pactan convenios arbitrales; se ha asentado el arbitraje institucional; se han consolidado prácticas

Sua Exposição de Motivos esclarece que, durante a vigência da norma anterior, se produziu uma notável expansão do instituto a partir: (a) do aumento do número e do tipo de relações jurídicas, sobretudo as contratuais, para as quais as partes pactuam uma convenção arbitral; (b) do estabelecimento da arbitragem institucional; (c) da consolidação de práticas uniformes, sobretudo em arbitragens internacionais; (d) da geração de uma grande produção doutrinária sobre o tema; e (e) da utilização dos procedimentos judiciais de apoio e de controle do instituto.(318)

Destaca ainda a Exposição de Motivos que o tempo decorrido desde a entrada em vigor da Lei n. 36, de 5 de dezembro de 1988 *(Ley 36/1988, de 05 de diciembre)* permitiu detectar lacunas e imperfeições na mesma. A arbitragem é um instituto que, sobretudo na sua vertente do comércio internacional, tem de evoluir ao mesmo ritmo que a tramitação jurídica, sob pena de tornar-se desatualizada.

A legislação interna de um país em matéria de arbitragem deve oferecer vantagens ou incentivos às pessoas naturais e às jurídicas para que optem por esta forma de resolução de conflitos e para que ocorra no território desse estado e de acordo com suas regras. Consequentemente, tanto as necessidades de aperfeiçoamento e de acompanhamento da evolução do instituto como a adaptação à Lei Modelo sobre Arbitragem Comercial Internacional *(Ley Modelo sobre Arbitraje Comercial Internacional)* se tornam necessárias.(319)

---

uniformes, sobre todo en arbitrajes internacionales; se ha generado un cuerpo de doctrina estimable; y se ha normalizado la utilización de los procedimientos judiciales de apoyo y control del arbitraje". ESPAÑA. MINISTERIO DE LA PRESIDENCIA, RELACIONES CON LAS CORTES Y MEMORIA DEMOCRATICA. *Exposición de Motivos. Ley núm. 60/2003, de 23 de diciembre, de Arbitraje.* Boletín Oficial del Estado, núm. 309, de 26 de diciembre de 2003. Entrada en vigor: 26 de marzo de 2004; Departamento: Jefatura del Estado; Referencia: BOE-A-2003-23646. Disponible en: https://www.boe.es/eli/es/l/2003/12/23/60/con. Acceso en: 02 feb. 2023.

(318) ESPAÑA. MINISTERIO DE LA PRESIDENCIA, RELACIONES CON LAS CORTES Y MEMORIA DEMOCRATICA. *Exposición de Motivos. Ley núm. 60/2003, de 23 de diciembre, de Arbitraje.* Boletín Oficial del Estado, núm. 309, de 26 de diciembre de 2003. Entrada en vigor: 26 de marzo de 2004; Departamento: Jefatura del Estado; Referencia: BOE-A-2003-23646. Disponible en: https://www.boe.es/eli/es/l/2003/12/23/60/con. Acceso en: 02 feb. 2023.

(319) "Además, el tiempo transcurrido desde la entrada en vigor de la Ley 36/1988 ha permitido detectar en ella lagunas e imperfecciones. El arbitraje es una institución que, sobre todo en su vertiente comercial internacional, ha de evolucionar al mismo ritmo que el tráfico jurídico, so pena de quedarse desfasada. La legislación interna de un país en materia de arbitraje ha de ofrecer ventajas o incentivos a las personas físicas y jurídicas para que opten por esta vía de resolución de conflictos y porque el arbitraje se desarrolle en el territorio de ese Estado y con arreglo a sus normas. Por consiguiente, tanto las necesidades de mejora y seguimiento de la evolución del arbitraje como la acomodación a la Ley Modelo hacen necesaria la promulgación de esta ley". ESPAÑA. MINISTERIO DE LA PRESIDENCIA, RELACIONES CON LAS CORTES Y MEMORIA DEMOCRATICA. *Exposición de Motivos. Ley núm. 60/2003, de 23 de diciembre, de Arbitraje.* Boletín Oficial del Estado, núm. 309, de 26 de diciembre de 2003. Entrada en vigor:

2. A estrutura da arbitragem na Espanha

A Lei n. 60, de 23 de dezembro de 2003 *(Ley 60/2003, de 23 de diciembre)* — a Lei de Arbitragem da Espanha — está sistematizada em nove partes e conta com quarenta e seis artigos.

O Título I contém as disposições gerais sobre a arbitragem, cabendo, ao artigo 1º, determinar o âmbito de aplicação do instituto embasado nos seguintes critérios: *(i)* a norma faz uma ressalva às disposições sobre a arbitragem contidas nos tratados internacionais, garantindo, quando cabível, que sejam respeitadas e aplicadas essas disposições sobre o instituto no caso concreto; *(ii)* a norma é de aplicação geral, cabendo sua observação em toda arbitragem que não conte com uma previsão específica, sendo que, nestes casos, sua observação será supletiva, salvo se estiver disposta a sua inaplicabilidade ao instituto ou ao caso concreto; *(iii)* a norma, no que diz respeito à contraposição entre a arbitragem interna e a internacional, opta por uma regulação unitária de ambas, assim sendo, entre o *dualismo* — quando a o instituto na seara internacional é regido totalmente, ou em grande medida, por preceitos distintos da interna — e o *monismo* — quando, a arbitragem internacional é regida totalmente, ou em grande medida, por princípios idênticos da interna — o texto opta claramente por esta última na caracterização do instituto;(320) *(iv)* a norma delimita sua aplicação à arbitragem realizada em território nacional, não obstante, há determinados preceitos, relativos a certos casos de intervenção judicial, que devem aplicar-se também àqueles procedimentos que se desenvolvem ou se desenvolveram no exterior, mas, frise-se, o critério, em todo caso, é também territorial, posto que se trata de normas processuais que serão aplicadas pelos tribunais ao instituto; e, por fim, mas não menos importante, principalmente diante do tema desta tese, *(v)* a norma exclui expressamente

---

26 de marzo de 2004; Departamento: Jefatura del Estado; Referencia: BOE-A-2003-23646. Disponible en: https://www.boe.es/eli/es/l/2003/12/23/60/con. Acceso en: 02 feb. 2023.

(320) "Son pocas y muy justificadas las normas en que el arbitraje internacional requiere una regulación distinta de la del arbitraje interno. Aun con la conciencia de que el arbitraje internacional responde en muchas ocasiones a exigencias distintas, esta ley parte de la base -corroborada por la tendencia actual en la materia- de que una buena regulación del arbitraje internacional ha de serlo también para el arbitraje interno, y viceversa. La Ley Modelo, dado que se gesta en el seno de la CNUDMI/UNCITRAL, está concebida específicamente para el arbitraje comercial internacional; pero su inspiración y soluciones son perfectamente válidas, en la inmensa mayoría de los casos, para el arbitraje interno. Esta ley sigue en este aspecto el ejemplo de otras recientes legislaciones extranjeras, que han estimado que la Ley Modelo no sólo resulta adecuada para el arbitraje comercial internacional, sino para el arbitraje en general." ESPAÑA. MINISTERIO DE LA PRESIDENCIA, RELACIONES CON LAS CORTES Y MEMORIA DEMOCRATICA. *Exposición de Motivos. Ley núm. 60/2003, de 23 de diciembre, de Arbitraje.* Boletín Oficial del Estado, núm. 309, de 26 de diciembre de 2003. Entrada en vigor: 26 de marzo de 2004; Departamento: Jefatura del Estado; Referencia: BOE-A-2003-23646. Disponible en: https://www.boe.es/eli/es/l/2003/12/23/60/con. Acceso en: 02 feb. 2023.

de sua aplicação a arbitragem de dissídios individuais trabalhistas, repetindo a restrição ao instituto contida na lei anterior.[(321)]

O artigo 2º regula as matérias que podem ser objeto de arbitragem embasado no critério da livre disposição pelas partes — como, aliás, também fazia o artigo 2º da Lei n. 36, de 5 de dezembro de 1988 *(Ley 36/1988, de 05 de diciembre)*[(322)] — contudo, a nova redação considera desnecessário elencar, mesmo que a título meramente exemplificativo, as matérias que não são de livre disposição, como outrora observado no texto anterior, que, por exemplo, excluía expressamente as disputas laborais do âmbito de atuação do instituto, bastando estabelecer que a arbitrabilidade de uma controvérsia coincide com a disponibilidade de seu objeto para as partes. É concebível que haja ou que possa haver questões que sejam disponíveis para as partes, mas que, por opção legislativa, se limite ou até mesmo se exclua sua arbitrabilidade, mas isso excede o escopo de um regulamento geral de arbitragem e pode ser objeto, quando apropriado, de disposições específicas para o instituto em outros textos legais.[(323)] Esse entendimento vai ao encontro do raciocínio de

---

(321) **Artículo 1. Ámbito de aplicación. 1.** Esta ley se aplicará a los arbitrajes cuyo lugar se halle dentro del territorio español, sean de carácter interno o internacional, sin perjuicio de lo establecido en tratados de los que España sea parte o en leyes que contengan disposiciones especiales sobre arbitraje. 2. Las normas contenidas en los apartados 3, 4 y 6 del artículo 8, en el artículo 9, excepto el apartado 2, en los artículos 11 y 23 y en los títulos VIII y IX de esta ley se aplicarán aun cuando el lugar del arbitraje se encuentre fuera de España. 3. Esta ley será de aplicación supletoria a los arbitrajes previstos en otras leyes. 4. Quedan excluidos del ámbito de aplicación de esta ley los arbitrajes laborales. ESPAÑA. MINISTERIO DE LA PRESIDENCIA, RELACIONES CON LAS CORTES Y MEMORIA DEMOCRATICA. *Ley núm. 60/2003, de 23 de diciembre, de Arbitraje.* Boletín Oficial del Estado, núm. 309, de 26 de diciembre de 2003. Entrada en vigor: 26 de marzo de 2004; Departamento: Jefatura del Estado; Referencia: BOE-A-2003-23646. Disponible en: https://www.boe.es/eli/es/l/2003/12/23/60/con. Acceso en: 02 feb. 2023.

(322) Artículo 2. 1. No podrán ser objeto de arbitraje: a) Las cuestiones sobre las que haya recaído resolución judicial firme y definitiva, salvo los aspectos derivados de su ejecución. b) Las materias inseparablemente unidas a otras sobre las que las partes no tengan poder de disposición. c) Las cuestiones en que, con arreglo a las Leyes, deba intervenir el Ministerio Fiscal en representación y defensa de quienes, por carecer de capacidad de obrar o de representación legal, no pueden actuar por sí mismos. 2. Quedan excluidos del ámbito de aplicación de la presente Ley los arbitrajes laborales. ESPAÑA. MINISTERIO DE LA PRESIDENCIA, RELACIONES CON LAS CORTES Y MEMORIA DEMOCRATICA. *Ley núm. 36/1988, de 05 de diciembre, de Arbitraje.* Boletín Oficial del Estado, núm. 293, de 07 de diciembre de 1988, páginas 34.605 a 34.609; Sección: I. Disposiciones generales; Departamento: Jefatura del Estado; Referencia: BOE-A-1988-28027. Disponible en: https://www.boe.es/buscar/doc.php?id=BOE-A-1988-28027. Acceso en: 02 feb. 2023.

(323) Artículo 2. Materias objeto de arbitraje. 1. Son susceptibles de arbitraje las controversias sobre materias de libre disposición conforme a derecho. 2. Cuando el arbitraje sea internacional y una de las partes sea un Estado o una sociedad, organización o empresa controlada por un Estado, esa parte no podrá invocar las prerrogativas de su propio derecho para sustraerse a

Sílvia Gaspar Lera que, en investigação feita em momento anterior à alteração legislativa, destacava a dificuldade da doutrina em enumerar as matérias ou os assuntos sobre os quais as partes poderiam dispor.(324)

Ao se retirar a limitação à arbitragem no que se refere a dissídios individuais laborais de um local que tratava basicamente da arbitrabilidade e realocar a proibição numa seção em que se aborda requisitos essenciais para a aplicação do instituto, pode-se dizer que a legislação em vigor na Espanha recrudesceu o tratamento à arbitragem no que tange a dissídios individuais trabalhistas, impedindo expressamente a utilização do instituto. Enxergando o copo meio cheio, contudo, Márcio Yoshida defende que não foi a intenção do legislador espanhol simplesmente excluir a matéria, mas sim, embasado na Exposição de Motivos da Lei n. 60, de 23 de dezembro de 2003 *(Ley 60/2003, de 23 de diciembre)*(325), "procurou ele criar uma lei geral e deixar que as leis

---

las obligaciones dimanantes del convenio arbitral. ESPAÑA. MINISTERIO DE LA PRESIDENCIA, RELACIONES CON LAS CORTES Y MEMORIA DEMOCRATICA. *Ley núm. 60/2003, de 23 de diciembre, de Arbitraje*. Boletín Oficial del Estado, núm. 309, de 26 de diciembre de 2003. Entrada en vigor: 26 de marzo de 2004; Departamento: Jefatura del Estado; Referencia: BOE-A-2003-23646. Disponible en: https://www.boe.es/eli/es/l/2003/12/23/60/con. Acceso en: 02 feb. 2023.

(324) "A efectos de concretar la pauta de disponibilidad que resulta, primer lugar, al objeto de la disponibilidad y, en segundo lugar, a los límites de la misma. a) En relación con el primero de los aspectos apuntados — el objeto de la disponibilidad — hay que afirmar lo siguiente: en todo acto dispositivo aparece necesariamente un sujeto que lo realiza que debe tener capacidad jurídica y de obrar. Sin embargo, no existe acuerdo sobre lo que ha de considerarse objeto de la facultad de disposición. Así, la doctrina entiende que no pueden serlo sino los derechos subjetivos. Por ello, el término materia — empleado por la Ley de Arbitraje — como objeto de la facultad de disposición, debiera interpretarse en el sentido de constituir un complejo entramado de derechos que, abstracción hecha de cada uno de ellos, se considera disponible. Pero, en sentido estricto, la posibilidad de disponer debe predicar-se de cada uno de los derechos que integran la materia de que se trata. b) Pero según anticipé — respecto del requisito de la disponibilidad de la materia como pauta determinante del ámbito de aplicación del arbitraje — también es preciso detenerse sobre los límites de la libertad de disposición; y los intentos doctrinales dirigidos a tal fin remiten a nociones como la autonomía de la voluntad o el orden público, incurriendo en un círculo tautológico que nada aclara. Así, pues, tratar de delimitar el campo de disponibilidad con arreglo a criterios generales resulta sumamente complejo; pero todavía lo, es más — por no decir imposible — pretender relacionar a priori todas las posibilidades de actuar que tiene el titular de un ámbito de disponibilidad, lo que parece que puede tener lugar partiendo del punto de vista contrario; esto es: delimitando el campo de indisponibilidad". GASPAR LERA, Silvia. *El ámbito de aplicación del arbitraje*. Pamplona: Editora Aranzadi, 1998. p. 89-91.

(325) "En segundo lugar, en lo que respecta a la contraposición entre arbitraje ordinario y arbitrajes especiales, esta ley pretende ser una ley general, aplicable, por tanto, íntegramente a todos los arbitrajes que no tengan una regulación especial; pero también supletoriamente a los arbitrajes que la tengan, salvo en lo que sus especialidades se opongan a lo previsto en esta ley o salvo que alguna norma legal disponga expresamente su inaplicabilidad". ESPAÑA. MINISTERIO DE LA PRESIDENCIA, RELACIONES CON LAS CORTES Y MEMORIA DEMOCRATICA. *Exposición de Motivos. Ley núm. 60/2003, de 23 de diciembre, de Arbitraje*. Boletín Oficial del Estado, núm. 309, de 26 de diciembre de 2003. Entrada en vigor: 26 de marzo de

específicas de cada disciplina regulassem a arbitragem em suas respectivas searas".[326]

Em relação aos dissídios coletivos laborais, o emprego da arbitragem é plenamente reconhecido na Espanha, conforme o artigo 85 do Real Decreto Legislativo n. 02, de 23 de outubro de 2015 (*Real Decreto Legislativo 2/2015, de 23 de octubre)* — o chamado Estatuto dos Trabalhadores *(Estatuto de los Trabajadores)* [327], com nova redação dada pelos espanhós por meio da Lei n. 11, de 19 de maio de 1994 *(Ley 11/1994, de 19 de mayo)*.[328]

Durante o Congresso Internacional "A Justiça do Trabalho no Brasil e no Mundo", promovido em Fortaleza pela Escola Judicial do Tribunal Regional do

---

2004; Departamento: Jefatura del Estado; Referencia: BOE-A-2003-23646. Disponible en: https://www.boe.es/eli/es/l/2003/12/23/60/con. Acceso en: 02 feb. 2023.

(326) YOSHIDA, MÁRCIO. *Arbitragem trabalhista.* São Paulo: Editora Legislação Trabalhista, 2006. p. 57.

(327) ESPAÑA. MINISTERIO DE LA PRESIDENCIA, RELACIONES CON LAS CORTES Y MEMORIA DEMOCRATICA. *Real Decreto Legislativo 2/2015, de 23 de octubre, por el que se aprueba el texto refundido de la Ley del Estatuto de los Trabajadores.* Boletín Oficial del Estado, núm. 255, de 24 de octubre de 2015. Entrada en vigor: 13 de noviembre de 2015; Departamento: Ministerio de Empleo y Seguridad Social; Referencia: BOE-A-2015-11430. Disponible en: https://www.boe.es/eli/es/rdlg/2015/10/23/2/con. Acceso en: 02 feb. 2023.

(328) **Artículo 85.** Contenido. 1. Dentro del respeto a las leyes, los Convenios Colectivos podrán regular materias de índole económica, laboral, sindical y, en general, cuantas otras afecten a las condiciones de empleo y al ámbito de relaciones de los trabajadores y sus organizaciones representativas con el empresario y las asociaciones empresariales, incluidos procedimientos para resolver las discrepancias surgidas en los períodos de consulta previstos en los artículos 40, 41, 47 y 51 de esta Ley; los laudos arbitrales que a estos efectos puedan dictarse tendrán la misma eficacia y tramitación que los acuerdos en el período de consultas, siendo susceptibles de impugnación en los mismos términos que los laudos dictados para la solución de las controversias derivadas de la aplicación de los convenios. 2. Sin perjuicio de la libertad de contratación a que se refiere el párrafo anterior, los Convenios Colectivos habrán de expresar como contenido mínimo lo siguiente: a) Determinación de las partes que lo conciertan. b) Ámbito personal, funcional, territorial y temporal. c) Condiciones y procedimientos para la no aplicación del régimen salarial que establezca el mismo, respecto de las empresas incluidas en el ámbito del convenio cuando éste sea superior al de empresa, de conformidad con lo establecido en el artículo 82.3. d) Forma y condiciones de denuncia del Convenio, así como plazo de preaviso para dicha denuncia. e) Designación de una comisión paritaria de la representación de las partes negociadoras para entender de cuantas cuestiones le sean atribuidas, y determinación de los procedimientos para solventar las discrepancias en el seno de dicha Comisión. ESPAÑA. MINISTERIO DE LA PRESIDENCIA, RELACIONES CON LAS CORTES Y MEMORIA DEMOCRATICA. *Ley núm. Ley 11/1994, de 19 de mayo, por la que se modifican determinados artículos del Estatuto de los Trabajadores, y del texto articulado de la Ley de Procedimiento Laboral y de la Ley sobre Infracciones y Sanciones en el Orden Social.* Boletín Oficial del Estado, núm. 122, de 23 de mayo de 1994, páginas 15805 a 15831. Entrada en vigor: 26 de marzo de 2004; Sección: I. Disposiciones generales; Departamento: Jefatura del Estado; Referencia: BOE-A-1994-11610. Disponible en: https://www.boe.es/eli/es/l/1994/05/19/11. Acceso en: 02 feb. 2023.

Trabalho do Ceará (Ejud7 — TRT/CE), Montserrat Sole Truyols, professora da Universidade de Girona, atribuiu, em sua palestra, essa posição do legislador espanhol a um desequilíbrio existente entre as partes em seu país. Explica a pesquisadora que, "os empresários têm maior influência política, pois dispõem de um lobby organizado, enquanto as organizações sindicais não têm nenhuma influência política, nem exercem poder de pressão, pois o índice de filiação é de aproximadamente 19% dos trabalhadores". Ainda segundo a estudiosa, "quando se produz um conflito trabalhista na Espanha, a solução passa pelo Poder Judiciário. As partes, com frequência, têm mais confiança na solução judiciária. Os trabalhadores não iriam aceitar solução administrativa prejudicial, pois a veem como armadilha".(329)

Ainda a respeito das matérias objeto de arbitragem se introduz também a regra de que os países não podem fazer valer as prerrogativas de seu ordenamento jurídico pátrio, pretendendo-se que, para esses fins, o estado seja tratado exatamente da mesma forma que um indivíduo ao optar pelo instituto numa disputa internacional.

O artigo 3º regula a determinação do caráter internacional da arbitragem, aspecto este relevante, principalmente para a aplicação daqueles dispositivos que contenham regras especiais para o instituto cujos procedimentos se desenvolvem na Espanha. Assim, se estabelece, pela primeira vez no ordenamento jurídico espanhol, em quais casos uma arbitragem poderá ser considerada internacional, o que deve facilitar a interpretação e a aplicação da Lei n. 60, de 23 de dezembro de 2003 *(Ley 60/2003, de 23 de diciembre)* nesta modalidade quando houver a opção pelo instituto. Além disso, deve-se ter em conta que existem tratados e convenções internacionais dos quais a Espanha é signatária, cuja aplicação exige uma definição prévia da arbitragem internacional que, por opção do legislador espanhol, segue substancialmente os critérios da a Lei Modelo sobre Arbitragem Comercial Internacional *(Ley Modelo sobre Arbitraje Comercial Internacional).*

Esclarece a Exposição de Motivos que a relação jurídica de que provém o litígio afeta os interesses do comércio internacional, tratando-se de um critério amplamente desenvolvido em outros ordenamentos jurídicos, com o qual se destina a acolher casos em que, embora não concorram os elementos previamente estabelecidos pela lei, é inquestionável o seu caráter internacional face às circunstâncias do caso. Por fim, a Lei n. 60, de 23 de dezembro de

---

(329) SOLE TRUYOLS, Montserrat. *O Direito do Trabalho na Espanha*. Congresso Internacional "A Justiça do Trabalho no Brasil e no Mundo", promovido em Fortaleza pela Escola Judicial do Tribunal Regional do Trabalho do Ceará (Ejud7 – TRT/CE). Palestra proferida no dia 14 de junho de 2019. Disponível em: https://trt-7.jusbrasil.com.br/noticias/721106103/80-dos-conflitos--trabalhistas-espanhois-passam-por-solucao-judicial-diz-especialista. Acesso em: 22 fev. 2023.

2003 *(Ley 60/2003, de 23 de diciembre)* evita a confusão que a pluralidade de domicílios de uma pessoa — admitida em outros ordenamentos jurídicos — poderia causar na hora de determinar se uma arbitragem é internacional ou não.[330]

O artigo 4º apresenta uma série de regras de interpretação, tendo especial relevância, aquelas que dão conteúdo às normas jurídicas dispositivas por meio do reenvio, por vontade das partes, à disposição de uma instituição de arbitragem ou ao conteúdo de um regulamento arbitral. Assim, a maioria do que está estabelecido nesta norma busca primar pela autonomia da vontade das partes. Mas esta vontade se entende integrada pelas decisões que possam adotar, para o caso em concreto, a instituição responsável pela arbitragem, em virtude de suas regras, ou as que possam adotar os árbitros, em razão do regulamento arbitral ao qual as partes tenham se submetido. Produz-se, assim, uma espécie de integração do conteúdo da cláusula arbitral ou da convenção de arbitragem, que, por força desta disposição, torna-se, nesses casos, um contrato normativo. Desse modo, a autonomia privada em matéria de arbitragem se pode manifestar tanto diretamente, por meio da declaração de vontade das partes, como indiretamente, mediante a declaração de vontade de que o instituto seja administrado por uma entidade arbitral ou que se submeta a um regulamento arbitral.

Neste sentido, segundo a Exposição de Motivos da Lei de Arbitragem da Espanha, a expressão "instituição arbitral" faz referência a qualquer entidade, centro, ou organização das características esperadas que um regulamento de arbitragem possui e, de acordo com ele, é dedicado à administração de arbitragens, mas especifica-se que as partes podem submeter-se a um regulamento de arbitragem sem confiar a administração do processo a uma instituição, caso em que este documento também integrará a vontade das partes.[331]

O artigo 5º estabelece as regras sobre modificações, comunicações e contagem dos prazos, que se aplicam tanto às atuações tendentes a colocar em marcha a arbitragem como ao conjunto de sua tramitação. Se regulam a forma, o lugar e o tempo das notificações e das comunicações. A respeito

---

(330) ESPAÑA. MINISTERIO DE LA PRESIDENCIA, RELACIONES CON LAS CORTES Y MEMORIA DEMOCRATICA. *Exposición de Motivos. Ley núm. 60/2003, de 23 de diciembre, de Arbitraje.* Boletín Oficial del Estado, núm. 309, de 26 de diciembre de 2003. Entrada en vigor: 26 de marzo de 2004; Departamento: Jefatura del Estado; Referencia: BOE-A-2003-23646. Disponible en: https://www.boe.es/eli/es/l/2003/12/23/60/con. Acceso en: 02 feb. 2023.

(331) ESPAÑA. MINISTERIO DE LA PRESIDENCIA, RELACIONES CON LAS CORTES Y MEMORIA DEMOCRATICA. *Exposición de Motivos. Ley núm. 60/2003, de 23 de diciembre, de Arbitraje.* Boletín Oficial del Estado, núm. 309, de 26 de diciembre de 2003. Entrada en vigor: 26 de marzo de 2004; Departamento: Jefatura del Estado; Referencia: BOE-A-2003-23646. Disponible en: https://www.boe.es/eli/es/l/2003/12/23/60/con. Acceso en: 02 feb. 2023.

do cômputo dos prazos se dispõe que se tratam de dias corridos. Esta regra não é aplicável no âmbito dos processos judiciais de apoio ou de controle ao instituto, em que regem as normas processuais, mas é aplicável aos prazos estabelecidos para a instauração dos referidos procedimentos, como, por exemplo, a exercício da ação de anulação da sentença.

O artigo 6º contém uma disposição sobre a renúncia tácita aos poderes de impugnação, inspirada diretamente — como tantas outras — na Lei Modelo sobre Arbitragem Comercial Internacional, que obriga as partes da arbitragem a denunciar pronta e imediatamente as violações de normas dispositivas, ou seja, aplicáveis à revelia da vontade das partes.

O artigo 7º, que aborda a intervenção judicial na arbitragem, é um corolário do denominado efeito negativo da convenção de arbitragem, que impede os tribunais de conhecer as controvérsias submetidas ao instituto, desse modo, a intervenção judicial dos assuntos submetidos à arbitragem deve se limitar aos procedimentos de apoio e de controle ao instituto expressamente previstos pela norma.

O artigo 8º, contém, diretamente ou por indicação, as normas de competência objetiva e territorial para o conhecimento de todos os procedimentos de apoio e de controle da arbitragem, inclusive daqueles que não se encontram regulados pela Lei n. 60, de 23 de dezembro de 2003 *(Ley 60/2003, de 23 de diciembre)*, mas sim no Código de Processo Civil *(Ley n. 01/2000, de 07 de enero, de Enjuiciamiento Civil)*[332]. Para a execução *(exequatur)* de sentenças estrangeiras, a competência é atribuída aos Tribunais Provinciais, em vez de — como era anteriormente pela Lei n. 36, de 5 de dezembro de 1988 *(Ley 36/1988, de 05 de diciembre)*[333] — à Primeira Turma do Supremo Tribunal Federal, com o objetivo de descarregá-la e ganhar celeridade[334].

---

(332) ESPAÑA. MINISTERIO DE LA PRESIDENCIA, RELACIONES CON LAS CORTES Y MEMORIA DEMOCRATICA. *Ley núm. 01, de 07 de enero de 2000, de Enjuiciamiento Civil.* Boletín Oficial del Estado, núm. 07, de 08 de enero de 2000. Entrada en vigor: 08 de enero de 2001; Departamento: Jefatura del Estado; Referencia: BOE-A-2000-323. Disponible en: https:// https://www.boe.es/eli/es/l/2000/01/07/1/con. Acceso en: 02 feb. 2023.

(333) Artículo 57. La ejecución de los laudos arbitrales extranjeros se solicitará ante la Sala de lo Civil del Tribunal Supremo, por cualquiera de las partes. ESPAÑA. MINISTERIO DE LA PRESIDENCIA, RELACIONES CON LAS CORTES Y MEMORIA DEMOCRATICA. *Ley núm. 36, de 05 de diciembre de 1988, de Arbitraje.* Boletín Oficial del Estado, núm. 293, de 07 de diciembre de 1988, páginas 34.605 a 34.609; Sección: I. Disposiciones generales; Departamento: Jefatura del Estado; Referencia: BOE-A-1988-28027. Disponible en: https://www.boe.es/buscar/doc.php?id=BOE-A-1988-28027. Acceso en: 02 feb. 2023.

(334) **Artículo 8. Tribunales competentes para las funciones de apoyo y control del arbitraje. 1.** Para el nombramiento y remoción judicial de árbitros será competente la Sala de lo Civil y de lo Penal del Tribunal Superior de Justicia de la Comunidad Autónoma donde tenga lugar el arbitraje; de no estar éste aún determinado, la que corresponda al domicilio o residencia habitual de cualquiera de los demandados; si ninguno de ellos tuviere domicilio o

O Título II regula os requisitos e os efeitos da convenção de arbitragem sem prejuízo da aplicação das regras gerais dos contratos em tudo o que não estiver expressamente previsto na Lei n. 60, de 23 de dezembro de 2003 *(Ley 60/2003, de 23 de diciembre)* que, em linhas gerais, procura aperfeiçoar a Lei n. 36, de 5 de dezembro de 1988 *(Ley 36/1988, de 05 de diciembre)*, especificando alguns pontos que se revelaram problemáticos.

Algumas novidades introduzidas quanto aos requisitos formais da convenção de arbitragem devem ser destacadas. Mesmo que pareça contraditório, a norma reforça o critério antiformalista, assim, embora se mantenha o requisito da forma escrita do contrato e se contemplem as diversas modalidades de prova escrita, o cumprimento deste requisito é alargado às convenções de arbitragem celebradas em suportes que deixem registo, não necessariamente por escrito, do seu conteúdo e que permitem sua investigação adicional. Assim, o espaço é dado e a validade do uso de novas mídias e novas tecnologias é reconhecida. Fica também consagrada a validade da chamada cláusula compromissória por remissão, ou seja, aquela que não consta do contrato principal, mas sim de documento separado, mas entende-se incorporada ao conteúdo do primeiro pela referência feita nele ao segundo.

Da mesma forma, a vontade das partes quanto à existência da convenção de arbitragem se sobrepõe aos seus requisitos formais. Quanto à norma aplicável, escolhe-se uma solução inspirada num princípio de conservação ou

residencia habitual en España, la del domicilio o residencia habitual del actor, y si éste tampoco los tuviere en España, la de su elección. **2.** Para la asistencia judicial en la práctica de pruebas será competente el Juzgado de Primera Instancia del lugar del arbitraje o el del lugar donde hubiere de prestarse la asistencia. **3.** Para la adopción judicial de medidas cautelares será tribunal competente el del lugar en que el laudo deba ser ejecutado y, en su defecto, el del lugar donde las medidas deban producir su eficacia, de conformidad con lo previsto en el artículo 724 de la Ley de Enjuiciamiento Civil. **4.** Para la ejecución forzosa de laudos o resoluciones arbitrales será competente el Juzgado de Primera Instancia del lugar en que se haya dictado de acuerdo con lo previsto en el apartado 2 del artículo 545 de la Ley 1/2000, de 7 de enero, de Enjuiciamiento Civil. **5.** Para conocer de la acción de anulación del laudo será competente la Sala de lo Civil y de lo Penal del Tribunal Superior de Justicia de la Comunidad Autónoma donde aquél se hubiere dictado. 6. Para el reconocimiento de laudos o resoluciones arbitrales extranjeros será competente la Sala de lo Civil y de lo Penal del Tribunal Superior de Justicia de la Comunidad Autónoma del domicilio o lugar de residencia de la parte frente a la que se solicita el reconocimiento o del domicilio o lugar de residencia de la persona a quien se refieren los efectos de aquellos, determinándose subsidiariamente la competencia territorial por el lugar de ejecución o donde aquellos laudos o resoluciones arbitrales deban producir sus efectos. Para la ejecución de laudos o resoluciones arbitrales extranjeros será competente el Juzgado de Primera Instancia con arreglo a los mismos criterios. ESPAÑA. MINISTERIO DE LA PRESIDENCIA, RELACIONES CON LAS CORTES Y MEMORIA DEMOCRATICA. *Ley núm. 60, de 23 de diciembre de 2003, de Arbitraje.* Boletín Oficial del Estado, núm. 309, de 26 de diciembre de 2003. Entrada en vigor: 26 de marzo de 2004; Departamento: Jefatura del Estado; Referencia: BOE-A-2003-23646. Disponible en: https://www.boe.es/eli/es/l/2003/12/23/60/con. Acceso en: 02 feb. 2023.

em critérios mais favoráveis à validade da convenção de arbitragem, bastando que seja válida sob qualquer um dos três regimes jurídicos indicados no ponto 6 do artigo 9º: (a) as regras escolhidas pelas partes; (b) as regras aplicáveis ao mérito da controvérsia; ou ainda (c) as regras contidas na legislação.[335]

A Lei de Arbitragem da Espanha mantém os chamados efeitos positivos e negativos da convenção de arbitragem. Quanto a este último, mantém-se a regra de que deve ser afirmado pelas partes e especificamente pelo réu por meio da contestação. Além disso, especifica-se que a pendência do processo judicial em que foi apresentada contestação não impede o início ou o prosseguimento do procedimento arbitral, de modo que a instauração de processo judicial não pode ser utilizada com o objetivo de bloquear ou dificultar o instituto. Isso esclarece qualquer dúvida que possa subsistir sobre a possibilidade de pactuar judicialmente medidas cautelares em relação a uma controvérsia submetida à arbitragem, mesmo antes do início do procedimento arbitral. Essa possibilidade está, sem dúvida, à luz do Código de Processo Civil *(Ley n. 01/2000, de 07 de enero, de Enjuiciamiento Civil)*, mas é importante que também esteja contemplada na Lei n. 60, de 23 de dezembro de 2003 *(Ley 60/2003, de 23 de diciembre)*. Além disso, abrange um possível pedido de medidas cautelares perante um tribunal estrangeiro em relação a uma arbitragem regida pelo direito espanhol.

3. O perfil e a competência dos árbitros na Espanha

O Título III é dedicado à regulamentação da figura do "árbitro" ou dos "árbitros", tendo a Lei n. 60, de 23 de dezembro de 2003 *(Ley 60/2003, de 23 de diciembre)* optado por não utilizar a expressão "tribunal arbitral", sob o justificável temor de que poderia causar confusão terminológica com a nomenclatura normalmente atribuída a órgãos do Poder Judiciário, induzindo uma ou as duas partes a erro como bem explica o legislador na sua Exposição de Motivos. Além disso, a referência aos árbitros abrange tanto os casos em que existe um colégio arbitral como aqueles em que o árbitro é único.[336]

---

(335) **Artículo 9. Forma y contenido del convenio arbitral.** [...] **6.** Cuando el arbitraje fuere internacional, el convenio arbitral será válido y la controversia será susceptible de arbitraje si cumplen los requisitos establecidos por las normas jurídicas elegidas por las partes para regir el convenio arbitral, o por las normas jurídicas aplicables al fondo de la controversia, o por el derecho español. ESPAÑA. MINISTERIO DE LA PRESIDENCIA, RELACIONES CON LAS CORTES Y MEMORIA DEMOCRATICA. *Ley núm. 60, de 23 de diciembre de 2003, de Arbitraje.* Boletín Oficial del Estado, núm. 309, de 26 de diciembre de 2003. Entrada en vigor: 26 de marzo de 2004; Departamento: Jefatura del Estado; Referencia: BOE-A-2003-23646. Disponible en: https://www.boe.es/eli/es/l/2003/12/23/60/con. Acceso en: 02 feb. 2023.

(336) "El título III se dedica a la regulación de la figura del árbitro o árbitros. La ley prefiere las expresiones árbitro o árbitros a la de tribunal arbitral, que puede causar confusión con los tribunales judiciales. Además, en la mayor parte de los preceptos la referencia a los árbitros

Na falta de acordo entre as partes, será nomeado um único árbitro, opção esta, pautada por razões ligadas aos custos da arbitragem. Quanto à qualidade de árbitro, escolhe-se o critério da plena liberdade das partes para indicar, como é hoje a regra geral nos países mais avançados na aplicação do instituto. Nada é imposto pela norma, salvo na determinação da capacidade plena da pessoa natural escolhida. Serão, as partes — diretamente — ou as entidades arbitrais — indiretamente — que nomearão o árbitros ou os árbitros. No intuito de evitar a paralisação da arbitragem, a norma regula as situações que podem levar à substituição da vontade das partes na nomeação dos árbitros. Destaca a Exposição de Motivos que a atuação do Poder Judiciário será cirúrgica nestas ocasiões, com critérios estipulados ao Juiz de Primeira Instância para efetuar a nomeação.(337)

Exemplos dessa busca pela celeridade processual está no reenvio para o julgamento oral e a irrecorribilidade das resoluções interlocutórias que o Tribunal emite neste procedimento, bem como aquele que procede à nomeação. De notar, ainda, que o juiz não é chamado neste procedimento a proceder, de ofício ou a pedido de uma das partes, a uma fiscalização da validade da convenção de arbitragem ou à verificação da arbitrabilidade do litígio, o que, se admitido fosse, retardaria indevidamente a nomeação e esvaziaria o conteúdo da regra de que os árbitros são os chamados a decidir, em primeiro lugar, sobre sua própria jurisdição. Por isso, o juiz só deve indeferir o pedido de nomeação de árbitros na hipótese excepcional de inexistência de convenção de arbitragem — quando de pronto puder estimar que realmente não há convenção de arbitragem — mas o juiz não é chamado nesse procedimento a fazer um controle dos requisitos de validade desse acordo. (338)

---

incluye tanto los supuestos en que hay un colegio arbitral como aquellos en los que el árbitro es único". ESPAÑA. MINISTERIO DE LA PRESIDENCIA, RELACIONES CON LAS CORTES Y MEMORIA DEMOCRATICA. *Exposición de Motivos. Ley núm. 60, de 23 de diciembre de 2003, de Arbitraje.* Boletín Oficial del Estado, núm. 309, de 26 de diciembre de 2003. Entrada en vigor: 26 de marzo de 2004; Departamento: Jefatura del Estado; Referencia: BOE-A-2003-23646. Disponible en: https://www.boe.es/eli/es/l/2003/12/23/60/con. Acceso en: 02 feb. 2023.

(337) "Sólo para los casos en que resulte necesario suplir la voluntad de las partes, la ley prevé y regula las situaciones que pueden presentarse en la designación de los árbitros, para evitar la paralización del arbitraje. En estos casos es necesaria la actuación judicial, si bien se pretende, de un lado, que el procedimiento judicial pueda ser rápido y, de otro, dar criterios al Juez de Primera Instancia para realizar la designación". ESPAÑA. MINISTERIO DE LA PRESIDENCIA, RELACIONES CON LAS CORTES Y MEMORIA DEMOCRATICA. *Exposición de Motivos. Ley núm. 60, de 23 de diciembre de 2003, de Arbitraje.* Boletín Oficial del Estado, núm. 309, de 26 de diciembre de 2003. Entrada en vigor: 26 de marzo de 2004; Departamento: Jefatura del Estado; Referencia: BOE-A-2003-23646. Disponible en: https://www.boe.es/eli/es/l/2003/12/23/60/con. Acceso en: 02 feb. 2023.

(338) **Artículo 15. Nombramiento de los árbitros.** [...] **3.** Si no resultare posible designar árbitros a través del procedimiento acordado por las partes, cualquiera de ellas podrá solicitar al tribunal competente el nombramiento de los árbitros o, en su caso, la adopción de las medidas

Fica estabelecido o dever de todos os árbitros, sem importar quem os tenha nomeado, de manter a devida imparcialidade e a necessária independência para com as partes na arbitragem. Uma garantia disso é o dever de divulgar às partes qualquer fato ou circunstância que possa colocar em dúvida um ou os dois princípios. Quanto ao procedimento de impugnação, a premissa é mais uma vez a liberdade das partes, seja por acordo direto ou por referência a um regulamento de arbitragem. Na falta disso, fica estabelecido que o árbitro ou os árbitros decidem sobre a impugnação, sem prejuízo de poderem invocar os fundamentos dessa decisão como motivação para a anulação da sentença.

A possibilidade de recorrer diretamente aos tribunais contra a decisão que indeferiu a impugnação traria, sem dúvida, a vantagem da segurança preliminar quanto à imparcialidade, mas se prestaria a um uso retardado desse poder. Estima-se que os casos em que uma impugnação será rejeitada indevidamente serão bem menos frequentes e levarão à nulidade de todo o procedimento arbitral nos casos em que sejam feitas reclamações imediatas perante a autoridade judiciária com o objetivo de atrasar o procedimento. A norma também trata de outros casos que podem levar à destituição de um dos árbitros de suas funções e à indicação de substituto. Está prevista a possibilidade de que nesses casos seja necessário repetir ações já praticadas, mas não é obrigatório fazê-lo.

O Título IV, por sua vez, é dedicado à questão da competência dos árbitros. O artigo 22 estabelece a regra, capital da arbitragem, de que os árbitros têm o poder de decidir sobre sua competência. É a regra que a doutrina batizou com a expressão alemã *Kompetenz-Kompetenz* e que a Lei n. 36, de 5 de dezembro de 1988 *(Ley 36/1988, de 05 de diciembre)*(339) já consagrava, porem em termos menos precisos. Essa regra abrange o que se chama de separabilidade da convenção de arbitragem do contrato principal, no sentido de que a validade da convenção de arbitragem independe da do contrato principal

---

necesarias para ello. **4.** Las pretensiones que se ejerciten en relación con lo previsto en los apartados anteriores se sustanciarán por los cauces del juicio verbal. **5.** El tribunal únicamente podrá rechazar la petición formulada cuando aprecie que, de los documentos aportados, no resulta la existencia de un convenio arbitral. ESPAÑA. MINISTERIO DE LA PRESIDENCIA, RELACIONES CON LAS CORTES Y MEMORIA DEMOCRATICA. *Ley núm. 60, de 23 de diciembre de 2003, de Arbitraje.* Boletín Oficial del Estado, núm. 309, de 26 de diciembre de 2003. Entrada en vigor: 26 de marzo de 2004; Departamento: Jefatura del Estado; Referencia: BOE-A-2003-23646. Disponible en: https://www.boe.es/eli/es/l/2003/12/23/60/con. Acceso en: 02 feb. 2023.

(339) ESPAÑA. MINISTERIO DE LA PRESIDENCIA, RELACIONES CON LAS CORTES Y MEMORIA DEMOCRATICA. *Ley núm. 36, de 05 de diciembre de 1988, de Arbitraje.* Boletín Oficial del Estado, núm. 293, de 07 de diciembre de 1988, páginas 34.605 a 34.609; Sección: I. Disposiciones generales; Departamento: Jefatura del Estado; Referencia: BOE-A-1988-28027. Disponible en: https://www.boe.es/buscar/doc.php?id=BOE-A-1988-28027. Acceso en: 02 feb. 2023.

e de que os árbitros têm competência para julgar inclusive sobre a validade da convenção de arbitragem. Além disso, o termo genérico de competência deve ser entendido não apenas como algo estritamente ligado ao contrato, mas também quaisquer questões que possam impedir uma decisão sobre o mérito da controvérsia, exceto aquelas relativas às pessoas dos árbitros, que tem um tratamento próprio. A norma estabelece o ônus de que questões relativas à competência dos árbitros sejam suscitadas de início.

Ressalte-se que o fato de uma das partes colaborar ativamente na nomeação dos árbitros não implica qualquer tipo de renúncia tácita para fazer valer a sua incompetência objetiva. É uma consequência lógica da regra *Kompetenz-Kompetenz* — se são os árbitros que devem decidir sobre sua própria jurisdição, a parte está simplesmente contribuindo para designar quem pode decidir sobre essa jurisdição — caso contrário, a parte acabaria em uma situação absurda — teria que permanecer passiva durante a nomeação dos árbitros para, posteriormente, alegar sua incompetência sobre a controvérsia — o que não faria sentido algum.

A regra da alegação prévia de matéria de competência dos árbitros tem razoável modulação nos casos em que a alegação tardia seja, a juízo dos árbitros, justificada, na medida em que a parte não poderia fazer essa alegação previamente e que sua atitude durante o procedimento não poderia ser interpretada como uma aceitação da jurisdição dos árbitros. Fica a critério dos árbitros se convém que as questões relativas à sua competência sejam resolvidas antecipadamente ou em conjunto com as questões substantivas. A norma se baseia no fato de que os árbitros podem proferir quantas sentenças julgarem necessárias, seja para resolver questões processuais ou substantivas; ou ditar uma única sentença, resolvendo todos eles.(340)

---

(340) **Artículo 22. Potestad de los árbitros para decidir sobre su competencia. 1.** Los árbitros estarán facultados para decidir sobre su propia competencia, incluso sobre las excepciones relativas a la existencia o a la validez del convenio arbitral o cualesquiera otras cuya estimación impida entrar en el fondo de la controversia. A este efecto, el convenio arbitral que forme parte de un contrato se considerará como un acuerdo independiente de las demás estipulaciones del mismo. La decisión de los árbitros que declare la nulidad del contrato no entrañará por sí sola la nulidad del convenio arbitral. **2.** Las excepciones a las que se refiere el apartado anterior deberán oponerse a más tardar en el momento de presentar la contestación, sin que el hecho de haber designado o participado en el nombramiento de los árbitros impida oponerlas. La excepción consistente en que los árbitros se exceden del ámbito de su competencia deberá oponerse tan pronto como se plantee, durante las actuaciones arbitrales, la materia que exceda de dicho ámbito. Los árbitros sólo podrán admitir excepciones opuestas con posterioridad si la demora resulta justificada. **3.** Los árbitros podrán decidir las excepciones de que trata este artículo con carácter previo o junto con las demás cuestiones sometidas a su decisión relativas al fondo del asunto. La decisión de los árbitros sólo podrá impugnarse mediante el ejercicio de la acción de anulación del laudo en el que se haya adoptado. Si la decisión fuese desestimatoria de las excepciones y se adoptase con carácter previo, el ejercicio de la acción de anulación no suspenderá el procedimiento arbitral. ESPAÑA. MINISTERIO DE

O artigo 23 incorpora uma das principais novidades da norma — o poder atribuído aos árbitros de adotar medidas cautelares — que poderá ser excluído pelas partes, diretamente ou por referência a um regulamento arbitral, não havendo uma determinação do alcance deste poder de cautela.(341) Obviamente, os árbitros carecem de poder executivo, pelo que para a execução dessas medidas será necessário recorrer à autoridade judicial, nos mesmos termos como se se tratasse de uma decisão de mérito. No entanto, se na atividade cautelar é possível distinguir entre um aspecto declaratório e um executivo, a norma reconhece o primeiro para os árbitros, salvo convenção das partes em contrário. A Lei n. 60, de 23 de dezembro de 2003 *(Ley 60/2003, de 23 de diciembre)* não revoga nem restringe a possibilidade, prevista nos artigos 8º e 11(342) e no artigo 724(343) do Código de Processo Civil *(Ley n. 01/2000, de 07*

LA PRESIDENCIA, RELACIONES CON LAS CORTES Y MEMORIA DEMOCRATICA. *Ley núm. 60, de 23 de diciembre de 2003, de Arbitraje.* Boletín Oficial del Estado, núm. 309, de 26 de diciembre de 2003. Entrada en vigor: 26 de marzo de 2004; Departamento: Jefatura del Estado; Referencia: BOE-A-2003-23646. Disponible en: https://www.boe.es/eli/es/l/2003/12/23/60/con. Acceso en: 02 feb. 2023.

(341) **Artículo 23. Potestad de los árbitros de adoptar medidas cautelares. 1.** Salvo acuerdo en contrario de las partes, los árbitros podrán, a instancia de cualquiera de ellas, adoptar las medidas cautelares que estimen necesarias respecto del objeto del litigio. Los árbitros podrán exigir caución suficiente al solicitante. **2.** A las decisiones arbitrales sobre medidas cautelares, cualquiera que sea la forma que revistan, les serán de aplicación las normas sobre anulación y ejecución forzosa de laudos. ESPAÑA. MINISTERIO DE LA PRESIDENCIA, RELACIONES CON LAS CORTES Y MEMORIA DEMOCRATICA. *Ley núm. 60, de 23 de diciembre de 2003, de Arbitraje.* Boletín Oficial del Estado, núm. 309, de 26 de diciembre de 2003. Entrada en vigor: 26 de marzo de 2004; Departamento: Jefatura del Estado; Referencia: BOE-A-2003-23646. Disponible en: https://www.boe.es/eli/es/l/2003/12/23/60/con. Acceso en: 02 feb. 2023.

(342) **Artículo 8. Tribunales competentes para las funciones de apoyo y control del arbitraje.** [...] **3.** Para la adopción judicial de medidas cautelares será tribunal competente el del lugar en que el laudo deba ser ejecutado y, en su defecto, el del lugar donde las medidas deban producir su eficacia, de conformidad con lo previsto en el artículo 724 de la Ley de Enjuiciamiento Civil. [...]**Artículo 11. Convenio arbitral y demanda en cuanto al fondo ante un Tribunal.** [...] **3.** El convenio arbitral no impedirá a ninguna de las partes, con anterioridad a las actuaciones arbitrales o durante su tramitación, solicitar de un tribunal la adopción de medidas cautelares ni a éste concederlas. ESPAÑA. MINISTERIO DE LA PRESIDENCIA, RELACIONES CON LAS CORTES Y MEMORIA DEMOCRATICA. *Ley núm. 60, de 23 de diciembre de 2003, de Arbitraje.* Boletín Oficial del Estado, núm. 309, de 26 de diciembre de 2003. Entrada en vigor: 26 de marzo de 2004; Departamento: Jefatura del Estado; Referencia: BOE-A-2003-23646. Disponible en: https://www.boe.es/eli/es/l/2003/12/23/60/con. Acceso en: 02 feb. 2023.

(343) **Artículo 724.** Competencia en casos especiales. Cuando las medidas cautelares se soliciten estando pendiente un proceso arbitral o la formalización judicial del arbitraje, será tribunal competente el del lugar en que el laudo deba ser ejecutado, y, en su defecto, el del lugar donde las medidas deban producir su eficacia. Lo mismo se observará cuando el proceso se siga ante un tribunal extranjero, salvo lo que prevean los Tratados. ESPAÑA. MINISTERIO DE LA PRESIDENCIA, RELACIONES CON LAS CORTES Y MEMORIA DEMOCRATICA. *Ley núm. 01, de 07 de enero de 2000, de Enjuiciamiento Civil.* Boletín Oficial del Estado, núm. 07, de 08 de enero de 2000. Entrada en vigor: 08 de enero de 2001; Departamento: Jefatura del Estado;

de enero, de Enjuiciamiento Civil), de o interessado instar a autoridade judiciária a adotar medidas cautelares. Os poderes arbitral e judicial em matéria cautelar são alternativos e concorrentes, sem prejuízo do princípio da boa-fé processual.

4. O processo arbitral na Espanha

O Título V da Lei n. 60, de 23 de dezembro de 2003 *(Ley 60/2003, de 23 de diciembre)* regula o processo de arbitragem, regido pela autonomia da vontade, pelo direito de ampla defesa e pela igualdade das partes. A partir da garantia a estes princípios básicos, as regras que se estabelecem sobre o procedimento arbitral são dispositivas e, portanto, aplicáveis somente se as partes não estabeleceram nada diferente, ou ainda não optaram por uma entidade e nem por um regulamento arbitral. Desta forma, as opções que fundamentam estes preceitos estão sempre subordinadas à vontade das partes.

No que respeita ao local da arbitragem, importa referir que as audiências e as deliberações podem ser realizadas em locais diversos. A determinação do foro é juridicamente relevante em muitos aspectos, mas a sua fixação não supõe ao instituto uma rigidez para o desenvolvimento do processo.

O início da arbitragem ocorre no momento em que uma das partes recebe da outra a exigência de submeter a controvérsia ao juízo arbitral. Parece lógico que os efeitos jurídicos da instauração se dê a partir deste atoo, mesmo que o objeto da disputa ainda não esteja perfeitamente definido. Soluções alternativas a esta permitiriam atuações tendentes a dificultar o andamento dos feitos em um instituto que tem a celeridade como norte.

A determinação do idioma ou dos idiomas da arbitragem corresponde às partes e, na falta de uma posição destes, aos árbitros. Os documentos podem ser fornecidos ou as ações podem ser realizadas no idioma não oficial sem a necessidade de tradução. Com isso, estabelece-se uma regra prática bastante difundida e que caracteriza o instituto que é a informalidade, admitindo a contribuição de documentos ou de declarações em outro idioma.

Na arbitragem, nem sempre ocorrem as posições processuais ativa e passiva do juizado estatal, ao menos, não nos mesmos termos, afinal, a determinação do objeto da disputa ocorre de forma progressiva. No entanto, a prática do instituto mostra que quem inicia o processo formula uma reclamação contra a outra parte e, portanto, torna-se o autor da ação e isso sem prejuízo do fato de que o demandado apresente sua reconvenção. Parece, pois, razoável que, sem prejuízo da liberdade das partes, o procedimento se estruture com base numa dupla posição entre autor e réu.

Referencia: BOE-A-2000-323. Disponible en: https:// https://www.boe.es/eli/es/l/2000/01/07/1/con. Acceso en: 02 feb. 2023.

Essa comodidade, entretanto, deve ser flexibilizada na configuração dos requisitos dos atos das partes em defesa de seus respectivos posicionamentos. Assim, não estão devidamente estabelecidos os requisitos de forma e de conteúdo das peças processuais das partes. A função da reclamação e da resposta a que se refere o artigo 29[(344)] é meramente a de esclarecer os árbitros sobre a matéria do litígio, sem prejuízo de alegações posteriores. As regras do processo judicial não entram aqui em termos de requisitos de demanda e de resposta, documentos anexos ou preclusão. O juízo arbitral, mesmo na ausência de acordo entre as partes, configura-se com grande maleabilidade, de acordo com as exigências do instituto, característica esta também presente no desenvolvimento posterior do procedimento que pode ser, em certos casos, predominantemente escrito, se as circunstâncias do caso não exigirem a realização de audiências. No entanto, a regra é realizar audiências para colher provas. A norma também tenta evitar que a inatividade das partes possa paralisar o processo arbitral ou comprometer a validade da sentença arbitral.

A fase probatória da arbitragem é também presidida pela máxima liberdade das partes e dos árbitros — desde que respeitados o direito de defesa e o princípio da igualdade — e pela máxima flexibilidade. A norma apenas estabelece critérios sobre a prova pericial, de singular importância contemporânea, aplicáveis na ausência de vontade das partes.

Estas regras visam permitir tanto pareceres emitidos por peritos indicados diretamente pelas partes quanto aqueles expedidos por peritos nomeados de ofício ou a requerimento de uma parte, pelos árbitros, e garantir o devido contraditório quanto ao relatório pericial.

Está também regulamentada a assistência judiciária à produção de prova, que é uma das funções tradicionais do apoio do juízo estatal ao juízo arbitral. A assistência não tem necessariamente de consistir na realização de

(344) **Artículo 29. Demanda y contestación. 1.** Dentro del plazo convenido por las partes o determinado por los árbitros y a menos que las partes hayan acordado otra cosa respecto del contenido de la demanda y de la contestación, el demandante deberá alegar los hechos en que se funda, la naturaleza y las circunstancias de la controversia y las pretensiones que formula, y el demandado podrá responder a lo planteado en la demanda. Las partes, al formular sus alegaciones, podrán aportar todos los documentos que consideren pertinentes o hacer referencia a los documentos u otras pruebas que vayan a presentar o proponer. **2.** Salvo acuerdo en contrario de las partes, cualquiera de ellas podrá modificar o ampliar su demanda o contestación durante el curso de las actuaciones arbitrales, a menos que los árbitros lo consideren improcedente por razón de la demora con que se hubiere hecho. ESPAÑA. MINISTERIO DE LA PRESIDENCIA, RELACIONES CON LAS CORTES Y MEMORIA DEMOCRATICA. *Ley núm. 60, de 23 de diciembre de 2003, de Arbitraje*. Boletín Oficial del Estado, núm. 309, de 26 de diciembre de 2003. Entrada en vigor: 26 de marzo de 2004; Departamento: Jefatura del Estado; Referencia: BOE-A-2003-23646. Disponible en: https://www.boe.es/eli/es/l/2003/12/23/60/con. Acceso en: 02 feb. 2023.

determinados exames pelo tribunal. Em certos casos, serão suficientes outras medidas que permitam aos árbitros exercê-las por si próprios, como, por exemplo, medidas de segurança ou exigência de apresentação de documentos.

5. A sentença arbitral na Espanha

O Título VI da Lei de 23 de dezembro de 2003 *(Ley 60/2003, de 23 de diciembre)* é dedicado à sentença arbitral *(laudo arbitral)* e a outras possíveis formas de determinação do procedimento arbitral. O artigo 34[(345)] regula a importante questão de quais regras devem ser aplicadas à resolução da disputa de fundo. A preferência pela arbitragem de direitos na falta de acordo entre as partes que determine a equidade na resolução do conflito é a orientação mais comum dada ao instituto no direito comparado. Além disso, é altamente discutível se a vontade das partes de se submeterem à arbitragem, sem maiores especificações, pode ser presumida para incluir que a disputa seja resolvida por equidade e não com base nos mesmos critérios legais como se uma disputa fosse judicialmente resolvida.

A arbitragem de equidade é limitada aos casos em que as partes tenham expressamente acordado com ela, seja por meio de uma referência literal a "equidade", ou termos semelhantes como decisão "em consciência", "ex aequo et bono", ou que o árbitro irá agir como "compositor amigável" *(amigable componedor)*. Porém, se as partes autorizarem a decisão por equidade e ao mesmo tempo indicarem as normas legais aplicáveis, os árbitros não poderão ignorar esta última indicação.

Seguindo a orientação dos ordenamentos jurídicos mais avançados, suprime-se a exigência de que a norma aplicável esteja relacionada à relação jurídica ou ao litígio, por se tratar de requisito de contornos difusos e de difícil controle. A norma prefere a expressão "normas jurídicas aplicáveis" *(normas jurídicas aplicables)* à de "direito aplicável" *(derecho aplicable)*, na medida em

(345) **Artículo 34. Normas aplicables al fondo de la controversia. 1.** Los árbitros sólo decidirán en equidad si las partes les han autorizado expresamente para ello. **2.** Sin perjuicio de lo dispuesto en el apartado anterior, cuando el arbitraje sea internacional, los árbitros decidirán la controversia de conformidad con las normas jurídicas elegidas por las partes. Se entenderá que toda indicación del derecho u ordenamiento jurídico de un Estado determinado se refiere, a menos que se exprese lo contrario, al derecho sustantivo de ese Estado y no a sus normas de conflicto de leyes. Si las partes no indican las normas jurídicas aplicables, los árbitros aplicarán las que estimen apropiadas. **3.** En todo caso, los árbitros decidirán con arreglo a las estipulaciones del contrato y tendrán en cuenta los usos aplicables. ESPAÑA. MINISTERIO DE LA PRESIDENCIA, RELACIONES CON LAS CORTES Y MEMORIA DEMOCRATICA. *Ley núm. 60, de 23 de diciembre de 2003, de Arbitraje*. Boletín Oficial del Estado, núm. 309, de 26 de diciembre de 2003. Entrada en vigor: 26 de marzo de 2004; Departamento: Jefatura del Estado; Referencia: BOE-A-2003-23646. Disponible en: https://www.boe.es/eli/es/l/2003/12/23/60/con. Acceso en: 02 feb. 2023.

que esta última parece abranger a exigência de remissão para um determinado ordenamento jurídico estatal, quando em alguns casos o que se deve aplicar são normas de vários ordenamentos ou regras comuns de comércio internacional.

Na tomada de decisão, tratando-se de colégio arbitral, e sem prejuízo das regras que as partes direta ou indiretamente venham a fixar, mantém-se a regra lógica da maioria e que na falta de decisão por maioria cabe ao presidente decidir. Introduz-se a regra que permite ao presidente decidir sobre questões processuais, entendendo-se por este, para estes efeitos, não quaisquer questões que não sejam as de mérito da controvérsia, mas, mais circunscritamente, as relacionadas com a mera tramitação ou ímpeto procedimental.

É prevista a possibilidade de os árbitros emitirem uma sentença com base no conteúdo de um acordo prévio alcançado pelas partes. Esta disposição, que poderia ser considerada desnecessária — dado que as partes têm o poder de dispor do objeto da controvérsia — na verdade não é, porque por meio de sua incorporação a uma sentença, o conteúdo do acordo adquire a validade jurídica daquele. Os árbitros não podem rejeitar este pedido a seu critério, mas apenas por uma causa legal bem fundamentada. A norma nada mais faz do que dar cobertura jurídica a algo frequente na prática — a resolução da disputa por meio de outras formas de composição — o que naturalmente não merece objeção.

Quanto ao conteúdo da sentença, deve-se destacar o reconhecimento jurídico da possibilidade de emissão de sentenças parciais, que podem tratar de parte do mérito da controvérsia ou de outras questões, como competência dos árbitros ou medidas cautelares.

A norma pretende acomodar fórmulas flexíveis de resolução de disputas que são comuns na prática da arbitragem, assim, por exemplo, primeiro decide-se se o arguido é responsável e só depois se decide, se for o caso, o valor da pena. a sentença parcial tem o mesmo valor da sentença final e quanto à questão que resolve, seu conteúdo é invariável.

Quanto à forma da sentença, cabe observar que — à semelhança do disposto na convenção de arbitragem — a norma permite não só que a sentença seja consignada por escrito em meio eletrônico, óptico ou outro, como também não seja registrada em forma escrita, desde que em qualquer caso haja registo do seu conteúdo e seja acessível para posterior consulta. Tanto na regulamentação dos requisitos formais da convenção de arbitragem como nos da sentença, a norma considera necessário admitir o uso de qualquer tecnologia que cumpra os requisitos indicados, desse modo, poderão desenvolver-se arbitragens em que sejam utilizados apenas suportes informáticos, eletrônicos ou digitais, se as partes assim o entenderem.

Lembra a Exposição de Motivos que a Lei n. 60, de 23 de dezembro de 2003 *(Ley 60/2003, de 23 de diciembre)* introduz a novidade de que o prazo para proferir a sentença, na falta de acordo entre as partes, é computado a partir da apresentação da contestação ou do término do prazo para apresentá-la. Esta novidade responde à necessidade de adequação da celeridade da arbitragem às exigências práticas. O prazo de seis meses a contar da aceitação dos árbitros tem-se revelado em muitos casos de impossibilidade de cumprimento e por vezes exige uma tramitação excessivamente célere ou a omissão de determinados atos de alegação ou, sobretudo, de prova, pela exigência de cumprimento do prazo para sua emissão. A norma considera igualmente razoável que a prorrogação do prazo seja convencionada diretamente pelos árbitros e que não exija a concordância de todas as partes. O freio a uma eventual demora injustificada na decisão do litígio encontra-se, entre outras causas, na responsabilidade dos árbitros.(346)

A norma suprimiu a obrigatoriedade do reconhecimento notarial da sentença — requisito praticamente inexistente nas legislações que tratam da arbitragem no mundo — pelo que se decide não o manter, a menos que uma das partes o solicite antes da notificação da sentença, considerando conveniente para os seus interesses. A sentença é, portanto, válida e eficaz ainda que não tenha sido protocolada, de modo que o prazo para o exercício da ação anulatória decorre de sua notificação, sem que seja necessária a protocolização, quando solicitada, precedendo a notificação.(347)

---

(346) "La ley introduce la novedad de que el plazo para emitir el laudo, en defecto de acuerdo de las partes, se compute desde la presentación de la contestación o desde la expiración del plazo para presentarla. Esta novedad responde a la necesidad de que la celeridad propia del arbitraje sea adecuada a las exigencias prácticas. Un plazo de seis meses desde la aceptación de los árbitros se ha revelado en no pocos casos de imposible cumplimiento y obliga en ocasiones a una tramitación excesivamente rápida o a la omisión de ciertos actos de alegación o, sobre todo, de prueba, por la exigencia de cumplir el plazo para dictar el laudo. La ley considera que es igualmente razonable que la prórroga del plazo pueda ser acordada por los árbitros directamente y que no necesite el acuerdo de todas las partes. El freno a un posible retraso injustificado en la decisión de la controversia se encuentra, entre otras causas, en la responsabilidad de los árbitros". ESPAÑA. MINISTERIO DE LA PRESIDENCIA, RELACIONES CON LAS CORTES Y MEMORIA DEMOCRATICA. Exposición de Motivos. Ley núm. 60, de 23 de diciembre de 2003, de Arbitraje. Boletín Oficial del Estado, núm. 309, de 26 de diciembre de 2003. Entrada en vigor: 26 de marzo de 2004; Departamento: Jefatura del Estado; Referencia: BOE-A-2003-23646. Disponible en: https://www.boe.es/eli/es/l/2003/12/23/60/con. Acceso en: 02 feb. 2023.

(347) **Artículo 37. Plazo, forma, contenido y notificación del laudo.** [...] **8.** El laudo podrá ser protocolizado notarialmente. Cualquiera de las partes, a su costa, podrá instar de los árbitros, antes de la notificación, que el laudo sea protocolizado." ESPAÑA. MINISTERIO DE LA PRESIDENCIA, RELACIONES CON LAS CORTES Y MEMORIA DEMOCRATICA. *Ley núm. 60, de 23 de diciembre de 2003, de Arbitraje.* Boletín Oficial del Estado, núm. 309, de 26 de diciembre de 2003. Entrada en vigor: 26 de marzo de 2004; Departamento: Jefatura del Estado; Referencia: BOE-A-2003-23646. Disponible en: https://www.boe.es/eli/es/l/2003/12/23/60/con. Acceso en: 02 feb. 2023.

A força executiva da sentença também não fica condicionada à realização do protocolo, embora no processo de execução, se necessário, o executado possa alegar por oposição a falta de autenticidade da sentença, o que se pode presumir excepcional. No regulamento da retificação e esclarecimento da sentença, os prazos são modificados, para os tornar mais adequados à realidade, e distingue-se consoante a arbitragem seja interna ou internacional, pois neste último caso pode muito bem acontecer que o as dificuldades de deliberação dos árbitros no mesmo local são maiores. A figura do complemento de prêmio é também introduzida para suprir as omissões.

6. Anulação, revisão, execução e *exequatur* da sentença arbitral na Espanha

O Título VII da Lei de 23 de dezembro de 2003 *(Ley 60/2003, de 23 de diciembre)* regula a anulação e a revisão da sentença arbitral, evitando-se a utilização da expressão "recurso", por ser tecnicamente incorreta. Como bem salienta na Exposição de Motivos, o que começa com a ação anulatória é um processo para impugnar a validade da sentença arbitral.

As razões de anulação da sentença devem ser valorizadas e não devem permitir, via de regra, revisão do mérito da decisão prolatada pelos árbitros.[(348)] O rol de motivos e sua apreciabilidade *ex officio* ou somente a requerimento da parte são inspirados na Lei Modelo sobre Arbitragem Comercial Internacional *(Ley Modelo sobre Arbitraje Comercial Internacional)*, elaborada pela Comissão das Nações Unidas para o Direito Mercantil Internacional *(Comisión de las Naciones Unidas para el Derecho Mercantil Internacional — CNUDMI)*, de 21 de junho de 1985, recomendada pela Assembleia Geral da Organização das Nações Unidas na sua Resolução n. 40/72, de 11 de dezembro de 1985 *(Resolución núm. 40/72, de 11 de diciembre de 1985)*[(349)].

---

(348) "Respecto de la anulación, se evita la expresión "recurso", por resultar técnicamente incorrecta. Lo que se inicia con la acción de anulación es un proceso de impugnación de la validez del laudo. Se sigue partiendo de la base de que los motivos de anulación del laudo han de ser tasados y no han de permitir, como regla general, una revisión del fondo de la decisión de los árbitros". ESPAÑA. MINISTERIO DE LA PRESIDENCIA, RELACIONES CON LAS CORTES Y MEMORIA DEMOCRATICA. *Exposición de Motivos. Ley núm. 60, de 23 de diciembre de 2003, de Arbitraje.* Boletín Oficial del Estado, núm. 309, de 26 de diciembre de 2003. Entrada en vigor: 26 de marzo de 2004; Departamento: Jefatura del Estado; Referencia: BOE-A-2003-23646. Disponible en: https://www.boe.es/eli/es/l/2003/12/23/60/con. Acceso en: 02 feb. 2023.

(349) NACIONES UNIDAS. COMISIÓN DE LAS NACIONES UNIDAS PARA EL DERECHO MERCANTIL INTERNACIONAL. Ley Modelo de la CNUDMI sobre Arbitraje Comercial Internacional de 21 de junio de 1985, con todas las enmiendas aprobadas en 2006, recomendada por la Asamblea General en su Resolución núm. 40/72, de 11 de diciembre de 1985. Disponible en: file:///C:/Users/Usu%C3%A1rio/Downloads/International%20arbitration%20trade%20Law%20based%20on%20the%20model%20of%20the%20United%20Nations%20Commission%20on%20International%20Trade%20Law%20-Ley%20sobre%20arbitraje%20comercial%20intern%20l.pdf. Acceso en: 02 feb. 2023.

Alarga-se o prazo para o exercício da ação anulatória, o que não deve prejudicar a parte que obteve sentença condenatória a seu favor, pois, mesmo se impugnada, tem força executiva. O procedimento para o exercício da ação anulatória procura aliar os requisitos de celeridade e de defesa das partes.

O Título VIII da Lei de 23 de dezembro de 2003 *(Ley 60/2003, de 23 de diciembre)* é dedicado à execução da sentença, que é regulamentado pelo Código de Processo Civil *(Ley n. 01/2000, de 07 de enero, de Enjuiciamiento Civil)*, que contém todas as normas, gerais e específicas, sobre esta matéria. A norma trata apenas da possibilidade de execução forçada da sentença durante a pendência do procedimento em que for exercida a ação anulatória, optando por atribuir força executiva à sentença ainda que ela seja objeto de impugnação.(350)

Não faria sentido que a exigibilidade da sentença dependesse de seu trânsito em julgado em um sistema que permite amplamente a execução provisória. A exigibilidade da sentença arbitral é vista por meio da prestação de fiança para responder pelo que é devido, acrescida das custas e danos decorrentes da demora na execução. É um regulamento que tenta equilibrar os interesses do executante e do executado.

O Título IX da Lei de 23 de dezembro de 2003 *(Ley 60/2003, de 23 de diciembre)*, por fim, regula o *exequatur* das sentenças arbitrais estrangeiras, constando de um único preceito em que, além de manter a definição de sentença estrangeira como aquela não proferida na Espanha, faz-se referência aos acordos internacionais em que o país seja parte signatário.(351)

7. Jurisprudência da resolução de dissídios individuais trabalhistas por arbitragem na Espanha

A resolução de dissídios individuais trabalhistas na Espanha por meio da arbitragem encontra forte resistência não apenas na letra da norma, mas também na interpretação desta pelos tribunais. No Recurso n.11/09, interposto pela representação legal da Lagosbike S/A, contra a sentença proferida pelo

(350) ESPAÑA. MINISTERIO DE LA PRESIDENCIA, RELACIONES CON LAS CORTES Y MEMORIA DEMOCRATICA. *Ley núm. 01, de 07 de enero de 2000, de Enjuiciamiento Civil.* Boletín Oficial del Estado, núm. 07, de 08 de enero de 2000. Entrada en vigor: 08 de enero de 2001; Departamento: Jefatura del Estado; Referencia: BOE-A-2000-323. Disponible en: https:// https://www.boe.es/eli/es/l/2000/01/07/1/con. Acceso en: 02 feb. 2023.

(351) ESPAÑA. MINISTERIO DE LA PRESIDENCIA, RELACIONES CON LAS CORTES Y MEMORIA DEMOCRATICA. *Exposición de Motivos. Ley núm. 60, de 23 de diciembre de 2003, de Arbitraje.* Boletín Oficial del Estado, núm. 309, de 26 de diciembre de 2003. Entrada en vigor: 26 de marzo de 2004; Departamento: Jefatura del Estado; Referencia: BOE-A-2003-23646. Disponible en: https://www.boe.es/eli/es/l/2003/12/23/60/con. Acceso en: 02 feb. 2023.

Tribunal do Trabalho n. 01 de Ciudad Real, de 1º de setembro de 2008, nos autos do processo n. 63/08 pela demissão de Don Damaso, se denota a oposição da jurisprudência espanhola ao instituto por dois motivos: *(i)* em razão da indisponibilidade de direitos trabalhistas; e *(ii)* pela falta de expressa previsão legal.[352]

O apelado — Don Damaso — foi contratado pela empresa portuguesa Lagosbike S/A — a apelante — em 1º de janeiro de 2007, como ciclista profissional, a princípio por um ano, sendo o contrato prorrogado por mais um ano. O acordo celebrado entre as partes se enquadra no chamado contrato para ciclista com estatuto de trabalhador autônomo *(contrado de ciclista con estatuto de trabajador autónomo)* com condições contratuais estabelecidas pelo Regulamento da União de Ciclistas Internacionais (UCI)[353], obrigando ambas as partes a observar integralmente os estatutos e as normas desta entidade. A remuneração do apelado era composta por um pagamento mensal líquido de 4.166,66 € (quatro mil, cento e sessenta e seis euros e sessenta e seis centavos), totalizando 55.000 € (cinquenta e cinco mil euros) líquidos anuais.

No intuito de se proteger de um eventual descumpriumento do acordado, a apelante estabeleceu, na cláusula de número 7, a possibilidade de rescisão antecipada do contrato sem o aviso prévio ou o pagamento de indenização na hipótese de infração grave cometida pelo apelado que incorresse na sua suspensão de provas pela União de Ciclistas Internacionais (UCI) dentro do prazo de duração do acordo.[354] E, para a resolução de enventuais conflitos

---

(352) ESPAÑA. CONSEJO GENERAL DEL PODER JUDICIAL. TRIBUNAL SUPERIOR DE JUSTICIA DE CASTILLA-LA MANCHA (ALBACETE). SENTENCIA: 01282/2009; SALA DE LO SOCIAL; SECCION SEGUNDA; "RECURSO SUPLICACION 11/09"; Magistrado Ponente: Ilmo. Sr. D. JOSÉ MONTIEL GONZÁLEZ; Ilmos. /as. Sres./as. Magistrados/as D. JOSÉ MONTIEL GONZÁLEZ, Dª. PETRA GARCÍA MÁRQUEZ, Dª. LUISA MARÍA GÓMEZ GARRIDO; e D. EUGENIO CÁRDENAS CALVO. Disponible en: file:///D:/TESE%20ARBITRAGEM%20JURISPRUDÊNCIA%20ESPANHA.pdf. Aceso en: 15 feb. 2023.

(353) "La Union Cycliste Internationale (UCI) es el organismo rector mundial del ciclismo, reconocido por el Comité Olímpico Internacional (COI). Fue fundada el 14 de abril de 1900 en París (Francia). Su sede se ha ubicado en el UCI World Cycling Center (WCC) en Aigle (Suiza). La UCI tiene 202 Federaciones Nacionales, repartidas en cinco Confederaciones Continentales." ESPAÑA. REAL FEDERACIÓN ESPAÑOLA DE CICLISMO (RFEC). *Reglamento UCI del Deporte Ciclista*. Disponível em: https://rfec.com/index.php/es/smartweb/seccion/seccion/rfec/Reglamento-del-Deporte-Ciclista-Uci. Acesso em: 13 fev. 2023.

(354) **Cláusula 7:** podrá poner fin al contrato sin previo aviso ni pago de indemnización en caso de falta grave cometida por el ciclista y si la UCI suspendiera al ciclista en el plazo de duración restante del presente contrato. ESPAÑA. CONSEJO GENERAL DEL PODER JUDICIAL. TRIBUNAL SUPERIOR DE JUSTICIA DE CASTILLA-LA MANCHA (ALBACETE). SENTENCIA: 01282/2009; SALA DE LO SOCIAL; SECCION SEGUNDA; "RECURSO SUPLICACION 11/09"; Magistrado Ponente: Ilmo. Sr. D. JOSÉ MONTIEL GONZÁLEZ; Ilmos. /as. Sres./as. Magistrados/as D. JOSÉ MONTIEL GONZÁLEZ, Dª. PETRA GARCÍA MÁRQUEZ, Dª. LUISA MARÍA GÓMEZ GARRIDO; e D. EUGENIO CÁRDENAS CALVO. Disponible en: file:///D:/TESE%20ARBITRAGEM%20JURISPRUDÊNCIA%20ESPANHA.pdf. Acceso en: 15 feb. 2023.

surgidos entre as partes durante a vigência do contrato, ou ainda a disputas entre contratante e contratado relacionadas às matérias regidas pelo Regulamento da Federação Espanhola de Ciclismo *(Real Federación Española de Ciclismo)*, definiu-se pela submissão ao juízo arbitral, excluindo-se expressamente o recurso ao juízo estatal, conforme disposto na cláusula de número 11.[(355)]

No dia 10 de dezembro de 2007, a apelante notificou a demissão do apelado por justa causa por meio de uma carta da rescisão do contrato de ciclista com a condição de trabalhador autônomo, decisão esta amparada na anteriormente citada cláusula de número 07. O contratado havia cometido uma falta grave na vigência do acordo com a contratante, que culminou com a sua suspensão pela União de Ciclistas Internacionais (UCI). No alegado intuito de tratar de um problema de calvície — alopecia — acompanhado por um médico particular, o apelado fez uso de uma substância — carboxifinasterida — proibida pelo Comitê Olímpico Internacional (COI), cujo efeito no organismo dificulta a constatação de eventual *doping* — é o chamado efeito mascarante — sem qualquer tipo de consulta à apelante.[(356)]

A contratante, inconformada com o comportamento do contratado, esclareceu que, como atleta profissional, este tinha a obrigação — descumprida

(355) **Cláusula 11:** Cualquier litigio emanante del presente contrato o relacionado con las materias reguladas en el *artículo 2.16.036 del Convenio* Colectivo y en los reglamentos de la federación será sometido a arbitraje, excluyendo expresamente el recurso a los Tribunales. ESPAÑA. CONSEJO GENERAL DEL PODER JUDICIAL. TRIBUNAL SUPERIOR DE JUSTICIA DE CASTILLA-LA MANCHA (ALBACETE). SENTENCIA: 01282/2009; SALA DE LO SOCIAL; SECCION SEGUNDA; "RECURSO SUPLICACION 11/09"; Magistrado Ponente: Ilmo. Sr. D. JOSÉ MONTIEL GONZÁLEZ; Ilmos. /as. Sres./as. Magistrados/as D. JOSÉ MONTIEL GONZÁLEZ, Dª. PETRA GARCÍA MÁRQUEZ, Dª. LUISA MARÍA GÓMEZ GARRIDO; e D. EUGENIO CÁRDENAS CALVO. Disponible en: file:///D:/TESE%20ARBITRAGEM%20JURISPRUDÊNCIA%20ESPANHA.pdf. Acceso en: 15 feb. 2023.

(356) "Creemos tal como refiere en su comunicado, que la sustancia utilizada para el problema capilar de usted no tuvo intención de alterar la verdad deportiva, pero no habiendo informado ni solicitado la debida utilización previa para su consumo al médico responsable del equipo de ciclismo Sport Lisboa y Benfica, resulta una falta cuya gravedad tenemos que declarar y cuyas consecuencias tenemos que llevar a la acción obligatoriamente. El producto que utilizó para el tratamiento capilar es un agente que puede enmascarar la utilización de determinadas sustancias del grupo de los anabolizantes, por lo que, a pesar de negligente, debemos constatar la gravedad de su actuación, en la medida en que no se puede habar, en los días de hoy, de falta de información por parte de los atletas en relación a las sustancias prohibidas." ESPAÑA. CONSEJO GENERAL DEL PODER JUDICIAL. TRIBUNAL SUPERIOR DE JUSTICIA DE CASTILLA-LA MANCHA (ALBACETE). SENTENCIA: 01282/2009; SALA DE LO SOCIAL; SECCION SEGUNDA; "RECURSO SUPLICACION 11/09"; Magistrado Ponente: Ilmo. Sr. D. JOSÉ MONTIEL GONZÁLEZ; Ilmos. /as. Sres./as. Magistrados/as D. JOSÉ MONTIEL GONZÁLEZ, Dª. PETRA GARCÍA MÁRQUEZ, Dª. LUISA MARÍA GÓMEZ GARRIDO; e D. EUGENIO CÁRDENAS CALVO. Disponible en: file:///D:/TESE%20ARBITRAGEM%20JURISPRUDÊNCIA%20ESPANHA.pdf. Acceso en: 15 feb. 2023.

— de comunicar o ocorrido à organização desportiva à qual pertence. Lembra ainda a apelante que existe um processo pelo qual o apelado poderia ter apresentado sua situação médica devidamente documentada, requerendo o uso da substância proibida para fins terapêuticos.

A conduta culposa do contratado, desrespeitando o dever que o assiste de informar qualquer substância que tenha de ingerir com base no seu estado de saúde, e a gravidade de seu ato, pois os resultados obtidos nas competições seriam fatalmente questionados, atingindo a boa imagem da equipe de ciclismo, com as inerentes consequências que daí decorreriam, impossibilitaram a manutenção do contrato por parte da contratante.(357)

Conforme previsto pela apelante, o Comitê Nacional de Competição e Disciplina Esportiva *(Comité Nacional de Competición y Disciplina Deportiva)*, puniu o apelado com uma suspensão de nove meses e anulação de seus resultados individiduais obtidos na prova de caráter internacional denominada Clássica dos Portos *(Clasica de los Puertos)* celebrada en Guadarrama, cidade próxima a Madrid.

Na primeira instância, a ação movida por Don Damaso contra a Lagosbike S/A foi julgada parcialmente procedente, concluindo pela demissão sem justa causa do reclamante e condenando a reclamada a pagar uma indenização no valor de 54.166,71 € (cinquenta e quatro mil, cento e sessenta e seis euros e setenta e um centavos) ao atleta. Inconformada com essa decisão diante da culpa e da gravidade dos atosdo contratado, a contratante apresentou seu recurso, cujo resultado, embora favorável à apelante, revertendo o resultado anterior que tinha sido a favor do apelado, também confirmou, em seu bojo, a impossibilidade da aplicação da arbitragem na resolução de conflitos individuais trabalhistas naquele país.

Alegou a apelante, em sede de preliminar, a incompetência do juízo estatal para julgamento do caso e prolação da sentença, na medida em que

---

(357) "El comportamiento culpable del ciclista, faltando el respeto del deber que le asiste de informar en tiempo al equipo de ciclismo de cualquier sustancia que tenga que ingerir en función del estado de salud, poniendo en duda los resultados obtenidos en las competiciones y la buena imagen del equipo, con las inherentes que de ahí sobrevienen, vuelven inmediata y prácticamente imposible el mantenimiento del vínculo contractual." ESPAÑA. CONSEJO GENERAL DEL PODER JUDICIAL. TRIBUNAL SUPERIOR DE JUSTICIA DE CASTILLA-LA MANCHA (ALBACETE). SENTENCIA: 01282/2009; SALA DE LO SOCIAL; SECCION SEGUNDA; "RECURSO SUPLICACION 11/09"; Magistrado Ponente: Ilmo. Sr. D. JOSÉ MONTIEL GONZÁLEZ; Ilmos. /as. Sres./as. Magistrados/as D. JOSÉ MONTIEL GONZÁLEZ, Dª. PETRA GARCÍA MÁRQUEZ, Dª. LUISA MARÍA GÓMEZ GARRIDO; e D. EUGENIO CÁRDENAS CALVO. Disponible en: file:///D:/TESE%20ARBITRAGEM%20JURISPRUDÊNCIA%20ESPANHA.pdf. Aceso en: 15 feb. 2023.

as partes haviam pactuado a opção pelo juízo arbitral no contrato de trabalho, conforme consta expressamente na cláusula 11.[(358)]

O colegiado, contudo, entendeu de maneira diferente, pois, a validade do próprio contrato de trabalho tem que estar de acordo com uma legislaçao que a suporte e, levando-se em consideração que a sede da apelante é em Portugal e a residência do apelado é na Espanha, e que no acordo celebrado entre os dois não existe escolha pelas partes da norma que lhe é aplicável, concluiu-se que a norma que rege o referido contrato de trabalho é a espanhola e não a portuguesa, por aplicação do artigo. 6.2 a) do Acordo de Roma de 19 de junho de 1980, sobre a norma aplicável às obrigações contratuais, ratificado por Instrumento de 07 de maio de 1993, que estabelece que o contrato de trabalho rege-se pela legislação do país em que o trabalhador, em execução do acordo, exerce habitualmente o seu trabalho, ainda que, a título temporário, tenham sido enviados para outro país.[(359)] Nesse mesmo sentido, o Regulamento da Comunidade Europeia n. 44/2001, de 22 de dezembro de 2000, sobre jurisdição judicial, já revogado, estabelecia, em seu artigo 19, que os empregadores domiciliados em um estado membro podem ser demandados perante os tribunais do país em que têm domicílio, ou perante os tribunais do

(358) **Cláusula 11:** Cualquier litigio emanante del presente contrato o relacionado con las materias reguladas en el *artículo 2.16.036 del Convenio* Colectivo y en los reglamentos de la federación será sometido a arbitraje, excluyendo expresamente el recurso a los Tribunales. ESPAÑA. CONSEJO GENERAL DEL PODER JUDICIAL. TRIBUNAL SUPERIOR DE JUSTICIA DE CASTILLA-LA MANCHA (ALBACETE). SENTENCIA: 01282/2009; SALA DE LO SOCIAL; SECCION SEGUNDA; "RECURSO SUPLICACION 11/09"; Magistrado Ponente: Ilmo. Sr. D. JOSÉ MONTIEL GONZÁLEZ; Ilmos. /as. Sres./as. Magistrados/as D. JOSÉ MONTIEL GONZÁLEZ, Dª. PETRA GARCÍA MÁRQUEZ, Dª. LUISA MARÍA GÓMEZ GARRIDO; e D. EUGENIO CÁRDENAS CALVO. Disponible en: file:///D:/TESE%20ARBITRAGEM%20JURISPRUDÊNCIA%20ESPANHA.pdf. Acceso en: 15 feb. 2023.

(359) **Artículo 6.** Contrato individual de trabajo. 1. No obstante lo dispuesto en el artículo 3, en el contrato de trabajo, la elección por las partes de la ley aplicable no podrá tener por resultado el privar al trabajador de la protección que le proporcionen las disposiciones imperativas de la ley que sería aplicable, a falta de elección, en virtud del apartado 2 del presente artículo. **2. No obstante lo dispuesto en el artículo 4 y a falta de elección realizada de conformidad con el artículo 3, el contrato de trabajo se regirá: a) Por la ley del país en que el trabajador, en ejecución del contrato, realice habitualmente su trabajo, aun cuando, con carácter temporal, haya sido enviado a otro país**, o b) Si el trabajador no realiza habitualmente su trabajo en un mismo país, por la ley del país en que se encuentre el establecimiento que haya contratado al trabajador, a menos que, del conjunto de circunstancias, resulte que el contrato de trabajo tenga vínculos más estrechos con otro país, en cuyo caso será aplicable la ley de este otro país. ESPAÑA. MINISTERIO DE LA PRESIDENCIA, RELACIONES CON LAS CORTES Y MEMORIA DEMOCRATICA. Instrumento de Ratificación del Convenio relativo a la Adhesión del Reino de España y de la República Portuguesa al Convenio sobre la Ley aplicable a las Obligaciones Contractuales, abierto a la firma en Roma el 19 de junio de 1980, hecho en Funchal el 18 de mayo de 1992. Boletín Oficial del Estado, núm. 171, de 19 de julio de 1993. p. 21953 a 21959. Departamento: Jefatura del Estado; Referencia: BOE-A-1993-18896. Disponible en: https://www.boe.es/buscar/doc.php?id=BOE-A-1993-18896. Acceso en: 02 feb. 2023.

lugar onde o trabalhador exerce habitualmente sua trabalho.[(360)]

Na visão do Tribunal, somente a partir desta definição é que se pode avaliar se a natureza do objeto em disputa permite a sua livre disposição, tendo como resultado a declaração de incompetência do juízo estatal para conhecer do litígio em favor do juízo arbitral, como estabelece o artigo 39 do Código de Processo Civil da Espanha *(Ley* núm. 01, de 07 de *enero de 2000, de Enjuiciamiento Civil)*.[(361)]

Lembra o Colegiado que a Exposição de Motivos da Lei n.60, de 23 de dezembro de 2003 determina que a arbitrabilidade de uma disputa coincide com a disponibilidade de seu objeto para as partes. Em princípio, as questões disponíveis são questões arbitráveis, sendo expressamente proibida sua aplicação às arbitragens trabalhistas, conforme o artigo 1.4.

No atual estado da legislação espanhola, não é possível submeter à arbitragem os litígios laborais individuais porque: (a) do ponto de vista do direito substantivo, a submissão da solução de conflitos individuais à arbitragem se fundamenta na disponibilidade de seu objeto para as partes e vincula-se ao princípio da livre renúncia dos direitos. No entanto, esse princípio não é aplicável no direito do trabalho, que é regido pelo princípio da indisponibilidade de direitos reconhecidos por disposições de direito necessário ou reconhecidos indisponíveis por convenção coletiva; e (b) do ponto de vista processual, a

---

(360) **Artículo 19.** Los empresarios domiciliados en un Estado miembro podrán ser demandados: 1) ante los tribunales del Estado en que estuvieren domiciliados, o 2) en otro Estado miembro: **a) ante el tribunal del lugar en el que el trabajador desempeñare habitualmente su trabajo o ante el tribunal del último lugar en que lo hubiere desempeñado**; o b) si el trabajador no desempeñare o no hubiere desempeñado habitualmente su trabajo en un único Estado, ante el tribunal del lugar en que estuviere o hubiere estado situado el establecimiento que hubiere empleado al trabajador. ESPAÑA. MINISTERIO DE LA PRESIDENCIA, RELACIONES CON LAS CORTES Y MEMORIA DEMOCRATICA. Reglamento (CE) n. 44/2001 del Consejo, de 22 de diciembre de 2000, relativo a la competencia judicial, el reconocimiento y la ejecución de resoluciones judiciales en materia civil y mercantil. Boletín Oficial de la Unión Europea, núm. 12, de 16 de enero de 2001. p. 01 a 23171. Departamento: Comunidades Europeas; Referencia: DOUE-L-2001-80073. Esta norma fue derogada en 10 de enero de 2015. Disponible en:https://www.boe.es/buscar/doc.php?id=DOUE-L-2001-80073#:~:text=L%2D2001%2D80073-,Reglamento%20(CE)%20n%C2%BA%2044%2F2001%20del%20Consejo%2C%20de,en%20materia%20civil%20y%20mercantil.&text=Publicado%20en%3A,a%2023%20(23%20p%C3%A1gs.%20). Acceso en: 02 feb. 2023.

(361) **Artículo 39.** Apreciación de la falta de competencia internacional o de jurisdicción a instancia de parte. El demandado podrá denunciar mediante declinatoria la falta de competencia internacional o la falta de jurisdicción por pertenecer el asunto a otro orden jurisdiccional o por haberse sometido a arbitraje o mediación la controversia. ESPAÑA. MINISTERIO DE LA PRESIDENCIA, RELACIONES CON LAS CORTES Y MEMORIA DEMOCRATICA. Ley núm. 01, de 07 de enero de 2000, de Enjuiciamiento Civil. Boletín Oficial del Estado, núm. 07, de 08 de enero de 2000. Entrada en vigor: 08 de enero de 2001; Departamento: Jefatura del Estado; Referencia: BOE-A-2000-323. Disponible en: https:// https://www.boe.es/eli/es/l/2000/01/07/1/con. Acceso en: 02 feb. 2023.

eventual sentença arbitral proferida dificilmente poderia ser cumprida, pois a legislação não prevê ou regulamenta tal modalidade de arbitragem. Dada a total e absoluta ausência de uma norma que regule este tipo de arbitragem concluiu-se que a cláusula contratual em questão não pode entrar em vigor por falta de respaldo legal. Em decorrência do exposto, não foi acolhida a alegação de incompetência da Justiça do Trabalho para conhecer da questão controvertida, posicionamento este que é seguido desde então.

Retomando a palestra de Montserrat sole Truyols, proferida durante o Congresso Internacional "A Justiça do Trabalho no Brasil e no Mundo", promovido em Fortaleza pela Escola Judicial do Tribunal Regional do Trabalho do Ceará (Ejud7 — TRT/CE), a professora da Universidade de Girona, afirmou que as formas alternativas de resolução de conflitos chegaram tarde na Espanha, se comparado a outros países europeus. Ela cita que as leis civis e mercantis que se refletiram nas leis de mediação e de arbitragem excluem questões trabalhistas, restando a tentativa de conciliação, mas que há receio e falta de confiança nos modos extrajudiciais, muito embora o sistema espanhol admita soluções sem intervenção de terceiros.(362)

Em síntese, a estudiosa atribui a proibição de aplicação da arbitragem na resolução de dissídios individuais trabalhistas na Espanha a um problema estrutural que passa pela falta de cultura negocial, desequilíbrio de poder, contradições internas entre legislação e solução de conflito e sobrecarga em juizados e órgãos administrativos. De opinião no mesmo sentido, Jesús Cruz Villalón acredita que a principal dificuldade que se coloca à efetiva introdução da arbitragem na composição de litígios individuais laborais reside na falta de amadurecimento, por parte da sociedade, para a compreensão dos objetivos prosseguidos pelo instituto. Há uma concepção de mera substituição mecânica da intervenção judicial e dos princípios sobre os quais se basearíam os sistemas alternativos que se pretende construir.(363)

---

(362) SOLE TRUYOLS, Montserrat. *O Direito do Trabalho na Espanha*. Congresso Internacional "A Justiça do Trabalho no Brasil e no Mundo", promovido em Fortaleza pela Escola Judicial do Tribunal Regional do Trabalho do Ceará (Ejud7 – TRT/CE). Palestra proferida no dia 14 de junho de 2019. Disponível em: https://trt-7.jusbrasil.com.br/noticias/721106103/80-dos-conflitos--trabalhistas-espanhois-passam-por-solucao-judicial-diz-especialista. Acesso em: 22 fev. 2023.

(363) En todo caso, podría concluirse anotando que en los momentos presentes para los conflictos individuales la introducción de medios privados, de conciliación o arbitraje, se encuentra en una fase inicial; hasta ahora se ha situado en una fase básicamente de debate acerca de su viabilidad jurídica y de los mecanismos más idóneos para su implantación, dada la situación de partida de marcada anomia legal. En definitiva, que las experiencias puestas en marcha hasta el presente no pasan de ser ciertamente aisladas y de difícil valoración en cuanto a sus resultados. CRUZ VILLALÓN, Jesús. El arbitraje laboral en la reforma legislativa. In: OJEDA AVILÉS, Antonio. (Coord.) III Congreso Nacional de Derecho del Trabajo y de la Seguridad Nacional. *El arbitraje laboral y los acuerdos de empresa. Asociación Española de Derecho del Trabajo y de la Seguridad Social.* Madrid: Editora Tecnos, 1996. p. 36.8.

Capítulo IV

Arbitragem nos Litígios Laborais e a Figura do Trabalhador Hipersuficiente no Brasil

Sumário: 1. A arbitragem de conflitos trabalhistas no Brasil; **2.** O dissídio laboral e a arbitragem; **2.1.** A arbitragem nos dissídios coletivos; **2.2.** A arbitragem nos dissídios individuais; **2.2.1.** A extensão da autonomia da vontade pelo parágrafo único do artigo 444 da Consolidação das Leis do Trabalho; **2.2.2.** A derrocada do § 4º do artigo 4º da Lei de Arbitragem; **2.2.3.** A ascensão do artigo 507-A da Consolidação das Leis do Trabalho; **2.2.4.** O avanço do artigo 507-A da Consolidação das Leis do Trabalho.

1. A arbitragem de conflitos trabalhistas no Brasil

A resolução de conflitos trabalhistas por meio da arbitragem no Brasil é anterior à própria inclusão da Justiça do Trabalho na estrutura do Poder Judiciário, quando as Juntas de Conciliação e de Julgamento compunham uma espécie de Tribunal Administrativo vinculado ao Poder Executivo e emitiam suas decisões de forma muito similar a uma sentença arbitral – ou um *laudo arbitral*, na terminologia usual antes da sanção da Lei n. 9.307, de 23 de setembro de 1996 — a Lei de Arbitragem – que trouxe, em seu bojo, a previsão da executividade da decisão arbitral — como ensina Wagner Drdla Giglio.(364)

Algumas das reminiscências históricas desta época podem ser encontradas em muitos textos legais, a exemplo do que consta da redação do § 2º do artigo 764 do Decreto-Lei n. 5.452, de 1º de maio de 1943 — a Consolidação das Leis do Trabalho — para quem, em não havendo acordo entre as partes,

(364) GIGLIO, Wagner Drdla. *A conciliação nos dissídios individuais do trabalho.* Porto Alegre: Editora Síntese, 1997. p. 28.

o juízo conciliatório se transformaria em arbitral.(365) Essa redação — que permanece *ipsis litteris* transcorridos oitenta anos de sanção da norma, numa aproximação hermenêutica já desenhada à época entre os termos *arbitral* e *judicial* — tinha, então, sua razão de ser, como explica o autor.(366)

Antes disso, o Decreto n. 1.637, de 05 de janeiro de 1907, permitiu, em seu artigo 8º, a criação de conselhos permanentes de conciliação e de arbitragem para resolverem as disputas trabalhistas — *contestações entre o capital e o trabalho* — por meio de comissões que deveriam ser paritárias.(367) Mesmo que tal iniciativa não tenha logrado grande êxito naquele momento, esta foi a primeira norma laboral brasileira que tratou da mediação e da arbitragem, ou seja, de inequívoca a sua importância para a história, como bem denota Georgenor de Sousa Franco Filho.(368)

Na seara política, a Revolução que foi iniciada no dia 03 de outubro de 1930, levou à deposição do Presidente Washington Luís Pereira de Sousa, 21 dias antes do término de seu mandato, no dia 24 de outubro de 1930, impedindo a posse do candidato eleito Júlio Prestes de Albuquerque. Após um curto período em que uma junta militar governou o Brasil, foi instalado o Governo Provisório do Presidente Getúlio Dornelles Vargas, no dia 03 de novembro de 1930 que durou até 16 de julho de 1934, quando foi eleito pelo

(365) **Artigo 764.** Os dissídios individuais ou coletivos submetidos à apreciação da Justiça do Trabalho serão sempre sujeitos à conciliação. [...] § 2º Não havendo acordo, o juízo conciliatório converter-se-á obrigatoriamente em arbitral, proferindo decisão na forma prescrita neste Título. BRASIL. *Decreto-Lei n. 5.452, de 1º de maio de 1943. Institui a Consolidação das Leis do Trabalho.* Disponível em: http://www.planalto.gov.br/ccivil_03/decreto-lei/del5452.htm. Acesso em: 09 set. 2022.

(366) "A nosso ver, o redator desse texto de lei, depois de integrado à Consolidação, foi influenciado pela doutrina europeia, que então como agora se referia à arbitragem como uma das formas de solução de conflitos trabalhistas, não obtendo êxito nem a conciliação, nem a mediação. E acrescentamos que até 1946, quando a própria consolidação já se encontrava em vigor havia vários anos, a Justiça do Trabalho não integrava o Poder Judiciário, e suas decisões se assemelhavam, realmente, mais a laudos arbitrais do que pronunciamentos de órgãos jurisdicionais. O termo arbitral sobrevive como um resquício dessa época, e hoje deve ser entendido como sinônimo de judicial". GIGLIO, Wagner Drdla. *A conciliação nos dissídios individuais do trabalho.* Porto Alegre: Editora Síntese, 1997. p. 28.

(367) **Artigo 8º** Os syndicatos que se constituirem com o espirito de harmonia entre patrões e operarios, como sejam os ligados por conselhos permanentes de conciliação e arbitragem, destinados a dirimir as divergencias e contestações entre o capital e o trabalho, serão considerados como representantes legaes da classe integral dos homens do trabalho e, como taes, poderão ser consultados em todos os assumptos da profissão. BRASIL. Decreto n. 1.637, de 05 de janeiro de 1907. *Crea syndicatos profissionaes e sociedades cooperativas. (Grafia original).* Disponível em: https://www2.camara.leg.br/legin/fed/decret/1900-1909/decreto-1637-5-janeiro-1907-582195-publicacaooriginal-104950-pl.html. Acesso em: 25 out. 2022.

(368) FRANCO FILHO, Georgenor de Sousa. *A nova lei de arbitragem e as relações de trabalho.* São Paulo: Editora Legislação Trabalhista, 1997. p. 20.

Congresso Nacional para a Presidência da República durante a solenidade de promulgação da Constituição da República dos Estados Unidos do Brasil, de 16 de julho de 1934.(369)

Duas normas deste período, já citadas anteriormente neste trabalho por trazerem, em seu bojo, a tentativa obrigatória de conciliação no Direito do Trabalho, também abordavam o instituto da arbitragem. O Decreto n. 21.396, de 12 de maio de 1932 instituiu as Comissões Mistas de Conciliação e de Arbitragem estipulando que, na hipótese de infrutífera a conciliação, deveria ser instaurado o juízo arbitral.(370) Como relata na sua Exposição de Motivos, Joaquim Pedro Salgado Filho, então Ministro do Trabalho, Indústria e Comércio, esses órgãos contribuíam com a resolução de uma das faces dos dissídios trabalhistas — o coletivo — restando ainda solucionar a outra — o individual(371) — que viria a ser objeto de análise, posteriormente, do Decreto

---

(369) BRASIL. *Constituição da República dos Estados Unidos do Brasil*, de 16 de julho de 1934. Disponível em: http://www.planalto.gov.br/ccivil_03/constituicao/constituicao34.htm. Acesso em: 27 out. 2022.

(370) **Artigo 14.** Verificada a impossibilidade de conciliação, do que, igualmente se lavrará ata, por todos assinada, o presidente da Comissão proporá às partes submeter o litígio a juizo arbitral. § 1º Aceito o alvitre, assumirão os dissidentes o compromisso, em ata, por todos assinada, de cumprir sem restrições, o laudo que for proferido. § 2º A escolha de juizes arbitrais será imediatamente feita, nos termos do art. 1º, §§ 2º, 3º, 4º e 5º. § 3º Do laudo deverão constar, alem do compromisso das partes pela sua fiel execução, as circunstâncias e motivos que determinaram o dissídio entre empregadores e empregados. § 4º Depois de assinado o laudo por todos os interessados, dele se extrairá uma cópia para cada uma das partes, remetendo-se o original ao Ministério do Trabalho, Indústria e Comércio ou à repartição correspondente no Estado ou município, para que faça guardar e cumprir a decisão respectiva. **Artigo 15.** Recusada por uma das partes ou por ambas a proposta de submeter o litígio a juiz arbitral, serão os motivos de recusa tomados por termos e remetidos pelo presidente, no prazo de 24 horas, ao Ministério do Trabalho, Indústria e Comércio, ou à autoridade que o representar, para a respectiva solução. *Parágrafo único.* Conhecidos dos motivos da recusa, poderá o ministro do Trabalho, Indústria e Comércio, nomear uma comissão especial que, sobre o dissídio, proferirá o seu laudo. BRASIL. Decreto n. 21.396, de 12 de maio de 1932. *Institue Comissões Mistas de Conciliação e dá outras providências. (Grafia original.)* Disponível em: https://www2.camara.leg.br/legin/fed/decret/1930-1939/decreto-21396-12-maio-1932-526753-publicacaooriginal-1-pe.html#:~:text=1%C2%BA%20Nos%20munic%C3%ADpios%20ou%20localidades,os%20diss%C3%ADdios%20entre%20empregadores%20e. Acesso em: 25 out. 2022.

(371) "O Decreto n. 21.396, de 12 de maio de 1932, que instituiu as Comissões Mixtas de Conciliação e Arbitragem, veiu resolver uma das faces da questão, a coletiva, pela creação de orgãos que solucionem os conflitos coletivos do trabalho, Perdura, porém, sem solução o aspecto individual da questão, achando-se o nosso país, nesse particular, e não obstante ser signatario do Tratado de Versailles e membro do *Bureau International du Travail,* em manifesta inferioridade ante a maioria das nações cultas, que, de há muito, organizaram, e mantêm em funcionamento normal, as justiças especializadas do trabalho, dotadas dos tres requisitos essenciais ao preenchimento dos fins a que se destinam: economia, rapidez e constituição partidária". BRASIL. PODER LEGISLATIVO. CÂMARA DOS DEPUTADOS. *Exposição de Motivos do Decreto n. 21.396, de 12 de maio de 1932. Institue Comissões Mistas de Conciliação e dá outras providências. (Grafia original).* Disponível em: https://www2.camara.leg.br/legin/

n. 22.132, de 25 de novembro de 1932, responsável pela criação das Comissões Mistas de Conciliação e das Juntas de Conciliação e de Julgamento, também vinculadas ao Ministério do Trabalho, Indústria e Comércio, que estabeleceu um procedimento de resolução de dissídios laborais análogo ao processo arbitral que somente iria se tornar jurisdicional quando a Justiça do Trabalho fosse incorporada pelo Poder Judiciário[372], pondo termo, finalmente, aos tempos em que as disputas entre patrões e empregados eram resolvidas pela autoridade policial mais próxima, como bem explica, ainda em sua Exposição de Motivos, Joaquim Pedro Salgado Filho, então Ministro do Trabalho, Indústria e Comércio.[373]

Nova referência ao instituto da arbitragem somente viria a ser encontrada décadas depois, no Decreto n. 88.984, de 10 de novembro de 1983, inspirado no modelo estadunidense de solução de conflitos, que criou o Conselho Federal e os Conselhos Regionais de Relações de Trabalho, o Sistema Nacional de Relações de Trabalho e o Serviço Nacional de Mediação e de Arbitragem, estabelecendo a mediação e a arbitragem pública e facultativa, com mediadores atuando de forma gratuita e árbitros na modalidade remunerada.[374]

---

fed/decret/1930-1939/decreto-22132-25-novembro-1932-526777-exposicaodemotivos-pe.pdf. Acesso em: 25 out. 2022.

(372) **Artigo 1º** Os litigios oriundos de questões de trabalho, em que sejam partes empregados sindicalizados, e que não afetem a coletividade a que pertencerem os litigantes, serão dirimidos pelas Juntas de Conciliação e Julgamento, estabelecidas na presente lei, e na fórma nela estatuida. Artigo 2º As Juntas de Conciliação e Julgamento serão creadas pelo Ministerio do Trabalho, Industria e Comércio, a requerimento de qualquer sindicato interessado, nos Estados e Territorio do Acre por municipios e no Distrito Federal por freguezias, tantas quanttas forem necessarias. BRASIL. Decreto n. 22.132, de 25 de novembro de 1932. *Institue Juntas de Conciliação e Julgamento e regulamenta as suas funções. (Grafia original.).* Disponível em: https://www2.camara.leg.br/legin/fed/decret/1930-1939/decreto-22132-25-novembro-1932-526777-publicacaooriginal-82731-pe.html. Acesso em: 25 out. 2022.

(373) "Quando as disputas entre empregadores e empregados eram encaradas como casos de policia, os dissidios entre eles eram resolvidos, por via de regra, e de fórma arbitraria, pelas autoridades policiais, que procuravam, da melhor maneira, harmonizar os litigantes, no intuito de prevenir possiveis despechos violentos, a que eram arrastados os operarios falhos de direitos e de garantias, desde que a proteção interesseira de algum politico não se fazia sentir". BRASIL. PODER LEGISLATIVO. CÂMARA DOS DEPUTADOS. *Exposição de Motivos do Decreto n. 21.396, de 12 de maio de 1932. Institue Comissões Mistas de Conciliação e dá outras providências. (Grafia original).* Disponível em: https://www2.camara.leg.br/legin/fed/decret/1930-1939/decreto-22132-25-novembro-1932-526777-exposicaodemotivos-pe.pdf. Acesso em: 25 out. 2022.

(374) **Artigo 4º** Compete ao Serviço Nacional de Mediação e Arbitragem (SNMA): I – Manter um serviço gratuito de mediação, para auxílio às partes; II – Manter um serviço de arbitragem, com árbitros independentes, remunerados pelas partes interessadas na solução de conflitos, conforme especificar o respectivo compromisso arbitral; [...] **Artigo 6º** O Serviço Nacional de Mediação e Arbitragem (SNMA), manterá um departamento de mediação e um departamento de arbitragem, com regulamentos próprios, aprovados pelo Conselho Federal de Relações do Trabalho (CFRT). [...] **Artigo 8º** Os Delegados Regionais do Trabalho, enquanto o

Na Lei n. 7.783, de 28 de junho de 1989 — a chamada Lei de Greve — o artigo 3º faculta, caso frustrada a negociação ou verificada a impossibilidade de recursos via arbitral, a cessação coletiva do trabalho e, estabelece, ainda, em seu artigo 7º, que a participação em greve suspende o contrato laboral, devendo as relações obrigacionais, durante o período, ser regidas pelo acordo, convenção, sentença arbitral — na norma utiliza-se a nomenclatura *laudo arbitral*, optando-se pela terminologia empregada pela Lei n. 9.307, de 23 de setembro de 1996 — a Lei de Arbitragem — ou decisão da Justiça do Trabalho.(375)

A Lei n. 8.542, de 23 de dezembro de 1992, que tratou da Política Nacional de Salários, previa, no § 2º de seu artigo 1º, que condições de trabalho e cláusulas salariais seriam fixados, dentre outros instrumentos, por meio de sentença arbitral — novamente uma atualização, já que a expressão utilizada pela norma ainda é laudo arbitral — considerando a lucratividade e a produtividade do setor ou da organização.(376) Este parágrafo foi revogado expressamente pelo artigo 18 da Lei n. 10.192, de 14 de fevereiro de 2001, que dispunha sobre medidas complementares ao Plano Real.(377)

Serviço Nacional de Mediação e Arbitragem (SNMA) não dispuser de quadro de mediadores, selecionados e contratados em regime trabalhista, mediante critérios a serem estabelecidos pela Conselho Federal de Relações do Trabalho, indicarão servidores do quadro de pessoal do Ministério do Trabalho com reconhecida experiência no campo das relações de trabalho, para o desempenho das referidas funções de mediadores. BRASIL. Decreto n. 88.984, de 10 de novembro de 1983. *Cria o Conselho Federal e os Conselhos Regionais de Relações do Trabalho, institui o Sistema Nacional de Relações do Trabalho e dá outras providências.* Disponível em: https://www2.camara.leg.br/legin/fed/decret/1980-1987/decreto-88984-10-novembro-1983-438897-publicacaooriginal-1-pe.html. Acesso em: 26 out. 2022.

(375) **Artigo 3º** Frustrada a negociação ou verificada a impossibilidade de recursos via arbitral, é facultada a cessação coletiva do trabalho; [...] **Artigo 7º** Observadas as condições previstas nesta Lei, a participação em greve suspende o contrato de trabalho, devendo as relações obrigacionais, durante o período, ser regidas pelo acordo, convenção, laudo arbitral ou decisão da Justiça do Trabalho. BRASIL. Lei n. 7.783, de 28 de junho de 1989. *Dispõe sobre o exercício do direito de greve, define as atividades essenciais, regula o atendimento das necessidades inadiáveis da comunidade, e dá outras providências.* Disponível em: http://www.planalto.gov.br. Acesso em: 22 abr. 2021.

(376) **Artigo 1º** A política nacional de salários, respeitado o princípio da irredutibilidade, tem por fundamento a livre negociação coletiva e reger-se-á pelas normas estabelecidas nesta lei. [...] § 2º As condições de trabalho, bem como as cláusulas salariais, inclusive os aumentos reais, ganhos de produtividade do trabalho e pisos salariais proporcionais à extensão e à complexidade do trabalho, serão fixados em contrato, convenção ou acordo coletivo de trabalho, laudo arbitral ou sentença normativa, observadas dentre outros fatores, a produtividade e a lucratividade do setor ou da empresa. BRASIL. Lei n. 8.542, de 23 de dezembro de 1992. *Dispõe sobre a política nacional de salários.* Disponível em: http://www.planalto.gov.br/ccivil_03/leis/l8542.htm#:~:text=LEI%20N%C2%BA%208.542%2C%20DE%2023%20DE%20DEZEMBRO%20DE%201992.&text=Disp%C3%B5e%20sobre%20a%20pol%C3%ADtica%20nacional,Art.. Acesso em: 26 out. 2022.

(377) BRASIL. Lei n. 10.192, de 14 de fevereiro de 2001. *Dispõe sobre medidas complementares ao Plano Real e dá outras providências.* Disponível em: http://www.planalto.gov.br/ccivil_03/

Por sua vez, a Lei Complementar n. 75, de 20 de maio de 1993 — a denominada Lei Orgânica do Ministério Público da União — prescreve, em seu artigo 83, que, compete ao Ministério Público do Trabalho, atuar como árbitro quando solicitado pelas partes nos dissídios de competência da Justiça do Trabalho.(378)

E ainda a Lei n. 10.101, de 19 de dezembro de 2000, que reestruturou a Lei de Participação nos Lucros, determina, em seu artigo 4º que, caso a negociação visando à participação nos lucros ou nos resultados da empresa resulte em impasse, as partes poderão utilizar-se dos mecanismos de solução do litígio, dentre eles, a arbitragem de ofertas finais, que consta do item II, § 1º.(379)

Por sua vez, a Lei Complementar n. 123, de 14 de dezembro de 2006 — o chamado Estatuto Nacional da Microempresa e da Empresa de Pequeno Porte — também destaca, em seu artigo 75, a arbitragem como método de resolução de conflitos cuja utilização deve ser estimulada nestas organizações propondo, inclusive, parcerias firmadas com entidades públicas para a organização de ambientes propícios para a realização da composição de conflitos, conforme seu artigo 75-A.(380)

A Lei n. 11.442, de 05 de janeiro de 2007, que estabeleceu a Lei do

leis/LEIS_2001/L10192.htm#art18. Acesso em: 26 out. 2022.

(378) **Artigo 83.** Compete ao Ministério Público do Trabalho o exercício das seguintes atribuições junto aos órgãos da Justiça do Trabalho: [...] XI – atuar como árbitro, se assim for solicitado pelas partes, nos dissídios de competência da Justiça do Trabalho. BRASIL. Lei Complementar n. 75, de 20 de maio de 1993. *Dispõe sobre a organização, as atribuições e o estatuto do Ministério Público da União.* Disponível em: http://www.planalto.gov.br/ccivil_03/leis/lcp/lcp75.htm. Acesso em: 13 out. 2022.

(379) **Artigo 4º** Caso a negociação visando à participação nos lucros ou resultados da empresa resulte em impasse, as partes poderão utilizar-se dos seguintes mecanismos de solução do litígio: [...] II – arbitragem de ofertas finais, utilizando-se, no que couber, os termos da Lei no 9.307, de 23 de setembro de 1996. § 1º Considera-se arbitragem de ofertas finais aquela em que o árbitro deve restringir-se a optar pela proposta apresentada, em caráter definitivo, por uma das partes. § 2º O mediador ou o árbitro será escolhido de comum acordo entre as partes. § 3º Firmado o compromisso arbitral, não será admitida a desistência unilateral de qualquer das partes. § 4º O laudo arbitral terá força normativa, independentemente de homologação judicial. BRASIL. Lei n. 10.101, de 19 de dezembro de 2000. *Dispõe sobre a participação dos trabalhadores nos lucros ou resultados da empresa e dá outras providências.* Disponível em: http://www.planalto.gov.br. Acesso em: 23 abr. 2021.

(380) **Artigo 75.** As microempresas e empresas de pequeno porte deverão ser estimuladas a utilizar os institutos de conciliação prévia, mediação e arbitragem para solução dos seus conflitos. § 1º Serão reconhecidos de pleno direito os acordos celebrados no âmbito das comissões de conciliação prévia. § 2º O estímulo a que se refere o caput deste artigo compreenderá campanhas de divulgação, serviços de esclarecimento e tratamento diferenciado, simplificado e favorecido no tocante aos custos administrativos e honorários cobrados. **Artigo 75-A.** Para fazer face às demandas originárias do estímulo previsto nos artigos 74 e 75 desta Lei Complementar, entidades privadas, públicas, inclusive o Poder Judiciário, poderão firmar parcerias entre si, objetivando a instalação ou utilização de ambientes propícios para a realização

Transporte Rodoviário de Cargas, também apresentou, em seu artigo 19, o recurso ao instituto da arbitragem para a resolução de conflitos entre os contratantes.[381]

Em derradeiro, a Lei n. 12.815, de 05 de junho de 2013 — a denominada Lei dos Portuários — também estabelece o recurso à arbitragem de ofertas finais para a solução de litígios que envolvam a gestão da mão de obra do trabalho portuário.[382]

A arbitragem de ofertas finais, que aparece como instrumento para a resolução de conflitos tanto na Lei de Participação nos Lucros, quanto na Lei dos Portuários é inspirada no *final offer* do direito estadunidense. Na definição de Georgenor de Sousa Franco Filho, é aquela em que "o árbitro deve restringir-se a optar pela proposta apresentada, em caráter definitivo, por uma das partes", o que restringe a sua atuação.[383] Corrobora com essa impressão Iara Alves Cordeiro Pacheco, para quem "essa modalidade torna o instituto inviável, já que as partes normalmente apresentam propostas díspares

---

dos procedimentos inerentes a busca da solução de conflitos. BRASIL. Lei Complementar n. 123, de 14 de dezembro de 2006. *Institui o Estatuto Nacional da Microempresa e da Empresa de Pequeno Porte; altera dispositivos das Leis ns. 8.212 e 8.213*, ambas de 24 de julho de 1991, da Consolidação das Leis do Trabalho – CLT, aprovada pelo Decreto-Lei n. 5.452, de 1º de maio de 1943, da Lei n. 10.189, de 14 de fevereiro de 2001, da Lei Complementar n. 63, de 11 de janeiro de 1990; e revoga as Leis n. 9.317, de 5 de dezembro de 1996, e 9.841, de 5 de outubro de 1999. Disponível em: http://www.planalto.gov.br/ccivil_03/leis/lcp/lcp123.htm. Acesso em: 1º nov. 2022.

(381) **Artigo 19.** É facultado aos contratantes dirimir seus conflitos recorrendo à arbitragem. BRASIL. Lei n. 11.442, de 05 de janeiro de 2007. *Dispõe sobre o transporte rodoviário de cargas por conta de terceiros e mediante remuneração e revoga a Lei n. 6.813*, de 10 de julho de 1980. Disponível em: http://www.planalto.gov.br/ccivil_03/_ato2007-2010/2007/lei/l11442.htm. Acesso em: 1º nov. 2022.

(382) **Artigo 37.** Deve ser constituída, no âmbito do órgão de gestão de mão de obra, comissão paritária para solucionar litígios decorrentes da aplicação do disposto nos artigos 32, 33 e 35. § 1º Em caso de impasse, as partes devem recorrer à arbitragem de ofertas finais. § 2º Firmado o compromisso arbitral, não será admitida a desistência de qualquer das partes. § 3º Os árbitros devem ser escolhidos de comum acordo entre as partes, e o laudo arbitral proferido para solução da pendência constitui título executivo extrajudicial. BRASIL. Lei n. 12.815, de 05 de junho de 2013. *Dispõe sobre a exploração direta e indireta pela União de portos e instalações portuárias e sobre as atividades desempenhadas pelos operadores portuários; altera as Leis números 5.025, de 10 de junho de 1966, 10.233, de 5 de junho de 2001, 10.683, de 28 de maio de 2003, 9.719, de 27 de novembro de 1998, e 8.213, de 24 de julho de 1991; revoga as Leis números 8.630, de 25 de fevereiro de 1993, e 11.610, de 12 de dezembro de 2007, e dispositivos das Leis números 11.314, de 3 de julho de 2006, e 11.518, de 5 de setembro de 2007; e dá outras providências.* Disponível em: http://www.planalto.gov.br/ccivil_03/_Ato2011-2014/2013/Lei/L12815. Acesso em: 13 out. 2022.

(383) FRANCO FILHO, Georgenor de Sousa. *A nova lei de arbitragem e as relações de trabalho*. São Paulo: Editora Legislação Trabalhista, 1997. p. 21.

e o árbitro não tem condições de equacionar o conflito de maneira justa".[384] Observando a metade cheia do copo, Rildo Albuquerque Mousinho de Brito apresenta uma opinião diversa, acreditando que, neste tipo de arbitragem, "as partes se esforçarão para serem mais razoáveis nas suas ofertas, visto que o árbitro optará justamente por aquela que se mostrar mais justa e equilibrada. Essa modalidade apresenta um maior estímulo para que as partes cheguem a um acordo antes da solução arbitral".[385]

Cabe destacar, ainda referente à Lei de Participação nos Lucros e à Lei dos Portuários, que ambas atribuíram, em momentos distintos, a executividade ao até então chamado laudo arbitral — conforme previsto na Medida Provisória n. 1.487, de 07 de junho de 1996, que regulamentava a participação nos lucros, e na Lei n. 8.630, de 25 de fevereiro de 1993, que tratava da regulação do trabalho portuário [386] — mas, em ambos os casos, antes da sanção da Lei n. 9.307, de 23 de setembro de 1996 — a Lei de Arbitragem — em especial seu artigo 31 que trouxe essa inovação exigida pelos especialistas,[387] atribuindo força normativa ao então laudo arbitral, independentemente de sua homologação por juiz togado, contrariando o que era estabelecido no artigo 575, n. III, da Lei n. 5.869, de 11 de janeiro de 1973 — o Código de Processo Civil em vigor à época — que exigia a homologação do até então laudo arbitral para fins de executar, não a decisão, mas sim a sentença que a reconheceria em juízo, revelando o anseio social por mudanças na regulamentação do instituto da arbitragem em matéria trabalhista no Brasil.[388]

2. O dissídio laboral e a arbitragem

(384) PACHECO, Iara Alves Cordeiro. *Os direitos trabalhistas e a arbitragem.* São Paulo: Editora Legislação Trabalhista, 2003. p. 18.

(385) BRITO, Rildo Albuquerque Mousinho de. *Mediação e arbitragem de conflitos trabalhistas no Brasil e no Canadá.* São Paulo: Editora Legislação Trabalhista, 2010. p. 51.

(386) BRASIL. Medida Provisória n. 1487, de 07 de junho de 1996. *Dispõe sobre a participação dos trabalhadores nos lucros ou resultados da empresa e dá outras providências.* Disponível em: https://presrepublica.jusbrasil.com.br/legislacao/105926/medida-provisoria-1487-96. Acesso em: 26 out. 2022. BRASIL. Lei n. 8.630, de 25 de fevereiro de 1993. *Dispõe sobre o regime jurídico da exploração dos portos organizados e das instalações portuárias e dá outras providências.* Disponível em: http://www.planalto.gov.br/ccivil_03/leis/l8630.htm#:~:text=Fica%20permitido%20%C3%A0s%20cooperativas%20formadas,da%20%C3%A1rea%20do%20porto%20organizado.. Acesso em: 26 out. 2022.

(387) **Artigo 31.** A sentença arbitral produz, entre as partes e seus sucessores, os mesmos efeitos da sentença proferida pelos órgãos do Poder Judiciário e, sendo condenatória, constitui título executivo. BRASIL. Lei n. 9.307, de 23 de setembro de 1996. *Dispõe sobre a arbitragem.* Disponível em: http://www.planalto.gov.br/ccivil_03/leis/l9307.htm. Acesso em: 01 out. 2022.

(388) **Artigo 575.** A execução, fundada em título judicial, processar-se-á perante: [...] III – o juízo que homologou a sentença arbitral; [...]. BRASIL. Lei n. 5.869, de 11 de janeiro de 1973. *Institui o código de processo civil.* Disponível em: https://www.planalto.gov.br/ccivil_03/leis/L5869.htm#art575iii. Acesso em: 26 out. 2022.

Numa tentativa de distinção terminológica, Amaury Mascaro Nascimento defende que o conflito seria "uma oposição de interesses verificada numa relação que envolva duas ou mais pessoas"; a controvérsia seria "um conflito sendo encaminhado a uma solução, que tanto pode ser judicial quanto extra-judicial", e que o dissídio, por sua vez, "seria apenas o procedimento judicial de solução de um conflito".[(389)]

Mozart Victor Russomano delimita o dissídio como sendo "o litígio entre trabalhadores e empresários ou entidades representativas de suas categorias sobre determinada pretensão jurídica de natureza trabalhista de natureza trabalhista, com fundamento em norma jurídica vigente ou tendo por finalidade a estipulação de novas condições de trabalho".[(390)] Antes da Lei n. 13.467, de 13 de julho de 2017 — a chamada Reforma Trabalhista — quando se tratava de analisar a possibilidade da arbitragem nos dissídios laborais, a primeira distinção obrigatória era com relação à natureza do conflito: se coletivo, ou individual.

A fonte dos conflitos de natureza trabalhista, conforme assevera Amauri Mascaro Nascimento, é basicamente econômica, devido a um desequilíbrio "das relações entre os trabalhadores e os empresários, causando a insatisfação daqueles quanto ao direito existente e que entendem não mais corresponder às pretensões que julgam cabíveis para que possam continuar fornecendo energia de trabalho aproveitada no interesse da produção.[(391)]

Wagner Drdla Giglio, contudo, ao tratar do tema, alerta para o fato de que "é extremamente tênue, flexível e insegura a distinção entre os conflitos individuais e os coletivos do trabalho". Segundo o autor, "enquanto forem fenômenos sociais ainda não qualificados, em todas as disputas os interesses se interpenetram e se confundem". A distinção somente ganha cores e tons mais nítidos quando jurisdicionalmente ordenada, ou seja, quando o embate é transformado em dissídio, passando a ser analisado sob o prisma do processo.[(392)]

Novamente segundo os ensinamentos de Amauri Mascaro Nascimento,

---

(389) NASCIMENTO, Amauri Mascaro. *Curso de direito do trabalho*. São Paulo: Editora Saraiva, 2004. p. 1.075-6.

(390) RUSSOMANO, Mozart Victor. *Princípios gerais do direito sindical*. Rio de Janeiro: Editora Forense, 1997. p. 226.

(391) NASCIMENTO, Amauri Mascaro. *Curso de direito do trabalho*. São Paulo: Editora Saraiva, 2004. p. 1082.

(392) "O conflito trabalhista se estabelece, por definição, entre partes desiguais, sob os aspectos social, cultural, hierárquico e, principalmente, econômico, pois ocorre sempre entre um trabalhador subordinado e um empregador subordinante". GIGLIO, Wagner Drdla. Os conflitos trabalhistas, a arbitragem e a Justiça do Trabalho. São Paulo: *Legislação Trabalhista*, volume 47, n. 03, 1983, p. 271-3.

os conflitos — não apenas os trabalhistas, diga-se de passagem — são classificados segundo os interesses em xeque: *(i)* de um indivíduo singularmente considerado; ou *(ii)* de um grupo abstratamente compreendido. Ainda na lição do autor, "os conflitos coletivos envolvem pessoas não determinadas, mas unidas em torno de um ponto comum. Os individuais, por sua vez, envolvem pessoas determinadas, agindo no interesse próprio, direto e imediato".(393)

Agora resta, destarte, enfrentar a resolução de conflitos trabalhistas — coletivos e individuais — por meio do instituto da arbitragem.

2.1. A arbitragem nos dissídios coletivos

No caso dos dissídios coletivos, tanto a doutrina quanto a jurisprudência, são pacíficas em admitir a possibilidade de resolução de disputas pela via arbitral, em respeito ao estabelecido pelo artigo 114, § 1º, da Constituição da República Federativa do Brasil de 1988, de 05 de outubro de 1988, segundo o qual, frustrada a negociação coletiva, as partes poderão eleger árbitros.(394) Como bem aponta Georgenor de Sousa Franco Filho, este dispositivo é

---

(393) NASCIMENTO, Amauri Mascaro. *Curso de direito processual do trabalho*. São Paulo: Editora Saraiva, 2002. p. 42.

(394) **Artigo 114.** Compete à Justiça do Trabalho processar e julgar: I as ações oriundas da relação de trabalho, abrangidos os entes de direito público externo e da administração pública direta e indireta da União, dos Estados, do Distrito Federal e dos Municípios; II as ações que envolvam exercício do direito de greve; III as ações sobre representação sindical, entre sindicatos, entre sindicatos e trabalhadores, e entre sindicatos e empregadores; IV os mandados de segurança, *habeas corpus* e *habeas data,* quando o ato questionado envolver matéria sujeita à sua jurisdição; V os conflitos de competência entre órgãos com jurisdição trabalhista, ressalvado o disposto no art. 102, I, *o*; VI as ações de indenização por dano moral ou patrimonial, decorrentes da relação de trabalho; VII as ações relativas às penalidades administrativas impostas aos empregadores pelos órgãos de fiscalização das relações de trabalho; VIII a execução, de ofício, das contribuições sociais previstas no art. 195, I, *a*, e II, e seus acréscimos legais, decorrentes das sentenças que proferir; IX outras controvérsias decorrentes da relação de trabalho, na forma da lei. § 1º Frustrada a negociação coletiva, as partes poderão eleger árbitros. § 2º Recusando-se qualquer das partes à negociação ou à arbitragem, é facultado aos respectivos sindicatos ajuizar dissídio coletivo, podendo a Justiça do Trabalho estabelecer normas e condições, respeitadas as disposições convencionais e legais mínimas de proteção ao trabalho. § 3º Compete ainda à Justiça do Trabalho executar, de ofício, as contribuições sociais previstas no art. 195, I, *a*, e II, e seus acréscimos legais, decorrentes das sentenças que proferir. § 2º Recusando-se qualquer das partes à negociação coletiva ou à arbitragem, é facultado às mesmas, de comum acordo, ajuizar dissídio coletivo de natureza econômica, podendo a Justiça do Trabalho decidir o conflito, respeitadas as disposições mínimas legais de proteção ao trabalho, bem como as convencionadas anteriormente. § 3º Em caso de greve em atividade essencial, com possibilidade de lesão do interesse público, o Ministério Público do Trabalho poderá ajuizar dissídio coletivo, competindo à Justiça do Trabalho decidir o conflito. BRASIL. *Constituição da República Federativa do Brasil* de 05 de outubro de 1988. Disponível em: http://www.planalto.gov.br/ccivil_03/constituicao.htm. Acesso em: 20 abr. 2021.

"novidade em termos constitucionais, inexistindo, em matéria trabalhista precedentes dessa natureza nas Cartas anteriores brasileiras".(395)

Como ensina Rildo Albuquerque Mousinho de Brito, "no campo do conflito coletivo, o juízo de equidade, típico da arbitragem, encontra solo fértil de aplicação, porque cabe ao julgador criar as condições de trabalho a serem aplicadas durante a vigência da sentença normativa, procurando satisfazer as necessidades dos empregados na medida das possibilidades dos empregadores".(396) Corrobora com seus ensinamentos, Paula Fazio Fernandes, para quem o instituto é "perfeitamente aceitável no que diz respeito aos direitos coletivos, independentemente do valor da causa, há o entendimento de que as partes estão equilibradas".(397)

Alfredo Ruprecht, por sua vez, destaca que as vantagens da arbitragem são evidentes pois o instituto é a "firme garantia da paz industrial e de que os conflitos se solucionam num plano de justiça e de equidade, evitando os grandes prejuízos que ocasionam as lutas entre o capital e o trabalho". Conclui o autor que "somente onde não exista um estado de direito se pode ser contrário às soluções justas dos conflitos trabalhistas de caráter coletivo".(398)

Georgenor de Sousa Franco Filho, em derradeiro, defende que, por meio da arbitragem "poderá se ter condições de encontrar a almejada convivência realmente pacífica entre os fatores da produção, a partir de que capital e trabalho, em comum acordo, atribuam a um terceiro, privado, independente e isento, a busca dos remédios para sanar seus desentendimentos". Ainda segundo o autor, o instituto é "forma válida para se obter a composição das divergências entre as categorias econômica e profissional e a aperfeiçoar a distribuição da riqueza. Não é mecanismo utópico". A arbitragem, se bem implementada e se bem desenvolvido o conhecimento acurado das técnicas do instituto, "poderá ser a fórmula que se busca para o perfeito entendimento entre os parceiros sociais".(399)

Em um país de forte tradição romano-germânica, como é o caso do Brasil,

---

(395) FRANCO FILHO, Georgenor de Sousa. *A nova lei de arbitragem e as relações de trabalho.* São Paulo: Editora Legislação Trabalhista, 1997. p. 07.

(396) BRITO, Rildo Albuquerque Mousinho de. *Mediação e arbitragem de conflitos trabalhistas no Brasil e no Canadá.* São Paulo: Editora Legislação Trabalhista, 2010. p. 43.

(397) FERNANDES, Paula Fazio. *Sentença arbitral como título executivo judicial na justiça do trabalho.* Rio de Janeiro: Lumen Juris, 2019. p. 110.

(398) RUPRECHT, Alfredo. *Conflitos coletivos de trabalho.* São Paulo: Editora Legislação Trabalhista, 1979. p. 230.

(399) FRANCO FILHO, Georgenor de Sousa. *A arbitragem e os conflitos coletivos de trabalho no Brasil.* São Paulo: Editora Legislação Trabalhista, 1990. p. 74.

a falta de uma lei que regulamentasse a aplicação da arbitragem nos dissídios coletivos do trabalho, pode ser apontada como um dos motivos pelos quais o instituto não tenha conseguido um papel de destaque na composição destes embates entre empregadores e empregados.

Esquecido em alguma gaveta da Câmara dos Deputados, que é o ponto de partida no Poder Legislativo para a análise de projetos de lei oriundos do Poder Executivo, tramitando em regime de urgência que trata o artigo 64, § 1º da Constituição da República Federativa do Brasil, de 05 de outubro de 1988[(400)], repousa empoeirado uma das mais bem estruturadas tentativas de regulamentação da arbitragem em dissídios coletivos que, se tivesse logrado êxito, a história a ser narrada deste instituto no ordenamento jurídico brasileiro — especificamente no âmbito laboral — poderia ser bem diferente.

No intuito de desencadear o "processo de reforma da legislação trabalhista", cuja necessidade foi apontada pelo então Presidente da República Fernando Collor de Melo ao constituir uma Comissão Interministerial envolvendo o Ministério do Trabalho e da Previdência Social, o Ministério da Justiça e o Ministério da Economia, da Fazenda e do Planejamento por meio do Decreto de 1º de fevereiro de 1991[(401)] para esse fim, o Projeto de Lei, que "Regulamenta o artigo 8º da Constituição Federal de 1988, dispõe sobre a negociação coletiva de trabalho, institui a representação de trabalhadores na empresa e dá outras providências", apresentado por meio da Mensagem n. 189, de 30 de abril de 1991[(402)], segundo sua Exposição de Motivos Interministerial

---

(400) **Artigo 64.** A discussão e votação dos projetos de lei de iniciativa do Presidente da República, do Supremo Tribunal Federal e dos Tribunais Superiores terão início na Câmara dos Deputados. § 1º – O Presidente da República poderá solicitar urgência para apreciação de projetos de sua iniciativa. BRASIL. *Constituição da República Federativa do Brasil* de 05 de outubro de 1988. Disponível em: http://www.planalto.gov.br/ccivil_03/constituicao.htm. Acesso em: 20 abr. 2021.

(401) **Artigo 1º** Fica instituída Comissão Interministerial para elaborar, no prazo de quarenta e cinco dias, contado a partir de sua instalação, proposta de revisão da legislação vigente que rege as relações entre capital e trabalho. **Artigo 2º** Compete à Comissão Interministerial: I – examinar a legislação trabalhista vigente; II – apresentar recomendações com vistas à adequação da legislação trabalhista às novas condições econômicas e políticas do País; III – apresentar proposta de projetos de lei e outros atos que se fizerem necessários ao cumprimento do objetivo a que se refere o artigo anterior. **Artigo 3º** A Comissão Interministerial é composta de representantes dos seguintes órgãos: I – Secretaria Nacional do Trabalho do Ministério do Trabalho e da Previdência Social, que a presidirá; II – Secretaria Especial de Política Econômica do Ministério da Economia, Fazenda e Planejamento; III – Secretaria Executiva do Ministério da Justiça. Parágrafo único. A Comissão poderá convidar representantes de trabalhadores e empresários, definindo sua competência e forma de participação. BRASIL. PODER EXECUTIVO. Decreto de 1º de fevereiro de 1991. *Cria a comissão interministerial para elaborar proposições relativas à legislação* trabalhista. Disponível em: https://www.planalto.gov.br/ccivil_03/dnn/anterior%20a%202000/1991/dnn35.htm. Acesso em: 28 out. 2022.

(402) BRASIL. PRESIDÊNCIA DA REPÚBLICA. DEPARTAMENTO DE DOCUMENTAÇÃO.

n. 35, de 11 de abril de 1991, assinadas pelos então Ministros Antônio Rogério Magri, Jarbas Gonçalves Passarinho e Zélia Cardoso de Mello, responsáveis, respectivamente, pelas pastas do Trabalho e da Previdência, da Justiça e, em derradeiro, da Economia, da Fazenda e do Planejamento, estabelecia uma "moderna disciplina legislativa para as relações coletivas de trabalho", conforme preconizava o Projeto de Reconstrução Nacional que se buscava concretizar naquele momento da história.(403)

No tocante à negociação coletiva, apoiado no pressuposto da representatividade das partes negociantes, o Projeto de Lei de 30 de abril de 1991, consagrava a primazia da vontade coletiva e a prevalência do entendimento direto sobre qualquer das formas de heterocomposição do conflito de interesses.

No bojo deste documento, cuja consulta somente foi possível ser realizada no Departamento de Documentação da Presidência da República, a cargo da Subchefia de Assuntos Jurídicos da Casa Civil, sob o Título da Mediação e da Arbitragem, encontram-se os artigos 27,28 e 29, que regulamentam a aplicação do instituto da arbitragem aos dissídios coletivos do trabalho.(404) Segundo a Exposição de Motivos Interministerial n. 35, de 11 de abril de 1991, a mediação e a arbitragem — apontadas como a grande novidade trazida pela norma — eram definidos como mecanismos alternativos ou sucessivos em "que as partes podem valer-se, sempre consensualmente, objetivando

---

Mensagem n. 189, de 30 de abril de 1991. Projeto de Lei sem Número. *Regulamenta o artigo 8º da Constituição Federal, dispõe sobre a negociação coletiva de trabalho, institui a representação de trabalhadores na empresa e dá outras providências.* Publicado na Seção I do Diário Oficial da União de 02 maio 1991. Protocolo n. 00002.00188/91-95, de 03 maio 1991.

(403) BRASIL. PRESIDÊNCIA DA REPÚBLICA. DEPARTAMENTO DE DOCUMENTAÇÃO. *Exposição de Motivos Interministerial n. 35, de 11 de abril de 1991, referente ao Projeto de Lei sem Número. Regulamenta o artigo 8º da Constituição Federal, dispõe sobre a negociação coletiva de trabalho, institui a representação de trabalhadores na empresa e dá outras providências.* Publicado na Seção I do Diário Oficial da União de 02 maio 1991. Protocolo n. 00002.00188/91-95, de 03 maio 1991.

(404) **Artigo 26.** As partes, em comum acordo, poderão recorrer a mediadores para auxiliar na composição de seus interesses. Parágrafo único: A proposta apresentada pelo mediador não obriga as partes. **Artigo 27.** Frustrada a negociação, as partes poderão, de comum acordo, eleger árbitros. **Artigo 28.** A arbitragem será instaurada no ato da assinatura do termo de compromisso arbitral, que deverá conter: I. Qualificação das partes compromitentes; II. Designação de um ou mais árbitros e respectiva qualificação; III. Objeto do litígio; IV. Prazo para apresentação do laudo arbitral; V. Honorários, despesas e respectiva forma de pagamento; VI. Compromisso de fiel cumprimento do laudo arbitral. Parágrafo único. Não será admitida desistência unilateral depois de instaurada a arbitragem. **Artigo 29.** O laudo arbitral obriga as partes entre si, independentemente de homologação judicial, possuindo força normativa. BRASIL. PRESIDÊNCIA DA REPÚBLICA. DEPARTAMENTO DE DOCUMENTAÇÃO. Projeto de Lei sem Número. *Regulamenta o artigo 8º da Constituição Federal, dispõe sobre a negociação coletiva de trabalho, institui a representação de trabalhadores na empresa e dá outras providências.* Publicado na Seção I do Diário Oficial da União de 02 maio 1991. Protocolo n. 00002.00188/91-95, de 03 maio 1991.

o estabelecimento de condições de trabalho por uma via que não seja a do dissídio coletivo, único desaguadouro até então da negociação frustrada".[405]

O Projeto de Lei de 30 de abril de 1991, em que agora se deita luz após 32 (trinta e dois anos) de quase esquecimento, cuidava de atualizar a legislação ordinária em consonância com os preceitos constitucionais — à época — recém promulgados. Infelizmente, por motivos nunca esclarecidos, seu texto não seguiu adiante, tendo como destino o arquivo morto.

Fato é que o uso da arbitragem nos dissídios coletivos trabalhistas é evento raro no cotidiano forense e vez ou outra, precisa ser reafirmada em juízo como uma alternativa ao juízo togado.

A Quarta Turma do Tribunal Regional do Trabalho (TRT) da 3ª Região, com sede na cidade de Belo Horizonte, estado de Minas Gerais (MG), decidiu negar provimento ao recurso de uma empresa de combustível, para manter a decisão do juízo da 1ª Vara do Trabalho da cidade de Contagem (MG), que rejeitou a arguição de nulidade de sentença arbitral. O compromisso arbitral firmado entre o Sindicato dos Empregados em Postos de Serviços Combustíveis e Derivados de Petróleo, Lava Rápido e Troca de Óleo de Belo Horizonte e Região (Sinpospetro-BH) e o Sindicato do Comércio Varejista de Derivados de Petróleo no estado de Minas Gerais (Minaspetro) teve como árbitro um juiz togado e serviu de base para a condenação da empresa integrante da categoria econômica representada pelo Sinpospetro-BH ao pagamento de diferenças salariais e de participação nos lucros ou resultados a ex-obreiro, autor de ação trabalhista.[406]

---

(405) BRASIL. PRESIDÊNCIA DA REPÚBLICA. DEPARTAMENTO DE DOCUMENTAÇÃO. *Exposição de Motivos Interministerial n. 35, de 11 de abril de 1991, referente ao Projeto de Lei sem Número. Regulamenta o artigo 8º da Constituição Federal, dispõe sobre a negociação coletiva de trabalho, institui a representação de trabalhadores na empresa e dá outras providências.* Publicado na Seção I do Diário Oficial da União de 02 maio 1991. Protocolo n. 00002.00188/91-95, de 03 maio 1991.

(406) BRASIL. PODER JUDICIÁRIO. JUSTIÇA DO TRABALHO. TRIBUNAL REGIONAL DO TRABALHO DA 3ª REGIÃO. PROCESSO N. 0011206-51.2019.5.03.0029. RECURSO ORDINÁRIO RITO SUMARÍSSIMO (RORSUM); RECORRENTE: PIO XII COMBUSTÍVEIS LTDA.; ADVOGADO: RAFAEL ALIPRANDI DE MENDONCA; RECORRIDO: PAULO ALVES JÚNIOR; ADVOGADO: VERA LUCIA DE PAULA GOMES TRINDADE ADVOGADO: MAURICIO LUIZ DA SILVA ADVOGADO: ANTONIO DA SILVA PRADO JUNIOR ADVOGADO: JOSE JULIO DE ASSIS TRINDADE PAGINA_CAPA_PROCESSO_PJE ADVOGADO: FABIANA SABRINE APARECIDA COSTA; PRESIDÊNCIA: DESEMBARGADORA MARIA LÚCIA CARDOSO DE MAGALHÃES; RELATORA: DESEMBARGADORA DENISE ALVES HORTA. COMPOSIÇÃO DA TURMA: DESEMBARGADORA DENISE ALVES HORTA (RELATORA), DESEMBARGADOR PAULO CHAVES CORRÊA FILHO E JUÍZA CONVOCADA ÉRICA APARECIDA PIRES BESSA (SUBSTITUINDO A EXMA. DESEMBARGADORA PAULA OLIVEIRA CANTELLI). REPRESENTANTE DO MINISTÉRIO PÚBLICO DO TRABALHO PRESENTE À SESSÃO: DRA. ANA CLÁUDIA NASCIMENTO GOMES. SUSTENTAÇÃO ORAL: DR. RAFAEL ALIPRANDI DE MENDONÇA,

A sentença arbitral impugnada pela empresa foi proferida em ação anterior, que teve como partes o Sinpospetro-BH, como representante da categoria profissional do trabalhador e o Minaspetro-MG, como representante da categoria econômica da empresa. Na época, foi estabelecido o procedimento de negociação e designada a audiência de mediação e conciliação, em que o juiz togado atuou como mediador. Entretanto, em razão de impasse nas negociações, as partes optaram pela utilização da via arbitral e elegeram, como árbitro, o próprio juiz togado condutor da audiência, resultando no compromisso arbitral judicial firmado pelas partes.(407)

O autor ajuizou ação trabalhista contra a empresa pretendendo receber diferenças salariais e participação nos lucros ou resultados, justamente com base nos direitos da categoria reconhecidos na sentença arbitral, o que foi acolhido na decisão proferida pelo juízo da 1ª Vara do Trabalho da cidade de Contagem (MG).

Ao rejeitar o recurso da empresa, a Desembargadora Denise Alves Horta, que atuou como relatora e cujo voto foi acolhido por unanimidade pelos pares, entendeu que a sentença arbitral foi proferida de acordo com as normas constitucionais e infraconstitucionais que regulam a matéria e, nesse quadro, rejeitou a declaração de nulidade pretendida. (408)

PELO RECORRENTE. VÁLBIA MARIS PIMENTA PEREIRA. Disponível em: https://sistemas.trt3.jus.br/bd-trt3. Acesso em: 12 out. 2022.

(407) BRASIL. PODER JUDICIÁRIO. JUSTIÇA DO TRABALHO. TRIBUNAL REGIONAL DO TRABALHO DA 3ª REGIÃO. PROCESSO N. 0011206-51.2019.5.03.0029. RECURSO ORDINÁRIO RITO SUMARÍSSIMO (RORSUM); RECORRENTE: PIO XII COMBUSTÍVEIS LTDA.; ADVOGADO: RAFAEL ALIPRANDI DE MENDONCA; RECORRIDO: PAULO ALVES JÚNIOR; ADVOGADO: VERA LUCIA DE PAULA GOMES TRINDADE ADVOGADO: MAURICIO LUIZ DA SILVA ADVOGADO: ANTONIO DA SILVA PRADO JUNIOR ADVOGADO: JOSE JULIO DE ASSIS TRINDADE PAGINA_CAPA_PROCESSO_PJE ADVOGADO: FABIANA SABRINE APARECIDA COSTA; PRESIDÊNCIA: DESEMBARGADORA MARIA LÚCIA CARDOSO DE MAGALHÃES; RELATORA: DESEMBARGADORA DENISE ALVES HORTA. COMPOSIÇÃO DA TURMA: DESEMBARGADORA DENISE ALVES HORTA (RELATORA), DESEMBARGADOR PAULO CHAVES CORRÊA FILHO E JUÍZA CONVOCADA ÉRICA APARECIDA PIRES BESSA (SUBSTITUINDO A EXMA. DESEMBARGADORA PAULA OLIVEIRA CANTELLI). REPRESENTANTE DO MINISTÉRIO PÚBLICO DO TRABALHO PRESENTE À SESSÃO: DRA. ANA CLÁUDIA NASCIMENTO GOMES. SUSTENTAÇÃO ORAL: DR. RAFAEL ALIPRANDI DE MENDONÇA, PELO RECORRENTE. VÁLBIA MARIS PIMENTA PEREIRA. Disponível em: https://sistemas.trt3.jus.br/bd-trt3. Acesso em: 12 out. 2022.

(408) Presidiu o julgamento a Excelentíssima Desembargadora Maria Lúcia Cardoso de Magalhães; Participaram do julgamento os Excelentíssimos (as).: Desembargadora Denise Alves Horta (Relatora), Desembargador Paulo Chaves Corrêa Filho e Juíza Convocada Érica Aparecida Pires Bessa (substituindo a Excelentíssima Desembargadora Paula Oliveira Cantelli); Representante do Ministério Público do Trabalho presente à sessão: Dra. Ana Cláudia Nascimento Gomes; Sustentação Oral: Dr. Rafael Aliprandi de Mendonça, pelo recorrente. BRASIL. PODER JUDICIÁRIO. JUSTIÇA DO TRABALHO. TRIBUNAL REGIONAL DO TRABALHO DA 3ª REGIÃO. PROCESSO N. 0011206-51.2019.5.03.0029. RECURSO ORDINÁRIO RITO

Além de abordar uma série de aspectos relativos à arbitragem em dissídios coletivos trabalhistas, reafirmando a sua importância como meio extrajudicial de resolução de conflitos, a Desembargadora Denise Alves Horta ainda adiantou, em seu voto, sua opinião positiva sobre um assunto que ganhou novos desdobramentos a partir da sanção da Lei n. 13.467, de 13 de julho de 2017 — a Reforma Trabalhista — qual seja, a utilização do instituto da arbitragem em dissídios individuais trabalhistas(409).

O entendimento expressado pela relatora – a Desembargadora Denise Alves Horta – não é pacífico, já que o tema sempre foi marcado por calorosas divergências doutrinárias e jurisprudenciais acerca da disponibilidade ou não dos direitos assegurados pelo Decreto-Lei n. 5.452, de 1º de maio de 1943 — a Consolidação das Leis do Trabalho — e pela legislação correlata, numa disputa ombro a ombro cuja força parecia empurrar para o lado da

---

SUMARÍSSIMO (RORSUM); RECORRENTE: PIO XII COMBUSTÍVEIS LTDA.; ADVOGADO: RAFAEL ALIPRANDI DE MENDONCA; RECORRIDO: PAULO ALVES JÚNIOR; ADVOGADO: VERA LUCIA DE PAULA GOMES TRINDADE ADVOGADO: MAURICIO LUIZ DA SILVA ADVOGADO: ANTONIO DA SILVA PRADO JUNIOR ADVOGADO: JOSE JULIO DE ASSIS TRINDADE PAGINA_CAPA_PROCESSO_PJE ADVOGADO: FABIANA SABRINE APARECIDA COSTA; PRESIDÊNCIA: DESEMBARGADORA MARIA LÚCIA CARDOSO DE MAGALHÃES; RELATORA: DESEMBARGADORA DENISE ALVES HORTA. COMPOSIÇÃO DA TURMA: DESEMBARGADORA DENISE ALVES HORTA (RELATORA), DESEMBARGADOR PAULO CHAVES CORRÊA FILHO E JUÍZA CONVOCADA ÉRICA APARECIDA PIRES BESSA (SUBSTITUINDO A EXMA. DESEMBARGADORA PAULA OLIVEIRA CANTELLI). REPRESENTANTE DO MINISTÉRIO PÚBLICO DO TRABALHO PRESENTE À SESSÃO: DRA. ANA CLÁUDIA NASCIMENTO GOMES. SUSTENTAÇÃO ORAL: DR. RAFAEL ALIPRANDI DE MENDONÇA, PELO RECORRENTE. VÁLBIA MARIS PIMENTA PEREIRA. Disponível em: https://sistemas.trt3.jus.br/bd-trt3. Acesso em: 12 out. 2022.

(409) "Nesse ponto, cabe ressaltar que a arbitragem tem seu uso autorizado para ações que versem sobre direito coletivo pelo principal diploma normativo, qual seja, a Constituição Federal de 1988. Com o advento da Lei n. 13.467/2017, o uso da arbitragem, como método de resolução de conflitos, foi fomentado pelo ordenamento jurídico, estendendo sua utilização até mesmo para ações individuais". BRASIL. PODER JUDICIÁRIO. JUSTIÇA DO TRABALHO. TRIBUNAL REGIONAL DO TRABALHO DA 3ª REGIÃO. PROCESSO N. 0011206-51.2019.5.03.0029. RECURSO ORDINÁRIO RITO SUMARÍSSIMO (RORSUM); RECORRENTE: PIO XII COMBUSTÍVEIS LTDA.; ADVOGADO: RAFAEL ALIPRANDI DE MENDONCA; RECORRIDO: PAULO ALVES JÚNIOR; ADVOGADO: VERA LUCIA DE PAULA GOMES TRINDADE ADVOGADO: MAURICIO LUIZ DA SILVA ADVOGADO: ANTONIO DA SILVA PRADO JUNIOR ADVOGADO: JOSE JULIO DE ASSIS TRINDADE PAGINA_CAPA_PROCESSO_PJE ADVOGADO: FABIANA SABRINE APARECIDA COSTA; PRESIDÊNCIA: DESEMBARGADORA MARIA LÚCIA CARDOSO DE MAGALHÃES; RELATORA: DESEMBARGADORA DENISE ALVES HORTA. COMPOSIÇÃO DA TURMA: DESEMBARGADORA DENISE ALVES HORTA (RELATORA), DESEMBARGADOR PAULO CHAVES CORRÊA FILHO E JUÍZA CONVOCADA ÉRICA APARECIDA PIRES BESSA (SUBSTITUINDO A EXMA. DESEMBARGADORA PAULA OLIVEIRA CANTELLI). REPRESENTANTE DO MINISTÉRIO PÚBLICO DO TRABALHO PRESENTE À SESSÃO: DRA. ANA CLÁUDIA NASCIMENTO GOMES. SUSTENTAÇÃO ORAL: DR. RAFAEL ALIPRANDI DE MENDONÇA, PELO RECORRENTE. VÁLBIA MARIS PIMENTA PEREIRA. Disponível em: https://sistemas.trt3.jus.br/bd-trt3. Acesso em: 12 out. 2022.

inaplicabilidade do instituto — mesmo sem qualquer proibição expressa no ordenamento jurídico — frise-se.

Como exemplo da posição doutrinária contrária à aplicação da arbitragem aos dissídios individuais trabalhistas, Wagner Drdla Giglio expressa firmemente seu descontentamento em relação ao tema, pois, "deixar a escolha do julgador por conta dos interessados parece ensejar a imposição, pelos empresários, de elementos favoráveis a seus interesses, posto que o trabalhador, subordinado, não teria liberdade para escolher o árbitro". Para ele, se é "lícito ao empregador "escolher" (leia-se impor) árbitro favorável a seus interesses, não deixaria de fazê-lo para se submeter à decisão de um juiz neutro e isento de ânimo, integrante de magistratura trabalhista". Conclui o autor que, "a instituição de um Poder Judiciário integrante do Estado, atuando em harmonia com os Poderes Legislativo e Executivo, porém deles independente, é geralmente tida como uma das grandes conquistas do direito da era moderna; e a ação, ou o processo, como a forma mais civilizada e menos imperfeita de solução de conflitos".(410)

Em relação à jurisprudência sobre o assunto, ilustra bem como amostra da posição contrária à aplicação da arbitragem aos dissídios individuais laborais o desfecho do julgamento de uma ação civil pública ajuizada pelo Ministério Público do Trabalho — Procuradoria Regional da 3ª Região, em face da Câmara de Mediação e de Arbitragem de Minas Gerais S/S Ltda., sediada em Pouso Alegre (MG). Na petição inicial, o *Parquet* alegou que a atuação da Reclamada, ao realizar acordos na esfera arbitral, era ilegal e atentava contra o "valor social do trabalho e a dignidade dos trabalhadores" e que não manifestava "qualquer compromisso legal ou moral com a preservação dos direitos dos trabalhadores".(411)

(410) GIGLIO, Wagner Drdla. *Curso de direito do trabalho:* em homenagem a Mozart Victor Russomano. São Paulo: Editora Saraiva, 1985. p. 704.

(411) EMENTA: AÇÃO CIVIL PÚBLICA. MINISTÉRIO PÚBLICO DO TRABALHO. CÂMARA DE ARBITRAGEM. IMPOSIÇÃO DE OBRIGAÇÃO DE NÃO FAZER. ABSTENÇÃO DA PRÁTICA DE ARBITRAGEM NO ÂMBITO DAS RELAÇÕES DE EMPREGO. 1. Controvérsia estabelecida nos autos de ação civil pública ajuizada pelo Ministério Público do Trabalho, em que se busca impor a pessoa jurídica de direito privado obrigação de abster-se de promover a arbitragem de conflitos no âmbito das relações de emprego. 2. Acórdão proferido por Turma do TST que, a despeito de prover parcialmente recurso de revista interposto pelo *Parquet*, chancela a atividade de arbitragem em relação ao período posterior à dissolução dos contratos de trabalho, desde que respeitada a livre manifestação de vontade do ex-empregado e garantido o acesso irrestrito ao Poder Judiciário. Adoção de entendimento em que se sustenta a disponibilidade relativa dos direitos individuais trabalhistas, após a extinção do vínculo empregatício. 3. Seja sob a ótica do artigo 114, §§ 1º e 2º, da Constituição Federal, seja à luz do artigo 1º da Lei n. 9.307/1996, o instituto da arbitragem não se aplica como forma de solução de conflitos individuais trabalhistas. Mesmo no tocante às prestações decorrentes do contrato de trabalho passíveis de transação ou renúncia, a manifestação de vontade do empregado, individual-

O Ministério Público do Trabalho indicou, como condutas irregulares da Câmara de Mediação e de Arbitragem de Minas Gerais S/S Ltda.: *(a)* a cobrança de taxas de várias espécies pelos serviços prestados; *(b)* a atuação de profissionais que ora exercem a função de árbitro, ora de advogado dos trabalhadores; *(c)* promover a quitação de direitos trabalhistas, ante a privação dos trabalhadores da assistência e proteção de seu sindicato de classe ou do agente estatal responsável pela fiscalização do cumprimento da legislação trabalhista. Por fim, o *Parquet* pediu a condenação da Reclamada que deveria: *(i)* reconhecer sua incompetência para a resolução de disputas de natureza trabalhista sob pena de pagamento de multa no valor de R$ 10.000,00 (dez mil reais) por trabalhador alvo do descumprimento; *(ii)* pagar R$ 200.000,00 (duzentos mil reais) pelos danos causados aos trabalhadores; e *(iii)* tornar pública sua condenação, se procedente.

O Tribunal Regional do Trabalho da 3ª Região, sediado em Belo Horizonte (MG) reformou a sentença de primeira instância para declarar a improcedência de todos os pedidos deduzidos na petição inicial contra a Reclamada pelo

---

mente considerado, há que ser apreciada com naturais reservas, e deve necessariamente submeter-se ao crivo da Justiça do Trabalho ou à tutela sindical, mediante a celebração de válida negociação coletiva. Inteligência dos artigos 7º, XXVI, e 114, *caput*, I, da Constituição Federal. 4. Em regra, a hipossuficiência econômica ínsita à condição de empregado interfere no livre arbítrio individual. Daí a necessidade de intervenção estatal ou, por expressa autorização constitucional, da entidade de classe representativa da categoria profissional, como meio de evitar o desvirtuamento dos preceitos legais e constitucionais que regem o Direito Individual do Trabalho. Artigo 9º da CLT. 5. O princípio tuitivo do empregado, um dos pilares do Direito do Trabalho, inviabiliza qualquer tentativa de promover-se a arbitragem, nos moldes em que estatuído pela Lei n. 9.307/1996, no âmbito do Direito Individual do Trabalho. Proteção que se estende, inclusive, ao período pós-contratual, abrangidas a homologação da rescisão, a percepção de verbas daí decorrentes e até eventual celebração de acordo com vistas à quitação do extinto contrato de trabalho. A premência da percepção das verbas rescisórias, de natureza alimentar, em momento de particular fragilidade do ex-empregado, frequentemente sujeito à insegurança do desemprego, com maior razão afasta a possibilidade de adoção da via arbitral como meio de solução de conflitos individuais trabalhistas, ante o maior comprometimento da vontade do trabalhador diante de tal panorama. 6. A intermediação de pessoa jurídica de direito privado – "câmara de arbitragem" – quer na solução de conflitos, quer na homologação de acordos envolvendo direitos individuais trabalhistas, não se compatibiliza com o modelo de intervencionismo estatal norteador das relações de emprego no Brasil. 7. Embargos do Ministério Público do Trabalho de que se conhece, por divergência jurisprudencial, e a que se dá provimento. BRASIL. PODER JUDICIÁRIO. JUSTIÇA DO TRABALHO. Tribunal Superior do Trabalho. Processo: RR – 25900-67.2008.5.03.0075 – Fase Atual: E-ED; Numeração antiga: E-ED-RR – 259/2008-075-03-00.2. Número no TRT de Origem: RO-25900/2008-0075-03.00. Órgão Judicante: Subseção I Especializada em Dissídios Individuais. Relator: Ministro João Oreste Dalazen. Embargante: Ministério Público do Trabalho – Procuradoria Regional da 3ª Região. Procuradora: Adriana Augusta de Moura Souza. Embargada: Câmara de Mediação de Arbitragem de Minas Gerais S/S Ltda. Advogado: Guilherme Picinin Velloso. Procurador: Enéas Bazzo Torres. Disponível em: http://aplicacao4.tst.jus.br/consultaProcessual/consultaTstNumUnica.do?consulta=Con. Acesso em: 03 out. 2022.

Ministério Público do Trabalho. O colegiado apresentou, em sua decisão, o argumento de que existia liberdade, mesmo que condicionada, para o empregado escolher dentro das hipóteses ofertadas pelo ordenamento jurídico em vigor á época, a melhor forma de resolver determinados conflitos com seus empregadores, marcadamente aqueles que envolvem direitos patrimoniais que podem ser objeto de transação e, portanto, também de arbitragem. "O que prejudica o empregado é um conflito trabalhista durar seis anos, quando percorre todas as instâncias. Aqui, sim, ferem-se com um só golpe todos os princípios tutelares do Direito do Trabalho. E, o que é pior, esta agressão se verifica exatamente através da Justiça que, contraditoriamente, existe para protegê-lo", manifestou-se durante o julgamento(412)

Inconformado com esta decisão, o Ministério Público do Trabalho interpôs um Recurso de Revista julgado pela Quarta Turma do Tribunal Superior do Trabalho (TST) que deu provimento parcial ao pedido do *Parquet*, impondo à ré "a obrigação de não fazer, consistente na abstenção de atuar na solução de conflitos trabalhistas, nos casos em que eventual cláusula de eleição da via arbitral tenha sido objeto do contrato de trabalho ou de aditamento ao contrato na vigência da relação de emprego, sob pena de multa de R$ 1.000,00 (mil reais), devida a cada constatação de descumprimento da obrigação postulada."

Segundo a Quarta Turma do Tribunal Superior do Trabalho, diferentemente de situações ocorridas no momento da contratação e da vigência do vínculo entre empregado e empregador, "após a dissolução do contrato de trabalho, acha-se minimizada a sua vulnerabilidade oriunda da sua hipossuficiência econômico-financeira". Na visão do colegiado, nesse ponto os "direitos trabalhistas, por conta da sua patrimonialidade, passam a ostentar relativa disponibilidade". Assim sendo, conclui a Turma Recursal que, não há impedimento "para que ex-empregado e ex-empregador possam eleger a via

---

(412) "Nada consta nos autos que desabone a conduta da ré como empresa de arbitragem. Sua atuação foi restrita, limitando-se a tentativa de acordos. Não há prova de fraudes ou conduta indevida. Nenhum empregado foi prejudicado. Se alguns empregados a procuraram, estão eles no direito do exercício de livre escolha do método para a solução de conflitos. A intervenção do Estado não pode ser elevada ao extremo de impedir a um cidadão que faça escolhas em seu interesse. Não há nenhuma queixa formal. Não se fechou ao empregado o caminho do Judiciário. Não houve atentado ao art. 5º, XXXV. Este ponto é fundamental. As partes, empregado e empregador, sabem que a arbitragem é escolha que fazem. A lei, em suas disposições imperativas, não pode ser diminuída ou modificada". BRASIL. PODER JUDICIÁRIO. JUSTIÇA DO TRABALHO. Tribunal Superior do Trabalho. Processo: RR – 25900-67.2008.5.03.0075 – Fase Atual: E-ED; Numeração antiga: E-ED-RR – 259/2008-075-03-00.2. Número no TRT de Origem: RO-25900/2008-0075-03.00. Órgão Judicante: Subseção I Especializada em Dissídios Individuais. Relator: Ministro João Oreste Dalazen. Embargante: Ministério Público do Trabalho – Procuradoria Regional da 3ª Região. Procuradora: Adriana Augusta de Moura Souza. Embargada: Câmara de Mediação de Arbitragem de Minas Gerais S/S Ltda. Advogado: Guilherme Picinin Velloso. Procurador: Enéas Bazzo Torres. Disponível em: http://aplicacao4.tst.jus.br/consultaProcessual/consultaTstNumUnica.do?consulta=Con. Acesso em: 03 out. 2022.

arbitral para solucionar conflitos trabalhistas, provenientes do extinto contrato de trabalho, desde que essa opção seja manifestada em clima de ampla liberdade, reservado o acesso ao Judiciário para dirimir possível controvérsia sobre a higidez da manifestação volitiva do ex-trabalhador".[(413)]

Insatisfeito com a nova decisão, o Ministério Público do Trabalho interpôs Embargos no intuito de ampliar a condenação, mediante o acolhimento integral do pedido referente à abstenção da reclamada quanto a "qualquer atuação conciliatória ou de arbitragem relativamente a direitos trabalhistas", ressalta o agora embargante, destacando haver uma divergência jurisprudencial no sentenciado pela Quarta Turma do Tribunal Superior do Trabalho.

Ao analisar o mérito, o Desembargador João Oreste Dalazen se posiciona pela inaplicabilidade da arbitragem para a solução de conflitos individuais trabalhistas. Segundo o relator, "mesmo no tocante às prestações decorrentes do contrato de trabalho passíveis de transação ou renúncia, a manifestação de vontade do empregado, além de apreciada com naturais reservas, deve necessariamente submeter-se ao crivo da Justiça do Trabalho ou à tutela sindical, mediante a celebração de válida negociação coletiva".[(414)]

Mesmo reconhecendo a existência de uma vertente propensa a aceitar a disponibilidade de certos direitos laborais, o Desembargador João Oreste Dalazen esclarece que "a hipossuficiência econômica ínsita à condição de empregado interfere no livre arbítrio individual. Daí a necessidade de intervenção estatal ou, por expressa autorização constitucional, da entidade de classe representativa da categoria profissional, como meio de evitar o desvirtuamento dos preceitos legais que regem o Direito Individual do Trabalho". Para o relator, "tal proteção estende-se, inclusive, ao período pós-contratual,

---

(413) BRASIL. PODER JUDICIÁRIO. JUSTIÇA DO TRABALHO. Tribunal Superior do Trabalho. Processo: RR – 25900-67.2008.5.03.0075 – Fase Atual: E-ED; Numeração antiga: E-ED-RR – 259/2008-075-03-00.2. Número no TRT de Origem: RO-25900/2008-0075-03.00. Órgão Judicante: Subseção I Especializada em Dissídios Individuais. Relator: Ministro João Oreste Dalazen. Embargante: Ministério Público do Trabalho – Procuradoria Regional da 3ª Região. Procuradora: Adriana Augusta de Moura Souza. Embargada: Câmara de Mediação de Arbitragem de Minas Gerais S/S Ltda. Advogado: Guilherme Picinin Velloso. Procurador: Enéas Bazzo Torres. Disponível em: http://aplicacao4.tst.jus.br/consultaProcessual/consultaTstNumUnica.do?consulta=Con. Acesso em: 03 out. 2022.

(414) BRASIL. PODER JUDICIÁRIO. JUSTIÇA DO TRABALHO. Tribunal Superior do Trabalho. Processo: RR – 25900-67.2008.5.03.0075 – Fase Atual: E-ED; Numeração antiga: E-ED-RR – 259/2008-075-03-00.2. Número no TRT de Origem: RO-25900/2008-0075-03.00. Órgão Judicante: Subseção I Especializada em Dissídios Individuais. Relator: Ministro João Oreste Dalazen. Embargante: Ministério Público do Trabalho – Procuradoria Regional da 3ª Região. Procuradora: Adriana Augusta de Moura Souza. Embargada: Câmara de Mediação de Arbitragem de Minas Gerais S/S Ltda. Advogado: Guilherme Picinin Velloso. Procurador: Enéas Bazzo Torres. Disponível em: http://aplicacao4.tst.jus.br/consultaProcessual/consultaTstNumUnica.do?consulta=Con. Acesso em: 03 out. 2022.

abrangidas a homologação da rescisão, a percepção de verbas daí decorrentes e até eventual celebração de acordo com vistas à quitação do extinto contrato de trabalho".[(415)]

Ao término desse embate pode-se reconhecer uma importante mudança de direção nos ventos que sopravam no Tribunal Superior do Trabalho — notadamente no posicionamento adotado pela Quarta Turma — não havia perspectivas de alteração significativa nos rumos deste debate no Poder Judiciário, sendo assim, coube ao Poder Executivo traçar e ao Poder Legislativo concretizar essa mudança de rota.

Mesmo que inúmeras outras normas tenham sido chamadas de "Reforma Trabalhista" em momentos distintos da história legislativa brasileira, talvez nenhuma outra tenha feito tanto por merecer esse nome. Nascida ainda sob o governo do Presidente Michel Miguel Elias Temer Lulia, a Lei n. 13.467, de 13 de julho de 2017 foi concebida a partir do Projeto de Lei n. 6.787, apresentado na Câmara dos Deputados no dia 22 de dezembro de 2016, por meio da Mensagem n. 688, seguindo posteriormente para o Senado Federal, tramitando em regime de urgência buscava, a princípio, dispor sobre as eleições para representantes dos trabalhadores no local de trabalho e ainda sobre o trabalho temporário, transformou-se por completo durante sua tramitação, sendo apresentado um substitutivo.

No Relatório apresentado em 12 de abril de 2017, pouco mais de três meses depois do início de sua tramitação na Câmara dos Deputados, o Projeto de Lei n. 6.787/2016 passou a propor 200 (duzentas) alterações nos dispositivos do Decreto-Lei n. 5.452, de 1º de maio de 1943 — a Consolidação das Leis do Trabalho (CLT) — e da Lei n. 6.019, de 03 de janeiro de 1974 — A Lei do Trabalho Temporário — sem um amplo debate promovendo mudanças no direito material e processual do trabalho, bem como no direito sindical, sob a justificativa de que as normas de Direito do Trabalho em vigor eram geradoras

(415) 'De sorte que, sob minha ótica, a intermediação de pessoa jurídica de direito privado – "câmara de arbitragem" – quer na solução de conflitos, quer na homologação de acordos envolvendo direitos individuais trabalhistas, não se compatibiliza com o modelo de intervencionismo estatal norteador das relações de emprego no Brasil". BRASIL. PODER JUDICIÁRIO. JUSTIÇA DO TRABALHO. Tribunal Superior do Trabalho. Processo: RR – 25900-67.2008.5.03.0075 – Fase Atual: E-ED; Numeração antiga: E-ED-RR – 259/2008-075-03-00.2. Número no TRT de Origem: RO-25900/2008-0075-03.00. Órgão Judicante: Subseção I Especializada em Dissídios Individuais. Relator: Ministro João Oreste Dalazen. Embargante: Ministério Público do Trabalho – Procuradoria Regional da 3ª Região. Procuradora: Adriana Augusta de Moura Souza. Embargada: Câmara de Mediação de Arbitragem de Minas Gerais S/S Ltda. Advogado: Guilherme Picinin Velloso. Procurador: Enéas Bazzo Torres. Disponível em: http://aplicacao4.tst.jus.br/consultaProcessual/consultaTstNumUnica.do?consulta=Con. Acesso em: 03 out. 2022.

"de injustiças, estimulando o desemprego e a informalidade". [(416)]

Numa leitura despretensiosa, tem-se a impressão de que a alteração realizada pelo legislador ordinário estabeleceu um grau de liberdade negocial jamais visto para uma relação trabalhista que tenha, em um de seus polos, o empregado que se enquadrar nos referidos critérios, dando a entender que, inclusive, esse obreiro poderá promover negociações que lhe tragam prejuízos em relação ao que está estabelecido na legislação trabalhista e nas normas coletivas.

Como justificativa para essa inclusão no texto da Decreto-Lei n. 5.452, de 1º de maio de 1943 — a Consolidação das Leis do Trabalho (CLT), a Comissão Especial constituída em Plenário presidida pelo Deputado Federal Daniel Elias Carvalho Vilela (MDB-GO) para análise do texto e designado como Relator o Deputado Federal Rogério Simonetti Marinho (PSDB-RN) que analisou o então Projeto de Lei n. 6.787/2016, entendeu que os trabalhadores com graduação em ensino superior e com salário equivalente a, no mínimo, duas vezes o valor do maior benefício do Regime Geral de Providência Social (RGPS), não poderiam ser tratados como vulneráveis, não precisando da proteção estatal e da tutela sindical para negociar seus direitos, sendo autorizados, inclusive, a elegerem a arbitragem como meio jurisdicional apto para a resolução de dissídios individuais trabalhistas em que figurem como partes. Essa espécie de empregado, destacado pela Lei n. 13.467, de 13 de julho de 2017, recebeu a alcunha, por parte da doutrina, de "trabalhador hipersuficiente.[(417)]

2.2. *A arbitragem nos dissídios individuais*

A utilização da arbitragem como instrumento alternativo para a resolução de dissídios individuais do trabalho no Brasil, por maiores que tenham sido — e que ainda sejam – as demonstrações de resistência até aqui, nunca foi textualmente proibida como acontece, por exemplo, na Espanha, seja pela norma constitucional, seja pela legislação infraconstitucional laboral ou

---

(416) BRASIL. PODER LEGISLATIVO. CÂMARA DOS DEPUTADOS. *Parecer da Comissão Especial destinada a proferir parecer ao Projeto de Lei n. 6.787, de 2016, do Poder Executivo, que "altera o Decreto-Lei n. 5.452, de 1º de maio de 1943 – Consolidação das Leis do Trabalho, e a Lei n. 6.019, de 3 de janeiro de 1974, para dispor sobre eleições de representantes dos trabalhadores no local de trabalho e sobre trabalho temporário, e dá outras providências".* Disponível em: https://www.camara.leg.br. Acesso em: 10 set. 2022.

(417) BRASIL. PODER LEGISLATIVO. CÂMARA DOS DEPUTADOS. *Parecer da Comissão Especial destinada a proferir parecer ao Projeto de Lei n. 6.787, de 2016, do Poder Executivo, que "altera o Decreto-Lei n. 5.452, de 1º de maio de 1943 – Consolidação das Leis do Trabalho, e a Lei n. 6.019, de 3 de janeiro de 1974, para dispor sobre eleições de representantes dos trabalhadores no local de trabalho e sobre trabalho temporário, e dá outras providências".* Disponível em: https://www.camara.leg.br. Acesso em: 10 set. 2022.

correlata que aborda o instituto. A omissão no artigo 114 da Constituição da República Federativa do Brasil, de 05 de outubro de 1988, que faz referência apenas à aplicação da arbitragem aos dissídios coletivos do trabalho, deve ser atribuída mais a um mero deslize do legislador constituinte do que, necessariamente, a uma vontade velada em impedir a utilização do instituto.(418)

Nessa esteira, José Eduardo Carreira Alvim defende que o fato de a Carta Magna de 1988 "referir-se apenas à dissídio coletivo — ao facultar a eleição de árbitros — não significa que tenha sido avessa à sua admissão no dissídio individual".(419) Alegação análoga pode ser feita com relação ao disposto — ou, melhor dizendo, ao que não foi disposto — na Lei n. 9.307, de 23 de setembro de 1996 silente quanto à aplicação da arbitragem aos dissídios individuais laborais, referindo-se, de forma bem genérica, em seu artigo 1º, que as pessoas capazes de contratar poderão valer-se da arbitragem para dirimir litígios relativos a direitos patrimoniais disponíveis.(420)

Neste passo, Carlos Alberto Carmona defende que as disputas na seara trabalhista também são, em princípio, arbitráveis, "não havendo necessidade de procurar na norma qualquer menção específica ao Direito do Trabalho para que o mecanismo de solução de controvérsias seja aplicável também às questões laborais".(421)

Não foi, portanto, a falta de referência expressa à possibilidade da utilização da arbitragem para a solução dos dissídios individuais trabalhistas que constituiu o maior obstáculo ao instituto, sendo o problema, seguramente, mais complexo do que a mera carência de previsão legal. Corroborando este raciocínio, Pedro Antônio Batista Martins, membro da Comissão de Especialistas que, junto com Carlos Alberto Carmona e Selma Maria Ferreira Lemes, contribuíram na redação do Projeto de Lei que no Senado Federal recebeu

---

(418) **Artigo 114.** Compete à Justiça do Trabalho processar e julgar: [...] § 1º Frustrada a negociação coletiva, as partes poderão eleger árbitros. BRASIL. *Constituição da República Federativa do Brasil* de 05 de outubro de 1988. Disponível em: http://www.planalto.gov.br/ccivil_03/constituicao.htm. Acesso em: 20 abr. 2021.

(419) ALVIM, José Eduardo Carreira. *Tradado geral da arbitragem*. Belo Horizonte: Editora Mandamentos, 2000. p. 75.

(420) **Artigo 1º** As pessoas capazes de contratar poderão valer-se da arbitragem para dirimir litígios relativos a direitos patrimoniais disponíveis. § 1º A administração pública direta e indireta poderá utilizar-se da arbitragem para dirimir conflitos relativos a direitos patrimoniais disponíveis. § 2º A autoridade ou o órgão competente da administração pública direta para a celebração de convenção de arbitragem é a mesma para a realização de acordos ou transações. BRASIL. Lei n. 9.307, de 23 de setembro de 1996. *Dispõe sobre a arbitragem*. Disponível em: http://www.planalto.gov.br/ccivil_03/leis/l9307.htm. Acesso em: 01 out. 2022.

(421) CARMONA, Carlos Alberto. *Arbitragem e processo:* um comentário à Lei n. 9.307/1996. São Paulo: Malheiros Editores, 1998. p. 49.

o número 78/92[422], e o número 4.018/93[423], na Câmara dos Deputados, que viria a se tornar a Lei n. 9.307, de 23 de setembro de 1996 — a Lei de Arbitragem ou ainda a Lei Marco Maciel — explica que, durante a fase de elaboração da norma, sugestões surgiram no sentido de ampliar o escopo da arbitragem para aclarar a possibilidade de utilização do instituto na resolução de disputas laborais. Explica o autor que, após a discussão ser levantada, o debate não seguiu adiante, "primeiro pelo aspecto político que a questão envolve e que, por certo, prejudicaria a normal tramitação junto ao Congresso Nacional, e segundo porque não foi de todo assentada a discussão em torno da disponibilidade ou não dos direitos dos trabalhadores, o que serviria também como entrave à tramitação do restante do texto".[424]

O Direito do Trabalho, como bem leciona Rildo Albuquerque Mousinho de Brito, apresenta duas espécies de regras: *(i) as dispositivas*, que estabelecem balizas mínimas ou máximas, conforme o caso, permitindo às partes um ajuste dentro de certos limites, por exemplo, na duração máxima da jornada de trabalho de oito horas diárias e quarenta e quatro horas semanais, permitidas até duas horas extras diárias[425] e no adicional mínimo de 50% sobre a hora de trabalho extraordinário[426]; e *(ii) as proibitivas*, que não permitem uma composição direta e, portanto, devem ser observadas tal qual foram instituídas,

(422) BRASIL. PODER LEGISLATIVO. SENADO FEDERAL. Projeto de lei n. 78, de 03 de junho de 1992 do Senador Marco Maciel (PFL/PE), transformada em norma jurídica. *Dispõe sobre a arbitragem*. Disponível em: https://www25.senado.leg.br/web/atividade/materias/-/materia/26738. Acesso em: 31 out. 2022.

(423) BRASIL. PODER LEGISLATIVO. CÂMARA DOS DEPUTADOS. Projeto de lei n. 4.018, de 17 de setembro de 1993, do Senador Marco Maciel (PFL/PE), transformada em norma jurídica. *Dispõe sobre a arbitragem*. Disponível em: https://www.camara.leg.br/proposicoesWeb/fichadetramitacao?idProposicao=218042. Acesso em: 31 out. 2022.

(424) MARTINS, Pedro Antônio Batista. Arbitragem (Projeto de Lei n. 78/92). In: FUBENCHAK, James; BUSTAMANTE, Ricardo (Coordenador). *Livro de estudos jurídicos*. Rio de Janeiro: Instituto de Estudos Jurídicos, 1995. vol. 11, p. 228.

(425) **Artigo 7º** São direitos dos trabalhadores urbanos e rurais, além de outros que visem à melhoria de sua condição social: [...] XIII – duração do trabalho normal não superior a oito horas diárias e quarenta e quatro semanais, facultada a compensação de horários e a redução da jornada, mediante acordo ou convenção coletiva de trabalho. BRASIL. *Constituição da República Federativa do Brasil* de 05 de outubro de 1988. Disponível em: http://www.planalto.gov.br/ccivil_03/constituicao.htm. Acesso em: 20 abr. 2021.

(426) **Artigo 7º** São direitos dos trabalhadores urbanos e rurais, além de outros que visem à melhoria de sua condição social: [...] XVI – remuneração do serviço extraordinário superior, no mínimo, em cinquenta por cento à do normal. BRASIL. *Constituição da República Federativa do Brasil* de 05 de outubro de 1988. Disponível em: http://www.planalto.gov.br/ccivil_03/constituicao.htm. Acesso em: 20 abr. 2021.

como por exemplo, a aposentadoria do obreiro(427), e a proibição do trabalho noturno, perigoso ou insalubre aos menores de dezoito anos(428). Segundo o autor, "a regra geral adotada é a de que tudo pode ser contratado, desde que não contrarie a norma proibitiva e a de ordem pública".(429)

Em relação à disponibilidade dos direitos laborais, Rildo Albuquerque Mousinho de Brito(430) aponta a existência de dois grupos: *(a) o da indisponibilidade absoluta* — quando o direito realçado merecer uma tutela de nível de interesse público, "por traduzir um patamar civilizatório mínimo formado pela sociedade política em um dado momento histórico", por exemplo o fundo de garantia por tempo de serviço(431), e o direito a férias após doze meses de vigência do contrato de trabalho(432); e *(b) o da indisponibilidade relativa* — quando o direito ressaltado "traduzir um interesse individual ou bilateral simples", por exemplo, a conversão de um terço das férias em dinheiro por meio do abono pecuniário(433).

Se o empregado pode transacionar em juízo boa parte de seus direitos

---

(427) **Artigo 7º** São direitos dos trabalhadores urbanos e rurais, além de outros que visem à melhoria de sua condição social: XXIV – aposentadoria. BRASIL. *Constituição da República Federativa do Brasil* de 05 de outubro de 1988. Disponível em: http://www.planalto.gov.br/ccivil_03/constituicao.htm. Acesso em: 20 abr. 2021.

(428) **Artigo 7º** São direitos dos trabalhadores urbanos e rurais, além de outros que visem à melhoria de sua condição social: [...] XXXIII – proibição de trabalho noturno, perigoso ou insalubre a menores de dezoito e de qualquer trabalho a menores de dezesseis anos, salvo na condição de aprendiz, a partir de quatorze anos. BRASIL. *Constituição da República Federativa do Brasil* de 05 de outubro de 1988. Disponível em: http://www.planalto.gov.br/ccivil_03/constituicao.htm. Acesso em: 20 abr. 2021.

(429) BRITO, Rildo Albuquerque Mousinho de. *Mediação e arbitragem de conflitos trabalhistas no Brasil e no Canadá.* São Paulo: Editora Legislação Trabalhista, 2010. p. 44-5.

(430) BRITO, Rildo Albuquerque Mousinho de. *Mediação e arbitragem de conflitos trabalhistas no Brasil e no Canadá.* São Paulo: Editora Legislação Trabalhista, 2010. p. 44-5.

(431) **Artigo 7º** São direitos dos trabalhadores urbanos e rurais, além de outros que visem à melhoria de sua condição social: [...] III – fundo de garantia do tempo de serviço. BRASIL. *Constituição da República Federativa do Brasil* de 05 de outubro de 1988. Disponível em: http://www.planalto.gov.br/ccivil_03/constituicao.htm. Acesso em: 20 abr. 2021.

(432) **Artigo 7º** São direitos dos trabalhadores urbanos e rurais, além de outros que visem à melhoria de sua condição social: XVII – gozo de férias anuais remuneradas com, pelo menos, um terço a mais do que o salário normal. BRASIL. *Constituição da República Federativa do Brasil* de 05 de outubro de 1988. Disponível em: http://www.planalto.gov.br/ccivil_03/constituicao.htm. Acesso em: 20 abr. 2021.

(433) **Artigo 143. É facultado ao empregado converter 1/3 (um terço) do período de férias a que tiver direito em abono pecuniário, no valor da remuneração que lhe seria devida nos dias correspondentes**. O abono de férias deverá ser requerido até 15 (quinze) dias antes do término do período aquisitivo. BRASIL. *Decreto-Lei n. 5.452, de 1º de maio de 1943. Institui a Consolidação das Leis do Trabalho.* Disponível em: http://www.planalto.gov.br/ccivil_03/decreto-lei/del5452.htm. Acesso em: 09 set. 2022.

após o término da relação de trabalho, quando rompido qualquer vínculo com o empregador, também é licito que ele o faça no momento em que submete o seu conflito à arbitragem, respeitados os procedimentos e os limites fixados pela lei, não se tratando de renúncia ou despojo de direitos trabalhistas. Segundo não se pode afirmar genericamente que os direitos trabalhistas são indisponíveis e, por isso, impassíveis de submissão à arbitragem. É que essa indisponibilidade, que se apresenta como uma proteção contra renúncias e despojos forçados e descabidos, a fim de assegurar a dignidade da pessoa humana, depende de circunstâncias, como *(i)* a natureza do direito em disputa; *(b)* o grau de independência do empregado em relação ao empregador; *(c)* o momento em que ocorre o conflito e quando se opta pelo juízo arbitral, se antes, durante ou após o contrato de trabalho.

Não se pode dizer, abstratamente, que é impossível realizar a arbitragem em relação a direitos individuais trabalhistas até porque isso se chocaria frontalmente com a ordem jurídica brasileira que, frise-se, não impede a utilização do instituto, como ocorre com a espanhola, e com as normas internacionais que tratam do assunto, das quais o país é signatário. A questão é saber se, na hipótese concreta, o árbitro age corretamente, respeitados os parâmetros legais que regem a arbitragem, cuja validade e a legalidade não pode ser negada em função de uma suposta natureza indisponível absoluta dos direitos do trabalhador, característica que como esclarecido anteriormente, eles só têm em algumas situações e que não constituem a maioria dos casos submetidos à jurisdição arbitral.

Essa análise vai ao encontro, inclusive, de recentes decisões que consideraram válido o uso da arbitragem em dissídios individuais trabalhistas como meio alternativo para a resolução de conflitos que envolvam empregadores de um lado e empregados do alto escalão de outro. Uma delas foi proferida pela 5ª Turma do Tribunal Regional do Trabalho do Rio de Janeiro. Os desembargadores mantiveram a obrigatoriedade do uso do instituto como meio idôneo em processo envolvendo um executivo do Banco BTG Pactual/SA para tratar de acordo de não concorrência após sua saída da instituição financeira.[434]

(434) EMENTA: RECURSO DO RECLAMADO. PRELIMINAR DE CONVENÇÃO DE ARBITRAGEM. TRANSAÇÃO ENVOLVENDO DIREITOS TRABALHISTAS. POSSIBILIDADE.O FUNDAMENTO PRINCIPAL PARA JUSTIFICAR QUE OS DIREITOS TRABALHISTAS SÃO INDISPONÍVEIS/IRRENUNCIÁVEIS É FULCRADO NA HIPOSSUFICIÊNCIA/VULNERABILIDADE DO TRABALHADOR. E, É EXATAMENTE POR ISSO QUE O PRÓPRIO TST, AINDA QUE TIMIDAMENTE, JÁ VEM ADMITINDO A ARBITRAGEM NOS CASOS EM QUE NÃO SE VISLUMBRA ESTA HIPOSSUFICIÊNCIA, DEIXANDO CLARO QUE TAL INDISPONIBILIDADE/ IRRENUNCIABILIDADE NÃO É ABSOLUTA FATO É QUE NEM TODOS OS DIREITOS TRABALHISTAS SÃO, A TODO TEMPO, INDISPONÍVEIS, POIS, SE ASSIM O FOSSEM, JAMAIS PODERIAM SER OBJETO DE TRANSAÇÃO OU MESMO DE NEGOCIAÇÃO COLETIVA DE TRABALHO. ALIÁS, SE TODOS OS DIREITOS GOZASSEM DE UMA INDISPONIBILIDADE ABSOLUTA INTANGÍVEL, HAVERIA, CERTAMENTE, UM ENTRAVE À EVOLUÇÃO DA ORDEM

Os julgadores foram unânimes ao entender que a Justiça do Trabalho não tem competência para atuar de forma direta porque houve a definição de que o assunto objeto da lide seria definido em juízo arbitral. De acordo com os desembargadores, o principal motivo para se rejeitar o uso da arbitragem trabalhista seria o fato de os obreiros serem hipossuficientes, porém, no decorrer do processo, entenderam que, naquele caso em concreto, não se trata de um trabalhador desprotegido.

Segundo o voto do relator, Desembargador Enoque Ribeiro dos Santos,

---

JURÍDICA E SOCIAL. NA VERDADE, NÃO HÁ QUE SE FALAR EM INDISPONIBILIDADE ABSOLUTA DE QUALQUER DIREITO EM ABSTRATO, POIS É, NO CASO CONCRETO, QUE O JUDICIÁRIO VAI AFERIR SE AQUELE DIREITO É OU NÃO INDISPONÍVEL, ANALISANDO-O E PONDERANDO-O COM OS DEMAIS DIREITOS, PRINCÍPIOS E NORMAS PRESENTES NO ORDENAMENTO JURÍDICO. NO CASO EM QUESTÃO, A MAGISTRADA SENTENCIANTE AFASTOU A CLÁUSULA DE ARBITRAGEM PREVISTA NO CONTRATO CELEBRADO ENTRE O AUTOR E O RÉU UTILIZANDO COMO FUNDAMENTOS A "INAFASTABILIDADE DA JURISDIÇÃO" E A "INDISPONIBILIDADE DOS DIREITOS TRABALHISTAS". QUANTO À INAFASTABILIDADE DA JURISDIÇÃO, ESTA NÃO É VIOLADA COM A APLICAÇÃO DA ARBITRAGEM, POIS O DECIDIDO PELO ÁRBITRO EVIDENTEMENTE PODERÁ SER APRECIADO PELO PODER JUDICIÁRIO. E NO QUE TANGE À INDISPONIBILIDADE DOS DIREITOS TRABALHISTAS, SE ESTÁ É FULCRADA NA HIPOSSUFICIÊNCIA/VULNERABILIDADE DO TRABALHADOR, ENTÃO, OBVIAMENTE, NÃO TEM APLICABILIDADE NO PRESENTE CASO, EIS QUE O AUTOR ERA UM ALTO EXECUTIVO DO BANCO RÉU, VERDADEIRO *ALTER EGO* E DETENTOR DE EXPERTISE E *BRAIN-POWER* FINANCEIRO, COM VULTOSOS GANHOS MENSAIS E VASTO CONHECIMENTO NA ÁREA, RAZÃO PELA QUAL NÃO SE VISLUMBRA QUALQUER HIPOSSUFICIÊNCIA/VULNERABILIDADE POR PARTE DELE, MAS SIM SUA PARIDADE COM A PARTE ADVERSA. ALIÁS, É JUSTAMENTE NO SETOR DO CONHECIMENTO E DA INFORMAÇÃO QUE A RELAÇÃO JURÍDICA DE DEPENDÊNCIA MUITAS VEZES SE INVERTE, OU SEJA, É O EMPREGADOR QUE FICA DEPENDENTE OU REFÉM DO EMPREGADO DOTADO DO EXPERTISE E NEURÔNIOS PRIVILEGIADOS, QUE DÁ UM DIFERENCIAL AO SEU NEGÓCIO, PROPORCIONANDO-LHE ELEVADOS GANHOS FINANCEIROS, LEVANDO-O A CELEBRAR PACTOS E ADITIVOS PARA A MANUTENÇÃO DE TAIS EMPREGADOS LABORANDO A SEU FAVOR. ENTENDO TAMBÉM QUE OS DIREITOS INDISPONÍVEIS DO EMPREGADO SE MANTÊM AO LONGO DE TODO O CONTRATO DE TRABALHO, POIS, A PARTIR DA RUPTURA DESTE HÁ UMA TRANSMUTAÇÃO DOS DIREITOS INDISPONÍVEIS DO EMPREGADO EM CRÉDITOS, NA ESTEIRA DO QUE EXPRESSA O ARTIGO 11 DA CLT E O ARTIGO 7º, INCISO XXIX DA CF/88, O QUE PERMITE ATÉ MESMO A TRANSAÇÃO ENTRE AS PARTES EM JUÍZO OU FORA DELE. PORTANTO HAVENDO INSTRUMENTO ALTERNATIVO ENTRE OS, CANAIS DE ACESSO AO SISTEMA DE JUSTIÇA, QUE NÃO SE CONFUNDE COM ACESSO À JURISDIÇÃO, QUE, NA VERDADE CONSTITUI-SE EM APENAS UM ENTRE OS VÁRIOS OUTROS DISPONÍVEIS AO EMPREGADO NA SEARA LABORAL, DEVE-SE PRIVILEGIAR OS DEMAIS MEIOS DE PACIFICAÇÃO DOS CONFLITOS INDIVIDUAIS E COLETIVOS DE TRABALHO E NÃO RECHAÇÁ-LOS COMO FEZ O JUÍZO MONOCRÁTICO, PORQUE DE NADA VALE O DISCURSO, CORROBORADO PELO CPC/2015, SE, DIANTE DOS CASOS CONCRETOS, NA PRÁTICA, O JUDICIÁRIO AO INVÉS DE ACOLHÊ-LOS, OS AFASTA. PRELIMINAR ACOLHIDA. BRASIL. PODER JUDICIÁRIO. JUSTIÇA DO TRABALHO TRIBUNAL REGIONAL DO TRABALHO DA 1ª REGIÃO. Processo n. 0011289-92.2013.5.01.0042 (RO). Recorrente: André Henrique Buchheim, Banco BTG Pactual S.A.; Recorrido: André Henrique Buchheim, Banco BTG Pactual S.A. Relator: Desembargador do Trabalho Enoque Ribeiro dos Santos. Disponível em: https://www.trt1.jus.br/. Acesso em: 31 out. 2022.

"o autor era um alto executivo do banco réu, verdadeiro *alter ego* e detentor de *expertise* e *brain-power* financeiro, com vultosos ganhos mensais e vasto conhecimento na área, razão pela qual não se vislumbra qualquer hipossuficiência/vulnerabilidade por parte dele, mas sim sua paridade com a parte adversa".(435)

Quanto à inafastabilidade da jurisdição, outro argumento que fundamentou a decisão contrária de primeira instância, o relator, Desembargador Enoque Ribeiro dos Santos, observou que "não é violada com a aplicação da arbitragem, pois o decidido pelo árbitro evidentemente poderá ser apreciado pelo Poder Judiciário". Ainda de acordo com o relator, havendo instrumento alternativo entre os canais de acesso ao sistema de justiça — que não se confunde com acesso à jurisdição — deve-se privilegiar os demais meios de pacificação dos conflitos individuais e coletivos de trabalho.(436)

Embora a tendência do Tribunal Superior do Trabalho (TST) fosse, até aquele momento, de rejeição à utilização do instituto, ainda em seu voto, o Desembargador Enoque Ribeiro dos Santos lembra que "o próprio TST, ainda que timidamente, já vem admitindo a arbitragem nos casos em que não se vislumbra esta hipossuficiência, deixando claro que tal indisponibilidade/irrenunciabilidade não é absoluta". O relator destaca ainda na decisão que países como a Alemanha, a França, a Austrália, a Nova Zelândia, o México, o Chile, a Argentina e o Uruguai já vêm prestigiando e adotando a arbitragem nos litígios trabalhistas individuais.(437)

Ainda segundo o Desembargador Enoque Ribeiro dos Santos em seu

---

(435) "A magistrada sentenciante assim fundamentou acerca da questão: rejeito a aplicação da cláusula de arbitragem invocada pela ré, ante o princípio da inafastabilidade da jurisdição e a indisponibilidade dos direitos trabalhistas aos quais não se aplica a arbitragem". BRASIL. PODER JUDICIÁRIO. JUSTIÇA DO TRABALHO TRIBUNAL REGIONAL DO TRABALHO DA 1ª REGIÃO. Processo n. 0011289-92.2013.5.01.0042 (RO). Recorrente: André Henrique Buchheim, Banco BTG Pactual S.A.; Recorrido: André Henrique Buchheim, Banco BTG Pactual S.A. Relator: Desembargador do Trabalho Enoque Ribeiro dos Santos. Disponível em: https://www.trt1.jus.br/. Acesso em: 31 out. 2022.

(436) BRASIL. PODER JUDICIÁRIO. JUSTIÇA DO TRABALHO TRIBUNAL REGIONAL DO TRABALHO DA 1ª REGIÃO. Processo n. 0011289-92.2013.5.01.0042 (RO). Recorrente: André Henrique Buchheim, Banco BTG Pactual S.A.; Recorrido: André Henrique Buchheim, Banco BTG Pactual S.A. Relator: Desembargador do Trabalho Enoque Ribeiro dos Santos. Disponível em: https://www.trt1.jus.br/. Acesso em: 31 out. 2022.

(437) BRASIL. PODER JUDICIÁRIO. JUSTIÇA DO TRABALHO TRIBUNAL REGIONAL DO TRABALHO DA 1ª REGIÃO. Processo n. 0011289-92.2013.5.01.0042 (RO). Recorrente: André Henrique Buchheim, Banco BTG Pactual S.A.; Recorrido: André Henrique Buchheim, Banco BTG Pactual S.A. Relator: Desembargador do Trabalho Enoque Ribeiro dos Santos. Disponível em: https://www.trt1.jus.br/. Acesso em: 31 out. 2022.

voto de relator, é imperativa a necessidade de se criar meios alternativos, inovadores, ousados, de resolução de conflitos individuais e coletivos "que provoquem uma mudança no presente estado de coisas na seara processual trabalhista, do modo a promover uma espécie de *turning point* (ponto de inflexão) no sistema atualmente vigente", no sentido de dar-lhe maior celeridade e eficácia.(438)

Essa análise — realizada pelo Desembargador Enoque Ribeiro dos Santos — é de extrema relevância, na medida em que o relator constrói seu raciocínio e argumenta favoravelmente à utilização da arbitragem para a resolução de dissídios individuais trabalhistas, ao menos na hipótese em que se configure concretamente a existência, em um dos polos, de um empregado com características especiais, o que permite sua equiparação com o empregador, antes mesmo da aprovação da Lei n. 13.467, de 13 de julho de 2017 – a Reforma Trabalhista – cujas principais inovações em relação à autonomia negocial do trabalhador e a inserção de uma cláusula compromissória no contrato de trabalho serão abordadas a seguir.

Em momento anterior, mas que em muito lembra a conjuntura atual, ao abordar o tema da aplicação da arbitragem na resolução de dissídios laborais — individuais ou coletivos — Octávio Bueno Magano repreendeu o descaso em relação ao instituto pelas autoridades. Segundo o autor, "se houvesse por parte dos líderes trabalhistas do país, inclusive aquele que hoje disputa a Presidência da República, visão clara dos problemas nacionais; se as cúpulas do sindicalismo brasileiro não se mostrassem tão enamoradas das câmeras de televisão e das manchetes dos jornais, tão dominadas pelas amenidades do *jet set*; mas ao contrário, se dispusessem a inclinar um pouco a majestade, olhando para os problemas do dia a dia do trabalhador, por certo se esforçariam para a implantação de um sistema eficiente de solução de conflitos. O mecanismo em causa tem que ser necessariamente o da arbitragem, montado e custeado pelos parceiros sociais".(439)

2.2.1. A extensão da autonomia da vontade pelo parágrafo único do

---

(438) BRASIL. PODER JUDICIÁRIO. JUSTIÇA DO TRABALHO TRIBUNAL REGIONAL DO TRABALHO DA 1ª REGIÃO. Processo n. 0011289-92.2013.5.01.0042 (RO). Recorrente: André Henrique Buchheim, Banco BTG Pactual S.A.; Recorrido: André Henrique Buchheim, Banco BTG Pactual S.A. Relator: Desembargador do Trabalho Enoque Ribeiro dos Santos. Disponível em: https://www.trt1.jus.br/. Acesso em: 31 out. 2022.

(439) "Como não há limitação quanto ao número de árbitros, e como são atualmente abundantes os recursos das entidades sindicais, as questões trabalhistas, mesmo as mais complexas, poderão ter solução definitiva dentro do prazo variável de três e seis meses, tal como acontece nos Estados Unidos da América do Norte". MAGANO, Octávio Bueno. *Política do trabalho*. São Paulo: Editora Legislação Trabalhista, 1992. p. 71-2.

artigo 444 da Consolidação das Leis do Trabalho

Historicamente, o artigo 444 do Decreto-Lei n. 5.452, de 1º de maio de 1943 — a Consolidação das Leis do Trabalho (CLT) — é apontado como o maior indicativo de que a autonomia da vontade privada sempre esteve presente na legislação laboral. Respeitados os dispositivos de proteção, os acordos e as convenções coletivas, as sentenças normativas e as decisões administrativas, podiam as partes estipular livremente suas cláusulas contratuais.(440)

Inobstante prevaleçam em grande medida as normas de ordem pública, o Direito do Trabalho admitia, na lição de Iara Alves Cordeiro Pacheco, o pluralismo jurídico, permitindo aos empregados e aos empregadores uma pequena, porém presente, discricionariedade para pactuar suas relações laborais.(441) Nessa esteira, Homero Batista Mateus da Silva ressalta que o artigo 444, *caput*, do Decreto-Lei n. 5.452, de 1º de maio de 1943 — a Consolidação das Leis do Trabalho (CLT) — foi reiteradamente reconhecido como o dispositivo "que preconiza a livre estipulação de cláusulas e de condições de trabalho, estando sujeitas, contudo, às restrições da legislação, das normas coletivas e das decisões das autoridades competentes, o que garantia às partes um baixo grau de liberdade contratual".(442)

Uma das mudanças trazidas pela Lei n. 13.467, de 13 de julho de 2017 — a Reforma Trabalhista — acrescentou um parágrafo único ao artigo 444 do Decreto-Lei n. 5.452, de 1º de maio de 1943 — a Consolidação das Leis do Trabalho — estabelecendo um nível de livre estipulação negocial entre empregados e empregadores nas relações laborais até então jamais visto na legislação laboral.

A sua inclusão no texto original foi justificada pelo Deputado Federal Rogério Simonetti Marinho (PSDB-RN), que ocupou o cargo de Relator na Comissão Especial criada na Câmara dos Deputados para se manifestar sobre o Projeto de Lei n. 6.787/2016, cujo Substituto apresentado foi transformado na Lei n. 13.467, de 13 de julho de 2017, como uma permissão trazida pelo legislador para "que os desiguais sejam tratados desigualmente". No texto, o relator ainda

(440) **Artigo 444.** As relações contratuais de trabalho podem ser objeto de livre estipulação das partes interessadas em tudo quanto não contravenha às disposições de proteção ao trabalho, aos contratos coletivos que lhes sejam aplicáveis e às decisões das autoridades competentes. BRASIL. Decreto-Lei n. 5.452, de 1º de maio de 1943. *Institui a Consolidação das Leis do Trabalho.* Disponível em: http://www.planalto.gov.br. Acesso em: 09 set. 2022.

(441) PACHECO, Iara Alves Cordeiro. *Os direitos trabalhistas e a arbitragem.* São Paulo: Editora Legislação Trabalhista, 2003. p. 99.

(442) "É esse dispositivo que fundamenta, por exemplo, a fixação do turno de trabalho, do salário, bem como das funções a serem exercidas pelo obreiro". SILVA, Homero Batista Mateus da. *Comentários à reforma trabalhista.* São Paulo: Revista dos Tribunais, 2018. p. 76.

argumenta que o Decreto-Lei n. 5.452, de 1º de maio de 1943 foi pensado "como um instrumento para proteção do empregado hipossuficiente, diante da premissa de que esse se encontra em uma posição de inferioridade ao empregador no momento da contratação e da defesa de seus interesses".(443)

Para que o obreiro seja então admitido como um *desigual* — apropriando-se da terminologia utilizada no Relatório da Comissão Especial da Câmara dos Deputados e possa tergiversar sobre os assuntos listados no artigo 611-A da Consolidação das Leis do Trabalho(444) — é preciso que ele apresente dois requisitos que são cumulativos: *(a)* ter diploma em curso de nível superior; e *(b)* receber salário no valor mínimo de duas vezes o teto dos benefícios do Regime Geral de Previdência Social (RGPS).(445)

Segundo o artigo 44 da Lei n. 9.394, de 20 de dezembro de 1996 — a Lei de Diretrizes e Bases da Educação — no Brasil, a educação superior abrange os seguintes cursos e programas: *(i)* o sequencial; *(ii)* a graduação, dividida em bacharelado, licenciatura e tecnológico; *(iii)* a pós-graduação; e a *(iv)* extensão.(446) Todos conferem diplomas de nível superior, que podem

---

(443) BRASIL. PODER LEGISLATIVO. CÂMARA DOS DEPUTADOS. *Parecer da Comissão Especial destinada a proferir parecer ao Projeto de Lei n. 6.787, de 2016, do Poder Executivo, que "altera o Decreto-Lei n. 5.452, de 1º de maio de 1943 — Consolidação das Leis do Trabalho, e a Lei n. 6.019, de 3 de janeiro de 1974, para dispor sobre eleições de representantes dos trabalhadores no local de trabalho e sobre trabalho temporário, e dá outras providências".* Disponível em: https://www.camara.leg.br. Acesso em: 10 set. 2022.

(444) "Os temas listados no artigo 611-A, da Consolidação das Leis do Trabalho, em sua maioria, não constituem qualquer retrocesso ou danos aos empregados em geral e, portanto, menos ainda os empregados com melhores salários e maior qualificação profissional". GOLDFARB, Cibele Linero; RONCO, Mariana Brassaloti. Possibilidade de negociação de condições especiais de trabalho aos executivos. In: MARTINEZ NETO, Aldo Augusto; BURMANN, Marcia Sanz; GALO, Thais. *Reforma trabalhista em debate:* grupo de estudos de direito. São Paulo: Editora Legislação Trabalhista, 2018. p. 47.

(445) **Artigo 444, Parágrafo único.** A livre estipulação a que se refere o caput deste artigo aplica-se às hipóteses previstas no artigo. 611-A desta Consolidação, com a mesma eficácia legal e preponderância sobre os instrumentos coletivos, no caso de empregado portador de diploma de nível superior e que perceba salário mensal igual ou superior a duas vezes o limite máximo dos benefícios do Regime Geral de Previdência Social. BRASIL. Decreto-Lei n. 5.452, de 1º de maio de 1943. *Institui a Consolidação das Leis do Trabalho.* Disponível em: http://www.planalto.gov.br. Acesso em: 09 set. 2022.

(446) **Artigo 44.** A educação superior abrangerá os seguintes cursos e programas: I – cursos seqüenciais por campo de saber, de diferentes níveis de abrangência, abertos a candidatos que atendam aos requisitos estabelecidos pelas instituições de ensino, desde que tenham concluído o ensino médio ou equivalente; II – de graduação, abertos a candidatos que tenham concluído o ensino médio ou equivalente e tenham sido classificados em processo seletivo; III – de pós-graduação, compreendendo programas de mestrado e doutorado, cursos de especialização, aperfeiçoamento e outros, abertos a candidatos diplomados em cursos de graduação e que atendam às exigências das instituições de ensino; IV – de extensão, abertos a candidatos que atendam aos requisitos estabelecidos em cada caso pelas instituições de

ser usados em vagas de emprego ou para promoção na carreira que exijam determinado grau de escolaridade. Em concursos públicos, eventuais restrições a uma ou a mais espécies de formações de nível superior, devem ser relatadas no respectivo edital.

É importante destacar que o parágrafo único do artigo 444, do Decreto-Lei n. 5.452, de 1º de maio de 1943 — a Consolidação das Leis do Trabalho — não faz distinção alguma em relação às modalidades de ensino superior entabulados no artigo 44 da Lei n. 9.394, de 20 de dezembro de 1996 — a Lei de Diretrizes e Bases da Educação — quando se refere ao critério em tela, sendo assim, onde o legislador não diferencia, não cabe ao intérprete fazê-lo, muito menos para adotar uma exegese que prejudique aquele a quem o preceito visa favorecer com uma maior autonomia da vontade negocial em suas relações laborais.

O Deputado Federal Rogério Simonetti Marinho (PSDB-RN), o relator da Comissão Especial criada pela Câmara dos Deputados para se manifestar sobre o Projeto de Lei n. 6.787/2016, cujo Substituto apresentado foi transformado na Lei n. 13.467, de 13 de julho de 2017, ao justificar a alteração legislativa, expõe que "não se pode admitir que um trabalhador *com graduação em ensino superior* e salário acima da média remuneratória da grande maioria da população seja tratado como alguém vulnerável, que necessite de proteção do Estado ou de tutela sindical para negociar seus direitos trabalhistas", contudo, logo em seguida, diz que a intenção é a de permitir que "o empregado com *diploma de nível superior* e que perceba salário mensal igual ou superior a duas vezes o limite máximo dos benefícios do Regime Geral da Previdência Social possa estipular cláusulas contratuais que prevaleçam sobre o legislado nos mesmos moldes admitidos em relação à negociação coletiva, previstos no artigo 611-A deste Substitutivo".[447]

Até pode se levantar a hipótese de que a intenção do legislador fosse ser mais restrito focando, apenas, os trabalhadores com *graduação em ensino superior* e não o obreiro com *diploma de nível superior*, contudo, esta última, e não aquela primeira, foi elevada à condição de letra de lei.

Um diploma de nível superior só tem validade se for emitido por um curso

ensino. BRASIL. Lei n. 9.394, de 20 de dezembro de 1996. *Estabelece as diretrizes e bases da educação nacional. (Grafia original)*. Disponível em: http://www.planalto.gov.br/ccivil_03/leis/l9394.htm. Acesso em: 23 out. 2022.

(447) BRASIL. PODER LEGISLATIVO. CÂMARA DOS DEPUTADOS. *Parecer da Comissão Especial destinada a proferir parecer ao Projeto de Lei n. 6.787, de 2016, do Poder Executivo, que "altera o Decreto-Lei n. 5.452, de 1º de maio de 1943 – Consolidação das Leis do Trabalho, e a Lei n. 6.019, de 3 de janeiro de 1974, para dispor sobre eleições de representantes dos trabalhadores no local de trabalho e sobre trabalho temporário, e dá outras providências"*. Disponível em: https://www.camara.leg.br. Acesso em: 10 set. 2022.

autorizado e reconhecido pelo Instituto Nacional de Estudos e Pesquisas Educacionais Anísio Teixeira (Inep) autarquia federal vinculada Ministério da Educação (MEC). Seu aval é a certeza de que a graduação terá valor oficial em todo o país e será aceito pelo mercado de trabalho. Homero Batista Mateus da Silva destaca que o dispositivo não exige que a formação do empregado tenha relação com a área de atuação junto ao empregador(448), contudo, cabe destacar que uma série de atividades profissionais são reguladas por leis específicas que estabelecem, por exemplo, que um médico seja formado em Ciências Médicas(449) e que um contador seja formado em Ciências Contábeis sendo exigido ainda, para este último, a aprovação em exame de suficiência(450).

O chamado "teto previdenciário" é nada mais do que o valor máximo de qualquer benefício pago pelo Instituto Nacional do Seguro Social (INSS), e também corresponde ao valor limite de contribuição a ser realizado por qualquer segurado. Conforme estabelecido pela Portaria Interministerial do Ministério da Previdência Social e do Ministério da Fazenda (MPS/MF) n. 02, de 11 de janeiro de 2024, o teto atual é de R$7.786,02 (sete mil, setecentos e oitenta e seis reais e dois centavos). O trabalhador precisa ter um salário que seja o dobro desse valor — ou seja, R$ 15.572,04 (quinze mil, quinhentos e setenta e dois reais e quatro centavos) para se enquadrar neste critério.(451) Homero Batista Mateus da Silva alerta que o valor a ser considerado deve ser

(448) SILVA, Homero Batista Mateus da. *Comentários à reforma trabalhista.* São Paulo: Revista dos Tribunais, 2018. p. 68.

(449) **Artigo 6º** A denominação de "médico" é privativa dos graduados em cursos superiores de Medicina, e o exercício da profissão, dos inscritos no Conselho Regional de Medicina com jurisdição na respectiva unidade da Federação. BRASIL. Lei n. 12.842, de 10 de julho de 2013. Dispõe sobre o exercício da Medicina. Disponível em: http://www.planalto.gov.br. Acesso em: 09 set. 2022.

(450) **Artigo 12.** Os profissionais a que se refere este Decreto-Lei somente poderão exercer a profissão após a regular conclusão do curso de Bacharelado em Ciências Contábeis, reconhecido pelo Ministério da Educação, aprovação em Exame de Suficiência e registro no Conselho Regional de Contabilidade a que estiverem sujeitos. BRASIL. Decreto-lei n. 9295, de 27 de maio de 1946. *Cria o Conselho Federal de Contabilidade, define as atribuições do Contador e do Guarda-livros, e dá outras providências.* Disponível em: http://www.planalto.gov.br. Acesso em: 09 set. 2022.

(451) BRASIL. PODER EXECUTIVO. MNISTÉRIO DA PREVIDÊNCIA SOCIAL; MINISTÉRIO DA FAZENDA. Portaria Interministerial n. 02, de 11 de janeiro de 2024. Dispõe sobre o reajuste dos benefícios pagos pelo Instituto Nacional do Seguro Social – INSS e demais valores constantes do Regulamento da Previdência Social – RPS e dos valores previstos nos incisos II a VIII do § 1º do art. 11 da Emenda Constitucional n. 103, de 12 de novembro de 2019, que trata da aplicação das alíquotas da contribuição previdenciária prevista nos arts. 4º, 5º e 6º da Lei n. 10.887, de 18 de junho de 2004. (Processo n. 10128.119242/2023-98). Disponível em: https://www.in.gov.br/en/web/dou/-/portaria-interministerial-mps/mf-n-2-de-11-de-janeiro-de-2024-537035232. Acesso em: 11 jan. 2024.

o salário-base do empregado, sem considerar os adicionais de insalubridade, noturno, ou por tempo de serviço, bem como horas extras e seus reflexos pagos pelo empregador.(452)

Ao buscar estabelecer uma maior autonomia às partes na estipulação de cláusulas contratuais, a ponto do negociado entre o empregado e o empregador prevalecer sobre o legislado, o parágrafo único do artigo 444 do Decreto-Lei n. 5.452, de 1º de maio de 1943 — a Consolidação das Leis do Trabalho — mitiga a extensão do princípio protetivo para obreiros diplomados no ensino superior e que recebem um salário igual ou superior a duas vezes o limite máximo dos benefícios do Regime Geral de Previdência Social. Cabe ressaltar que, segundo o Deputado Federal Rogério Simonetti Marinho (PSDB-RN), o relator da Comissão Especial criada pela Câmara dos Deputados para se manifestar sobre o Projeto de Lei n. 6.787/2016, cujo Substituto apresentado foi transformado na Lei n. 13.467, de 13 de julho de 2017, "observado o teto salarial estabelecido no dispositivo, apenas algo em torno de 2% (dois por cento) dos obreiros com vínculo formal de emprego serão atingidos pela regra".(453)

A princípio, o trabalhador hipersuficiente(454) — como é chamado pela doutrina no intuito de contrapô-lo ao hipossuficiente — não deve ser confundido com a figura do alto empregado, que, segundo Gabriela Neves Delgado, é aquele obreiro que ocupa posição de chefia, função de gestão ou outros cargos de elevada confiança, ou que acumula numa mesma organização, ainda a função de sócio(455), conforme os encontrados no artigo 62, II e no artigo 224, § 2º, ambos da Consolidação das Leis do Trabalho.(456)

---

(452) SILVA, Homero Batista Mateus da. *Comentários à reforma trabalhista.* São Paulo: Revista dos Tribunais, 2018. p. 68.

(453) BRASIL. PODER LEGISLATIVO. CÂMARA DOS DEPUTADOS. *Parecer da Comissão Especial destinada a proferir parecer ao Projeto de Lei n. 6.787, de 2016, do Poder Executivo, que "altera o Decreto-Lei n. 5.452, de 1º de maio de 1943 – Consolidação das Leis do Trabalho, e a Lei n. 6.019, de 3 de janeiro de 1974, para dispor sobre eleições de representantes dos trabalhadores no local de trabalho e sobre trabalho temporário, e dá outras providências".* Disponível em: https://www.camara.leg.br. Acesso em: 10 set. 2022.

(454) "Há autores que passaram a usar a expressão 'hipersuficiente' para se referir a esses empregados, em contraposição aos 'hipossuficientes'. Prefiro evitar esses termos, pois carregam estigmas e falsas promessas". SILVA, Homero Batista Mateus da. *Comentários à reforma trabalhista.* São Paulo: Revista dos Tribunais, 2018. p. 76.

(455) DELGADO, Gabriela Neves. *A reforma trabalhista no Brasil:* com os comentários à Lei n. 13.467/2017. São Paulo: Editora Legislação Trabalhista, 2017. p. 381.

(456) **Artigo 62.** Não são abrangidos pelo regime previsto neste capítulo: II – os gerentes, assim considerados os exercentes de cargos de gestão, aos quais se equiparam, para efeito do disposto neste artigo, os diretores e chefes de departamento ou filial; **Artigo 224.** [...] § 2º. As disposições dêste artigo não se aplicam aos que exercem funções de direção, gerência, fiscalização, chefia e equivalentes ou que desempenhem outros cargos de confiança desde que o valor da gratificação não seja inferior a um têrço do salário do cargo efetivo. *(Grafia ori-*

2.2.2. A derrocada do § 4º do artigo 4º da Lei de Arbitragem

A inclusão do artigo 507-A ao texto do Decreto-Lei n. 5.452, de 1º de maio de 1943 — a Consolidação das Leis do Trabalho (CLT) — operada pela Lei n. 13.467, de 13 de julho de 2017 — a Reforma Trabalhista — estabelecendo a possibilidade de inserção de uma cláusula compromissória em contratos individuais de trabalho, na condição de que o empregado perceba uma remuneração superior a duas vezes o limite máximo estabelecido para os benefícios do Regime Geral de Previdência Social e desde que seja por sua iniciativa ou que conte com a sua concordância expressa é o mais recente capítulo de um debate regrado, mas cujos argumentos a favor e contra são intermináveis: a aplicação da arbitragem na resolução de conflitos individuais trabalhistas.[457]

Antes disso, a Lei n. 13.129, de 26 de maio de 2015, responsável por uma bem-sucedida atualização da Lei n. 9.307, de 23 de setembro de 1996 — a Lei de Arbitragem, também conhecida como Lei Marco Maciel — tentou incluir um § 4º à redação original do artigo 4º dessa norma[458].

De autoria do Senador José Renan Vasconcelos Calheiros (MDB-AL), o Projeto de Lei, que recebeu o número 406/2013 no Senado Federal e o número 7.108/2014 na Câmara dos Deputados, trazia a possibilidade de estipulação de uma cláusula compromissória em contrato de trabalho envolvendo empregado que ocupasse ou viesse a ocupar cargo ou função de administrador ou de diretor estatutário, cuja eficácia ficava na dependência de ser sua a iniciativa ou se ele concordasse expressamente com a instituição da arbitragem.[459]

Note-se que a escolha das coordenadas de latitude e de longitude para

ginal). BRASIL. Decreto-Lei n. 5.452, de 1º de maio de 1943. *Institui a Consolidação das Leis do Trabalho.* Disponível em: http://www.planalto.gov.br. Acesso em: 09 set. 2022.

(457) **Artigo 507-A.** Nos contratos individuais de trabalho cuja remuneração seja superior a duas vezes o limite máximo estabelecido para os benefícios do Regime Geral de Previdência Social, poderá ser pactuada cláusula compromissória de arbitragem, desde que por iniciativa do empregado ou mediante a sua concordância expressa, nos termos previstos na Lei n. 9.307, de 23 de setembro de 1996. BRASIL. Decreto-Lei n. 5.452, de 1º de maio de 1943. *Institui a Consolidação das Leis do Trabalho.* Disponível em: http://www.planalto.gov.br/ccivil_03/decreto-lei/del5452.htm. Acesso em: 09 set. 2022.

(458) **Artigo 4º** A cláusula compromissória é a convenção através da qual as partes em um contrato comprometem-se a submeter à arbitragem os litígios que possam vir a surgir, relativamente a tal contrato. § 1º A cláusula compromissória deve ser estipulada por escrito, podendo estar inserta no próprio contrato ou em documento apartado que a ele se refira. § 2º Nos contratos de adesão, a cláusula compromissória só terá eficácia se o aderente tomar a iniciativa de instituir a arbitragem ou concordar, expressamente, com a sua instituição, desde que por escrito em documento anexo ou em negrito, com a assinatura ou visto especialmente para essa cláusula. BRASIL. Lei n. 9.307, de 23 de setembro de 1996. *Dispõe sobre a arbitragem.* Disponível em: http://www.planalto.gov.br/ccivil_03/leis/l9307.htm. Acesso em: 01 out. 2022.

(459) **Artigo 4º** [...] § 4º Desde que o empregado ocupe ou venha a ocupar cargo ou função de administrador ou de diretor estatutário, nos contratos individuais de trabalho poderá ser pactuada cláusula compromissória, que só terá eficácia se o empregado tomar a iniciativa de

a inclusão da arbitragem para a resolução de conflitos individuais trabalhistas pelo legislador não foi aleatória, pois, o *caput* do artigo 4º da Lei n. 9.307, de 23 de setembro de 1996 — a Lei de Arbitragem — trata justamente da cláusula compromissória; seu parágrafo primeiro apresenta os elementos para sua confecção; e, seu parágrafo segundo traz as exigências para sua eficácia em contratos de adesão que, como bem lembra João Renda Leal Fernandes, tem muito em comum com o vínculo laboral e essa proximidade nada forçada, "de acordo com a interpretação lógico-sistemática, afastaria a construção de interpretações que pudessem causar insegurança jurídica".(460)

Embora apresentasse uma melhor técnica na elaboração de sua redação e tivesse sido fruto de um processo legislativo mais focado no tema, a inclusão do § 4º pela Lei n. 13.129, de 26 de maio de 2015 ao artigo 4º da Lei n. 9.307, de 23 de setembro de 1996 foi, infelizmente, por recomendação do Ministério do Trabalho e Emprego (MTE), vetado(461) pelo então Vice-Presidente da República Michel Miguel Elias Temer Lulia (MDB-SP) que, por ironia do destino, viria a ter papel central pouco tempo depois, agora como Chefe do Poder Executivo, ao propor o Projeto de Lei n. 6.787 no dia 22 de dezembro de 2016, por meio da Mensagem n. 688, transformada pelo Congresso Nacional na Lei n. 13.467, de 13 de julho de 2017, que incluiu o Artigo 507-A no texto do Decreto-Lei n. 5.452, de 1º de maio de 1943.

Se já prevalecia o entendimento doutrinário e jurisprudencial de que a arbitragem não se aplicava na resolução de conflitos individuais trabalhistas,

---

instituir a arbitragem ou se concordar expressamente com a sua instituição. BRASIL. PODER LEGISLATIVO. SENADO FEDERAL. CÂMARA DOS DEPUTADOS. Projeto de Lei Senado Federal n.406/2013 e n. 7.108/2014 da Câmara dos Deputados, transformada na Lei n. 13.129, de 26 de maio de 2015. *Altera a Lei n. 9.307, de 23 de setembro de 1996, e a Lei n. 6.404, de 15 de dezembro de 1976, para ampliar o âmbito de aplicação da arbitragem e dispor sobre a escolha dos árbitros quando as partes recorrem a órgão arbitral, a interrupção da prescrição pela instituição da arbitragem, a concessão de tutelas cautelares e de urgência nos casos de arbitragem, a carta arbitral, a sentença arbitral e o incentivo ao estudo do instituto da arbitragem; e revoga dispositivos da Lei n. 9.307, de 23 de setembro de 1996.* Disponível em: https://www.camara.leg.br/proposicoes. Acesso em: 29 out. 2022.

(460) FERNANDES, João Renda Leal. A arbitragem em conflitos individuais trabalhistas: uma interpretação constitucional e lógico-sistemática do artigo 507-A da CLT. *Revista eletrônica do Tribunal Regional do Trabalho da Bahia*, ano VII, número 10, outubro de 2018. p. 95.

(461) "O dispositivo autorizaria a previsão de cláusula de compromisso em contrato individual de trabalho. Para tal, realizaria, ainda, restrições de sua eficácia nas relações envolvendo determinados empregados, a depender de sua ocupação. Dessa forma, acabaria por realizar uma distinção indesejada entre empregados, além de recorrer a termo não definido tecnicamente na legislação trabalhista. Com isso, colocaria em risco a generalidade de trabalhadores que poderiam se ver submetidos ao processo arbitral". BRASIL. PODER EXECUTIVO. PRESIDÊNCIA DA REPÚBLICA. SECRETARIA-GERAL. SUBCHEFIA PARA ASSUNTOS JURÍDICOS. Mensagem de Veto Parcial n. 162, de 26 de maio de 2015. Disponível em: http://www.planalto.gov.br. Acesso em: 29 out. 2022.

a manutenção deste veto do Vice-Presidente da República pelo Congresso Nacional reforçou essa interpretação dos tribunais superiores, que somente seria realmente superada com a sanção da Lei n. 13.467, de 13 de julho de 2017 — a Reforma Trabalhista.

2.2.3. A ascensão do artigo 507-A da Consolidação das Leis do Trabalho

Melhor sorte teve o já apresentado artigo 507-A da Consolidação das Leis do Trabalho, mesmo apresentando uma série de inconsistências na sua escrita, um baralhamento terminológico — que, por vezes, mais confunde do que esclarece — contou com os ventos favoráveis à Reforma Trabalhista que sopraram no Congresso Nacional e levaram à aprovação da Lei n. 13.467, de 13 de julho de 2017 em tempo recorde, acrescentando 100 (cem) novos artigos ao texto do Decreto-Lei n. 5.452, de 1º de maio de 1943.[462]

A estipulação de cláusula compromissória é permitida em contratos de trabalho envolvendo empregados que percebam *remuneração* mensal superior a duas vezes o valor do maior benefício pago pelo Regime Geral de Previdência Social (RGPS), denominado de "teto previdenciário" por se tratar do valor máximo de qualquer benefício pago pelo Instituto Nacional do Seguro Social (INSS), e por ser correspondente ao valor limite de contribuição a ser realizado pelos segurados. Conforme estabelecido pela Portaria Interministerial do Ministério da Previdência Social e do Ministério da Fazenda (MPS/MF) n. 02, de 11 de janeiro de 2024, o limite atual é de R$ 7.786,02 (sete mil, setecentos e oitenta e seis reais e dois centavos) para se enquadrar neste critério.[463]

(462) Segundo a sua justificação, o projeto em análise tem por objetivo "aprimorar as relações do trabalho no Brasil, por meio da valorização da negociação coletiva entre trabalhadores e empregadores, atualizar os mecanismos de combate à informalidade da mão de obra no país, regulamentar o artigo 11 da Constituição Federal, que assegura a eleição de representante dos trabalhadores na empresa, para promover-lhes o entendimento direto com os empregadores, e atualizar a Lei n. 6.019, de 1974, que trata do trabalho temporário". BRASIL. PODER LEGISLATIVO. CÂMARA DOS DEPUTADOS. *Parecer da Comissão Especial destinada a proferir parecer ao Projeto de Lei n. 6.787, de 2016, do Poder Executivo, que "altera o Decreto-Lei n. 5.452, de 1º de maio de 1943 – Consolidação das Leis do Trabalho, e a Lei n. 6.019, de 3 de janeiro de 1974, para dispor sobre eleições de representantes dos trabalhadores no local de trabalho e sobre trabalho temporário, e dá outras providências"*. Disponível em: https://www.camara.leg.br. Acesso em: 10 set. 2022.

(463) BRASIL. PODER EXECUTIVO. MNISTÉRIO DA PREVIDÊNCIA SOCIAL; MINISTÉRIO DA FAZENDA. Portaria Interministerial n. 02, de 11 de janeiro de 2024. Dispõe sobre o reajuste dos benefícios pagos pelo Instituto Nacional do Seguro Social – INSS e demais valores constantes do Regulamento da Previdência Social – RPS e dos valores previstos nos incisos II a VIII do § 1º do art. 11 da Emenda Constitucional n. 103, de 12 de novembro de 2019, que trata da aplicação das alíquotas da contribuição previdenciária prevista nos arts. 4º, 5º e 6º da Lei n. 10.887, de 18 de junho de 2004. (Processo n. 10128.119242/2023-98). Disponível

Segundo o artigo 507-A da Consolidação das Leis do Trabalho, o empregado precisa ter uma *remuneração* que seja o dobro desse valor — ou seja, R$ 15.572,04 (quinze mil, quinhentos e setenta e dois reais e quatro centavos), para se qualificar como apto a negociar com o empregador uma cláusula arbitral em seu contrato de trabalho, diferindo do parágrafo único do artigo 444 do Decreto-Lei n. 5.452, de 1º de maio de 1943 que, embora apresente o mesmo critério do dobro do "teto previdenciário" para se enquadrar na maior liberdade contratual garantida pelo dispositivo, este valor é referente ao *salário* do obreiro, que, embora sejam encontrados como sinônimos nos Dicionários da Língua Portuguesa, apresentam conceituações jurídicas distintas, sendo o primeiro mais amplo que o segundo, mesmo com as restrições impostas pela Lei n. 13.467, de 13 de julho de 2017, que incluiu um novo § 2º ao artigo 457 da Consolidação das Leis do Trabalho na delimitação dos dois termos.(464)

Enquanto o *salário* é a contraprestação devida pelo fornecimento de serviços em decorrência do contrato de trabalho, que pode estipular um valor por mês, por hora, por tarefa, etc., a *remuneração* é a soma do salário com as outras vantagens percebidas na vigência do vínculo empregatício, como o adicional de insalubridade, o adicional de periculosidade, o adicional noturno, as horas extras, as comissões, as percentagens, as gratificações, as diárias para viagem, entre outras, logo, como bem destaca João Renda Leal Fernandes, de acordo com a literalidade dessas inovações legislativas, a possibilidade de adoção da arbitragem a partir do artigo 507-A abrangerá um número maior de obreiros do que a liberdade contratual preconizada pelo parágrafo único do artigo 444, ambos da Consolidação das Leis do Trabalho.(465) Além disso, ao contrário deste último dispositivo, que exige a colação de grau em nível superior do trabalhador, aquele primeiro não prevê nada parecido, dificultando a equiparação entre ambos.

A falta de cuidado no uso de termos com significados jurídicos distintos,

---

em: https://www.in.gov.br/en/web/dou/-/portaria-interministerial-mps/mf-n-2-de-11-de-janeiro-de-2024-537035232. Acesso em: 11jan. 2024.

(464) **Artigo 457.** Compreendem-se na remuneração do empregado, para todos os efeitos legais, além do salário devido e pago diretamente pelo empregador, como contraprestação do serviço, as gorjetas que receber; § 1º Integram o salário a importância fixa estipulada, as gratificações legais e as comissões pagas pelo empregador; § 2º As importâncias, ainda que habituais, pagas a título de ajuda de custo, auxílio-alimentação, vedado seu pagamento em dinheiro, diárias para viagem, prêmios e abonos não integram a remuneração do empregado, não se incorporam ao contrato de trabalho e não constituem base de incidência de qualquer encargo trabalhista e previdenciário. BRASIL. *Decreto-Lei n. 5.452, de 1º de maio de 1943.* Institui a Consolidação das Leis do Trabalho. Disponível em: http://www.planalto.gov.br. Acesso em: 09 set. 2022.

(465) FERNANDES, João Renda Leal. A arbitragem em conflitos individuais trabalhistas: uma interpretação constitucional e lógico-sistemática do artigo 507-A da CLT. *Revista eletrônica do Tribunal Regional do Trabalho da Bahia*, ano VII, n. 10, outubro de 2018, p. 92.

além da estipulação de critérios diferentes para a caracterização de um empregado que gozaria de um maior grau de liberdade para a negociação de determinadas cláusulas em seu vínculo laboral — o chamado *hipersuficiente* — em contraposição ao trabalhador que não tenha essas qualidades — o denominado *hipossuficiente* — dificulta a compreensão dos objetivos do legislador, causando insegurança jurídica, justamente o que desejava combater com a Reforma Trabalhista o Deputado Federal Rogério Simonetti Marinho (PSDB-RN), Relator do Projeto de Lei n. 6.787/2016, cujo Substitutivo se transformaria na Lei n. 13.467, de 13 de julho de 2017.(466)

O critério econômico que levou à estipulação de um piso remuneratório mínimo de duas vezes o valor do maior benefício pago pelo Regime Geral de Previdência Social(467) para se considerar o empregado apto a gozar de uma maior liberdade para negociar em paridade de armas com o empregador uma cláusula compromissória é muito criticada pela doutrina, "por estar longe de assegurar ou garantir minimamente qualquer equivalência entre as partes na negociação ou na estipulação das cláusulas contratuais", como bem analisa João Renda Leal Fernandes.(468)

Essa é uma daquelas situações em que qualquer opção escolhida pelo legislador apresentaria fragilidades e deixaria lacunas para questionamentos.

---

(466) "Como já tivemos oportunidade de mencionar, temos como um dos objetivos pretendidos com esta Reforma reduzir o número de ações ajuizadas na Justiça do Trabalho, conferindo maior estabilidade aos procedimentos de homologação dos acordos extrajudiciais. E um dos caminhos defendidos é o da utilização da arbitragem nas relações de trabalho. A arbitragem, como um método alternativo ao Poder Judiciário, permite a solução de controvérsias de uma maneira mais ágil, sem abrir mão da tecnicidade. No entanto, como uma das suas características é a de se evitar que a demanda seja levada ao Judiciário, tivemos o cuidado de não a permitir indiscriminadamente a todos os empregados, uma vez que a sua fundamentação perpassa pela equivalência entre as partes". BRASIL. Câmara dos Deputados. Parecer da Comissão Especial destinada a proferir parecer ao Projeto de Lei n. 6.787, de 2016, do Poder Executivo, que "altera o Decreto-Lei n. 5.452, de 1º de maio de 1943 – Consolidação das Leis do Trabalho, e a Lei n. 6.019, de 3 de janeiro de 1974, para dispor sobre eleições de representantes dos trabalhadores no local de trabalho e sobre trabalho temporário, e dá outras providências". Disponível em: https://www.camara.leg.br. Acesso em: 10 set. 2022.

(467) BRASIL. PODER EXECUTIVO. MNISTÉRIO DA PREVIDÊNCIA SOCIAL; MINISTÉRIO DA FAZENDA. Portaria Interministerial n. 02, de 11 de janeiro de 2024. Dispõe sobre o reajuste dos benefícios pagos pelo Instituto Nacional do Seguro Social — INSS e demais valores constantes do Regulamento da Previdência Social — RPS e dos valores previstos nos incisos II a VIII do § 1º do art. 11 da Emenda Constitucional n. 103, de 12 de novembro de 2019, que trata da aplicação das alíquotas da contribuição previdenciária prevista nos arts. 4º, 5º e 6º da Lei n. 10.887, de 18 de junho de 2004. (Processo n. 10128.119242/2023-98). Disponível em: https://www.in.gov.br/en/web/dou/-/portaria-interministerial-mps/mf-n-2-de-11-de-janeiro-de-2024-537035232. Acesso em: 11jan. 2024.

(468) FERNANDES, João Renda Leal. A arbitragem em conflitos individuais trabalhistas: uma interpretação constitucional e lógico-sistemática do artigo 507-A da CLT. *Revista eletrônica do Tribunal Regional do Trabalho da Bahia*, ano VII, n. 10, outubro de 2018, p. 92.

A opção por uma linha de corte baseada nos ganhos do trabalhador encontra equivalente em diversas normas como, por exemplo, o limite de 40 (quarenta) salários mínimos estabelecidos no inciso I do artigo 3º da Lei n. 9.099, de 26 de setembro de 1995[(469)], para a fixação da competência dos juizados especiais cíveis, ou o teto de 60 (sessenta) salários mínimos previstos no artigo 3º da Lei n. 10.259, de 12 de julho de 2001[(470)], para a delimitação da competência dos juizados especiais federais cíveis. Ainda pode-se citar o limite de 30 (trinta) salários mínimos estabelecido no artigo 108 da Lei n. 10.406, de 10 de janeiro de 2002 — o Código Civil de 2002[(471)] — para transações imobiliárias sem exigência de escritura pública, possibilitando às partes de baixa renda negociar imóveis sem muito custo, e o limite de 50 (cinquenta) salários mínimos para a impenhorabilidade do salário, conforme disposto no § 2º do artigo 833 da Lei n. 13.105, de 16 de março de 2015 — o Código de Processo Civil de 2015[(472)].

A fixação dos valores nestas normas também não segue um padrão científico, refletindo mais uma opção do legislador e menos uma determinação de ordem técnica. O descontentamento demonstrado por parte da doutrina, a exemplo de Maurício Godinho Delgado e Gabriela Neves Delgado era esperado diante de uma situação em que não existe uma única opção sendo certo que alguma escolha tinha que ser feita.[(473)]

---

(469) Artigo 3º. O Juizado Especial Cível tem competência para conciliação, processo e julgamento das causas cíveis de menor complexidade, assim consideradas: I – as causas cujo valor não exceda a quarenta vezes o salário mínimo; [...]. BRASIL. Lei n. 9.099, de 26 de setembro de 1995. Dispõe sobre os Juizados Especiais Cíveis e Criminais e dá outras providências. Disponível em: http://www.planalto.gov.br. Acesso em: 04 out. 2022.

(470) **Artigo 3º** Compete ao Juizado Especial Federal Cível processar, conciliar e julgar causas de competência da Justiça Federal até o valor de sessenta salários mínimos, bem como executar as suas sentenças. Lei n. 10.259, de 12 de julho de 2001. Dispõe sobre a instituição dos Juizados Especiais Cíveis e Criminais no âmbito da Justiça Federal. Disponível em: http://www.planalto.gov.br. Acesso em: 04 out. 2022.

(471) **Artigo 108.** Não dispondo a lei em contrário, a escritura pública é essencial à validade dos negócios jurídicos que visem à constituição, transferência, modificação ou renúncia de direitos reais sobre imóveis de valor superior a trinta vezes o maior salário mínimo vigente no País. BRASIL. Lei n. 10.406, de 10 de janeiro de 2002. Institui o Código Civil. Disponível em: http://www.planalto.gov.br. Acesso em: 04 out. 2022.

(472) **Artigo 833.** São impenhoráveis: [...] § 2º O disposto nos incisos IV e X do *caput* não se aplica à hipótese de penhora para pagamento de prestação alimentícia, independentemente de sua origem, bem como às importâncias excedentes a 50 (cinquenta) salários-mínimos mensais, devendo a constrição observar o disposto no artigo 528, § 8º e no artigo 529, § 3º. BRASIL. Lei n. 13.105, de 16 de março de 2015. Institui o Código de Processo Civil. Disponível em: http://www.planalto.gov.br. Acesso em: 04 out. 2022.

(473) "A fórmula arbitral, conforme se sabe, é adequada para situações fáticas e jurídicas em que há equivalência de poder entre as partes — circunstância diametralmente oposta à verificada, de maneira geral, nas relações trabalhistas. Ora o modesto limite financeiro fixado corno piso remuneratório para a permissão de pactuação de cláusula de arbitragem (remuneração superior a duas vezes o limite máximo estabelecido para os benefícios do Regime Geral de

O artigo 507-A da Consolidação das Leis do Trabalho ainda exige que a cláusula compromissória insertada no contrato de trabalho seja de iniciativa do empregado, ou que conte com a sua concordância expressa, nos termos da Lei n. 9.307, de 23 de setembro de 1996. Não é mera coincidência o fato de que essa redação lembre o disposto no § 2º do artigo 4º da Lei de Arbitragem[(474)], que estabelece, como condição de eficácia para a validade da cláusula arbitral em contratos de adesão, que o aderente proponha ou concorde expressamente com a sua instituição. É notória a referência feita pelo novo dispositivo inserido no Decreto-Lei n. 5.452, de 1º de maio de 1943 e isso se deve justamente ao fato de que ter uma *remuneração* mensal superior a duas vezes o valor do benefício mais alto pago pelo Regime Geral de Previdência Social (RGPS), o que corresponderia atualmente a R$ 15.014,98 (quinze mil, catorze reais e noventa e oito centavos) [(475)] não estabelece, necessariamente, a paridade de armas entre empregado e empregador.

A continuidade deste rendimento para sua manutenção e subsistência e de sua família está diretamente ligada à conservação do vínculo empregatício, o que expõe esse empregado, na maioria das vezes, à vontade do seu empregador, daí a conclusão de Gabriela Delgado e de Maurício Delgado, de que o contrato de trabalho é de adesão — talvez o mais importante de

Previdência Social) está muito distante da situação envolvente aos altos executivos de grandes empresas e instituições nacionais e internacionais, em que a subordinação jurídica poderia ser considerada fluida e também menos adequada à imperatividade genérica das normas do Direito do Trabalho (tese esta que os defensores da importação da arbitragem para campo trabalhista tendem a sempre brandir)." DELGADO, Mauricio Godinho; DELGADO, Gabriela Neves. A Reforma Trabalhista no Brasil com os comentários à Lei n. 13.467/2017. São Paulo: Editora Legislação Trabalhista, 2017. p. 56.

(474) **Artigo 4º.** A cláusula compromissória é a convenção através da qual as partes em um contrato comprometem-se a submeter à arbitragem os litígios que possam vir a surgir, relativamente a tal contrato. § 1º A cláusula compromissória deve ser estipulada por escrito, podendo estar inserta no próprio contrato ou em documento apartado que a ele se refira. § 2º Nos contratos de adesão, a cláusula compromissória só terá eficácia se o aderente tomar a iniciativa de instituir a arbitragem ou concordar, expressamente, com a sua instituição, desde que por escrito em documento anexo ou em negrito, com a assinatura ou visto especialmente para essa cláusula. BRASIL. Lei n. 9.307, de 23 de setembro de 1996. Dispõe sobre a arbitragem. Disponível em: http://www.planalto.gov.br/ccivil_03/leis/l9307.htm. Acesso em: 01 out. 2022.

(475) BRASIL. PODER EXECUTIVO. MNISTÉRIO DA PREVIDÊNCIA SOCIAL; MINISTÉRIO DA FAZENDA. Portaria Interministerial n. 02, de 11 de janeiro de 2024. Dispõe sobre o reajuste dos benefícios pagos pelo Instituto Nacional do Seguro Social – INSS e demais valores constantes do Regulamento da Previdência Social – RPS e dos valores previstos nos incisos II a VIII do § 1º do art. 11 da Emenda Constitucional n. 103, de 12 de novembro de 2019, que trata da aplicação das alíquotas da contribuição previdenciária prevista nos arts. 4º, 5º e 6º da Lei n. 10.887, de 18 de junho de 2004. (Processo n. 10128.119242/2023-98). Disponível em: https://www.in.gov.br/en/web/dou/-/portaria-interministerial-mps/mf-n-2-de-11-de-janeiro-de-2024-537035232. Acesso em: 11jan. 2024.

todos — para a sociedade.[476]

Pode-se afirmar, então, que a arbitragem somente será instalada para a resolução de conflitos individuais trabalhistas se a iniciativa para sua instauração vier, de forma livre, da vontade do empregado, ou se partir do empregador, mas com sua concordância expressa, pois o silêncio, nestas hipóteses, não pode ser interpretado como um aceite do obreiro.

Mesmo com a inserção de uma cláusula compromissória no contrato de trabalho, "se o empregado optar pela via judicial para a resolução do litígio, o empregador não poderá se opor a tal escolha", justamente pela falta de anuência do trabalhador, fundamentada, por exemplo, nos elevados custos decorrentes da instalação de um processo arbitral, como ensina João Renda Leal Fernandes.[477]

2.2.4. O avanço do artigo 507-A da Consolidação das Leis do Trabalho

Passados cinco anos da sanção da Lei n. 13.467, de 13 de julho de 2017 — a Reforma Trabalhista — com a consequente introdução do artigo 507-A ao texto do Decreto-Lei n. 5.452, de 1º de maio de 1943 — a Consolidação das Leis do Trabalho — pode-se dizer que a resolução de dissídios individuais trabalhistas por meio da arbitragem é uma realidade, com orientação pacificada no Superior Tribunal de Justiça (STJ) sendo aplicada também em ações que versam sobre o Direito Laboral, no sentido de que cabe ao árbitro decidir, com prioridade ao juiz togado, a existência, a validade e a eficácia da cláusula compromissória celebrada entre as partes.

Exemplo dessa jurisprudência é a decisão monocrática[478] tomada pelo Ministro Luís Felipe Salomão exarada no conflito de competência instaurado pela Prudential do Brasil Seguros de Vida S/A, tendo como suscitados, de um lado, o Juízo da 13ª Vara do Trabalho de Curitiba/PR e, de outro, o Conselho Arbitral do Estado de São Paulo (CAESP).

(476) DELGADO, Gabriela Neves; DELGADO, Mauricio Godinho. *A Reforma Trabalhista no Brasil:* com os comentários à Lei n. 13.467/2017. São Paulo: Legislação Trabalhista, 2017. p. 73-4.

(477) Note-se que o artigo 507-A não traz qualquer previsão sobre qual parte arcará com as despesas para instauração e realização do procedimento arbitral. Ademais, de acordo com o artigo 13, § 7º da Lei n. 9.307, de 23 de setembro de 1996, o árbitro ou o tribunal arbitral poderá determinar o adiantamento de verbas para despesas e diligências que julgar necessárias. FERNANDES, João Renda Leal. A arbitragem em conflitos individuais trabalhistas: uma interpretação constitucional e lógico-sistemática do artigo 507-A da CLT. *Revista eletrônica do Tribunal Regional do Trabalho da Bahia*, ano VII, n. 10, outubro de 2018. p. 96.

(478) BRASIL. PODER JUDICIÁRIO. SUPERIOR TRIBUNAL DE JUSTIÇA. SÚMULA: A Corte Especial, na sessão ordinária de 16 de março de 2016, aprovou o seguinte enunciado de Súmula, que será publicado no "Diário da Justiça eletrônico do Superior Tribunal de Justiça", por três

Segundo o relator, a suscitante argumenta que "foram instaurados concomitantemente procedimento arbitral e reclamação trabalhista com identidade total entre as demandas, uma vez que em ambos se discutiriam: *(i)* a validade da cláusula compromissória; *(ii)* a jurisdição competente para dirimir a disputa; *(iii)* a validade do Contrato; *(iv)* a natureza da relação mantida entre as partes; *(v)* as violações às cláusulas contratuais por parte das Requeridas; e *(vi)* os valores devidos em razão do término contratual". O Juízo Trabalhista deferiu o pedido de suspensão da arbitragem, acatando o argumento de que todo e qualquer conflito individual laboral seria de competência exclusiva da justiça estatal.

A suscitante requereu, liminarmente, que fosse determinada a suspensão da Reclamação Trabalhista (autos n. Ato Ordinário — ou Ato Meramente Ordinatório — ATOrd 0000524-49.2021.5.09.0013, em trâmite perante o Juízo da 13ª Vara do Trabalho de Curitiba/PR) até a decisão final de mérito deste conflito de competência, pretendendo que seja reconhecida a competência única e exclusiva da jurisdição arbitral, extinguindo-se a reclamação trabalhista.

Explica o Ministro Luís Felipe Salomão que o Juízo da 13ª Vara do Trabalho de Curitiba/PR pressupôs a nulidade absoluta de cláusula compromissória para resolver disputa relacionada ao contrato individual de trabalho.(479)

---

vezes, em datas próximas, nos termos do art. 123 do Regimento Interno do Superior Tribunal de Justiça. SÚMULA n. 568: O relator, monocraticamente e no Superior Tribunal de Justiça, poderá dar ou negar provimento ao recurso quando houver entendimento dominante acerca do tema. Referência: Constituição Federal, artigo 105, III, *a* e *c*.; Recurso Especial n. 503.701-RS (2ª T 22/06/2004 – *DJ* 18/10/2004). Recurso Especial n. 1.501.205-RS (2ª T 21/05/2015 – Diário de Justiça eletrônico (*DJe*) de 30/05/2015. Recurso Especial n. 1.563.610-PI (2ª T 24/11/2015 – Diário de Justiça eletrônico (*DJe*) de 04/02/2016. Recurso Especial 1.346.836-BA (3ª T 09/10/2012 – Diário de Justiça eletrônico (*DJe*) de 15/10/2012. Recurso Especial n. 1.290.933-SP (3ª T 17/03/2015 – Diário de Justiça eletrônico (*DJe*) de 24/04/2015. Recurso Especial 1.107.977-RS (4ª T 19/11/2013 – Diário de Justiça eletrônico (*DJe*) de 04/08/2014. Recurso Especial n. 732.939-RS (5ª T 27/03/2008 – Diário de Justiça eletrônico (*DJe*) de 02/06/2008. Recurso Especial 1.084.943-MG (5ª T 18/02/2010 – Diário de Justiça eletrônico (*DJe*) de 15/03/2010. *Diário de Justiça eletrônico. Edição n. 1932 – Brasília.* Disponibilização: Quarta-feira, dia 16 de março de 2016. Publicação: Quinta-feira, 17 de março de 2016. Disponível em: https://www.stj.jus.br/internet_docs/biblioteca/clippinglegislacao/Sumula_568_2016.pdf. Acesso em: 12 fev. 2023.

(479) "Portanto, o mero fato de a cláusula arbitral não abranger todo o período da relação havida entre as partes (de 04/08/2014 a 04/06/2021), objeto da controvérsia instaurada nestes autos, é suficiente para a manutenção da competência jurisdicional para processamento e julgamento da lide. Mesmo com relação ao período em que vigente a citada cláusula, considerando que se discute, justamente, a validade do próprio instrumento contratual que a previu, inviável, por ora, a sua execução e o afastamento da jurisdição estatal. Ademais, ainda que o ajuste contratual faça referência às controvérsias relacionadas à existência ou não de vínculo de emprego, o entendimento prevalecente na jurisprudência é de que a arbitragem é inaplicável como forma de solução dos conflitos individuais do trabalho [...]". BRASIL. PODER JUDICIÁRIO. SUPERIOR TRIBUNAL DE JUSTIÇA. CONFLITO DE COMPETÊNCIA N. 188764 – SP (2022/0164675-2)

Mesmo reconhecendo tratar-se de um tema controverso que suscita inúmeros debates, o relator lembra que a própria Consolidação das Leis do Trabalho admite a resolução de conflitos individuais laborais por meio da arbitragem em seu artigo 507-A, incluído pela Reforma Trabalhista de 2017. Ressalta ainda o relator que o "eventual reconhecimento da nulidade da cláusula compromissória só poderia ocorrer ao término do procedimento arbitral, por meio do controle jurisdicional da sentença, a teor do que constante nos artigos 32 e 33 da Lei de Arbitragem".[(480)]

Ante o exposto, o Ministro Luís Felipe Salomão reconheceu "o conflito para declarar a competência do Conselho Arbitral do Estado de São Paulo (CAESP) para deliberar, com exclusividade, sobre toda e qualquer controvérsia envolvendo o procedimento arbitral autuado sob o n. PA 804-015/2021. Por conseguinte, fica suspensa a reclamação trabalhista autuada sob o Ato Ordinário

---

RELATOR: MINISTRO LUIS FELIPE SALOMÃO SUSCITANTE: PRUDENTIAL DO BRASIL SEGUROS DE VIDA S/A ADVOGADOS: MARICI GIANNICO – SP149850; THAIS ARZA MONTEIRO – SP267967; NAIANE LOPES SOARES DE MELO – SP328883; JOÃO VICENTE PEREIRA DE ASSIS – RJ168433; MARCELO CATANIA RAMOS – SP389694; FLAVIO SPACCAQUERCHE BARBOSA – DF052308; CLEBER VENDITTI DA SILVA – DF058426; ANDRÉ CHATEAUBRIAND PEREIRA DINIZ MARTINS – DF063547; E OUTROS. SUSCITADO: CAESP CONSELHO ARBITRAL DO ESTADO DE SAO PAULO. SUSCITADO: JUÍZO DA 13A VARA DO TRABALHO DE CURITIBA – PR INTERESSADA: EDINA CRISTIANE DE DEUS PAULUK. ADVOGADOS: JULIANO FRANÇA TETTO – PR034749; RENATA KRISTINE BRODHAGE – PR092122. Disponível em: https://www.jusbrasil.com.br/jurisprudencia/stj/1543907461. Acesso em: 12 fev. 2023.

(480) **Artigo 32.** É nula a sentença arbitral se: I – for nula a convenção de arbitragem; II – emanou de quem não podia ser árbitro; III – não contiver os requisitos do art. 26 desta Lei; IV – for proferida fora dos limites da convenção de arbitragem; V – revogado; VI – comprovado que foi proferida por prevaricação, concussão ou corrupção passiva; VII – proferida fora do prazo, respeitado o disposto no art. 12, inciso III, desta Lei; e VIII – forem desrespeitados os princípios de que trata o art. 21, § 2º, desta Lei. **Artigo 33.** A parte interessada poderá pleitear ao órgão do Poder Judiciário competente a declaração de nulidade da sentença arbitral, nos casos previstos nesta Lei. § 1º A demanda para a declaração de nulidade da sentença arbitral, parcial ou final, seguirá as regras do procedimento comum, previstas na Lei nº 5.869, de 11 de janeiro de 1973 (Código de Processo Civil), e deverá ser proposta no prazo de até 90 (noventa) dias após o recebimento da notificação da respectiva sentença, parcial ou final, ou da decisão do pedido de esclarecimentos. § 2º A sentença que julgar procedente o pedido declarará a nulidade da sentença arbitral, nos casos do art. 32, e determinará, se for o caso, que o árbitro ou o tribunal profira nova sentença arbitral. § 3º A decretação da nulidade da sentença arbitral também poderá ser argüida mediante ação de embargos do devedor, conforme o artigo 741 e seguintes do Código de Processo Civil, se houver execução judicial. § 3º A decretação da nulidade da sentença arbitral também poderá ser requerida na impugnação ao cumprimento da sentença, nos termos dos artigos 525 e seguintes do Código de Processo Civil, se houver execução judicial. § 4º A parte interessada poderá ingressar em juízo para requerer a prolação de sentença arbitral complementar, se o árbitro não decidir todos os pedidos submetidos à arbitragem. (Grafia original). BRASIL. Lei n. 9.307, de 23 de setembro de 1996. Dispõe sobre a arbitragem. Disponível em: http://www.planalto.gov.br/ccivil_03/leis/l9307.htm. Acesso em: 1º out. 2022.

— ou Ato Meramente Ordinatório — n. ATOrd n. 0000524-49.2021.5.09.0013, em trâmite no Juízo da 13ª Vara do Trabalho de Curitiba/PR”.(481)

(481) EMENTA: CONFLITO DE COMPETÊNCIA. JUÍZO ARBITRAL E TRABALHISTA. CLÁUSULA COMPROMISSÓRIA. PROCEDIMENTO ARBITRAL INSTAURADO. RECLAMAÇÃO TRABALHISTA, EM TRÂMITE, COM O MESMO OBJETO. ART. 507-A DA CLT. VALIDADE DA CLÁUSULA COMPROMISSÓRIA EM CONTRATO INDIVIDUAL DE TRABALHO. ART. 8º DA LEI N. 9307/96. KOMPETENZ-KOMPETENZ. EVENTUAL NULIDADE DA CLÁUSULA COMPROMISSÓRIA. MARCO PARA AFERIÇÃO. SENTENÇA PROFERIDA PELO ÁRBITRO. ARTS. 32 E 33 DA Lei n. 9307/06. COMPETÊNCIA DO JUÍZO ARBITRAL RECONHECIDA. 1. Eventual reconhecimento da nulidade da cláusula compromissória só pode ocorrer ao término do procedimento arbitral, por meio do controle jurisdicional da sentença, a teor do que constante nos artigos 32 e 33 da Lei n. 9307/1996. O princípio "Kompetenz Kompetenz" não deve ser lido como se os árbitros fossem os únicos a decidir sobre sua competência. Nada obstante, o controle jurisdicional só ocorre posteriormente, em eventual ataque á sentença arbitral. 2. Caso em que, ainda com o procedimento arbitral em trâmite, o Juízo Trabalhista suspendeu a eficácia da cláusula compromissória, em razão da suposta preponderância da jurisdição estatal para analisar eventual fraude à relação de emprego envolta na discussão sobre a referida cláusula. Tal entendimento não se coaduna com a autonomia da cláusula compromissória, tampouco com o poder exclusivo do juízo arbitral de reconhecer sua competência quando instaurado o procedimento arbitral, ambos, previstos no art. 8º da Lei n. 9307/96. 3. Conflito de competência conhecido para declarar a competência do Conselho Arbitral do Estado de São Paulo (CAESP). BRASIL. PODER JUDICIÁRIO. SUPERIOR TRIBUNAL DE JUSTIÇA. CONFLITO DE COMPETÊNCIA N. 188764 – SP (2022/0164675-2) RELATOR: MINISTRO LUIS FELIPE SALOMÃO SUSCITANTE: PRUDENTIAL DO BRASIL SEGUROS DE VIDA S/A ADVOGADOS: MARICI GIANNICO – SP149850; THAIS ARZA MONTEIRO – SP267967; NAIANE LOPES SOARES DE MELO – SP328883; JOÃO VICENTE PEREIRA DE ASSIS – RJ168433; MARCELO CATANIA RAMOS – SP389694; FLAVIO SPACCAQUERCHE BARBOSA – DF052308; CLEBER VENDITTI DA SILVA – DF058426; ANDRÉ CHATEAUBRIAND PEREIRA DINIZ MARTINS – DF063547; E OUTROS. SUSCITADO: CAESP CONSELHO ARBITRAL DO ESTADO DE SAO PAULO. SUSCITADO: JUÍZO DA 13A VARA DO TRABALHO DE CURITIBA – PR INTERESSADA: EDINA CRISTIANE DE DEUS PAULUK. ADVOGADOS: JULIANO FRANÇA TETTO – PR034749; RENATA KRISTINE BRODHAGE – PR092122. Disponível em: https://www.jusbrasil.com.br/jurisprudencia/stj/1543907461. Acesso em: 12 fev. 2023.

Conclusão

De tempos em tempos, como no movimento do pêndulo de um relógio, surge a ameaça de extinção da Justiça do Trabalho, órgão que se notabilizou, a princípio conformado no Poder Executivo e, posteriormente, configurado no Poder Judiciário, como o responsável por manter o equilíbrio na árdua missão de solucionar o conflito de interesses existente entre o capital e o trabalho de maneira isonômica. Acusada de privilegiar os interesses de uma das partes — o empregado — em detrimento dos ímpetos da outra parte — o empregador — a Justiça do Trabalho se notabiliza simplesmente por exercer a sua função, que é a de se manifestar quando provocada, aplicando a lei ao caso concreto.

Segundo dados compilados pela Corregedoria Geral da Justiça do Trabalho — a partir de informações do Conselho Nacional de Justiça — a Justiça do Trabalho é o ramo mais rápido do Poder Judiciário e o que mais promove acordos, um dos métodos adequados para a resolução de conflitos mais eficiente e menos oneroso.(482)

Enquanto que um processo pode demorar por até dois anos e quatro meses e por dois anos e seis meses até a primeira sentença na Justiça Federal e na Justiça Estadual, respectivamente, na Justiça do Trabalho esse prazo é de oito meses e, para a execução, enquanto que um processo pode se arrastar por até três anos e dez meses e cinco anos e quatro meses, respectivamente, na Justiça Estadual e na Justiça Federal, na Justiça do Trabalho esse lapso temporal é de dois anos e dez meses, o que a torna o ramo mais rápido se comparada a outros semelhantes em estrutura e complexidade.(483)

Consta ainda nesta coleta de informações realizada pela Corregedoria Geral da Justiça do Trabalho, que quase 55% (cinquenta e cinco por cento) das ações laborais são motivadas pela falta de pagamento das verbas rescisórias

(482) BRASIL. PODER JUDICIÁRIO. TRIBUNAL REGIONAL DO TRABALHO DE MATO GROSSO (23ª REGIÃO). *Janela do TRT – Justiça do Trabalho no Mundo*. Disponível em: https://portal.trt23.jus.br/comunicacao/janelatrt/justica-do-trabalho-no-mundo/. Acesso em: 21 mar. 2023.

(483) BRASIL. PODER JUDICIÁRIO. TRIBUNAL REGIONAL DO TRABALHO DE MATO GROSSO (23ª REGIÃO). *Janela do TRT – Justiça do Trabalho no Mundo*. Disponível em: https://portal.trt23.jus.br/comunicacao/janelatrt/justica-do-trabalho-no-mundo/. Acesso em: 21 mar. 2023.

pelo empregador ao empregado, como salários, férias, ou ainda o décimo--terceiro, ou seja, pode-se afirmar que mais da metade das demandas que chegam às mesas dos juízes trabalhistas se dá pelo não pagamento de verbas na dispensa do trabalhador, não tendo qualquer relação com a alegada rigidez atribuída ao Direito Laboral ou ainda uma suposta atividade militante da Justiça do Trabalho.(484)

Muitos desses empregadores não efetuaram o pagamento das verbas rescisórias a seus empregados por acreditarem que seriam processados de qualquer maneira, sendo que, este tipo de comportamento — ligado à chamada cultura do descumprimento da norma — não se sustenta em nenhum dado científico. É muito mais provável que os empregados não percam seu tempo apresentando reclamações trabalhistas contra os empregadores caso sejam tratados com respeito em relação ao acerto de contas e se sintam amparados durante o processo de desligamento da organização.

O descontentamento gerado com decisões que contrariem determinados interesses não deveria ser motivo para se pretender a extinção do órgão da qual elas emanam. Ameaças tiradas do bolso em momentos de conveniência política contra instituições democráticas que apenas cumprem seu dever inscrito no artigo 114 da Constituição da República Federativa do Brasil de 1988(485) como estratégia para submetê-las aos seus desígnios é um comportamento nada republicano.

Como demonstrado nesta tese, são muitas as vozes que não se cansam de acusar o Decreto-Lei n. 5.452, de 1º de maio de 1943 como o grande culpado pelo atraso no desenvolvimento econômico do país, cujo texto, considerado por uma das partes — o empregador — altamente protetivo, pendendo sempre

---

(484) BRASIL. PODER JUDICIÁRIO. TRIBUNAL REGIONAL DO TRABALHO DE MATO GROSSO (23ª REGIÃO). *Janela do TRT – Justiça do Trabalho no Mundo.* Disponível em: https://portal.trt23.jus.br/comunicacao/janelatrt/justica-do-trabalho-no-mundo/. Acesso em: 21 mar. 2023.

(485) **Artigo 114.** Compete à Justiça do Trabalho processar e julgar: I as ações oriundas da relação de trabalho, abrangidos os entes de direito público externo e da administração pública direta e indireta da União, dos Estados, do Distrito Federal e dos Municípios; II as ações que envolvam exercício do direito de greve; III as ações sobre representação sindical, entre sindicatos, entre sindicatos e trabalhadores, e entre sindicatos e empregadores; IV os mandados de segurança, *habeas corpus* e *habeas data,* quando o ato questionado envolver matéria sujeita à sua jurisdição; V os conflitos de competência entre órgãos com jurisdição trabalhista, ressalvado o disposto no art. 102, I, *o*; VI as ações de indenização por dano moral ou patrimonial, decorrentes da relação de trabalho; VII as ações relativas às penalidades administrativas impostas aos empregadores pelos órgãos de fiscalização das relações de trabalho; VIII a execução, de ofício, das contribuições sociais previstas no art. 195, I, *a*, e II, e seus acréscimos legais, decorrentes das sentenças que proferir; IX outras controvérsias decorrentes da relação de trabalho, na forma da lei. BRASIL. *Constituição da República Federativa do Brasil* de 05 de outubro de 1988. Disponível em: http://www.planalto.gov.br/ccivil_03/constituicao.htm. Acesso em: 20 abr. 2021.

a favor de uma das partes — o empregado — é reiteradamente apontado como um enorme entrave na busca pelo pleno emprego, quando, na verdade, a Consolidação das Leis do Trabalho — o símbolo maior da estruturação do Brasil moderno — nunca foi barreira incontornável para impedir que as organizações contratassem seus funcionários quando achassem necessário, tampouco foi obstáculo grande o suficiente para que as empresas demitissem seus colaboradores quando lhes parecesse mais conveniente.

Se a legislação laboral — conformada por normas de ordem constitucional e infraconstitucional — pode ser considerada uma constante no ordenamento jurídico brasileiro desde o início do século passado, o nível de empregabilidade, o grau de formalização das relações trabalhistas e salários com poder de compra fortalecido na economia dos últimos cem anos variaram muito.

Na década iniciada no ano de 2011 — período notadamente de forte expansão econômica — a oferta de emprego atingiu seu ápice, a formalização da mão de obra aumentou exponencialmente e o percentual de salários com aumento real chegou à quase totalidade dos trabalhadores celetistas. Já na década iniciada em 2021, o desemprego assola as pessoas em idade produtiva, a informalidade impera no meio laboral e a inflação desvaloriza os salários dos obreiros com possibilidade mínima de recuperação do poder de compra. Esses dois recortes temporais sugerem que o mercado de trabalho se rege pelos ciclos econômicos, e não pelo que diz a letra da lei.

Não há instrumentos normativos capazes de gerar emprego, mas há sim regras que podem mudar o paradigma protetivo do empregado em sua relação laboral com o empregador. O estado se apresenta cada vez mais como mero expectador nesse filme, abandonando seu papel de destaque como ator coadjuvante, cedendo ao detentor do capital, o direito de se apropriar de uma fatia ainda maior da renda gerada, em detrimento dos ganhos daquele que vende sua força de trabalho em um roteiro que já se tornou bem conhecido e repetido.

As relações laborais passaram por grandes transformações depois da publicação do Decreto-Lei n. 5.452, de 1º de maio de 1943, momento em que o Brasil buscava desenvolver sua industrialização. Grande parte dos trabalhadores eram de migrantes vindos para a zona urbana em um país ainda predominantemente rural. Sem dúvida, a Consolidação das Leis do Trabalho representou um grande avanço com sua redação bastante inovadora para aquele momento da história.

A todo momento seu texto é acusado injustamente de ter sido congelado no tempo quando, na verdade, dos 510 (quinhentos e dez) artigos que compõem a parte de direito individual do trabalho, somente 75 (setenta e cinco) artigos permanecem com a redação original, ou seja, apenas 14,7% dos dispositivos não sofreram atualizações, conforme os dados agrupados pela Corregedoria Geral da Justiça do Trabalho baseado na pesquisa Justiça em Números do Conselho Nacional de Justiça.[486]

São dezenas de leis esparsas que regulamentam novas formas de contratação que não estão inseridas no corpo do Decreto-Lei n. 5.452, de 1º de maio de 1943, a exemplo da Lei Complementar n. 150, de 1º de junho de 2015[487], que rege o trabalho doméstico, da Lei n. 5.889, de 08 de junho de 1973, que aborda o trabalho rural;[488] da Lei n. 6.019 de 03 de janeiro de 1974, que regula o trabalho temporário;[489] e ainda da Lei n. 11.788, de 25 de setembro de 2008[490], que instrui o estágio dos estudantes não mais como um mero ato educacional, mas como um vínculo trabalhista, entre outras normas que também podem contribuir na defesa deste ponto de vista.

Nada mais razoável do que atualizar a legislação laboral guiados principalmente pela noção de flexibilidade das condições de trabalho, desde que sem a revogação de direitos já conquistados, como aludido acima.

A Constituição da República Federativa do Brasil, promulgada em 05 de outubro de 1988, determina que a atividade empresarial deve estar fundada na valorização do trabalho humano e tem por finalidade assegurar a todos uma existência digna sem retrocesso social que, embora não esteja expressamente previsto no texto, "entende-se que se uma lei, ao regulamentar um mandamento constitucional, instituir determinado direito, ele se incorpora ao

(486) BRASIL. PODER JUDICIÁRIO. TRIBUNAL REGIONAL DO TRABALHO DE MATO GROSSO (23ª REGIÃO). *Janela do TRT – Justiça do Trabalho no Mundo.* Disponível em: https://portal.trt23.jus.br/comunicacao/janelatrt/justica-do-trabalho-no-mundo/. Acesso em: 21 mar. 2023.

(487) BRASIL. Lei Complementar n. 150, de 1º de junho de 2015. Dispõe sobre o contrato de trabalho doméstico; altera as Leis ns. 8.212, de 24 de julho de 1991, n. 8.213, de 24 de julho de 1991, e n. 11.196, de 21 de novembro de 2005; revoga o inciso I do art. 3º da Lei n. 8.009, de 29 de março de 1990, o art. 36 da Lei n. 8.213, de 24 de julho de 1991, a Lei n. 5.859, de 11 de dezembro de 1972, e o inciso VII do art. 12 da Lei n. 9.250, de 26 de dezembro 1995; e dá outras providências. Disponível em: https://www.planalto.gov.br/ccivil_03/leis/lcp/lcp150.htm. Acesso em: 21 de mar. 2023.

(488) BRASIL. Lei n. 5.889, de 08 de junho de 1973. *Estatui normas reguladoras do trabalho rural.* Disponível em: https://www.planalto.gov.br/ccivil_03/leis/l5889.htm. Acesso em: 23 mar. 2023.

(489) BRASIL. Lei n. 6.019, de 03 de janeiro de 1974. *Dispõe sobre o Trabalho Temporário nas Empresas Urbanas, e dá outras Providências.* Disponível em: https://www.planalto.gov.br/ccivil_03/leis/l6019.htm. Acesso em: 23 mar. 2023.

(490) BRASIL. Lei n. 11.788, de 25 de setembro de 2008. *Dispõe sobre o estágio de estudantes; altera a redação do art. 428 da Consolidação das Leis do Trabalho – CLT, aprovada pelo Decreto-Lei n. 5.452*, de 1º de maio de 1943, e a Lei n. 9.394, de 20 de dezembro de 1996; revoga as Leis ns. 6.494, de 7 de dezembro de 1977, e 8.859, de 23 de março de 1994, o parágrafo único do art. 82 da Lei n. 9.394, de 20 de dezembro de 1996, e o art. 6º da Medida Provisória n. 2.164-41, de 24 de agosto de 2001; e dá outras providências. Disponível em: https://www.planalto.gov.br/ccivil_03/_ato2007-2010/2008/lei/l11788.htm. Acesso em: 23 de mar. 2023.

patrimônio jurídico da cidadania e não pode ser arbitrariamente suprimido", como bem explica Luís Roberto Barroso.(491)

Trata-se de um ajuste necessário, levando-se em conta os novos tempos em que a produção adquiriu escala mundial, uma consequência direta da globalização econômica. Embora essa modernização legislativa seja uma condição fundamental para atender à novas necessidades sociais, a simples mudança de arcabouço jurídico não é circunstância suficiente para a recuperação da economia, ou seja, sem investimento produtivo, não há como se criar vagas de emprego.

A renovação das regras trabalhistas também pode se tornar um instrumento para suportar momentos de instabilidade econômica, evitar demissões em massa ou ainda a quebra de empresas, desde que, se somado ao novo arcabouço jurídico, existir crescimento econômico sustentável no tempo, caso contrário, não.

Uma reforma trabalhista pontual, que retire o excesso de generalidade e o excedente de abstração de alguns dispositivos, assegura a uniformidade de sua aplicação, preservando princípios caros à ordem econômica, como o da livre concorrência e o da livre iniciativa. Um texto focado em apenas alguns itens, considerados essenciais após amplo debate travado entre os representantes e seus representados, garante sua adoção no presente, não levanta questionamento sobre o passado e gera segurança jurídica para o futuro.

Contrariando essa expectativa, contudo, o Poder Legislativo apresentou um substitutivo ao Projeto de Lei n. 6.787, de 22 de dezembro de 2016 enviado pelo Poder Executivo que, sancionado, transformou-se na Lei n. 13.467, de 13 de julho de 2017.(492) Em uma única badalada, o Decreto-Lei n. 5.452, de 1º de maio de 1943 incorporou, sem o menor rigor técnico e sem o mínimo cuidado científico, nada menos do que cem novos artigos. Não se nega que o modelo intervencionista em vigor merece sim uma atualização, que deve

---

(491) "Nessa ordem de ideias, uma lei posterior não pode extinguir um direito ou uma garantia, especialmente os de cunho social, sob pena de promover um retrocesso, abolindo um direito fundado na Constituição. O que se veda é o ataque à efetividade da norma que foi alcançada a partir da sua regulamentação. Assim, por exemplo, se o legislador infraconstitucional deu concretude a uma norma programática ou tornou viável o exercício de um direito que dependia de sua intermediação, não poderá simplesmente revogar o ato legislativo, fazendo a situação voltar ao estado de omissão legislativa anterior". BARROSO, Luís Roberto. *O direito constitucional e a efetividade de suas normas:* limites e possibilidades da Constituição brasileira. Rio de Janeiro: Editora Renovar, 2006. p. 150-2.

(492) BRASIL. Lei n. 13.467, de 13 de julho de 2017. *Altera a Consolidação das Leis do Trabalho (CLT), aprovada pelo Decreto-Lei n. 5.452, de 1º de maio de 1943, e as Leis ns. 6.019, de 3 de janeiro de 1974, 8.036, de 11 de maio de 1990, e 8.212, de 24 de julho de 1991, a fim de adequar a legislação às novas relações de trabalho.* Disponível em: http://www.planalto.gov.br/ccivil_03/_ato2015-2018/2017/lei/l13467.htm. Acesso em: 23 abr. 2021.

surgir a partir de uma ampla discussão da sociedade e não mediante regime de urgência com desejo de votação em trinta dias ou menos conforme demonstrado pelos parlamentares.(493)

A reação da sociedade civil, cuja participação nas deliberações foi restringida pelo trâmite excessivamente rápido adotado para análise do texto, foi imediata e 03 (três) ações declaratórias de constitucionalidade e 30 (trinta) ações diretas de inconstitucionalidade foram apresentadas ao Supremo Tribunal Federal, que já derrubou uma série de inovações trazidas pela Reforma Trabalhista de 2017, como a possibilidade de exercício de atividade insalubre por mulheres grávidas, a correção dos depósitos por índice prejudicial aos direitos dos trabalhadores e a cobrança de custas processuais, que permaneceu apenas em caso de arquivamento injustificado por ausência em audiência, ainda faltando julgar pautas polêmicas como o trabalho intermitente e a dispensa da participação dos sindicatos nas demissões imotivadas de trabalho individuais, plúrimas ou coletivas e nas homologações de acordos extrajudiciais de trabalho, temas que podem, até pelo grau de controvérsia envolvido, se transformarem em novas derrotas infligidas ao texto, afastando outras "inovações" da Lei n. 13.467, de 13 de julho de 2017.

Neste cenário de reconfiguração e de atualização entre os atores da relação de trabalho, a nova regulamentação trouxe, por meio da inclusão de um parágrafo único ao artigo 444 da Consolidação das Leis do Trabalho, operada pela Reforma Trabalhista de 2017, algumas regras específicas para aqueles obreiros que possuem diploma em nível superior e salário igual ou maior a duas vezes o limite máximo dos benefícios pagos pelo Regime Geral da Previdência Social.

A possibilidade desses empregados negociarem diretamente com seus empregadores vários itens contratuais, sem a interferência ou a necessidade de validação dos sindicatos, valoriza as relações individuais de trabalho, com novos contornos para os empregadores exercerem seu poder diretivo

---

(493) "O Plenário da Câmara dos Deputados autorizou que a proposta de Reforma Trabalhista tenha uma tramitação mais rápida. O texto muda a Consolidação das Leis do Trabalho e está em análise em comissão especial. Entre as novidades, a reforma autoriza que acordos coletivos valham mais que a CLT e permite o trabalho intermitente, aquele que o trabalhador só recebe pelo período que trabalha. Quem traz mais detalhes da votação é a repórter Ginny Morais. Foi o segundo dia que a aceleração da proposta foi votada no Plenário. Na terça, o pedido de urgência foi derrotado. Nesta quarta, depois de uma mobilização da base governista, foi aprovado por 287, 30 a mais do que o necessário. Só que essa nova votação gerou protestos dos deputados contrários". BRASIL. PODER LEGISLATIVO. CÂMARA DOS DEPUTADOS. RÁDIO CÂMARA. A VOZ DO BRASIL. *Plenário aprova tramitação mais rápida da Reforma Trabalhista*. Áudio da reportagem transmitida no dia 20 abr. 2017 transcrita no sítio da Câmara dos Deputados. Disponível em: https://www.camara.leg.br/radio/programas/512269-plenario-aprova-tramitacao-mais-rapida-da-reforma-trabalhista/?pagina=539. Acesso em: 04 abr. 2023.

sem afrontar, sob pena de nulidade, direitos assegurados aos empregados. A inovação proporciona adequar, por meio de acordos, diversos elementos vivenciados pelos trabalhadores à rotina específica das organizações em que atuam.(494)

É errônea, contudo, a tentativa de se estabelecer, por parte da doutrina, uma espécie de obreiro diferenciado — chamado de trabalhador hipersuficiente — pois não é raro encontrar trabalhadores com formação superior e com salários maiores que o limite indicado pela norma, mas que não possuem reais condições de negociação em paridade de armas. A própria condição de ser um profissional com uma boa qualificação e com um bom salário pode torná-lo refém do seu sucesso, principalmente em momentos de crise econômica, sendo obrigado a aceitar aquilo que lhe for oferecido, sob pena de ter que se aventurar na busca por outro emprego em épocas de desvalorização do trabalho devido à grande oferta de mão de obra.

É certo que, mesmo com a previsão legal da negociação, vão existir ações na Justiça do Trabalho alegando algum tipo de desvio na celebração dos pactos diretamente fechados entre empregados e empregadores que decidirá os limites desta nova autonomia caso a caso.

É evidente que o empregador está em posição de supremacia face ao empregado e tem ciência de que é mais fácil impor-lhe as suas condições do que permutar suas pretensões. Não é à toa que o grande desafio seja justamente o de criar condições para a construção e para a negociação de soluções que possam gerar ganhos mútuos e que sejam percebidas como justas e satisfatórias para ambas as partes. Isto sem contar a observância de parâmetros éticos, principalmente no sentido de evitar fraudes e lesões, inclusive enquanto condição de sobrevivência de tais mecanismos.

A regulamentação do uso da arbitragem para a resolução de dissídios individuais trabalhistas, apesar de nunca ter sido expressamente proibida pela legislação laboral brasileira — ao contrário do que ocorre, por exemplo, no ordenamento jurídico espanhol, analisado neste trabalho, em que vigora

---

(494) **Artigo 444.** As relações contratuais de trabalho podem ser objeto de livre estipulação das partes interessadas em tudo quanto não contravenha às disposições de proteção ao trabalho, aos contratos coletivos que lhes sejam aplicáveis e às decisões das autoridades competentes. **Parágrafo único:** A livre estipulação a que se refere o *caput* deste artigo aplica-se às hipóteses previstas no art. 611-A desta Consolidação, com a mesma eficácia legal e preponderância sobre os instrumentos coletivos, no caso de empregado portador de diploma de nível superior e que perceba salário mensal igual ou superior a duas vezes o limite máximo dos benefícios do Regime Geral de Previdência Social. BRASIL. Lei n. 13.467, de 13 de julho de 2017. *Altera a Consolidação das Leis do Trabalho (CLT), aprovada pelo Decreto-Lei n. 5.452, de 1º de maio de 1943, e as Leis ns. 6.019, de 3 de janeiro de 1974, 8.036, de 11 de maio de 1990, e 8.212, de 24 de julho de 1991, a fim de adequar a legislação às novas relações de trabalho.* Disponível em: http://www.planalto.gov.br/ccivil. Acesso em: 23 abr. 2021.

a opção pelo impedimento do instituto de forma taxativa(495) — enfrentava grande resistência da Justiça do Trabalho, mesmo encontrando amparo e incentivo em várias normas laborais e correlatas.

Agora, a aplicação da arbitragem em disputas individuais laborais é contemplada de forma explícita no texto da Lei n. 13.467, de 13 de julho de 2017, passando a constar do Decreto-Lei n. 5.452, de 1º de maio de 1943 — aquele acusado de ser anacrônico — afastando interpretações alternativas. A jurisdição arbitral, assim, se junta à estatal e soma forças na resolução de dissídios individuais trabalhistas em busca de garantir o tão desejado amplo acesso à justiça. Os custos inerentes ao processo arbitral — quando confrontados à gratuidade do estatal — somente serão suportados em situações excepcionais, em que realmente haja interesse na resolução do conflito por meio deste instituto. Ao invés de escolher a justiça estatal — em que prevalece a publicidade dos atos — as partes podem optar pela arbitragem — em que se pode convencionar a confidencialidade dos feitos. O acúmulo de ações — trabalhistas ou não — gera perdas ás organizações que se enquadram na ideia de custos de transação. Bancar o processo arbitral mesmo diante da gratuidade do processo arbitral pode ser uma estratégia de diminuição destas perdas indiretas.(496)

O artigo 507-A da Consolidação das Leis do Trabalho estabelece que obreiros que percebam remuneração superior a duas vezes o limite máximo estabelecido para os benefícios do Regime Geral de Previdência Social, poderão

---

(495) **Artículo 1. Ámbito de aplicación. 1.** Esta ley se aplicará a los arbitrajes cuyo lugar se halle dentro del territorio español, sean de carácter interno o internacional, sin perjuicio de lo establecido en tratados de los que España sea parte o en leyes que contengan disposiciones especiales sobre arbitraje. 2. Las normas contenidas en los apartados 3, 4 y 6 del artículo 8, en el artículo 9, excepto el apartado 2, en los artículos 11 y 23 y en los títulos VIII y IX de esta ley se aplicarán aun cuando el lugar del arbitraje se encuentre fuera de España. 3. Esta ley será de aplicación supletoria a los arbitrajes previstos en otras leyes. 4. Quedan excluidos del ámbito de aplicación de esta ley los arbitrajes laborales. ESPAÑA. MINISTERIO DE LA PRESIDENCIA, RELACIONES CON LAS CORTES Y MEMORIA DEMOCRATICA. *Ley núm. 60/2003, de 23 de diciembre, de Arbitraje.* Boletín Oficial del Estado, núm. 309, de 26 de diciembre de 2003. Entrada en vigor: 26 de marzo de 2004; Departamento: Jefatura del Estado; Referencia: BOE-A-2003-23646. Disponible en: https://www.boe.es/eli/es/l/2003/12/23/60/con. Acceso en: 02 feb. 2023.

(496) **Artigo 507-A.** Nos contratos individuais de trabalho cuja remuneração seja superior a duas vezes o limite máximo estabelecido para os benefícios do Regime Geral de Previdência Social, poderá ser pactuada cláusula compromissória de arbitragem, desde que por iniciativa do empregado ou mediante a sua concordância expressa, nos termos previstos na Lei n. 9.307, de 23 de setembro de 1996. BRASIL. Lei n. 13.467, de 13 de julho de 2017. *Altera a Consolidação das Leis do Trabalho (CLT), aprovada pelo Decreto-Lei n. 5.452, de 1º de maio de 1943, e as Leis ns. 6.019, de 3 de janeiro de 1974, 8.036, de 11 de maio de 1990, e 8.212, de 24 de julho de 1991, a fim de adequar a legislação às novas relações de trabalho.* Disponível em: http://www.planalto.gov.br/ccivil. Acesso em: 23 abr. 2021.

se valer da arbitragem. A medida, porém, só é válida se prevista em cláusula compromissória escrita nos contratos individuais de trabalho e se a iniciativa partir do empregado, ou mediante sua concordância expressa com a inclusão pelo empregador. Note-se que o texto não fala em "salário", mas sim em "remuneração", terminologia mais ampla e também não faz referência à necessidade de diploma de nível superior para o obreiro.

Em pesquisa publicada pelo sítio jurídico Migalhas, coordenada por Selma Maria Ferreira Lemes, no ano de 2021, o número de arbitragens em andamento no país atingiu a marca de 1.047 (mil e quarenta e sete) casos, com aumento de 5% (cinco por cento) em relação ao ano anterior, quando foram contabilizados 996 (novecentos e noventa e seis) processos arbitrais. O aumento mais significativo foi justamente nas arbitragens trabalhistas, que transcorrem no rito denominado arbitragem expedita que tem custos e tempos menores de duração.(497)

Até a edição da Lei n. 9.307, de 23 de setembro de 1996, a legislação revogada não favorecia a arbitragem, havendo uma tamanha incoerência e desordem implantadas que o instituto não empolgava. Somente uma nova ordem jurídica poderia reverter esse quadro de apatia e a Lei de Arbitragem está aí, cabendo aos operadores do direito, a sua aplicação e o seu desenvolvimento, aumentando seu campo de atuação por meio da expansão da arbitrabilidade, não havendo mais espaço para desculpas.

Existe um medo generalizado frente ao novo e mesmo que a arbitragem seja um instrumento idôneo, não é de se estranhar certo receio na adoção do instituto, especialmente na área trabalhista. Alerta Boaventura de Sousa Santos, que nos litígios entre pessoas ou entre grupos com posições de poder estruturalmente desiguais "é bem possível que a informalização acarrete consigo a deterioração da posição jurídica da parte mais fraca, decorrente da perda das garantias processuais, e contribua assim para a consolidação das desigualdades sociais".(498)

É sempre bom lembrar que a aplicação da arbitragem para a resolução de dissídios coletivos trabalhistas está expressamente prevista no artigo 114, §§ 1º e 2º da Constituição da República Federativa do Brasil, promulgada no dia 05 de outubro de 1988.(499) Se a utilização do instituto para a composição

---

(497) LEMES, Selma Maria Ferreira. Arbitragem registra recorde no país segundo pesquisa arbitragem em números. *Migalhas*, n. 5.478, de 18 de outubro de 2022. Disponível em: https://www.migalhas.com.br/quentes/375457/arbitragem-registra-recorde-no-pais-veja-dados-do-estudo. Acesso em: 16 nov. 2022.

(498) SANTOS, Boaventura de Sousa. Introdução à sociologia da administração da justiça. *Revista de Processo,* São Paulo, ano 10, n. 37, jan./mar. 1985. p. 134.

(499) **Artigo 114.** Compete à Justiça do Trabalho processar e julgar: [...] § 1º Frustrada a negociação coletiva, as partes poderão eleger árbitros. § 2º Recusando-se qualquer das partes à

de lides laborais fosse realmente atentatória aos direitos enumerados como determinantes à sua inaplicabilidade na resolução de dissídios individuais trabalhistas, quais sejam — a indisponibilidade de direitos e a desproteção do obreiro — haveria motivos de sobra para sua rejeição também no Direito Coletivo do Trabalho e não apenas para o Direito Individual do Trabalho, pois, se a arbitragem não se encaixa neste segundo, menos liga o instituto teria com o primeiro, pois é, neste ramo, que se forjam as normas que vão reger os contratos laborais.

Todo e qualquer meio adequado de solução de conflitos deve merecer não só dos aplicadores do direito, mas também das entidades responsáveis pela proteção da dignidade e dos direitos dos trabalhadores uma efetiva vigilância. É sempre bom lembrar que, se existirem fraudes, tanto a Justiça do Trabalho, quanto o Ministério Público do Trabalho terão o poder-dever de intervir para corrigir desvios.

negociação coletiva ou à arbitragem, é facultado às mesmas, de comum acordo, ajuizar dissídio coletivo de natureza econômica, podendo a Justiça do Trabalho decidir o conflito, respeitadas as disposições mínimas legais de proteção ao trabalho, bem como as convencionadas anteriormente. BRASIL. *Constituição da República Federativa do Brasil* de 05 de outubro de 1988. Disponível em: http://www.planalto.gov.br/ccivil_03/constituicao.htm. Acesso em: 20 abr. 2021.

Bibliografia

Sumário: 1. Doutrina; **2.** Legislação; **2.1.** Legislação do Brasil; **2.2.** Legislação da Espanha; **3.** Jurisprudência; **3.1.** Jurisprudência brasileira; **3.2.** Jurisprudência espanhola.

1. Doutrina

ACADEMIA BRASILEIRA DE LETRAS. *Perfil do Acadêmico Marco Maciel*. Disponível em: https://www.academia.org.br/academicos/marco-maciel. Acesso em: 07 set. 2022.

ADEODATO, João Maurício. Bases para uma metodologia da pesquisa em direito. *Revista do Instituto dos Advogados de Pernambuco*, Recife, vol. 01, n. 02, p. 13-39, 1998.

ALVIM, José Eduardo Carreira. *Tradado geral da arbitragem*. Belo Horizonte: Editora Mandamentos, 2000.

ALVORADA VELLOSO, Adolfo. El arbitraje: solución eficiente de conflictos de intereses. *Revista de Processo*, São Paulo, vol. 12, n. 45, p. 94-105, jan./mar. 1987.

AMARAL, Lídia Miranda de Lima. *Mediação e arbitragem*. Uma introdução para os conflitos trabalhistas no Brasil. São Paulo: Editora Legislação Trabalhista, 1994.

AMAZONAS, José Antônio de Almeida. *Do arbitramento*. São Paulo: Editora Revista dos Tribunais, 1938.

ANDRADE, Christiano José de. *O problema dos métodos da interpretação jurídica*. São Paulo: Editora Revista dos Tribunais, 1998.

ANDRADE, José Batista de. Acesso à justiça, justiça tardia e a injustiça. *Revista síntese trabalhista, administrativa e previdenciária*, ano XII, n. 141, Porto Alegre, 2001.

ARAÚJO, Eduardo Marques Vieira. *O Direito do Trabalho Pós-Positivista:* por uma teoria geral justrabalhista no contexto do neoconstitucionalismo. São Paulo: Editora Legislação Trabalhista, 2014.

ARAÚJO, Maurício Azevedo de; DUTRA, Renata Queiroz; JESUS, Selma Cristina Silva de. Neoliberalismo e flexibilização da legislação trabalhista no Brasil e na França. *Caderno do CEAS — Revista Crítica de Humanidades*, n. 242, Salvador/Recife, set./dez. 2017, p. 558-81.

ARAÚJO, Nádia de. Formação do jurista pesquisador: pressupostos e requisitos – técnicas de pesquisa e ensino na pós-graduação. *Revista da Faculdade de Direito da Universidade Federal Fluminense*, Rio de Janeiro, vol. 04, p. 185-210, 2000.

ASSOCIAÇÃO NACIONAL DOS MAGISTRADOS DA JUSTIÇA DO TRABALHO (ANAMATRA); ORDEM DOS ADVOGADOS DO BRASIL (OAB); ASSOCIAÇÃO NACIONAL DOS PROCURADORES DO TRABALHO (ANPT); ASSOCIAÇÃO BRASILEIRA DE ADVOGADOS TRABALHISTAS (ABRAT); FEDERAÇÃO NACIONAL DOS TRABALHADORES DO JUDICIÁRIO FEDERAL E MINISTÉRIO PÚBLICO DA UNIÃO (FENAJUFE); SINDICATO NACIONAL DOS AUDITORES FISCAIS DO TRABALHO (SINAIT). *Carta de Brasília*. Disponível em: https://sinait.org.br/docs/carta_de_brasilia_-_ato_em_defesa_da_justica_do_trabalho. Acesso em: 22 abr. 2021.

AZEVEDO, Álvaro Villaça. Arbitragem. *Revista dos Tribunais*, São Paulo, vol. 753, p. 11-23, jul. 1998.

AZEVEDO, André Gomma (Org.). *Manual de mediação judicial*. Brasília: Conselho Nacional de Justiça, 2016.

BARBI FILHO, Celso. Execução específica da cláusula arbitral. *Revista dos Tribunais*, São Paulo, n. 732, p. 64-73, out. 1996.

______. Cumprimento judicial da cláusula compromissória na Lei n. 9.307/96 e outras intervenções do judiciário na arbitragem privada. *Revista dos Tribunais*, São Paulo, número 794. p. 104-23, set. 1998.

BARRAL, Weber. Arbitragem e jurisdição. In: CASELLA, Paulo Borba (Coord.). *Arbitragem:* lei brasileira e praxe internacional. São Paulo: Editora Legislação Trabalhista, 1999.

BARROS, Hamilton de Moraes e. *Comentários ao código de processo civil*. Vol. IX (artigos 946 a 1.102). Rio de Janeiro: Editora Forense, 1986.

BARROS, Luiz Gastão Paes de. *Ensaio sobre as arbitragens comerciais*. São Paulo: Editora Revista dos Tribunais, 1966.

BARROS, Marco Antônio de. Jurisdição e juizado arbitral. *Revista dos Tribunais*, São Paulo, n. 738, p. 56-69, mar. 1997.

BARROSO, Luís Roberto. *O direito constitucional e a efetividade de suas normas:* limites e possibilidades da Constituição brasileira. Rio de Janeiro: Editora Renovar, 2006.

BASSO, Maristela. *Da aplicação do direito estrangeiro pelo juiz nacional:* o direito internacional privado à luz da jurisprudência. São Paulo: Editora Saraiva, 1988.

BASSO, Maristela. Lei nova revitaliza a arbitragem no Brasil como método alternativo extrajudicial de solução de conflitos de interesse. *Revista dos Tribunais*, São Paulo, n. 735, p. 11-23, ago. 1996.

BERALDO, Leonardo de Faria. *Curso de arbitragem*: nos termos da Lei n. 9.307/96. São Paulo: Editora Atlas, 2014.

BEVILÁQUA, Clóvis. *Comentários ao Código Civil*. Vol. 04. São Paulo: Editora Francisco Alves, 1954.

______. *Direito das obrigações*. Rio de Janeiro: Editora Rio, 1977

BINEBOJM, Gustavo. *Uma teoria do direito administrativo:* direitos fundamentais, democracia e constitucionalização. Rio de Janeiro: Editora Renovar, 2008.

BORJA, Célio. O juízo arbitral. *Revista de Informação Legislativa*, Brasília, n. 125, p. 97-102, jan./mar.1995.

BRITO, Rildo Albuquerque Mousinho de. *Mediação e arbitragem de conflitos trabalhistas no Brasil e no Canadá*. São Paulo: Editora Legislação Trabalhista, 2010.

BRITO FILHO, José Cláudio Monteiro de. Mediação e arbitragem como meios de solução de conflitos coletivos de trabalho: atuação do Ministério Público do Trabalho. *Revista legislação trabalhista*, vol. 62, n. 03, São Paulo, 1998.

BUZAID, Alfredo. Do juízo arbitral. *Revista dos Tribunais*, São Paulo, n. 271. p. 07-12, set. 1958.

CAHALI, Francisco José. *Curso de arbitragem*. São Paulo: Editora Revista dos Tribunais, 2015.

CÂMARA, Alexandre Freitas. *Arbitragem* — Lei n. 9.307/96. Rio de Janeiro: Editora Lumen Juris, 1997.

CAMPANHOLE, Adriano; LOBO, Hilton. *Constituições do Brasil*. São Paulo: Editora Atlas, 1999.

CANDEMIL, Alexandra da Silva. *A arbitragem nos conflitos individuais de trabalho no Brasil e nos demais países-membros do Mercado Comum do Sul*. Florianópolis: Editora da Ordem dos Advogados do Brasil de Santa Catarina, 2006.

CAPPELLETTI, Mauro; GARTH, Bryant. *Acesso à justiça*. Porto Alegre: Fabris Editores, 1988.

CARAJELESCOV, Paula Corina Santone. *Arbitragem nos conflitos individuais do trabalho*. Curitiba: Editora Juruá, 2010.

CARAMELO, Antônio Sampaio. Critérios de arbitrabilidade dos litígios: revisitando o tema. *Revista de arbitragem e mediação*, vol. 07, n. 27, out./dez. 2010, p. 129-161.

CARMONA, Carlos Alberto. *A arbitragem no processo civil brasileiro*. São Paulo: Malheiros Editores, 1993.

CARMONA, Carlos Alberto. Das boas relações entre juízes e árbitros. *Revista do Advogado*, São Paulo, n. 51, p. 17-24, out. 1997.

CARMONA, Carlos Alberto. *Arbitragem e processo:* um comentário à Lei n. 9.307/96. 3. ed. São Paulo: Editora Atlas, 2009.

CARNELUTTI, Francesco. *Sistema de direito processual civil*. São Paulo: Editora Classic Book, volume 01.

CASELLA, Paulo Borba. *Arbitragem:* lei brasileira e praxe internacional. São Paulo: Editora Legislação Trabalhista, 1999.

CHOCRÓN GIRÁLDEZ, Ana María. *Los princípios procesales en el arbitraje*. Barcelona: Editorial José Maria Bosh, 2000.

CORDOVIL, Paulo André de França. Nova lei de arbitragem sob a ótica do processo individual do trabalho. *Revista legislação trabalhista*, vol. 61, n. 05, São Paulo, 1997.

CORRÊA, Antônio. *Arbitragem no direito brasileiro* — teoria e prática. Rio de Janeiro: Editora Forense, 1998.

COSTA, Orlando Teixeira da. Participação dos trabalhadores nos lucros e resultados da empresa. *Revista do TRT da 8ª Região*, Belém/PA, vol. 29, n. 57, jul./dez. 1996.

COUTINHO, Cristiane Maria Henriques de Souza. *Arbitragem e a Lei n. 9307/96*. Rio de Janeiro: Editora Forense, 1999.

CRETELLA JÚNIOR, José. Da arbitragem e seu conceito categorial. *Revista de Informação Legislativa*, Brasília, n. 98, p. 127-137, 1988.

CRUZ VILLALÓN, Jesús. El arbitraje laboral en la reforma legislativa. In: OJEDA AVILÉS, Antonio. (Coord.) *III Congreso Nacional de Derecho del Trabajo y de la Seguridad Nacional.* El arbitraje laboral y los acuerdos de empresa. Asociación Española de Derecho del Trabajo y de la Seguridad Social. Madrid: Editora Tecnos, 1996, p. 36.8.

CRUZ, José Raimundo Gomes da. *Arbitragem na Lei n. 9.307, de 23 de setembro de 1996.* São Paulo: Editora Juarez de Oliveira, 1996.

CUNHA, João Vítor Santos. *Os princípios protetivos do Direito do Trabalho e o trabalhador hipersuficiente.* 2018. 74 folhas. Monografia (Bacharelado). Universidade Federal da Bahia, Salvador, 2018.

DALLARI, Adilson Abreu. Arbitragem na concessão de serviço público. *Revista de Informação Legislativa*, Brasília, n. 128, p. 63-67, 1995.

DANTAS, Francisco Wildo Lacerda. Arbitragem: considerações sobre a constitucionalidade da Lei n. 9.307/96. *Revista dos Tribunais*, São Paulo, n. 745. p. 132-140, 1997.

DELGADO, Mauricio Godinho. Arbitragem, mediação e comissão de conciliação prévia no direito do trabalho brasileiro. In: RENAULT, Luiz Otávio Linhares; VIANNA, Márcio Túlio (Coords.). *Comissões de conciliação prévia* — quando o direito enfrenta a realidade: análises críticas em memória de Alaor Satuf Rezende. São Paulo: Editora Legislação Trabalhista, 2003.

______. *Direito coletivo do trabalho.* São Paulo: Editora Legislação Trabalhista, 2003.

______. *Curso de direito do trabalho.* São Paulo: Editora Legislação Trabalhista, 2016.

DELGADO, Gabriela Neves; DELGADO, Mauricio Godinho. *A reforma trabalhista no Brasil:* com os comentários à Lei n. 13.467/2017. São Paulo: Editora Legislação Trabalhista, 2017.

DE SANTI, Eurico Marques Diniz. Análise crítica das definições e classificações jurídicas como instrumento para compreensão do direito. In: *Direito Global.* Carlos Ari Sundfeld e Oscar Vilhena Vieira (Coords.). São Paulo: Editora Max Limonad, 1999. p. 289-304.

DINAMARCO, Júlia Raquel de Quiroz. Arbitragem e administração pública. *Revista do Advogado*, São Paulo, n. 51, p. 46-59, out. 1997.

DI PIERRO JÚNIOR, Miguel Thomaz. A indisponibilidade do direito público e a participação da administração pública na conciliação. In: MARQUES NETO, Floriano de Azevedo (Org.). *Colaboração Premiada:* estudos em homenagem a Maria Sylvia Zanella Di Pietro. São Paulo: Editora Atlas, 2013. p. 188-269.

DOWER, Nelson Godoy Bassil. *Direito processual civil.* São Paulo: Nelpa Edições, 1993.

FARIA, José Eduardo. O judiciário e o desenvolvimento socioeconômico. In: FARIA, José Eduardo. (Org.). Direitos humanos, direitos sociais e justiça. São Paulo: Editora Malheiros, 2002.

FARIA, José Eduardo Campos de Oliveira. Positivismo *versus* jusnaturalismo: um falso dilema. In: SOUSA JÚNIOR, José Geraldo. *Introdução crítica ao direito.* Série o direito achado na rua, volume 01, Universidade de Brasília: Brasília, 1988. p. 19-22.

FERNANDES, João Renda Leal. A arbitragem em conflitos individuais trabalhistas: uma interpretação constitucional e lógico-sistemática do artigo 507-A da CLT. *Revista eletrônica do Tribunal Regional do Trabalho da Bahia*, ano VII, n. 10, outubro de 2018. Disponível em: https://escolajudicial.trt5.jus.br/sites/default/files/escolajudicial/10a-revista-eletronica_compressed.pdf. Acesso em: 28 jun. 2021.

FERNANDES, Paula Fazio. *Sentença arbitral como título executivo judicial na justiça do trabalho.* Rio de Janeiro: Editora Lumen Juris, 2019.

FERRÃO, Romário Gava. *Metodologia científica para iniciantes em pesquisa.* Linhares/ES: Unilinhares/Incaper, 2003.

FERREIRA, Waldemar. *Princípios de legislação social e de direito judiciário do trabalho.* São Paulo: Editora Legislação Trabalhista, 1978.

FIGUEIRA JÚNIOR, Joel Dias. Da constitucionalidade dos artigos 6º, 7º, 41 e 42 da lei de arbitragem. A questão da inafastabilidade do controle jurisdicional. *Revista dos Tribunais*, São Paulo, vol. 752, p. 61-64, jun. 1998.

______. *Arbitragem, legislação nacional e estrangeira e o monopólio jurisdicional.* São Paulo: Editora Legislação Trabalhista, 1999.

______. *Arbitragem, jurisdição e execução.* São Paulo: Editora Revista dos Tribunais, 1999.

FIÚZA, César. *Teoria geral da arbitragem.* Belo Horizonte: Editora Del Rey, 1995.

FLENIK, Giordani. *Arbitragem nos litígios trabalhistas individuais.* Florianópolis: Editora Insular, 2009.

FRANÇA, Phillip Gil. Interesse público, um conhecido conceito não indeterminado. *Revista eletrônica direito do estado*, número 249, ano 2016. Disponível em: http://www.direitodoestado.com.br/colunistas/phillip-gil-franca/interesse-publico-um-conhecido--conceito-nao-indeterminado. Acesso em: 17 out. 2022.

FRANÇA, Rubens Limongi de. *Brocardos Jurídicos.* São Paulo: Editora Revista dos Tribunais, 1984.

FRANCO, Vera Helena de Mello. Convenção de arbitragem: cláusula compromissória estabelecida antes do advento da nova lei: direito aplicável. *Revista de Direito Mercantil, Industrial, Econômico e Financeiro*, São Paulo, volume 106. p. 151- 162, 1997.

FRANCO FILHO, Georgenor de Souza. Arbitragem no direito interno e no direito internacional. *Revista de Informação Legislativa*, Brasília, número 104. p. 317-330, 1989.

______. *A arbitragem e os conflitos coletivos de trabalho no Brasil*. São Paulo: Editora Legislação Trabalhista, 1990.

______. *A nova lei de arbitragem e as relações de trabalho*. São Paulo: Editora Legislação Trabalhista, 1997.

FRANZONI, Diego. *Arbitragem societária*. São Paulo: Editora Revista dos Tribunais, 2015.

FREITAS, Manoel Mendes. O juiz do trabalho e a flexibilização. *Revista do tribunal superior do trabalho*, vol. 62, n. 93, p. 130-8, 1993.

FURTADO, Paulo. *Juízo arbitral*. Belo Horizonte: Editora Nova Alvorada, 1995.

______; Bulos, Uadi Lammego. *Lei da arbitragem comentada:* breves comentários à Lei n. 9.307, de 23 de setembro de 1996. São Paulo: Editora Saraiva, 1997.

GAJARDONI, Fernando da Fonseca. *Flexibilização procedimental:* um novo enfoque para o estudo do procedimento em matéria processual. São Paulo: Editora Atlas, 2008.

GARCIA, Gustavo Filipe Barbosa. *Curso de direito processual do trabalho*. Rio de Janeiro: Editora Forense, 2014.

GASPAR LERA, Silvia. *El ámbito de aplicación del arbitraje*. Pamplona: Editora Aranzadi, 1998.

GIGLIO, Wagner Drdla. Os conflitos trabalhistas, a arbitragem e a Justiça do Trabalho. *Revista legislação trabalhista*, São Paulo, vol. 47, n. 03, 1983.

______. *A conciliação nos dissídios individuais do trabalho*. Porto Alegre: Editora Síntese, 1997.

GIL, Otto Eduardo Vizen. A nova regulamentação das arbitragens. *Revista de Informação Legislativa*, Brasília, n. 118, p. 427-434, abr./jun. 1993.

GÓIS, Ancelmo César Lins de; PAIVA, Mário Antônio Lobato de; SARDEGNA, Miguel Angel. O novo direito do trabalho. Brasília, *Revista de Informação Legislativa*, ano 38, n. 150, 2001.

GOLDFARB, Cibele Linero; RONCO, Mariana Brassaloti. Possibilidade de negociação de condições especiais de trabalho aos executivos. In: MARTINEZ NETO, Aldo Augusto; BURMANN, Marcia Sanz; GALO, Thais. *Reforma trabalhista em debate*: grupo de estudos de direito. São Paulo: Editora Legislação Trabalhista, 2018.

GOMES, Orlando. *Escritos menores*. São Paulo: Editora Saraiva, 1981.

______. *Novos temas de direito civil*. Rio de Janeiro: Editora Forense, 1983.

GONÇALVES, Eduardo Damião. *Arbitrabilidade objetiva*. 2008. 183 folhas. Tese (Doutorado). Faculdade de Direito da Universidade de São Paulo, USP, São Paulo, 2008.

GRAU, Eros Roberto. Arbitragem e contrato administrativo. *Revista da Faculdade de Direito da Universidade Federal do Rio Grande do Sul*, n. 21, p. 141-8, mar. 2002. Disponível em: https://seer.ufrgs.br/index.php/revfacdir/issue/view/3104. Acesso em: 20 set. 2022.

GREBLER, Eduardo. Arbitragem nos contratos privados. *Revista dos Tribunais*, São Paulo, n. 745, p. 59-66, 1997.

GUASP. Jaime. *El arbitraje en el derecho español, su nueva regulación conforme la Ley de 22 de diciembre de 1953*. Barcelona: Editorial José Maria Bosh, 1965.

GUERREIRO, José Alexander Tavares. *Fundamentos da arbitragem do comércio internacional*. São Paulo: Editora Revista dos Tribunais, 1993.

HANOTIAU, Bernard. The law applicable to arbitrability. *Singapore academy of law journal*, n. 26, 2014. Disponível em: https://journalsonline.academypublishing.org. Acesso em: 22 jan. 2022.

JIMENEZ, Lucas Moreira. A aplicação do direito concorrencial na arbitragem internacional. In: FINKELSTEIN, Claudio. (Org.). *Direito e arbitragem*: estudos acadêmicos. Série Trabalhos Premiados. Vol. II. Belo Horizonte: Arraes Editores, 2017. p. 202-249.

JUSTEN FILHO, Marçal. *Curso de direito administrativo*. São Paulo: Editora Revista dos Tribunais, 2018.

KROETZ, Tarcísio Araújo. *Arbitragem:* conceito e pressupostos de validade. São Paulo: Editora Revista dos Tribunais, 1997.

LACERDA, Belizário Antônio de. *Comentários à lei de arbitragem*. Belo Horizonte: Editora Del Rey, 1998.

LARA, Rafaela. Bolsonaro recria Ministério do Trabalho para Onyx e nomeia Ciro na Casa Civil. *CNN Brasil, 28 de julho de 2021*. Disponível em: https://www.cnnbrasil.com.br/. Acesso em: 10 out. 2022.

LAZZARINI, Álvaro. O direito administrativo da ordem pública. *Revista eletrônica o alferes*, Belo Horizonte, n. 13, vol. 47, p. 13-35, out./dez. 1997. Disponível em: file:///C:/Users/Usu%C3%A1rio/Downloads/643-Texto%20do%20Artigo-1906-1-10-20180508.pdf. Acesso 17 out. 2022.

LEÃES, Luiz Gastão Paes de Barros. Arbitragem. *Enciclopédia Jurídica Saraiva*. São Paulo, 1978. vol. 07, p. 346-358.

______. Lei modelo de arbitragem comercial internacional. *Revista de Direito Mercantil, Industrial, Econômico e Financeiro*, São Paulo, vol. 24, n. 60, p. 66-82, out/dez, 1985.

LEIRIA, Jerônimo Souto; MONTESANO, Arlete; ALCÂNTARA, Sandro Vilela. *Manual da arbitragem como solução do passivo trabalhista empresarial*. Porto Alegre: Editora CLT, 2000.

LEMES, Selma Maria Ferreira. Arbitragem; princípios jurídicos fundamentais; direito brasileiro e comparado. *Revista de Informação Legislativa*, Brasília, número115. p. 441-468, 1993.

______. Princípios e origens da lei de arbitragem. *Revista do advogado*, São Paulo, n. 51, p. 32-5, out. 1997.

______. Arbitragem registra recorde no país segundo pesquisa arbitragem em números. *Migalhas*, n. 5.478, de 18 de outubro de 2022. Disponível em: https://www.migalhas.com.br/quentes/375457/arbitragem-registra-recorde-no-pais-veja-dados-do-estudo. Acesso em: 16 nov. 2022.

LIMA, Alcides Mendonça. O juízo arbitral e o art. 150, § 4º, da Constituição de 1967. *Revista dos Tribunais*, São Paulo, vol. 402, p. 09-14, 1968.

LIMA, Cláudio Vianna de. *Arbitragem:* a solução. Rio de janeiro: Editora Forense, 1994.

______. Reforma do judiciário e o juízo arbitral. *Arbitragem:* técnica objetiva de pacificação de interesses. *Informativo COAD – ADV*, p. 418-420, vol. 21, 1996.

______. Notícia da arbitragem no direito positivo brasileiro. *Revista Forense*, Rio de Janeiro, vol. 92, n. 334, p. 43-55, abr./jun., 1996.

LIMA, Vandson; JUBÉ, Andrea; PERES, Bruno; MAGRO, Maíra e VIEIRA, André Guilherme. Contra crise política, Temer acelera agenda econômica. *Jornal Valor Econômico* de 12 de dezembro de 2016. Disponível em: https://valor.globo.com. Acesso em: 08 set. 2022.

LOPES, José Reinaldo de Lima. Crise da norma jurídica e a reforma do judiciário. In: FARIA, José Eduardo. (Org.). *Direitos humanos, direitos sociais e justiça*. São Paulo: Malheiros Editores, 2002.

LORCA NAVARRETE, Antonio Maria. La nuova Ley de arbitraje española, *Revista de Informação Legislativa*, Brasília, n. 104, p. 337-40, out./dez. 1989.

______. *Derecho de arbitraje externo e internacional*. Madrid: Editorial Technos, 1989.

LORENTZ, Lutiana Nacur. *Métodos extrajudiciais de solução de conflitos trabalhistas*. São Paulo: Editora Legislação Trabalhista, 2002.

MACIEL, Marco Antônio de Oliveira. Reforma do judiciário e o juízo arbitral. *Informativo COAD — ADV*, p. 420/421, vol. 21, 1996.

MAGALHÃES, José Carlos de; BAPTISTA, Luiz Olavo. *Arbitragem comercial*. Rio de Janeiro: Editora Freitas Bastos, 1986.

______. *Do estado na arbitragem privada*. São Paulo: Editora Max Limonad, 1988.

______. *Arbitragem Internacional Privada*. *Revista Forense*, Rio de Janeiro, n. 279, p. 100-112, 1989.

______. Reconhecimento e execução de laudos arbitrais estrangeiros. *Revista dos Tribunais*, São Paulo, n. 740, p. 116-127, 1997.

MAGANO, Octávio Bueno. Arbitragem. *Revista legislação trabalhista*, vol. 52, n. 01, São Paulo, 1988.

______. *Manual de direito do trabalho*. Direito tutelar do trabalho. São Paulo: Editora Legislação Trabalhista, volume IV, 1992.

______. Solução extrajudicial dos conflitos individuais. *Trabalho & doutrina:* processo e jurisprudência, n. 14, p. 80-4, São Paulo, set. 1997.

MAIA, Flávia; RECONDO, Felipe. Entenda o que o STF ainda precisa decidir sobre Reforma Trabalhista: processos em tramitação na Corte discutem trechos da mudança legislativa realizada em 2017 nas relações de trabalho. *Sítio jurídico Jota*. Disponível em: https://www.jota.info/stf/do-supremo/entenda-o-que-o-stf-ainda-precisa-decidir-sobre-reforma-trabalhista-27102021. Acesso em: 16 nov. 2022.

MARIONI, Luiz Guilherme; ARENHART, Sérgio Cruz; MITIDIERO, Daniel. *Novo curso de processo civil*. São Paulo: Editora Thomson Reuters Brasil, 2017. vol. 01.

MARQUES NETO, Floriano de Azevedo. A bipolaridade do direito administrativo e sua superação. In: SUNDFELD, Carlos Ari; JURKSAOTIS, Guilherme Jardim. (Orgs.). *Contratos públicos e direito administrativo*. São Paulo: Malheiros Editores, 2015. p. 353-425.

MARTINS, Pedro Antônio Batista. *Aspectos jurídicos da arbitragem comercial no Brasil*. Rio de Janeiro: Editora Lumen Juris, 1990.

______. Anotações sobre a arbitragem no Brasil e o projeto de lei do senado 78/92. *Revista de Processo*, Brasília, n. 77, p. 25-64, 1994.

______. Arbitragem (Projeto de Lei n. 78/92). In: FUBENCHAK, James; BUSTAMANTE, Ricardo (Coords.). *Livro de estudos jurídicos*. Rio de Janeiro: Instituto de Estudos Jurídicos, 1995. vo. 11.

______. Apontamentos sobre a arbitragem no Brasil. *Revista do Advogado*, São Paulo, n. 51, p. 36-45, out. 1997.

MARTINS, Sérgio Pinto. Flexibilização das normas trabalhistas. Orientador trabalhista. *Suplemento de legislação, jurisprudência e doutrina*, n. 11, p. 03-6, out. 1997.

______. *Flexibilização das condições de trabalho*. São Paulo: Editora Atlas, 2015.

______. *Direito do trabalho*. São Paulo: Editora Atlas, 2016.

MARX, Karl. *O capital:* crítica da economia política: o processo de produção do capital, livro I, tradução Reginaldo Sant'Anna. Rio de Janeiro: Editora Bertrand Brasil, 1996. vol. 02, p. 854.

MELO, Pedro José Costa. Existe uma regra da supremacia do interesse público? In: CARVALHO, Fábio Lins de Lessa. (Coord.). *Direito Administrativo Inovador*. São Paulo: Editora Juruá, 2015.

MELO, Raimundo Simão de. A arbitragem como mais uma alternativa à solução dos conflitos trabalhistas. *Trabalho & Doutrina: processo e jurisprudência*, n. 14, São Paulo, 1997.

MENDONÇA, Faricelli. Arbitragem e transação tributária. Brasília, *Gazeta Jurídica*, 2014.

MENEZES, Cláudio Armando Couce de; BORGES, Leonardo Dias. Juízo arbitral nos dissídios do trabalho. *Revista legislação trabalhista*, São Paulo, vol. 61, n. 03, p. 322-30, mar. 1997.

MERCADANTE, Araminta de Azevedo. Cláusula compromissória (direito internacional e direito interno). *Enciclopédia Saraiva do Direito*, São Paulo, Editora Saraiva, 1977, vol. 15, p. 6-19.

MIRANDA, Francisco Cavalcante Pontes de. *Tratado de direito privado.* Rio de Janeiro: Editor Borsoi, 1959. vol. 26, p. 317-330.

______. *Comentários ao Código de Processo Civil.* Rio de Janeiro: Editora Forense, 1977. vol. 15, artigos 1.072 a 1.102.

______. *Tratado das ações.* São Paulo: Editora Revista dos Tribunais, 1979.

MONTEIRO, André Luís. Algumas questões sobre a recente decisão do STJ na arbitragem Petrobrás versus ANP: princípio da competência-competência, arbitrabilidade e a Convenção de Nova Iorque. *Revista de Arbitragem e mediação*, vol. 15, n. 57, p. 57-98, abr./jun. 2018.

MONTERO LAROCA, Juan. *Comentario breve a la Ley de Arbitraje.* Madrid: Editorial Civitas, 1990.

MORAIS, Evaristo de. *Apontamentos do direito operário.* São Paulo: Editora Legislação Trabalhista, 1986.

MOREIRA, José Carlos Barbosa. Juízo arbitral — cláusula compromissória: efeitos. In: MOREIRA, José Carlos Barbosa. *Temas de Direito Processual.* São Paulo: Editora Saraiva, 1980. p. 192-210.

______. Sobre a participação do juiz no processo civil. In: GRINOVER, Ada; RANGEL, Cândido Dinamarco; WATANABE, Kazuo. *Participação e processo.* São Paulo: Editora Revista dos Tribunais, 1998.

MOREIRA NETO, Diogo de Figueiredo. Arbitragem nos contratos administrativos. *Revista de Direito Administrativo*, vol. 209, p. 81-90, jul./set. 1997. Disponível em: https://bibliotecadigital.fgv.br. Acesso em: 20 set. 2022.

MORGADO, Isabele Jacob. *A arbitragem nos conflitos do trabalho.* São Paulo: Editora Legislação Trabalhista, 1998.

MOTA, Camilla Veras; NEUMANN, Denise. Reforma deixa 55% dos empregados sem representação nas empresas. *Jornal Valor Econômico* de 04 de janeiro de 2017. Disponível em: https://valor.globo.com. Acesso em: 08 set. 2022.

______. Eleição de representante é um 'avanço'. *Jornal Valor Econômico* do dia 05 de janeiro de 2017. Disponível em: https://valor.globo.com. Acesso em: 08 set. 2022.

MUJALLI, Walter Brasil. *Juízo arbitral. A nova lei de arbitragem.* São Paulo: Livraria e Editora de Direito, 1997.

MURAKAWA, Fabio; CUNTOE, Raphael Di; BITENCOUR, Rafael. Governo ganhou "presente de Natal", diz Temer sobre minirreforma. *Jornal Valor Econômico* de 22 de dezembro de 2016. Disponível em: https://valor.globo.com. Acesso em: 08 set. 2022.

______; ______. Relator de mudança trabalhista afirma que CLT tem inspiração no fascismo. Jornal Valor Econômico de 04 de janeiro de 2017. Disponível em: https://valor.globo.com. Acesso em: 08 set. 2022.

NASCIMENTO, Amauri Mascaro. *Iniciação ao direito do trabalho*. São Paulo: Editora Legislação Trabalhista, 1999.

______. *Curso de direito processual do trabalho*. São Paulo: Editora Saraiva, 1999.

NASSIF, Elaine Noronha. *Fundamentos da flexibilização*: uma análise de paradigmas e paradoxos do direito e do processo do trabalho. São Paulo: Editora Legislação Trabalhista, 2001.

NAZO, Georgete Nacarato. Arbitragem, um singelo histórico. *Revista do Advogado*, São Paulo, n. 51, p. 25-31, out. 1997.

NERY, Ana Luíza. *O que é interesse público numa sociedade complexa e plural não pode ser definido abstratamente, pois a velocidade das mudanças sociais e as particularidades de cada caso podem rapidamente tornar inadequadas as soluções pensadas casuisticamente pelo legislador.* 2015. 408 folhas. Tese (Doutorado). Pontifícia Universidade Católica de São Paulo (PUC), São Paulo, 2015.

NERY JÚNIOR, Nelson. *Atualidades sobre o processo civil*. São Paulo: Editora Revista dos Tribunais, 1995.

______. *Novo Código Civil e legislação extravagante anotados*. Revista dos Tribunais, 2002.

______; NERY, Rosa Maria Andrade. *Código de processo civil comentado*. São Paulo: Editora Revista dos Tribunais, 2012.

NETO, Lira. *Getúlio* — dos anos de formação à conquista do poder (1882-1930). São Paulo: Editora Companhia das Letras, 2013

______. *Getúlio* — do governo provisório à ditadura do estado novo (1930-1945). São Paulo: Editora Companhia das Letras, 2013.

______. *Getúlio* — da volta pela consagração popular ao suicídio (1945-1954). São Paulo: Editora Companhia das Letras, 2013.

NEVES, Daniel Amorin Assunpção. *Manual de direito processual civil*. Salvador: Editora JusPodivm, 2017. p. 59-60.

OFFE, Claus. *Problemas estruturais no estado capitalista*. Rio de Janeiro: Editora Tempo Brasileiro, 1984.

OLIVON, Beatriz; BAETA, Zínia. Fim da Justiça do Trabalho depende do Congresso. *Jornal Valor Econômico*, de 07 de janeiro de 2019. Disponível em: http://www.valor.com.br. Acesso em: 07 dez. 2020.

PAASHAUS, Gustavo Cintra; CAETANO, Luiz Antunes. *Do juízo arbitral* — arbitragem e mediação hoje. São Paulo: Editora Pilares, 2006.

PACHECO, Iara Alves Cordeiro. *Os direitos trabalhistas e a arbitragem*. São Paulo: Editora Legislação Trabalhista, 2003.

PALOMEQUE LÓPEZ, Manuel Carlos; DE LA ROSA, Manuel Álvarez. *Derecho del trabajo*. Madrid: Editorial Centro de Estúdios Ramón Oreces S/A, 2001.

PANTOJA, Fernanda Medina. ALMEIDA, Rafael Alves. Os métodos "alternativos" de solução de conflitos (ADRs). In: ALMEIDA, Diogo Assumpção Rezende de; PANTOJA, Fernanda Medina. *Mediação de conflitos para iniciantes, praticantes e docentes*. Salvador: Editora Juspodium, 2016. p. 55-69.

PARIZATTO, João Roberto. *Arbitragem*. Comentários à Lei n. 9.307 de 23/09/96. São Paulo: Livraria e Editora de Direito, 1997.

PARRAS, Jorge Barrientos. Fundamentos da arbitragem no direito brasileiro e estrangeiro. *Revista de Informação Legislativa*, Brasília, n. 107, p. 215-44, 1993.

PEREIRA, Luíz César Ramos. O juízo arbitral e o projeto de lei sobre arbitragem. *Revista dos Tribunais*, São Paulo, n.564, p. 275-278, 1982.

______. A arbitragem comercial nos contratos internacionais. *Revista dos Tribunais*, São Paulo, n. 572, p. 26-31, 1983.

PERETTI, Luis Alberto Salton, Arbitrabilidade dos dissídios individuais decorrentes do contrato de trabalho. *Revista de Arbitragem e Mediação*, São Paulo, n. 30, jul./set. 2011.

PINTO, Luiz Roberto Nogueira. *Arbitragem:* a alternativa premente para o descongestionar o Poder Judiciário. São Paulo: Arte & Ciência Editora, 2002.

PUCCI, Adriana Noemi. A arbitragem nos países do Mercosul. *Revista dos Tribunais*, São Paulo, n. 738, p. 41-55, 1997.

______. *A arbitragem comercial nos países do Mercosul*. São Paulo: Editora Legislação Trabalhista, 1997.

______. *Arbitragem comercial internacional*. São Paulo: Editora Legislação Trabalhista, 1998.

RAMOS FILHO, Wilson. *O fim do poder normativo e a arbitragem*. São Paulo: Editora Legislação Trabalhista, 1999.

REINALDO FILHO, Demócrito Ramos. Aspectos do instituto da arbitragem. *Revista dos Tribunais*, São Paulo, n. 743, p. 64-73, 1997.

RIVAS, Adolfo Armando. El arbitraje según el derecho argentino, *Revista de Processo*, Brasília, jan./mar. 1987, n. 45.

RODRIGUEZ, Américo Plá. *Princípios de direito do trabalho*. Tradução de Wagner Giglio. São Paulo: Editora Legislação Trabalhista e Editora da Universidade de São Paulo, 1978.

ROQUE, Sebastião José. *Arbitragem, a solução viável*. São Paulo: Editora Ícone, 1997.

ROMITA, Arion Sayão. *Sindicalismo, economia, estado democrático*: estudos. São Paulo: Editora Legislação Trabalhista, 1993.

______. *O Princípio da Proteção em Xeque*. São Paulo: Editora Legislação Trabalhista, 2003.

______. Meios alternativos de solução dos dissídios trabalhistas. *Revista de Direito do Tribunal de Justiça do Estado do Rio de Janeiro*, Rio de Janeiro, número 60, jul./dez. 2004.

ROSAS, Roberto. Juízo arbitral. *Revista dos Tribunais*, São Paulo, n. 568, p. 09-11, 1983.

______. Arbitragem: importância do seu aperfeiçoamento. O papel do advogado. *Revista dos Tribunais*, São Paulo, n. 746, p. 78-80, 1997.

RUSSOMANO, Mozart Victor. *Princípios gerais do direito sindical.* Rio de Janeiro: Editora Forense, 1995.

SAFATLE, Cláudia; COSTA, Raymundo. Relator quer ampliar mudança trabalhista. *Jornal Valor Econômico* de 08 de fevereiro de 2017. Disponível em: https://valor.globo.com. Acesso em: 08 set. 2022.

SALLES, Marcos Paulo de Almeida. Da coisa julgada na arbitragem. *Revista do Advogado*, São Paulo, n. 51, p. 60-64, out. 1997.

SALLES, Carlos Alberto de. *Arbitragem em contratos administrativos.* Rio de Janeiro: Editora Forense, 2011.

SANTLEBEN, Jurgen. Arbitragem comercial no direito internacional privado brasileiro. *Revista da Faculdade de Direito da Universidade de Coimbra*, Coimbra, número especial, p. 720-731, 1986.

SANTOS, Boaventura de Sousa. Introdução à sociologia da administração da justiça. *Revista de Processo*, São Paulo, ano 10, n. 37, jan./mar. 1985.

______. *Teses para a renovação do sindicalismo em Portugal.* Transcrição de palestra proferida no Colóquio Sindicalismo: os novos caminhos da sociedade. Lisboa, mimeografado. 1995.

______. *Os processos de globalização.* Lisboa: Editora Porto, 2000.

SANTOS, Enoque Ribeiro dos. A aplicabilidade da arbitragem nas lides individuais do trabalho. *Revista legislação do trabalho*, São Paulo, vol. 80, n. 01, p. 56-62.

SANTOS, Francisco Cláudio de Almeida. Considerações gerais sobre a arbitragem e seu reordenamento. *Revista de Processo*, Brasília, n. 85, p. 200-221, 1997.

SANTOS, Paulo de Tarso. *Arbitragem e poder judiciário:* mudança cultural. São Paulo: Editora Legislação Trabalhista, 2001.

SANTOS, Ricardo Soares Sterni dos. *Mercosul e a arbitragem internacional* — aspectos gerais e algumas possibilidades. Belo Horizonte: Editora Del Rey, 1998.

SARDEGNA, Miguel Angel. O novo direito do trabalho. *Revista de informação legislativa,* Brasília, ano 38, n.o 150, 2001.

SCAVONE JÚNIOR, Luiz Antônio. *Manual de arbitragem:* mediação e conciliação. Rio de Janeiro: Editora Forense, 2018.

SCURO NETO, Pedro. *Manual de sociologia geral e jurídica.* São Paulo: Editora Saraiva, 1996.

SEVERO, Valdete Souto; SOUTO MAIOR, Jorge Luíz. *Manual da reforma trabalhista:* pontos e contrapontos. São Paulo: Editora Sensus, 2017.

SILVA, Carlos Alberto Barata. *Compêndio de direito do trabalho*. São Paulo: Editora Legislação Trabalhista, 1986.

SILVA, Clóvis do Couto e. O juízo arbitral no direto brasileiro. *Revista de Informação Legislativa*, Brasília, vol. 98, p. 139-150, 1988.

SILVA, Homero Batista Mateus da. *Comentários à reforma trabalhista. São Paulo: Editora Revista dos Tribunais, 2018.*

SILVA, Leonardo. Capital e trabalho. *Síntese trabalhista*, São Paulo, n. 101, p. 136-146, nov. 1997.

SILVA, Oscar Joseph de Plácido e. *Comentários ao Código de Processo Civil*. Rio de Janeiro: Editora Guairá, 1941.

SOARES, Guido Fernando Silva. *Dos órgãos das soluções extrajudiciais de litígios*. São Paulo: Editora Revista dos Tribunais, 1985.

______. Arbitragens comerciais internacionais no Brasil – vicissitudes. *Revista dos Tribunais*, São Paulo, n. 641, p. 29-57, mar. 1989.

______. Órgãos das soluções extrajudiciais de litígios. São Paulo: Revista dos Tribunais, 1996.

SOBREIRA, Geraldo. Antônio Carlos Magalhães, um político que sabia diferenciar fato de notícia. *Jornal do Senado*. Disponível em: https://www12.senado.leg.br. Acesso em: 12 abr. 2021.

SOLE TRUYOLS, Montserrat. O Direito do Trabalho na Espanha. Congresso Internacional "A Justiça do Trabalho no Brasil e no Mundo", promovido em Fortaleza pela Escola Judicial do Tribunal Regional do Trabalho do Ceará (Ejud7 – TRT/CE). Palestra proferida no dia 14 de junho de 2019. Disponível em: https://trt-7.jusbrasil.com.br/noticias/721106103/80-dos-conflitos-trabalhistas-espanhois-passam-por-solucao-judicial-diz-especialista. Acesso em: 22 fev. 2023.

SOUTO MAIOR, Jorge Luiz. Arbitragem e direito do trabalho. *Revista legislação trabalhista*, São Paulo, vol. 61, n. 02, p. 155-6, fev. 1997.

SOUZA JUNIOR, Lauro da Gama e. Sinal verde para a arbitragem nas parcerias público-privadas (a construção de um paradigma para os contratos entre o estado e o investidor privado). *Revista de direito administrativo*, Brasília, n. 241, p. 121-157, jul./set. 2005. Disponível em: https://bibliotecadigital.fgv.br/ojs/index.php/rda/article/. Acesso em: 14 out. 2022.

STEIN, Rachel. *Arbitrabilidade no direito societário*. Rio de Janeiro: Editora Renovar, 2014.

STEPHAN, Cláudia Coutinho. *Relações individuais de trabalho*. São Paulo: Editora Legislação Trabalhista, 1998.

STRENGER, Guilherme Gonçalves. Do juízo arbitral. *Revista dos Tribunais*, São Paulo, n. 607, p. 24-32, 1986.

STRENGER, Irineu. *Contratos internacionais do comércio*. São Paulo: Editora Revista dos Tribunais, 1987.

______. *Arbitragem comercial internacional*. São Paulo: Editora Legislação Trabalhista, 1996.

______. *Formação da prova no litígio arbitral*. Arbitragem. A nova lei brasileira e a praxe internacional. São Paulo: Editora Legislação Trabalhista, 1997.

SUNDFELD, Carlos Ari; CÂMARA, Jacintho Arruda. O cabimento da arbitragem nos contratos administrativos. *Revista de direito administrativo*, Rio de Janeiro, n. 248, maio/ago. 2008, p. 117-126. Disponível em: https://bibliotecadigital.fgv.br/ojs/index.php/rda/article/. Acesso em: 13 jun. 2022.

SÜSSEKIND, Arnaldo. História da CLT no seu cinquentenário. In: SANTOS, ALOYSIO (Coord.). *A consolidação das leis do trabalho histórica*. Rio de Janeiro: Editora SENAI/SESI, 1993.

______; MARANHÃO, Délio; VIANNA, Segadas. *Instituições de direito do trabalho*. São Paulo: Editora Legislação Trabalhista, 1996, volume 01.

TAVARES, José Alexandre. *Fundamentos da arbitragem do comércio internacional*. São Paulo: Editora Saraiva, 1993.

TEIXEIRA, Sálvio de Figueiredo. A arbitragem no sistema jurídico brasileiro. *Revista dos Tribunais*, São Paulo, n. 735, p. 39-48, 1997.

TIBÚRCIO, Carmem. Arbitragem envolvendo a administração pública: estado atual no direito brasileiro. *Revista de direito público*, Brasília, vol. 11, ano XI, n. 58. p. 62-82, jul./ago. 2014. Disponível em: https://www.portaldeperiodicos.idp.edu.br/. Acesso em: 20 abr. 2022.

VENTURI, Elton. Transação de direitos indisponíveis? *Revista de processo*, vol. 251, jan. 2016, p. 391-426. Disponível em: https://edisciplinas.usp.br/. Acesso em: 15 jul. 2022.

WATANABE, Kazuo. Acesso à justiça e sociedade moderna. In: GRINOVER, Ada; RANGEL, Cândido Dinamarco; WATANABE, Kazuo. *Participação e processo*. São Paulo: Editora Revista dos Tribunais, 1998.

YARSHELL, Flávio Luiz. *Tutela jurisdicional específica nas obrigações de declaração de vontade*. São Paulo: Malheiros Editores, 1993.

YOSHIDA, Márcio. A arbitragem no âmbito do direito do trabalho. In: GARCEZ, José Maria Rossani. (Coord.). *A arbitragem na era da globalização*. Rio de Janeiro: Editora Forense, 1997.

______. Arbitragem em face da indisponibilidade dos direitos trabalhistas. In: PUCCI, Adriana Noemi (Coord.). *Aspectos atuais da arbitragem*. Rio de Janeiro: Editora Forense, 2001.

______. *Arbitragem trabalhista* — um novo horizonte para a solução dos conflitos laborais. São Paulo: Editora Legislação Trabalhista, 2006.

YOUSSEF, Karim. The death of inarbitrability. In: MISTELIS, Loukas; BREAKOULASKIS, Stavros. *Arbitrability:* international & comparative perspectives. The Netherlands: Klwer Law International, 2009. p. 47-68. Disponível em: https://www.iaiparis.com/profile/karim.youssef. Acesso em: 25 jan. 2022.

2. Legislação

2.1. Legislação do Brasil

BRASIL. *Constituição da República dos Estados Unidos do Brasil*, de 16 de julho de 1934. Disponível em: http://www.planalto.gov.br/ccivil_03/constituicao/constituicao. Acesso em: 27 out. 2022.

______. *Constituição dos Estados Unidos do Brasil*, de 18 de setembro de 1946. Disponível em: http://www.planalto.gov.br/ccivil_03/constituicao/constituicao46.ht. Acesso em: 15 abr. 2021.

______. *Constituição da República Federativa do Brasil*, de 05 de outubro de 1988. Disponível em: https://www.planalto.gov.br/ccivil_03/constituicao/constituicao.htm. Acesso em: 20 abr. 2021.

______. Decreto n. 737 (ou Regulamento n. 737), de 25 de novembro de 1850. *Determina a ordem do juizo no processo commercial*. (Grafia original). Disponível em: http://www.planalto.gov.br/ccivil_03/decreto/historicos/dim/DIM0737.htm#:~:text=Determina%20a%20ordem%20do%20Juizo%20no%20Processo%20Commercial. Acesso em: 08 nov. 2022.

______. Decreto n. 3.900, de 26 de junho de 1867. *Regula o juízo arbitral do commercio e dá outras providências.* (Grafia original). Disponível em: http://www.planalto.gov.br/ccivil_03/decreto/historicos/dim/dim3900.htm. Acesso em: 19 out. 2022.

______. Decreto n. 1.637, de 05 de janeiro de 1907. *Crea syndicatos profissionaes e sociedades cooperativas.* (Grafia no original). Disponível em: https://www2.camara.leg.br/legin/fed/decret/1900-1909/decreto-1637-5-janeiro-1907-582195-publicacaooriginal-104950-pl.html. Acesso em: 25 out. 2022.

______. Decreto n. 21.187, de 22 de março de 1932. *Promulga o Protocolo relativo a cláusula de arbitragem, firmado em Genebra a 24 de setembro de 1923.* Disponível em:https://www2.camara.leg.br/legin/fed/decret/1930-1939/decreto-21187-22-marco-1932-548999-publicacaooriginal-64245-pe.html. Acesso em: 11 out. 2022.

______. Decreto n. 21.396, de 12 de maio de 1932. *Institue Comissões Mistas de Conciliação e dá outras providências.* (Grafia original.) Disponível em: https://www2.camara.leg.br/legin/fed/decret/1930-1939/decreto-21396-12-maio-1932-526753-publicacaooriginal-1pe.html#:~:text=1%C2%BA%20Nos%20munic%C3%ADpios%20ou%20localidades,os%20diss%C3%ADdios%20entre%20empregadores%20e. Acesso em: 25 out. 2022.

______. Decreto n. 22.132, de 25 de novembro de 1932. *Institue Juntas de Conciliação e Julgamento e regulamenta as suas funções.* (Grafia original.) Disponível em: https://www2.camara.leg.br/legin/fed/decret/1930-1939/decreto-22132-25-novembro-1932-526777-publicacaooriginal-82731-pe.html. Acesso em: 25 out. 2022.

______. Decreto n. 88.984, de 10 de novembro de 1983. *Cria o Conselho Federal e os Conselhos Regionais de Relações do Trabalho, institui o Sistema Nacional de Relações do Trabalho e dá outras providências.* (Grafia original). Disponível em: https://

www2.camara.leg.br/legin/fed/decret/1980-1987/decreto-88984-10-novembro-1983-438897-publicacaooriginal-1-pe.html. Acesso em: 26 out. 2022.

______. Decreto de 1º de fevereiro de 1991. *Cria a comissão interministerial para elaborar proposições relativas à legislação* trabalhista. (Grafia original). Disponível em: https://www.planalto.gov.br/ccivil_03/dnn/anterior%20a%202000/1991/dnn35.htm. Acesso em: 28 out. 2022.

______. Decreto n. 6.596, de 12 de dezembro de 1940. *Aprova o regulamento da Justiça do Trabalho.* Disponível em: http://www.planalto.gov.br/ccivil_03/decreto/1930-1949/d6596.htm#:~:text=DECRETO%20N%C2%BA%206.596%20DE%2012%20DE%20DEZEMBRO%20DE%201940.&text=Aprova%20o%20regulamento%20da%20Justi%C3%A7a,Art.. Acesso em: 20 fev. 2021.

______. Decreto-Lei n. 19.433, de 26 de novembro de 1930. *Cria uma Secretaria de Estado com a denominação de Ministério do Trabalho, Indústria e Comércio e dá outras providências.* Disponível em: https://www2.camara.leg.br/legin/fed/decret/1930-1939/decreto-19433-26-novembro-1930-517354-publicacaooriginal-1-pe.html. Acesso em: 12 abr. 2021.

______. Decreto-Lei n. 1.608, de 18 de setembro de 1939. *Código de processo civil.* (Grafia original). Disponível em: http://www.planalto.gov.br/ccivil_03/decreto-lei/1937-1946/del1608.htm. Acesso em: 11 out. 2022.

______. Decreto-Lei n. 2.848, de 07 de dezembro de 1940. *Código Penal.* Disponível em: https://www.planalto.gov.br/ccivil_03/decreto-lei/del2848compilado.htm. Acesso em: 22 nov. 2022.

______. Decreto-Lei n. 4.657, de 04 de setembro de 1942. *Lei de introdução às normas do direito brasileiro.* Disponível em: http://www.planalto.gov.br/ccivil_03/decreto-lei/del4657.htm. Acesso em: 21 out. 2022.

______. Decreto-Lei n. 5.452, de 1º de maio de 1943. *Institui a Consolidação das Leis do Trabalho.* Disponível em: http://www.planalto.gov.br/ccivil_03/decreto-lei/del5452.htm. Acesso em: 09 set. 2022.

______. Decreto-Lei n. 9295, de 27 de maio de 1946. *Cria o Conselho Federal de Contabilidade, define as atribuições do Contador e do Guarda-livros, e dá outras providências.* Disponível em: http://www.planalto.gov.br. Acesso em: 09 set. 2022.

______. Decreto-Lei n. 9.797, de 09 de setembro de 1946. *Altera disposições da Consolidação das Leis do Trabalho referentes à Justiça do Trabalho, e dá outras providências.* Disponível em: http://www.planalto.gov.br/ccivil_03/decreto-lei/Del9797.htm. Acessado em 02 abr. 2021.

______. Lei n. 556, de 25 de junho de 1850. *Codigo Commercial do Imperio do Brasil.* Disponível em: http://www.planalto.gov.br/ccivil_03/leis/lim/LIM556compilado.htm. Acesso em: 20 out. 2022.

______. Lei n. 3.071, de 1º de janeiro de 1916. *Código Civil dos Estados Unidos do Brasil.* Disponível em: http://www.planalto.gov.br/ccivil_03/leis/l3071.htm. Acesso em: 08 nov. 2022.

______. Lei n. 3.782, de 22 de julho de 1960. *Cria os Ministérios da Indústria e do Comércio e das Minas e Energia, e dá outras providências.* Disponível em: http://www.planalto.gov.br/ccivil_03/leis/1950-1969/l3782.htm#:~:text=Cria%20os%20Minist%C3%A9rios%20da%20Ind%C3%BAstria,Energia%2C%20e%20d%C3%A1%20outras%20provid%C3%AAncias. Acesso em: 08 nov. 2022.

______. Lei n. 5.869, de 11 de janeiro de 1973. *Institui o Código de Processo Civil.* Disponível em: Disponível em: http://www.planalto.gov.br/ccivil_03/leis/l5869.htm. Acesso em: 20 abr. 2022. (Norma revogada).

______. Lei n. 5.889, de 08 de junho de 1973. *Estatui normas reguladoras do trabalho rural.* Disponível em: https://www.planalto.gov.br/ccivil_03/leis/l5889.htm. Acesso em: 23 mar. 2023.

______. Lei n. 6.036, de 1º de maio de 1974. *Dispõe sobre a criação, na Presidência da República, do Conselho de Desenvolvimento Econômico e da Secretaria de Planejamento, sobre o desdobramento do Ministério do Trabalho e Previdência Social e dá outras providências.* Disponível em: http://www.planalto.gov.br/ccivil_03/leis/l6036.htm#:~:text=LEI%20No%206.036%2C%20DE,Social%20e%20d%C3%A1%20outras%20provid%C3%AAncias.. Acesso em: 08 nov. 2022.

______. Lei n. 6.019, de 03 de janeiro de 1974. *Dispõe sobre o Trabalho Temporário nas Empresas Urbanas, e dá outras Providências.* Disponível em: https://www.planalto.gov.br/ccivil_03/leis/l6019.htm. Acesso em: 23 mar. 2023.

______. Lei n. 6.367, de 19 de outubro de 1976. *Dispõe sobre o seguro de acidentes do trabalho a cargo do INPS e dá outras providências.* Disponível em: http://www.planalto.gov.br/ccivil_03/leis/l6367.htm#:~:text=LEI%20No%206.367%2C%20DE%2019%20DE%20OUTUBRO%20DE%201976.&text=Disp%C3%B5e%20sobre%20o%20seguro%20de,INPS%20e%20d%C3%A1%20outras%20provid%C3%AAncias.. Acesso em: 22 out. 2022.

______. Lei n. 7.783, de 28 de junho de 1989. *Dispõe sobre o exercício do direito de greve, define as atividades essenciais, regula o atendimento das necessidades inadiáveis da comunidade, e dá outras providências.* (Grafia original). Disponível em: http://www.planalto.gov.br/ccivil_03/leis/l7783.HTM. Acesso em: 22 abr. 2021.

______. Lei n. 7.998, de 11 de janeiro de 1990. *Regula o Programa do Seguro-Desemprego, o Abono Salarial, institui o Fundo de Amparo ao Trabalhador (FAT), e dá outras providências.* Disponível em: http://www.planalto.gov.br/ccivil_03/leis/L7998compilado.htm#:~:text=LEI%20N%C2%BA%207.998%2C%20DE%2011%20DE%20JANEIRO%20DE%201990.&text=Regula%20o%20Programa%20do%20Seguro,)%2C%20e%20d%C3%A1%20outras%20provid%C3%AAncias.&text=V%20%2D%20n%C3%A3o%20possuir%20renda%20pr%C3%B3pria,manuten%C3%A7%C3%A3o%20e%20de%20sua%20fam%C3%ADlia.. Acesso em: 08 nov. 2022.

______. Lei n. 8.036, de 11 de maio de 1990. *Dispõe sobre o Fundo de Garantia por Tempo de Serviço e dá outras providências.* (Grafia original). Disponível em: http://www.planalto.gov.br/ccivil_03/leis/l8036consol.htm#:~:text=LEI%20N%C2%BA%208.036%2C%20DE%2011%20DE%20MAIO%20DE%201990.&text=Disp%C3%B5e%20sobre%20

o%20Fundo%20de,Servi%C3%A7o%2C%20e%20d%C3%A1%20outras%20 provid%C3%AAncias.. Acesso em: 22 out. 2022.

______. Lei n. 8.069, de 13 de julho de 1990. *Dispõe sobre o Estatuto da Criança e do Adolescente e dá outras providências.* (Grafia original). Disponível em: https://www.planalto.gov.br/ccivil_03/leis/l8069.htm. Acesso em: 12 dez. 2022.

______. Lei n. 8.078 de 11 de setembro de 1990. *Dispõe sobre a proteção do consumidor e dá outras providências.* (Grafia original). Disponível em: http://www.planalto.gov.br/ccivil_03/leis/l8078compilado.htm. Acesso em: 16 out. 2022.

______. Lei n. 8.422, de 13 de maio de 1992. *Dispõe sobre a organização de ministérios e dá outras providências.* (Grafia original). Disponível em: http://www.planalto.gov.br/ccivil_03/leis/l8422.htm#:~:text=LEI%20No%208.422%2C%20DE%2013%20 DE%20MAIO%20DE%201992.&text=Convers%C3%A3o%20da%20MPV%20 n%C2%BA%20302%2C%20de%201992.&text=Disp%C3%B5e%20sobre%20a%20 organiza%C3%A7%C3%A3o%20de,Art.. Acesso em: 08 nov. 2022.

______. Lei n. 8.542, de 23 de dezembro de 1992. *Dispõe sobre a política nacional de salários.* Disponível em: http://www.planalto.gov.br/ccivil_03/leis/l8542.htm#:~:text=LEI%20N%C2%BA%208.542%2C%20DE%2023%20 DE%20DEZEMBRO%20DE%201992.&text=Disp%C3%B5e%20sobre%20a%20 pol%C3%ADtica%20nacional,Art.. Acesso em: 26 out. 2022.

______. Lei n. 8.630, de 25 de fevereiro de 1993. *Dispõe sobre o regime jurídico da exploração dos portos organizados e das instalações portuárias.* Disponível em: http://www.planalto.gov.br/ccivil_03/leis/l8630.htm#:~:text=Fica%20permitido%20 %C3%A0s%20cooperativas%20formadas,da%20%C3%A1rea%20do%20porto%20 organizado.. Acesso em: 26 out. 2022.

______. Lei n. 9.099, de 26 de setembro de 1995. *Dispõe sobre os Juizados Especiais Cíveis e Criminais e dá outras providências.* (Grafia original). Disponível em: http://www.planalto.gov.br/ccivil_03/leis/l9099.htm. Acesso em: 11 out. 2022.

______. Lei n. 9.307, de 23 de setembro de 1996. *Dispõe sobre a arbitragem.* Disponível em: http://www.planalto.gov.br/ccivil_03/leis/l9307.htm. Acesso em: 10 out. 2022.

______. Lei n. 9.394, de 20 de dezembro de 1996. *Estabelece as diretrizes e bases da educação nacional.* (Grafia original). Disponível em: http://www.planalto.gov.br/ccivil_03/leis/l9394.htm. Acesso em: 23 out. 2022.

______. Lei n. 9.686, de 10 de novembro de 1999. *Dispõe sobre o processo e julgamento da ação direta de inconstitucionalidade e da ação declaratória de constitucionalidade perante o Supremo Tribunal Federa e determina outras providências.* Disponível em: https://www.planalto.gov.br/ccivil_03/leis/l9868.htm#:~:text=LEI%20No%209.868%2C%20DE%2010%20DE%20NOVEMBRO%20 DE%201999.&text=Disp%C3%B5e%20sobre%20o%20processo%20e,perante%20 o%20Supremo%20Tribunal%20Federal. Acesso em: 09 nov. 2022.

______. Lei n. 9.958, de 12 de janeiro de 2000. *Altera e acrescenta artigos à Consolidação das Leis do Trabalho (CLT), aprovada pelo Decreto-lei n. 5.452, de 1º de* maio de 1943, dispondo sobre as Comissões de Conciliação Prévia e permitindo a execução de título executivo extrajudicial na Justiça do Trabalho. Disponível em:http://www.planalto.gov.br/ccivil_03/leis/l9958.htm#:~:text=LEI%20No%209.958%2C%20DE,extrajudicial%20na%20Justi%C3%A7a%20do%20Trabalho. Acesso em: 11 out. 2022.

______. Lei n. 10.101, de 19 de dezembro de 2000. *Dispõe sobre a participação dos trabalhadores nos lucros ou resultados da empresa e dá outras providências.* Disponível em:http://www.planalto.gov.br/ccivil_03/leis/l10101.htm#:~:text=LEI%20No%2010.101%2C%20DE%2019%20DE%20DEZEMBRO%20DE%202000.&text=Disp%C3%B5e%20sobre%20a%20participa%C3%A7%C3%A3o%20dos,empresa%20e%20d%C3%A1%20outras%20provid%C3%AAncias.. Acesso em: 23 abr. 2021.

______. Lei n. 10.192, de 14 de fevereiro de 2001. *Dispõe sobre medidas complementares ao Plano Real e dá outras providências.* Disponível em: http://www.planalto.gov.br/ccivil_03/leis/LEIS_2001/L10192.htm#art18. Acesso em: 26 out. 2022.

______. Lei n. 10.259, de 12 de julho de 2001. *Dispõe sobre a instituição dos Juizados Especiais Cíveis e Criminais no âmbito da Justiça Federal.* Disponível em: http://www.planalto.gov.br/ccivil_03/leis/leis_2001/l10259.htm. Acesso em: 04 out. 2022.

______. Lei n. 10.406, de 10 de janeiro de 2002. *Institui o Código Civil.* Disponível em: https://www.planalto.gov.br/ccivil_03/leis/2002/l10406compilada.htm#:~:text=LEI%20N%C2%BA%2010.406%2C%20DE%2010%20DE%20JANEIRO%20DE%202002&text=Institui%20o%20C%C3%B3digo%20Civil.&text=Art.,e%20deveres%20na%20ordem%20civil.. Acesso em: 20 abr. 2022.

______. Lei n. 11.442, de 05 de janeiro de 2007. *Dispõe sobre o transporte rodoviário de cargas por conta de terceiros e mediante remuneração e revoga a Lei n. 6.813*, de 10 de julho de 1980. Disponível em: http://www.planalto.gov.br/ccivil_03/_ato2007-2010/2007/lei/l11442.htm. Acesso em: 1º nov. 2022.

______. Lei n. 11.788, de 25 de setembro de 2008. *Dispõe sobre o estágio de estudantes; altera a redação do art. 428 da Consolidação das Leis do Trabalho – CLT, aprovada pelo Decreto-Lei n. 5.452*, de 1º de maio de 1943, e a Lei n. 9.394, de 20 de dezembro de 1996; revoga as Leis ns. 6.494, de 7 de dezembro de 1977, e 8.859, de 23 de março de 1994, o parágrafo único do art. 82 da Lei n. 9.394, de 20 de dezembro de 1996, e o art. 6º da Medida Provisória n. 2.164-41, de 24 de agosto de 2001; e dá outras providências. Disponível em: https://www.planalto.gov.br/ccivil_03/_ato2007-2010/2008/lei/l11788.htm. Acesso em: 23 de mar. 2023.

______. Lei n. 12.376, de 30 de dezembro de 2010. *Altera a ementa do Decreto-Lei no 4.657, de 4 de setembro de 1942.* (Grafia original). Disponível em: http://www.planalto.gov.br/ccivil_03/_Ato2007-2010/2010/Lei/L12376.htm#art2. Acesso em: 21 out. 2022.

______. Lei n. 12.815, de 05 de junho de 2013. *Dispõe sobre a exploração direta e indireta pela União de portos e instalações portuárias e sobre as atividades desempenhadas pelos operadores portuários; altera as Leis ns. 5.025, de 10 de junho de 1966, 10.233, de 5 de junho de 2001, 10.683, de 28 de maio de 2003, 9.719, de 27 de novembro de 1998, e 8.213, de 24 de julho de 1991; revoga as Leis números 8.630, de 25 de fevereiro de 1993, e 11.610, de 12 de dezembro de 2007, e dispositivos das

Leis números 11.314, de 3 de julho de 2006, e 11.518, de 5 de setembro de 2007; e dá outras providências. Disponível em: http://www.planalto.gov.br/ccivil_03/_Ato2011-2014/2013/Lei/L12815. Acesso em: 13 out. 2022.

______. Lei n. 12.842, de 10 de julho de 2013. *Dispõe sobre o ensino e o exercício da Medicina*. Disponível em: https://www.planalto.gov.br/ccivil_03/_ato2011-2014/2013/lei/l12842.htm. Acesso em: 09 set. 2022.

______. Lei n. 13.105 de 16 de março de 2015. *Código de processo civil*. Disponível em: http://www.planalto.gov.br/ccivil_03/_ato2015-2018/2015/lei/l13105.htm. Acesso em: 16 out. 2022.

______. Lei n. 13.140, de 26 de junho de 2015. *Dispõe sobre a mediação entre particulares como meio de solução de controvérsias e sobre a autocomposição de conflitos no âmbito da administração pública; altera a Lei n. 9.469, de 10 de julho de 1997, e o Decreto n. 70.235, de 6 de março de 1972; e revoga o § 2º do artigo 6º da Lei n. 9.469, de 10 de julho de 1997*. Disponível em: http://www.planalto.gov.br/ccivil_03/_ato2015-2018/2015/lei/l13140.htm. Acesso em: 11 out. 2022.

______. Lei n. 13.146, de 06 de julho de 2015. *Institui a Lei Brasileira de Inclusão da Pessoa com Deficiência (Estatuto da Pessoa com Deficiência)*. Disponível em: https://www.planalto.gov.br/ccivil_03/_Ato2015-2018/2015/Lei/L13146.htm#art114. Acesso em: 12 dez. 2022.

______. Lei n. 13.266, de 05 de abril de 2016. Extingue e transforma cargos públicos; altera a Lei n. 10.683, de 28 de maio de 2003, que dispõe sobre a organização da presidência da república e dos ministérios, e a Lei n. 11.457, de 16 de março de 2007; e revoga dispositivos da Lei n. 10.683, de 28 de maio de 2003. Disponível em: https://legislacao.presidencia.gov.br/atos/?tipo=LEI&numero=13266&ano=2016&ato=6a0Mzaq50dZpWTd45. Acesso em: 08 nov. 2022.

______. Lei n. 13.341, de 29 de setembro de 2016. Altera as Leis ns. 10.683, de 28 de maio de 2003, que dispõe sobre a organização da Presidência da República e dos Ministérios, e 11.890, de 24 de dezembro de 2008, e revoga a Medida Provisória n. 717, de 16 de março de 2016. (Grafia original). Disponível em: https://www.planalto.gov.br/ccivil_03/_ato2015-2018/2016/lei/l13341.htm. Acesso em: 08 nov. 2022.

______. Lei n. 13.467, de 13 de julho de 2017. *Altera a Consolidação das Leis do Trabalho (CLT), aprovada pelo Decreto-Lei n. 5.452, de 1º de maio de 1943, e as Leis ns. 6.019, de 3 de janeiro de 1974, 8.036, de 11 de maio de 1990, e 8.212, de 24 de julho de 1991, a fim de adequar a legislação às novas relações de trabalho*. Disponível em: http://www.planalto.gov.br/ccivil_03/_ato2015-2018/2017/lei/l13467.htm. Acesso em: 23 abr. 2021.

______. Lei n. 13.655, de 25 de abril de 2018. *Inclui no Decreto-Lei n. 4.657, de 4 de setembro de 1942 (Lei de Introdução às Normas do Direito Brasileiro), disposições sobre segurança jurídica e eficiência na criação e na aplicação do direito público*. Acesso em: http://www.planalto.gov.br/ccivil_03/_Ato2015-2018/2018/Lei/L13655.htm#art1. Acesso em: 21 out. 2022.

______. Lei n. 13.844, de 18 de junho de 2019. *Estabelece a organização básica dos órgãos da Presidência da República e dos Ministérios.* Disponível em: http://www.planalto.gov.br/ccivil_03/_ato2019-2022/2019/lei/l13844.htm. Acesso em: 13 abr. 2021.

______. Lei n. 14.261, de 16 de dezembro de 2021. *Cria o Ministério do Trabalho e Previdência; altera as Leis n. 13.844, de 18 de junho de 2019, n. 7.998, de 11 de janeiro de 1990, e n. 8.036, de 11 de maio de 1990, e a Consolidação das Leis do Trabalho (CLT), aprovada pelo Decreto-Lei n. 5.452, de 1º de maio de 1943; revoga dispositivos da Lei n. 13.846, de 18 de junho de 2019; e dá outras providências.* Disponível em: http://www.planalto.gov.br/ccivil_03/_ato2019-2022/2021/lei/L14261.htm. Acesso em: 08 mar. 2022.

______. Lei Complementar n. 75, de 20 de maio de 1993. *Dispõe sobre a organização, as atribuições e o estatuto do Ministério Público da União.* Disponível em: http://www.planalto.gov.br/ccivil_03/leis/lcp/lcp75.htm. Acesso em: 13 out. 2022.

______. Lei Complementar n. 123, de 14 de dezembro de 2006. *Institui o Estatuto Nacional da Microempresa e da Empresa de Pequeno Porte; altera dispositivos das Leis ns. 8.212 e 8.213*, ambas de 24 de julho de 1991, da Consolidação das Leis do Trabalho — CLT, aprovada pelo Decreto-Lei n. 5.452, *de* 1º de maio de 1943, da Lei n. 10.189, de 14 de fevereiro de 2001, da Lei Complementar n. 63, de 11 de janeiro de 1990; e revoga as Leis ns. 9.317, de 5 de dezembro de 1996, e 9.841, de 5 de outubro de 1999. Disponível em: http://www.planalto.gov.br/ccivil_03/leis/lcp/lcp123.htm. Acesso em: 01 nov. 2022.

______. Lei Complementar n. 150, de 1º de junho de 2015. Dispõe sobre o contrato de trabalho doméstico; altera as Leis ns. 8.212, de 24 de julho de 1991, n. 8.213, de 24 de julho de 1991, e n. 11.196, de 21 de novembro de 2005; revoga o inciso I do art. 3º da Lei n. 8.009, de 29 de março de 1990, o art. 36 da Lei n. 8.213, de 24 de julho de 1991, a Lei n. 5.859, de 11 de dezembro de 1972, e o inciso VII do art. 12 da Lei n. 9.250, de 26 de dezembro 1995; e dá outras providências. Disponível em: https://www.planalto.gov.br/ccivil_03/leis/lcp/lcp150.htm. Acesso em: 21 de mar. 2023.

______. Medida Provisória n. 1.487, de 07 de junho de 1996. *Dispõe sobre a participação dos trabalhadores nos lucros ou resultados da empresa.* Disponível em: https://presrepublica.jusbrasil.com.br/legislacao/105926/medida-provisoria-1487-96. Acesso em: 26 out. 2022.

______. Medida Provisória n. 1.799-1, de 1º de janeiro de 1999. Altera dispositivos da Lei n. 9.649, de 27 de maio de 1998, que dispõe sobre a organização da Presidência da República e dos Ministérios, e dá outras providências. Disponível em: http://www.planalto.gov.br/ccivil_03/mpv/antigas/1799-1.htm#:~:text=MEDIDA%20PROVIS%C3%93RIA%20N%C2%BA%201.799%2D1,Minist%C3%A9rios%2C%20e%20d%C3%A1%20outras%20provid%C3%AAncias.. Acesso em: 08 nov. 2022.

______. Medida Provisória n. 696, de 02 de outubro de 2015. Extingue e transforma cargos públicos e altera a Lei n. 10.683, de 28 de maio de 2003, que dispõe sobre a organização da Presidência da República e dos Ministérios. Disponível em: http://www.planalto.gov.br/ccivil_03/_ato2015-2018/2015/mpv/mpv696.htm. Acesso em: 08 nov. 2022.

______. Medida Provisória n. 726, de 12 de maio de 2016. *Altera e revoga dispositivos da Lei n. 10.683, de 28 de maio de 2003, que dispõe sobre a organização da Presidência da República e dos Ministérios.* Disponível em: https://www2.camara.leg.br/legin/fed/medpro/2016/medidaprovisoria-726-12-maio-2016-783106-publicacaooriginal-150375-pe.html#:~:text=Altera%20e%20revoga%20dispositivos%20da,da%20Rep%C3%BAblica%20e%20dos%20Minist%C3%A9rios. Acesso em: 08 nov. 2022.

______. Medida Provisória n. 808, de 14 de novembro de 2017. *Altera a Consolidação das Leis do Trabalho, aprovada pelo Decreto-Lei n. 5.452, de 1º de maio de 1943.* Disponível em: file:///C:/Users/Usu%C3%A1rio/Downloads/Sumario_Executivo. Acesso em: 13 set. 2022.

______. Medida Provisória n. 1.058, de 02 de julho de 2021. *Altera a Lei n. 13.844, de 18 de junho de 2019, para criar o Ministério do Trabalho e Previdência, e dá outras providências. Resumo das Disposições.* Disponível em: http:// www.congressonacional.leg.br. Acesso em: 08 mar. 2022.

______. CONGRESSO NACIONAL. CÂMARA DOS DEPUTADOS. Projeto de Lei n. 4.018, de 17 de setembro de 1993, do Senador Marco Antônio de Oliveira Maciel (PFL/PE), transformada na Lei n. 9.307, de 23 de setembro de 1996. *Dispõe sobre a arbitragem.* Disponível em: https://www.camara.leg.br/proposicoesWeb/fichadetrami tacao?idProposicao=218042. Acesso em: 31 out. 2022.

______. CONGRESSO NACIONAL. CÂMARA DOS DEPUTADOS. Parecer da Comissão Especial destinada a proferir parecer ao Projeto de Lei n. 6.787, de 2016, do Poder Executivo, que *"altera o Decreto-Lei n. 5.452, de 1º de maio de 1943 – Consolidação das Leis do Trabalho, e a Lei n. 6.019, de 3 de janeiro de 1974, para dispor sobre eleições de representantes dos trabalhadores no local de trabalho e sobre trabalho temporário, e dá outras providências".* Disponível em: https://www.camara.leg.br/proposicoesWeb/. Acesso em: 10 set. 2022.

______. CONGRESSO NACIONAL. CÂMARA DOS DEPUTADOS. Projeto de Lei n. 3.293, de 23 de setembro de 2021. Altera a Lei n. 9.307, de 23 de setembro de 1996, para disciplinar a atuação do árbitro, aprimorar o dever de revelação, estabelecer a divulgação das informações após o encerramento do procedimento arbitral e a publicidade das ações anulatórias, além de dar outras providências. Disponível em: https://www.camara.leg.br/proposicoesWeb/prop_mostrarintegra;jsessionid=node09hx8nrx5rq7r1jhr4zogb7tum3831909.node0?codteor=2078848&filename=Tramitacao-PL+3293/2021. Acesso em: 23 nov. 2022.

______. PODER LEGISLATIVO. CÂMARA DOS DEPUTADOS. RÁDIO CÂMARA. A VOZ DO BRASIL. *Plenário aprova tramitação mais rápida da Reforma Trabalhista.* Áudio da reportagem transmitida no dia 20 abr. 2017 transcrita no sítio da Câmara dos Deputados. Disponível em: https://www.camara.leg.br/radio/programas/512269--plenario-aprova-tramitacao-mais-rapida-da-reforma-trabalhista/?pagina=539. Acesso em: 04 abr. 2023.

______. CONGRESSO NACIONAL. SENADO FEDERAL. Projeto de Lei n. 78, de 03 de junho de 1992 do Senador Marco Maciel (PFL/PE), transformada em norma jurídica. *Dispõe sobre a arbitragem.* Disponível em: https://www25.senado.leg.br/web/atividade/materias/-/materia/26738. Acesso em: 31 out. 2022.

______. CONGRESSO NACIONAL. SENADO FEDERAL. Projeto de Lei n.406/2013 e n. 7.108/2014 da Câmara dos Deputados, transformada na Lei n. 13.129, de 26 de maio de 2015. *Altera a Lei n. 9.307, de 23 de setembro de 1996, e a Lei n. 6.404, de 15 de dezembro de 1976, para ampliar o âmbito de aplicação da arbitragem e dispor sobre a escolha dos árbitros quando as partes recorrem a órgão arbitral, a interrupção da prescrição pela instituição da arbitragem, a concessão de tutelas cautelares e de urgência nos casos de arbitragem, a carta arbitral, a sentença arbitral e o incentivo ao estudo do instituto da arbitragem; e revoga dispositivos da Lei n. 9.307, de 23 de setembro de 1996.* Disponível em: https://www25.senado.leg.br/web/atividade/materias/-/materia/114641. Acesso em: 29 out. 2022.

______. PRESIDÊNCIA DA REPÚBLICA. CASA CIVIL. DEPARTAMENTO DE DOCUMENTAÇÃO. Exposição de Motivos Interministerial n. 35, de 11 de abril de 1991, referente ao Projeto de Lei sem Número. *Regulamenta o artigo 8º da Constituição Federal, dispõe sobre a negociação coletiva de trabalho, institui a representação de trabalhadores na empresa e dá outras providências.* Publicado na Seção I do Diário Oficial da União de 02 maio 1991. Protocolo n. 00002.00188/91-95, de 03 maio 1991.

______. PRESIDÊNCIA DA REPÚBLICA. CASA CIVIL. DEPARTAMENTO DE DOCUMENTAÇÃO. Mensagem n. 189, de 30 de abril de 1991. Projeto de Lei sem Número. *Regulamenta o artigo 8º da Constituição Federal, dispõe sobre a negociação coletiva de trabalho, institui a representação de trabalhadores na empresa e dá outras providências.* Publicado na Seção I do Diário Oficial da União de 02 maio 1991. Protocolo n. 00002.00188/91-95, de 03 maio 1991.

______. PRESIDÊNCIA DA REPÚBLICA. CASA CIVIL. DEPARTAMENTO DE DOCUMENTAÇÃO. Projeto de Lei sem Número. *Regulamenta o artigo 8º da Constituição Federal, dispõe sobre a negociação coletiva de trabalho, institui a representação de trabalhadores na empresa e dá outras providências.* Publicado na Seção I do Diário Oficial da União de 02 maio 1991. Protocolo n. 00002.00188/91-95, de 03 maio 1991.

______. PRESIDÊNCIA DA REPÚBLICA. MINISTÉRIO DA JUSTIÇA. Portaria n. 298-A, de 20 de junho de 1988. Anteprojeto de lei sobre o juízo arbitral. Altera, no Código de Processo Civil, o capítulo relativo ao juízo arbitral e dá outras providências. Publicado no diário Oficial da União de quinta-feira, dia 14 de julho de 1988, Seção I. p. 13.075-6.

______. PRESIDÊNCIA DA REPÚBLICA. SECRETARIA-GERAL. SUBCHEFIA PARA ASSUNTOS JURÍDICOS. Mensagem de Veto Parcial n. 162, de 26 de maio de 2015. Disponível em: http://www.planalto.gov.br/ccivil_03/_ato2015-2018/2015/msg/vep-162.htm. Acesso em: 29 out. 2022.

______. PRESIDÊNCIA DA REPÚBLICA. MINISTÉRIO DO TRABALHO E PREVIDÊNCIA; MINISTÉRIO DA ECONOMIA. Portaria Interministerial n. 12, de 17 de janeiro de 2022. *Dispõe sobre o reajuste dos benefícios pagos pelo Instituto Nacional do Seguro Social – INSS e demais valores constantes do Regulamento da Previdência Social – RPS e dos valores previstos nos incisos II a VIII do § 1º do art. 11 da Emenda Constitucional n. 103, de 12 de novembro de 2019, que trata da aplicação das alíquotas da contribuição previdenciária prevista nos artigos 4º, 5º e 6º da Lei n. 10.887, de 18 de junho de 2004.* Disponível em: https://www.in.gov.br/en/web/dou/-/

portaria-interministerial-mtp/me-n-12-de-17-de-janeiro-de-2022-375006998. Acesso em: 08 mar. 2022.

______. PODER EXECUTIVO. MNISTÉRIO DA PREVIDÊNCIA SOCIAL; MINISTÉRIO DA FAZENDA. Portaria Interministerial n. 02, de 11 de janeiro de 2024. Dispõe sobre o reajuste dos benefícios pagos pelo Instituto Nacional do Seguro Social — INSS e demais valores constantes do Regulamento da Previdência Social – RPS e dos valores previstos nos incisos II a VIII do § 1º do art. 11 da Emenda Constitucional n. 103, de 12 de novembro de 2019, que trata da aplicação das alíquotas da contribuição previdenciária prevista nos arts. 4º, 5º e 6º da Lei n. 10.887, de 18 de junho de 2004. (Processo n. 10128.119242/2023-98). Disponível em: https://www.in.gov.br/en/web/dou/-/portaria-interministerial-mps/mf-n-2-de-11-de-janeiro-de-2024-537035232. Acesso em: 11 jan. 2024.

______. PODER EXECUTIVO. MINISTÉRIO DO TRABALHO E PREVIDÊNCIA; MINISTÉRIO DA FAZENDA. Portaria Interministerial n. 26, de 10 de janeiro de 2023. Dispõe sobre o reajuste dos benefícios pagos pelo Instituto Nacional do Seguro Social – INSS e demais valores constantes do Regulamento da Previdência Social – RPS e dos valores previstos nos incisos II a VIII do § 1º do art. 11 da Emenda Constitucional n. 103, de 12 de novembro de 2019, que trata da aplicação das alíquotas da contribuição previdenciária prevista nos artigos 4º, 5º e 6º da Lei n. 10.887, de 18 de junho de 2004. Disponível em: https://www.gov.br/trabalho-e-previdencia/pt-br/assuntos/previdencia-no-servico-publico/legislacao-dos-rpps/portarias/SEI_30818500_Portaria_Interministerial_26.pdf. Acesso em: 08 mar. 2023.

ORGANIZAÇÃO DOS ESTADOS AMERICANOS (OEA). Convenção Americana sobre Direitos Humanos, assinada na Conferência Especializada Interamericana sobre Direitos Humanos, realizada em San José, Costa Rica, em 22 de novembro de 1969. Disponível em: https://www.cidh.oas.org/basicos/portugues. Acesso em: 22 abr. 2021.

ORGANIZAÇÃO DAS NAÇÕES UNIDAS (ONU). Declaração Universal dos Direitos Humanos. Adotada e proclamada pela Assembleia Geral das Nações Unidas (Resolução n. 217 A III) em 10 de dezembro 1948. Disponível em: https://www.unicef.org. Acesso em: 20 abr. 2022.

2.2. Legislação da Espanha

ESPAÑA. MINISTERIO DE LA PRESIDENCIA, RELACIONES CON LAS CORTES Y MEMORIA DEMOCRATICA. Exposición de Motivos. Ley núm. 60/2003, de 23 de diciembre, de Arbitraje. Boletín Oficial del Estado (BOE), núm. 309, de 26 de diciembre vde 2003. Entrada en vigor: 26 de marzo de 2004; Departamento: Jefatura del Estado; Referencia: BOE-A-2003-23646. Disponible en: https://www.boe.es/eli/es/l/2003/12/23/60/con. Acceso en: 02 feb. 2023.

______. MINISTERIO DE LA PRESIDENCIA, RELACIONES CON LAS CORTES Y MEMORIA DEMOCRATICA. Ley de 22 de diciembre de 1953 por la que se regulan los arbitrajes de Derecho Privado. Publicado en: Boletín Oficial del Estado (BOE) núm. 358, de 24 de diciembre de 1953, páginas 7.587 a 7.591 (5 págs.). Departamento:

Jefatura del Estado. Referencia: BOE-A-1953-16398. Disponíble en: https://www.boe.es/buscar/doc.php?id=BOE-A-1953-16398. Aceso en: 20 jan. 2023.

______. MINISTERIO DE LA PRESIDENCIA, RELACIONES CON LAS CORTES Y MEMORIA DEMOCRATICA. Ley núm. 36/1988, de 05 de diciembre, de Arbitraje. Boletín Oficial del Estado (BOE), núm. 293, de 07 de diciembre de 1988, páginas 34.605 a 34.609; Sección: I. Disposiciones generales; Departamento: Jefatura del Estado; Referencia: BOE-A-1988-28027. Disponible en: https://www.boe.es/buscar/doc.php?id=BOE-A-1988-28027. Acceso en: 02 feb. 2023.

______. MINISTERIO DE LA PRESIDENCIA, RELACIONES CON LAS CORTES Y MEMORIA DEMOCRATICA. Ley núm. 11/1994, de 19 de mayo, por la que se modifican determinados artículos del Estatuto de los Trabajadores, y del texto articulado de la Ley de Procedimiento Laboral y de la Ley sobre Infracciones y Sanciones en el Orden Social. Boletín Oficial del Estado, núm. 122, de 23 de mayo de 1994, páginas 15805 a 15831. Entrada en vigor: 26 de marzo de 2004; Sección: I. Disposiciones generales; Departamento: Jefatura del Estado; Referencia: BOE-A-1994-11610. Disponible en: https://www.boe.es/eli/es/l/1994/05/19/11. Acceso en: 02 feb. 2023.

______. MINISTERIO DE LA PRESIDENCIA, RELACIONES CON LAS CORTES Y MEMORIA DEMOCRATICA. Ley núm. 01, de 07 de enero de 2000, de Enjuiciamiento Civil. Boletín Oficial del Estado, núm. 07, de 08 de enero de 2000. Entrada en vigor: 08 de enero de 2001; Departamento: Jefatura del Estado; Referencia: BOE-A-2000-323. Disponible en: https://www.boe.es/eli/es/l/2000/01/07/1/con. Acceso en: 02 feb. 2023.

______. MINISTERIO DE LA PRESIDENCIA, RELACIONES CON LAS CORTES Y MEMORIA DEMOCRATICA. Ley núm. 60/2003, de 23 de diciembre, de Arbitraje. Boletín Oficial del Estado, núm. 309, de 26 de diciembre de 2003. Entrada en vigor: 26 de marzo de 2004; Departamento: Jefatura del Estado; Referencia: BOE-A-2003-23646. Disponible en: https://www.boe.es/eli/es/l/2003/12/23/60/con. Acceso en: 02 feb. 2023.

______. MINISTERIO DE LA PRESIDENCIA, RELACIONES CON LAS CORTES Y MEMORIA DEMOCRATICA. Ley núm. 11/2011, de 20 de mayo, de reforma de la Ley n. 60/2003, de 23 de diciembre, de Arbitraje y de regulación del arbitraje institucional en la Administración General del Estado. Boletín Oficial del Estado, núm. 121, de 21 de mayo de 2003, páginas 50.797 a 50.804. Departamento: Jefatura del Estado; Referencia: BOE-A-2011-8847. Disponible en: https://www.boe.es/eli/es/l/2011/05/20/11. Acceso en: 02 feb. 2023.

______. MINISTERIO DE LA PRESIDENCIA, RELACIONES CON LAS CORTES Y MEMORIA DEMOCRATICA. Real Decreto núm. 1094, de 22 de mayo de 1981, sobre realización por el Consejo Superior de las Cámaras Oficiales de Comercio, Industria y Navegación de arbitraje comercial internacional. Boletín Oficial del Estado, núm. 140, de 12 de junio de 1981, páginas 13.312 a 13.312; Sección: I. Disposiciones generales; Departamento: Presidencia del Gobierno; Referencia: BOE-A-1981-13182. Disponible en: http://www.boe.es/eli/es/rd/1981/05/22/1094. Acceso en: 02 feb. 2023.

______. MINISTERIO DE LA PRESIDENCIA, RELACIONES CON LAS CORTES Y MEMORIA DEMOCRATICA. Instrumento de Ratificación del Convenio relativo a la Adhesión del Reino de España y de la República Portuguesa al Convenio sobre la Ley aplicable a las Obligaciones Contractuales, abierto a la firma en Roma el 19 de junio de 1980, hecho en Funchal el 18 de mayo de 1992. Boletín Oficial del Estado, núm. 171, de 19 de julio de 1993. p. 21953 a 21959. Departamento: Jefatura del Estado; Referencia: BOE-A-1993-18896. Disponible en: https://www.boe.es/buscar/doc.php?id=BOE-A-1993-18896. Acceso en: 02 feb. 2023.

______. MINISTERIO DE LA PRESIDENCIA, RELACIONES CON LAS CORTES Y MEMORIA DEMOCRATICA. Real Decreto Legislativo 2/2015, de 23 de octubre, por el que se aprueba el texto refundido de la Ley del Estatuto de los Trabajadores. Boletín Oficial del Estado, núm. 255, de 24 de octubre de 2015. Entrada en vigor: 13 de noviembre de 2015; Departamento: Ministerio de Empleo y Seguridad Social; Referencia: BOE-A-2015-11430. Disponible en: https://www.boe.es/eli/es/rdlg/2015/10/23/2/con. Acceso en: 02 feb. 2023.

______. MINISTERIO DE LA PRESIDENCIA, RELACIONES CON LAS CORTES Y MEMORIA DEMOCRATICA. Reglamento (CE) n. 44/2001 del Consejo, de 22 de diciembre de 2000, relativo a la competencia judicial, el reconocimiento y la ejecución de resoluciones judiciales en materia civil y mercantil. Boletín Oficial de la Unión Europea, núm. 12, de 16 de enero de 2001. p. 01 a 23171. Departamento: Comunidades Europeas; Referencia: DOUE-L-2001-80073. Esta norma fue derogada en 10 de enero de 2015. Disponible en:https://www.boe.es/buscar/doc.php?id=DOUE-L-2001-80073#:~:text=L%2D2001%2D80073-,Reglamento%20(CE)%20n%C2%BA%2044%2F2001%20del%20Consejo%2C%20de,en%20materia%20civil%20y%20mercantil.&text=Publicado%20en%3A,a%2023%20(23%20p%C3%A1gs.%20). Acceso en: 02 feb. 2023.

______. REAL FEDERACIÓN ESPAÑOLA DE CICLISMO (RFEC). Reglamento UCI del Deporte Ciclista. Disponível em: https://rfec.com/index.php/es/smartweb/seccion/seccion/rfec/Reglamento-del-Deporte-Ciclista-Uci. Acesso em: 13 fev. 2023.

NACIONES UNIDAS. COMISIÓN DE LAS NACIONES UNIDAS PARA EL DERECHO MERCANTIL INTERNACIONAL. Ley Modelo de la CNUDMI sobre Arbitraje Comercial Internacional de 21 de junio de 1985, con todas las enmiendas aprobadas en 2006, recomendada por la Asamblea General en su Resolución núm. 40/72, de 11 de diciembre de 1985. Disponible en: file:///C:/Users/Usu%C3%A1rio/Downloads/International%20arbitration%20trade%20Law%20based%20on%20the%20model%20of%20the%20United%20Nations%20Commission%20on%20International%20Trade%20Law%20-Ley%20sobre%20arbitraje%20comercial%20intern%20l.pdf. Acceso en: 02 feb. 2023.

ORGANIZACIÓN INTERNACIONAL DEL TRABAJO. Recomendación sobre la conciliación y el arbitraje voluntarios n. 92, Ginebra, 34ª reunión. Disponível em: https://www.ilo.org/dyn/normlex/es/f?p=NORMLEXPUB:12100:0::NO:12100:P12100_INSTRUMENT_ID:312430:NO. Acesso em: 15 out. 2022.

3. Jurisprudência

3.1. Jurisprudência brasileira

BRASIL. PODER JUDICIÁRIO. JUSTIÇA DO TRABALHO. Tribunal Regional do Trabalho da 3ª Região. Processo n. 0011206-51.2019.5.03.0029. Recurso Ordinário – Rito

Sumaríssimo (RORSUM); Recorrente: Pio XII Combustíveis Ltda.; Recorrido: Paulo Alves Júnior; Relatora: Desembargadora Denise Alves Horta. Decisão prolatada no dia 12 de fevereiro de 2020. Disponível em: https://sistemas.trt3.jus.br/bd-trt3. Acesso em: 12 out. 2022.

______. PODER JUDICIÁRIO.JUSTIÇA DO TRABALHO. TRIBUNAL REGIONAL DO TRABALHO da 1ª Região. Processo n. 0011289-92.2013.5.01.0042 (RO). Recorrente: André Henrique Buchheim, Banco BTG Pactual S/A; Recorrido: André Henrique Buchheim, Banco BTG Pactual S/A. Relator: Desembargador do Trabalho Enoque Ribeiro dos Santos. Decisão prolatada no dia 11 de abril de 2017. Disponível em: https://www.trt1.jus.br/. Acesso em: 31 out. 2022.

______. PODER JUDICIÁRIO. TRIBUNAL REGIONAL DO TRABALHO DE MATO GROSSO da 23ª Região. *Janela do TRT – Justiça do Trabalho no Mundo*. Disponível em: https://portal.trt23.jus.br/comunicacao/janelatrt/justica-do-trabalho-no-mundo/. Acesso em: 21 mar. 2023.

______. PODER JUDICIÁRIO. JUSTIÇA DO TRABALHO. TRIBUNAL SUPERIOR DO TRABALHO. Processo. 4ª Turma. Recurso de Revista (RR) – 25900-67.2008.5.03.0075 – Fase Atual: E-ED; Numeração antiga: E-ED-RR – 259/2008-075-03-00.2. Número no TRT de Origem: Recurso Ordinário (RO) – 25900/2008-0075-03.00. Órgão Judicante: Subseção I Especializada em Dissídios Individuais. Relator: Ministro João Oreste Dalazen. Embargante: Ministério Público do Trabalho – Procuradoria Regional da 3ª Região. Procuradora: Adriana Augusta de Moura Souza. Embargada: Câmara de Mediação de Arbitragem de Minas Gerais S/S Ltda. Advogado: Dr. Guilherme Picinin Velloso. Procurador: Dr. Enéas Bazzo Torres. Publicação do Acórdão no dia 02 de dezembro de 2009. Disponível em: http://aplicacao4.tst.jus.br/consultaProcessual/consultaTstNumUnica.do?consulta=Co. Acesso em: 03 out. 2022.

______. PODER JUDICIÁRIO. SUPERIOR TRIBUNAL DE JUSTIÇA. CONFLITO DE COMPETÊNCIA N. 188764 – SP (2022/0164675-2) RELATOR: MINISTRO LUIS FELIPE SALOMÃO SUSCITANTE: PRUDENTIAL DO BRASIL SEGUROS DE VIDA S/A ADVOGADOS: MARICI GIANNICO – SP149850; THAIS ARZA MONTEIRO – SP267967; NAIANE LOPES SOARES DE MELO – SP328883; JOÃO VICENTE PEREIRA DE ASSIS – RJ168433; MARCELO CATANIA RAMOS – SP389694; FLAVIO SPACCAQUERCHE BARBOSA – DF052308; CLEBER VENDITTI DA SILVA – DF058426; ANDRÉ CHATEAUBRIAND PEREIRA DINIZ MARTINS – DF063547; E OUTROS. SUSCITADO: CAESP CONSELHO ARBITRAL DO ESTADO DE SAO PAULO. SUSCITADO: JUÍZO DA 13A VARA DO TRABALHO DE CURITIBA – PR INTERESSADA: EDINA CRISTIANE DE DEUS PAULUK. ADVOGADOS: JULIANO FRANÇA TETTO – PR034749; RENATA KRISTINE BRODHAGE – PR092122. Disponível em: https://www.jusbrasil.com.br/jurisprudencia/stj/1543907461. Acesso em: 12 fev. 2023.

______. PODER JUDICIÁRIO. SUPERIOR TRIBUNAL DE JUSTIÇA. SÚMULA: A Corte Especial, na sessão ordinária de 16 de março de 2016, aprovou o seguinte enunciado de Súmula, que será publicado no "Diário da Justiça eletrônico do Superior Tribunal de Justiça", por três vezes, em datas próximas, nos termos do art. 123 do

Regimento Interno do Superior Tribunal de Justiça. SÚMULA n. 568: O relator, monocraticamente e no Superior Tribunal de Justiça, poderá dar ou negar provimento ao recurso quando houver entendimento dominante acerca do tema. Referência: Constituição Federal, artigo 105, III, a e c.; Recurso Especial n. 503.701-RS (2ª T 22/06/2004 – *DJ* 18/10/2004). Recurso Especial n. 1.501.205-RS (2ª T 21/05/2015 – Diário de Justiça eletrônico (*DJe*) de 30/05/2015. Recurso Especial n. 1.563.610-PI (2ª T 24/11/2015 – Diário de Justiça eletrônico (*DJe*) de 04/02/2016. Recurso Especial 1.346.836-BA (3ª T 09/10/2012 – Diário de Justiça eletrônico (*DJe*) de 15/10/2012. Recurso Especial n. 1.290.933-SP (3ª T 17/03/2015 – Diário de Justiça eletrônico (*DJe*) de 24/04/2015. Recurso Especial 1.107.977-RS (4ª T 19/11/2013 – Diário de Justiça eletrônico (*DJe*) de 04/08/2014. Recurso Especial n. 732.939-RS (5ª T 27/03/2008 – Diário de Justiça eletrônico (*DJe*) de 02/06/2008. Recurso Especial 1.084.943-MG (5ª T 18/02/2010 – Diário de Justiça eletrônico (*DJe*) de 15/03/2010. *Diário de Justiça eletrônico. Edição n. 1932 – Brasília.* Disponibilização: Quarta-feira, dia 16 de março de 2016. Publicação: Quinta-feira, 17 de março de 2016. Disponível em: https://www.stj.jus.br/internet_docs/biblioteca/clippinglegislacao/Sumula_568_2016.pdf. Acesso em: 12 fev. 2023.

______. PODER JUDICIÁRIO. SUPREMO TRIBUNAL FEDERAL. *Ação Direta de Constitucionalidade n. 55.* Autor: Associação Brasileira das Emissoras de Rádio e TV. Relator: Ministro Edson Fachin. Redator do acórdão: Ministro Luiz Fux. Trecho questionado: Fim da contribuição sindical obrigatória. Apenso principal: ADI n. 5.794; Processos apensados: ADI n. 5.806; ADI n. 5.810; ADI n. 5.811; ADI n. 5.813; ADI n. 5.815; ADI n. 5.850; ADI n. 5.859; ADI n. 5.865; ADI n. 5.885; ADI n. 5.887; ADI n. 5.888; ADI n. 5.892; ADI n. 5.900; ADI n. 5.912; ADI n. 5.913; ADI n. 5.923; ADI n. 5.945; ADI n. 5.950; e ADC n. 55. Ata n. 24, de 29/06/2018. Diário de Justiça Eletrônico (*DJe*) n. 157, divulgado em 03 de agosto de 2018. Transitado em Julgado em 12/05/2020. Disponível em: https://portal.stf.jus.br/processos/detalhe.asp?incidente=5471945. Acesso em: 10 ago. 2023.

______. PODER JUDICIÁRIO. SUPREMO TRIBUNAL FEDERAL. *Ação Direta de Constitucionalidade n. 58.* Autor: Confederação Nacional do Sistema Financeiro (Consif). Requerido: Presidente da República; Congresso Nacional. Relator: Ministro Gilmar Mendes. Trecho questionado: Correção de depósitos. Apenso Principal: ADI n. 5.867; Processos apensados: ADC n. 58; ADC n. 59; ADI n. 6.021. Data da publicação *DJe* 09/12/2021 – Ata n. 210/2021. Diário de Justiça Eletrônico (*DJe*) n. 242, divulgado em 07/12/2021. Trânsito em julgado dia 02/02/2022. Disponível em: https://portal.stf.jus.br/processos/detalhe.asp?incidente=5526245. Acesso em10 ago. 2023.

______. PODER JUDICIÁRIO. SUPREMO TRIBUNAL FEDERAL. *Ação Direta de Constitucionalidade n. 59.* Autor: Confederação Nacional da Tecnologia da Informação e Comunicação (Contic). Requerido: Presidente da República; Congresso Nacional. Relator: Ministro Gilmar Mendes. Trecho questionado: Correção de depósitos. Apenso Principal: ADI n. 5.867; Processos apensados: ADC n. 58; ADC n. 59; ADI n. 6.021. Data de publicação DJe 09/12/2021 – Ata n. 210/2021. Diário de Justiça Eletrônico (*DJe*) n. 242, divulgado em 07/12/2021. Trânsito em julgado dia 02/02/2022. Disponível em: https://portal.stf.jus.br/processos/detalhe.asp?incidente=5526245. Acesso em10 ago. 2023.

______. PODER JUDICIÁRIO. SUPREMO TRIBUNAL FEDERAL. *Ação Direta de Inconstitucionalidade n. 5.766.* Autor: Procuradoria-Geral da República. Relator: Ministro Roberto Barroso. Redator do acórdão: Ministro Alexandre de Moraes. Requerido: Presidente da República; Congresso Nacional. Trecho questionado: Pagamento de Custas. Data de publicação DJe de 03 de maio de 2022 – Ata número 72/2022. *DJe* n. 84, divulgado em 02 de maio de 2022. Trânsito em Julgado no dia 04/08/2022. Disponível em: https://portal.stf.jus.br/processos/detalhe.asp?incidente=5250582. Acesso em: 10 ago. 2023.

______. PODER JUDICIÁRIO. SUPREMO TRIBUNAL FEDERAL. *Ação Direta de Inconstitucionalidade n. 5.794.* Autor: Confederação dos Trabalhadores em Transporte Aquaviário (Conttmaf). Relator: Ministro Edson Fachin. Redator do acórdão: Ministro Luiz Fux. Trecho questionado: Fim da contribuição sindical obrigatória. Apenso Principal: ADI n. 5.794; Processos apensados: ADI n. 5.806; ADI n. 5.810; ADI n. 5.811; ADI n. 5.813; ADI n. 5.815; ADI n. 5.850; ADI n. 5.859; ADI n. 5.865; ADI n. 5.885; ADI n. 5.887; ADI n. 5.888; ADI n. 5.892; ADI n. 5.900; ADI n. 5.912; ADI n. 5.913; ADI n. 5.923; ADI n. 5.945; ADI n. 5.950; e ADC n. 55. Ata n. 24, de 29/06/2018. Diário de Justiça Eletrônico (*DJe*) n. 157, divulgado em 03 de agosto de 2018. Transitado em Julgado em 12/05/2020. Disponível em: https://portal.stf.jus.br/processos/detalhe.asp?incidente=5288954. Acesso em: 10 ago. 2023.

______. PODER JUDICIÁRIO. SUPREMO TRIBUNAL FEDERAL. *Ação Direta de Inconstitucionalidade n. 5.806.* Autor: Confederação Nacional dos Trabalhadores na Atividade Profissional dos Empregados na Prestação de Serviços de Segurança Privada, de Monitorarmento, Ronda Motorizada e de Controle Eletro-Eletrônico e Digital (Contrasp). Requerido: Presidente da República; Congresso Nacional. Relator: Ministro Edson Fachin. Trecho questionado: Fim da contribuição sindical obrigatória. Apenso Principal: ADI n. 5.794; Processos apensados: ADI n. 5.806; ADI n. 5.810; ADI n. 5.811; ADI n. 5.813; ADI n. 5.815; ADI n. 5.850; ADI n. 5.859; ADI n. 5.865; ADI n. 5.885; ADI n. 5.887; ADI n. 5.888; ADI n. 5.892; ADI n. 5.900; ADI n. 5.912; ADI n. 5.913; ADI n. 5.923; ADI n. 5.945; ADI n. 5.950; e ADC n. 55. Ata n. 24, de 29/06/2018. Diário de Justiça Eletrônico (*DJe*) n. 157, divulgado em 03 de agosto de 2018. Transitado em Julgado em 12/05/2020. Disponível em: https://portal.stf.jus.br/processos/detalhe.asp?incidente=5288954. Acesso em: 10 ago. 2023.

______. PODER JUDICIÁRIO. SUPREMO TRIBUNAL FEDERAL. *Ação Direta de Inconstitucionalidade n. 5.810.* Autor: Central das Entidades de Servidores Públicos (Cesp). Requerido: Presidente da República; Congresso Nacional. Relator: Ministro Edson Fachin. Trecho questionado: Fim da contribuição sindical obrigatória. Apenso Principal: ADI n. 5.794; Processos apensados: ADI n. 5.806; ADI n. 5.810; ADI n. 5.811; ADI n. 5.813; ADI n. 5.815; ADI n. 5.850; ADI n. 5.859; ADI n. 5.865; ADI n. 5.885; ADI n. 5.887; ADI n. 5.888; ADI n. 5.892; ADI n. 5.900; ADI n. 5.912; ADI n. 5.913; ADI n. 5.923; ADI n. 5.945; ADI n. 5.950; e ADC n. 55. Ata n. 24, de 29/06/2018. Diário de Justiça Eletrônico (*DJe*) n. 157, divulgado em 03 de agosto de 2018. Transitado em Julgado em 12/05/2020. Publicação *DJe* do acórdão em 23 de abril de 2020, na Ação Direta de Inconstitucionalidade (ADI) n. 5.794. Disponível em: https://portal.stf.jus.br/peticaoInicial/verPeticaoInicial.asp?base=ADI&numProcesso=5810. Acesso em: 10 ago. 2023.

______. PODER JUDICIÁRIO. SUPREMO TRIBUNAL FEDERAL. *Ação Direta de Inconstitucionalidade n. 5.811*. Autor: Confederação dos Trabalhadores de Logística. Requerido: Presidente da República; Congresso Nacional. Relator: Ministro Edson Fachin. Trecho questionado: Fim da contribuição sindical obrigatória. Apenso Principal: ADI n. 5.794; Processos apensados: ADI n. 5.806; ADI n. 5.810; ADI n. 5.811; ADI n. 5.813; ADI n. 5.815; ADI n. 5.850; ADI n. 5.859; ADI n. 5.865; ADI n. 5.885; ADI n. 5.887; ADI n. 5.888; ADI n. 5.892; ADI n. 5.900; ADI n. 5.912; ADI n. 5.913; ADI n. 5.923; ADI n. 5.945; ADI n. 5.950; e ADC n. 55. Ata n. 24, de 29/06/2018. Diário de Justiça Eletrônico (DJe) n. 157, divulgado em 03 de agosto de 2018. Transitado em Julgado em 12/05/2020. Publicação *DJe* do acórdão em 23 de abril de 2020, na Ação Direta de Inconstitucionalidade (ADI) n. 5.794. Disponível em: https://portal.stf.jus.br/peticaoInicial/verPeticaoInicial.asp?base=ADI&numProcesso=5811. Acesso em: 10 ago. 2023.

______. PODER JUDICIÁRIO. SUPREMO TRIBUNAL FEDERAL. *Ação Direta de Inconstitucionalidade n. 5.813*. Autor: Federação dos Trabalhadores de Postos (Fenepospetro). Requerido: Presidente da República; Congresso Nacional. Relator: Ministro Edson Fachin. Trecho questionado: Fim da contribuição sindical obrigatória. Apenso Principal: ADI n. 5.794; Processos apensados: ADI n. 5.806; ADI n. 5.810; ADI n. 5.811; ADI n. 5.813; ADI n. 5.815; ADI n. 5.850; ADI n. 5.859; ADI n. 5.865; ADI n. 5.885; ADI n. 5.887; ADI n. 5.888; ADI n. 5.892; ADI n. 5.900; ADI n. 5.912; ADI n. 5.913; ADI n. 5.923; ADI n. 5.945; ADI n. 5.950; e ADC n. 55. Ata n. 24, de 29/06/2018. Diário de Justiça Eletrônico (*DJe*) n. 157, divulgado em 03 de agosto de 2018. Transitado em Julgado em 12/05/2020. Publicação DJE do acórdão em 23 de abril de 2020, na Ação Direta de Inconstitucionalidade (ADI) n. 5.794. Disponível em: https://portal.stf.jus.br/peticaoInicial/verPeticaoInicial.asp?base=ADI&numProcesso=5813. Acesso em: 10 ago. 2023.

______. PODER JUDICIÁRIO. SUPREMO TRIBUNAL FEDERAL. *Ação Direta de Inconstitucionalidade n. 5.815*. Autor: Federação dos Trabalhadores em Empresas de Telecomunicações (Fenattel). Requerido: Presidente da República; Congresso Nacional. Relator: Ministro Edson Fachin. Trecho questionado: Fim da contribuição sindical obrigatória. Apenso Principal: ADI n. 5.794; Processos apensados: ADI n. 5.806; ADI n. 5.810; ADI n. 5.811; ADI n. 5.813; ADI n. 5.815; ADI n. 5.850; ADI n. 5.859; ADI n. 5.865; ADI n. 5.885; ADI n. 5.887; ADI n. 5.888; ADI n. 5.892; ADI n. 5.900; ADI n. 5.912; ADI n. 5.913; ADI n. 5.923; ADI n. 5.945; ADI n. 5.950; e ADC n. 55. Ata n. 24, de 29/06/2018. Diário de Justiça Eletrônico (DJe) n. 157, divulgado em 03 de agosto de 2018. Transitado em Julgado em 12/05/2020. Publicação no *DJe* do acórdão em 23 de abril de 2020, na ADI n. 5.794. Disponível em: https://portal.stf.jus.br/peticaoInicial/verPeticaoInicial.asp?base=ADI&numProcesso=5815. Acesso em: 10 ago. 2023.

______. PODER JUDICIÁRIO. SUPREMO TRIBUNAL FEDERAL. *Ação Direta de Inconstitucionalidade n. 5.826*. Autor: Federação dos Trabalhadores de Postos (Fenepospetro). Trecho questionado: Trabalho intermitente. Trecho questionado: Trabalho intermitente. Apenso principal: ADI n. 5.826; Processos apensados: ADI n. 6.154 e ADI n. 5.829. Resultado final: Aguardando julgamento. Disponível em: https://portal.

stf.jus.br/peticaoInicial/verPeticaoInicial.asp?base=ADI&numProcesso=5806. Acesso em: 10 ago. 2023.

______. PODER JUDICIÁRIO. SUPREMO TRIBUNAL FEDERAL. Ação Direta de Inconstitucionalidade n. 5.829. Autor: Federação dos Trabalhadores em Empresas de Telecomunicações (Fenattel). Trecho questionado: Trabalho intermitente. Apenso principal: ADI n. 5.826; Processos apensados: ADI n. 6.154 e ADI n. 5.829. Resultado final: Aguardando julgamento. Disponível em: https://portal.stf.jus.br/peticaoInicial/verPeticaoInicial.asp?base=ADI&numProcesso=5806. Acesso em: 10 ago. 2023.

______. PODER JUDICIÁRIO. SUPREMO TRIBUNAL FEDERAL. *Ação Direta de Inconstitucionalidade n. 5.850.* Autor: Confederação dos Trabalhadores em Comunicações e Publicidade (Contcop). Requerido: Presidente da República; Congresso Nacional. Relator: Ministro Edson Fachin. Trecho questionado: Fim da contribuição sindical obrigatória. Apenso Principal: ADI n. 5.794; Processos apensados: ADI n. 5.806; ADI n. 5.810; ADI n. 5.811; ADI n. 5.813; ADI n. 5.815; ADI n. 5.850; ADI n. 5.859; ADI n. 5.865; ADI n. 5.885; ADI n. 5.887; ADI n. 5.888; ADI n. 5.892; ADI n. 5.900; ADI n. 5.912; ADI n. 5.913; ADI n. 5.923; ADI n. 5.945; ADI n. 5.950; e ADC n. 55. Ata n. 24, de 29/06/2018. Diário de Justiça Eletrônico (*DJe*) n. 157, divulgado em 03 de agosto de 2018. Transitado em Julgado em 12/05/2020. Publicação *DJe* do acórdão em 23 de abril de 2020, na ADI n. 5.794. Disponível em: https://portal.stf.jus.br/peticaoInicial/verPeticaoInicial.asp?base=ADI&numProcesso=5815. Acesso em: 10 ago. 2023.

______. PODER JUDICIÁRIO. SUPREMO TRIBUNAL FEDERAL. *Ação Direta de Inconstitucionalidade n. 5.859.* Autor: Confederação Nacional do Turismo. Requerido: Presidente da República; Congresso Nacional. Relator: Ministro Edson Fachin. Trecho questionado: Fim da contribuição sindical obrigatória. Apenso principal: ADI n. 5.794. Processos apensados: ADI n. 5.806; ADI n. 5.810; ADI n. 5.811; ADI n. 5.813; ADI n. 5.815; ADI n. 5.850; ADI n. 5.859; ADI n. 5.865; ADI n. 5.885; ADI n. 5.887; ADI n. 5.888; ADI n. 5.892; ADI n. 5.900; ADI n. 5.912; ADI n. 5.913; ADI n. 5.923; ADI n. 5.945; ADI n. 5.950; e ADC n. 55. Ata n. 24, de 29/06/2018. Diário de Justiça Eletrônico (*DJe*) n. 157, divulgado em 03 de agosto de 2018. Transitado em Julgado em 12/05/2020. Publicação *DJe* do acórdão em 23 de abril de 2020, na Ação Direta de Inconstitucionalidade (ADI) n. 5.794. Disponível em: https://portal.stf.jus.br/peticaoInicial/verPeticaoInicial.asp?base=ADI&numProcesso=5815. Acesso em: 10 ago. 2023.

______. PODER JUDICIÁRIO. SUPREMO TRIBUNAL FEDERAL. *Ação Direta de Inconstitucionalidade n. 5.865.* Autor: Confederação dos Servidores Públicos do Brasil (CSPB). Requerido: Presidente da República; Congresso Nacional. Relator: Ministro Edson Fachin. Trecho questionado: Fim da contribuição sindical obrigatória. Apenso principal: ADI n. 5.794. Processos apensados: ADI n. 5.806; ADI n. 5.810; ADI n. 5.811; ADI n. 5.813; ADI n. 5.815; ADI n. 5.850; ADI n. 5.859; ADI n. 5.865; ADI n. 5.885; ADI n. 5.887; ADI n. 5.888; ADI n. 5.892; ADI n. 5.900; ADI n. 5.912; ADI n. 5.913; ADI n. 5.923; ADI n. 5.945; ADI n. 5.950; e ADC n. 55. Ata n. 24, de 29/06/2018. Diário de Justiça Eletrônico (*DJe*) n. 157, divulgado em 03 de agosto de 2018. Transitado em Julgado em 12/05/2020. Publicação *DJe* do acórdão em 23 de abril de 2020, na Ação Direta de Inconstitucionalidade (ADI) n. 5.794. Disponível em: https://portal.stf.

jus.br/peticaoInicial/verPeticaoInicial.asp?base=ADI&numProcesso=5815. Acesso em: 10 ago. 2023.

______. PODER JUDICIÁRIO. SUPREMO TRIBUNAL FEDERAL. *Ação Direta de Inconstitucionalidade n. 5.867.* Autor: Associação Nacional dos Magistrados da Justiça do Trabalho (Anamatra). Requerido: Presidente da República; Congresso Nacional. Relator: Ministro Gilmar Mendes. Trecho questionado: Correção de depósitos. Apenso Principal: ADI n. 5.867; Processos apensados: ADC n. 58; ADC n. 59; ADI n. 6021. Data da publicação *DJe* 09/12/2021 – Ata n. 210/2021. Diário de Justiça Eletrônico (*DJe*) n. 242, divulgado em 07/12/2021. Trânsito em julgado dia 02/02/2022. Disponível em: https://portal.stf.jus.br/processos/detalhe.asp?incidente=5335099. Acesso em: 10 ago. 2023.

______. PODER JUDICIÁRIO. SUPREMO TRIBUNAL FEDERAL. *Ação Direta de Inconstitucionalidade n. 5.885.* Autor: Confederação Nacional dos Servidores e Funcionários Públicos das Fundações, Autarquias e Prefeituras Municipais (CSPM). Relator: Ministro Edson Fachin. Redator do acórdão: Ministro Luiz Fux. Trecho questionado: Fim da contribuição sindical obrigatória. Apenso principal: ADI n. 5.794; Processos apensados: ADI n. 5.806; ADI n. 5.810; ADI n. 5.811; ADI n. 5.813; ADI n. 5.815; ADI n. 5.850; ADI n. 5.859; ADI n. 5.865; ADI n. 5.885; ADI n. 5.887; ADI n. 5.888; ADI n. 5.892; ADI n. 5.900; ADI n. 5.912; ADI n. 5.913; ADI n. 5.923; ADI n. 5.945; ADI n. 5.950; e ADC n. 55. Ata n. 24, de 29/06/2018. Diário de Justiça Eletrônico (*DJe*) n. 157, divulgado em 03 de agosto de 2018. Disponível em: https://portal.stf.jus.br/processos/detalhe.asp?incidente=5343445. Acesso em: 10 ago. 2023.

______. PODER JUDICIÁRIO. SUPREMO TRIBUNAL FEDERAL. *Ação Direta de Inconstitucionalidade n. 5.887.* Autor: Federação das Entidades Sindicais dos Oficiais de Justiça do Brasil (FESOJUS-BR). Relator: Ministro Edson Fachin. Redator do acórdão: Ministro Luiz Fux. Trecho questionado: Fim da contribuição sindical obrigatória. Apenso principal: ADI n. 5.794; Processos apensados: ADI n. 5.806; ADI n. 5.810; ADI n. 5.811; ADI n. 5.813; ADI n. 5.815; ADI n. 5.850; ADI n. 5.859; ADI n. 5.865; ADI n. 5.885; ADI n. 5.887; ADI n. 5.888; ADI n. 5.892; ADI n. 5.900; ADI n. 5.912; ADI n. 5.913; ADI n. 5.923; ADI n. 5.945; ADI n. 5.950; e ADC n. 55. Ata n. 24, de 29/06/2018. Diário de Justiça Eletrônico (*DJe*) n. 157, divulgado em 03 de agosto de 2018. Disponível em: https://portal.stf.jus.br/processos/detalhe.asp?incidente=5345623. Acesso em: 10 ago. 2023.

______. PODER JUDICIÁRIO. SUPREMO TRIBUNAL FEDERAL. *Ação Direta de Inconstitucionalidade n. 5.888.* Autor: Confederação dos Trabalhadores em Turismo e Hospitalidade e outro(a/s). Relator: Ministro Edson Fachin. Redator do acórdão: Ministro Luiz Fux. Trecho questionado: Fim da contribuição sindical obrigatória. Apenso principal: ADI n. 5.794; Processos apensados: ADI n. 5.806; ADI n. 5.810; ADI n. 5.811; ADI n. 5.813; ADI n. 5.815; ADI n. 5.850; ADI n. 5.859; ADI n. 5.865; ADI n. 5.885; ADI n. 5.887; ADI n. 5.888; ADI n. 5.892; ADI n. 5.900; ADI n. 5.912; ADI n. 5.913; ADI n. 5.923; ADI n. 5.945; ADI n. 5.950; e ADC n. 55. Ata n. 24, de 29/06/2018. Diário de Justiça Eletrônico (*DJe*) n. 157, divulgado em 03 de agosto de 2018. Disponível em: https://portal.stf.jus.br/processos/detalhe.asp?incidente=5345877. Acesso em: 10 ago. 2023.

______. PODER JUDICIÁRIO. SUPREMO TRIBUNAL FEDERAL. *Ação Direta de Inconstitucionalidade n. 5.892*. Autor: Confederação Nacional dos Trabalhadores Metalúrgicos. Relator: Ministro Edson Fachin. Redator do acórdão: Ministro Luiz Fux. Trecho questionado: Fim da contribuição sindical obrigatória. Apenso principal: ADI n. 5.794; Processos apensados: ADI n. 5.806; ADI n. 5.810; ADI n. 5.811; ADI n. 5.813; ADI n. 5.815; ADI n. 5.850; ADI n. 5.859; ADI n. 5.865; ADI n. 5.885; ADI n. 5.887; ADI n. 5.888; ADI n. 5.892; ADI n. 5.900; ADI n. 5.912; ADI n. 5.913; ADI n. 5.923; ADI n. 5.945; ADI n. 5.950; e ADC n. 55. Ata n. 24, de 29/06/2018. Diário de Justiça Eletrônico (*DJe*) n. 157, divulgado em 03 de agosto de 2018. Disponível em: https://portal.stf.jus.br/processos/detalhe.asp?incidente=5347549. Acesso em: 10 ago. 2023.

______. PODER JUDICIÁRIO. SUPREMO TRIBUNAL FEDERAL. *Ação Direta de Inconstitucionalidade n. 5.900*. Autor: Confederação Nacional dos Trabalhadores na Saúde. Relator: Ministro Edson Fachin. Redator do acórdão: Ministro Luiz Fux. Trecho questionado: Fim da contribuição sindical obrigatória. Apenso principal: ADI n. 5.794; Processos apensados: ADI n. 5.806; ADI n. 5.810; ADI n. 5.811; ADI n. 5.813; ADI n. 5.815; ADI n. 5.850; ADI n. 5.859; ADI n. 5.865; ADI n. 5.885; ADI n. 5.887; ADI n. 5.888; ADI n. 5.892; ADI n. 5.900; ADI n. 5.912; ADI n. 5.913; ADI n. 5.923; ADI n. 5.945; ADI n. 5.950; e ADC n. 55. Ata n. 24, de 29/06/2018. Diário de Justiça Eletrônico (*DJe*) n. 157, divulgado em 03 de agosto de 2018. Disponível em: https://portal.stf.jus.br/processos/detalhe.asp?incidente=5359322. Acesso em: 10 ago. 2023.

______. PODER JUDICIÁRIO. SUPREMO TRIBUNAL FEDERAL. *Ação Direta de Inconstitucionalidade n. 5.912*. Autor: Federação Nacional dos Trabalhadores em Serviços, Asseio e Conservação, Limpeza Urbana, Ambiente e Áreas Verdes. Relator: Ministro Edson Fachin. Redator do acórdão: Ministro Luiz Fux. Trecho questionado: Fim da contribuição sindical obrigatória. Apenso principal: ADI n. 5.794; Processos apensados: ADI n. 5.806; ADI n. 5.810; ADI n. 5.811; ADI n. 5.813; ADI n. 5.815; ADI n. 5.850; ADI n. 5.859; ADI n. 5.865; ADI n. 5.885; ADI n. 5.887; ADI n. 5.888; ADI n. 5.892; ADI n. 5.900; ADI n. 5.912; ADI n. 5.913; ADI n. 5.923; ADI n. 5.945; ADI n. 5.950; e ADC n. 55. Ata n. 24, de 29/06/2018. Diário de Justiça Eletrônico (*DJe*) n. 157, divulgado em 03 de agosto de 2018. Disponível em: https://portal.stf.jus.br/processos/detalhe.asp?incidente=5369410. Acesso em: 10 ago. 2023.

______. PODER JUDICIÁRIO. SUPREMO TRIBUNAL FEDERAL. *Ação Direta de Inconstitucionalidade n. 5.913*. Autor: Federação Nacional dos Trabalhadores em Serviços, Asseio e Conservação, Limpeza Urbana, Ambiente e Áreas Verdes. Relator: Ministro Edson Fachin. Redator do acórdão: Ministro Luiz Fux. Trecho questionado: Fim da contribuição sindical obrigatória. Apenso principal: ADI n. 5.794; Processos apensados: ADI n. 5.806; ADI n. 5.810; ADI n. 5.811; ADI n. 5.813; ADI n. 5.815; ADI n. 5.850; ADI n. 5.859; ADI n. 5.865; ADI n. 5.885; ADI n. 5.887; ADI n. 5.888; ADI n. 5.892; ADI n. 5.900; ADI n. 5.912; ADI n. 5.913; ADI n. 5.923; ADI n. 5.945; ADI n. 5.950; e ADC n. 55. Ata n. 24, de 29/06/2018. Diário de Justiça Eletrônico (*DJe*) n. 157, divulgado em 03 de agosto de 2018. Disponível em: https://portal.stf.jus.br/processos/detalhe.asp?incidente=5369465. Acesso em: 10 ago. 2023.

______. PODER JUDICIÁRIO. SUPREMO TRIBUNAL FEDERAL. *Ação Direta de Inconstitucionalidade n. 5.923*. Autor: Federação Nacional dos Trabalhadores Celetistas nas Cooperativas no Brasil. Relator: Ministro Edson Fachin. Redator do acórdão:

Ministro Luiz Fux. Trecho questionado: Fim da contribuição sindical obrigatória. Apenso principal: ADI n. 5.794; Processos apensados: ADI n. 5.806; ADI n. 5.810; ADI n. 5.811; ADI n. 5.813; ADI n. 5.815; ADI n. 5.850; ADI n. 5.859; ADI n. 5.865; ADI n. 5.885; ADI n. 5.887; ADI n. 5.888; ADI n. 5.892; ADI n. 5.900; ADI n. 5.912; ADI n. 5.913; ADI n. 5.923; ADI n. 5.945; ADI n. 5.950; e ADC n. 55. Ata n. 24, de 29/06/2018. Diário de Justiça Eletrônico (*DJe*) n. 157, divulgado em 03 de agosto de 2018. Disponível em: https://portal.stf.jus.br/processos/detalhe.asp?incidente=5380236. Acesso em: 10 ago. 2023.

______. PODER JUDICIÁRIO. SUPREMO TRIBUNAL FEDERAL. *Ação Direta de Inconstitucionalidade n. 5.938.* Requerente: Confederação Nacional dos Trabalhadores Metalúrgicos. Requerido: Presidente da República; Congresso Nacional. Trecho questionado: maternidade. Relator: Ministro Alexandre de Moraes, julgado no dia 23 de setembro de 2019. Disponível em: https://portal.stf.jus.br. Acesso em: 10 ago. 2023.

______. PODER JUDICIÁRIO. SUPREMO TRIBUNAL FEDERAL. *Ação Direta de Inconstitucionalidade n. 5.945.* Autor: Federação Nacional de Guias de Turismo (FENAGTUR). Relator: Ministro Edson Fachin. Redator do acórdão: Ministro Luiz Fux. Trecho questionado: Fim da contribuição sindical obrigatória. Apenso principal: ADI n. 5.794; Processos apensados: ADI n. 5.806; ADI n. 5.810; ADI n. 5.811; ADI n. 5.813; ADI n. 5.815; ADI n. 5.850; ADI n. 5.859; ADI n. 5.865; ADI n. 5.885; ADI n. 5.887; ADI n. 5.888; ADI n. 5.892; ADI n. 5.900; ADI n. 5.912; ADI n. 5.913; ADI n. 5.923; ADI n. 5.945; ADI n. 5.950; e ADC n. 55. Ata n. 24, de 29/06/2018. Diário de Justiça Eletrônico (*DJe*) n. 157, divulgado em 03 de agosto de 2018. Disponível em: https://portal.stf.jus.br/processos/detalhe.asp?incidente=5461547. Acesso em: 10 ago. 2023.

______. PODER JUDICIÁRIO. SUPREMO TRIBUNAL FEDERAL. *Ação Direta de Inconstitucionalidade n. 5.950.* Autor: Confederação Nacional dos Trabalhadores no Comércio (CNTC). Relator: Ministro Edson Fachin. Redator do acórdão: Ministro Luiz Fux. Trecho questionado: Fim da contribuição sindical obrigatória. Apenso principal: ADI n. 5.794; Processos apensados: ADI n. 5.806; ADI n. 5.810; ADI n. 5.811; ADI n. 5.813; ADI n. 5.815; ADI n. 5.850; ADI n. 5.859; ADI n. 5.865; ADI n. 5.885; ADI n. 5.887; ADI n. 5.888; ADI n. 5.892; ADI n. 5.900; ADI n. 5.912; ADI n. 5.913; ADI n. 5.923; ADI n. 5.945; ADI n. 5.950; e ADC n. 55. Ata n. 24, de 29/06/2018. Diário de Justiça Eletrônico (*DJe*) n. 157, divulgado em 03 de agosto de 2018. Disponível em: https://portal.stf.jus.br/processos/detalhe.asp?incidente=5468049. Acesso em: 10 ago. 2023.

______. PODER JUDICIÁRIO. SUPREMO TRIBUNAL FEDERAL. *Ação Direta de Inconstitucionalidade n. 5.994.* Autor: Confederação Nacional dos Trabalhadores na Saúde. Requerido: Presidente da República; Congresso Nacional. Relator: Ministro Marco Aurélio Melo. Trecho questionado: Possibilidade de a chamada jornada "12×36" ser pactuada por meio de acordo individual. DECISÃO: O Tribunal, por maioria, julgou improcedente a ação, nos termos do voto do Ministro Gilmar Mendes, Redator para o acórdão, vencidos os Ministros Marco Aurélio (Relator), Edson Fachin e Rosa Weber (Presidente). Não votou o Ministro André Mendonça, sucessor do Relator. Plenário, Sessão Virtual de 23.6.2023 a 30.6.2023. Disponível em: https://portal.stf.jus.br/processos/detalhe.asp?incidente=5530775. Acesso em: 10 ago. 2023.

______. PODER JUDICIÁRIO. SUPREMO TRIBUNAL FEDERAL. *Ação Direta de Inconstitucionalidade n. 6.021*. Autor: Associação Nacional dos Magistrados da Justiça do Trabalho (Anamatra). Requerido: Presidente da República; Congresso Nacional. Relator: Ministro Gilmar Mendes. Trecho questionado: Correção de depósitos. Apenso Principal: ADI n. 5.867; Processos apensados: ADC n. 58; ADC n. 59; ADI n. 6.021. Data de publicação DJe 09/12/2021 – Ata n. 210/2021. Diário de Justiça Eletrônico (*DJe*) n. 242, divulgado em 07/12/2021. Trânsito em julgado dia 02/02/2022. Disponível em: https://portal.stf.jus.br/processos/detalhe.asp?incidente=5548545. Acesso em10 ago. 2023.

______. PODER JUDICIÁRIO. SUPREMO TRIBUNAL FEDERAL. *Ação Direta de Inconstitucionalidade n. 6.050*. Autor: Associação Nacional dos Magistrados da Justiça do Trabalho (Anamatra). Requerido: Presidente da República; Congresso Nacional. Trecho questionado: Limites a indenizações. Relator: Ministro Gilmar Mendes. Apenso principal: ADI n. 6.050. Processos apensados: ADI n. 6.069 e ADI n. 6.082. Diário de Justiça Eletrônico (*DJe*) n. 150, divulgado em 07/07/2023.Disponível em: https://digital.stf.jus.br/publico/publicacoes. Acesso em: 10 ago. 2023.

______. PODER JUDICIÁRIO. SUPREMO TRIBUNAL FEDERAL. *Ação Direta de Inconstitucionalidade n. 6.069*. Autor: Conselho Federal da Ordem dos Advogados do Brasil (OAB). Requerido: Presidente da República; Congresso Nacional. Trecho questionado: Limites a indenizações. Relator: Ministro Gilmar Mendes. Apenso principal: ADI n. 6.050. Processos apensados: ADI n. 6.069 e ADI n. 6.082. Disponível em: https://portal.stf.jus.br/processos/detalhe.asp?incidente=5612680. Acesso em: 10 ago. 2023.

______. PODER JUDICIÁRIO. SUPREMO TRIBUNAL FEDERAL. *Ação Direta de Inconstitucionalidade n. 6.082*. Autor: Confederação Nacional dos Trabalhadores da Indústria. Requerido: Presidente da República; Congresso Nacional. Trecho questionado: Limites a indenizações. Relator: Ministro Gilmar Mendes. Apenso principal: ADI n. 6.050. Processos apensados: ADI n. 6.069 e ADI n. 6.082. Disponível em: https://portal.stf.jus.br/processos/detalhe.asp?incidente=5612680. Acesso em: 10 ago. 2023.

______. PODER JUDICIÁRIO. SUPREMO TRIBUNAL FEDERAL. *Ação Direta de Inconstitucionalidade n. 6.142*. Autor: Confederação Nacional dos Trabalhadores Metalúrgicos. Requerido: Presidente da República; Congresso Nacional. Relator: Ministro Edson Fachin. Trecho questionado: Dispensa da participação dos sindicatos nas demissões imotivadas de trabalho individuais, plúrimas ou coletivas e nas homologações de acordos extrajudiciais de trabalho. Última movimentação: autos conclusos ao relator no dia 05 de julho de 2022. Disponível em: https://portal.stf.jus.br/processos/detalhe.asp?incidente=5701599 Acesso em: 10 ago. 2023.

______. PODER JUDICIÁRIO. SUPREMO TRIBUNAL FEDERAL. *Ação Direta de Inconstitucionalidade n. 6.154*. Autor: Confederação Nacional dos Trabalhadores da Indústria (CNTI). Requerido: Presidente da República; Congresso Nacional. Relator: Ministro Edson Fachin. Trecho questionado: Trabalho intermitente. Resultado final: Aguardando julgamento. Última movimentação: 26 de fevereiro de 2018. Disponível em: https://portal.stf.jus.br/peticaoInicial/verPeticaoInicial.asp?base=ADI&numProcesso=5806. Acesso em: 10 ago. 2023.

______. PODER JUDICIÁRIO. SUPREMO TRIBUNAL FEDERAL. *Ação Direta de Inconstitucionalidade n. 6.188.* Autor: Procurador Geral da República. Trecho questionado: Edição de súmulas e enunciados pelo TST. Requerido: Presidente da República; Congresso Nacional. Relator: Ministro Ricardo Lewandowski. Devolução dos autos para julgamento: 20/07/2023 18:14:31 – Julgamento Virtual: ADI. Incluído na Lista 197-2021.RL – Agendado para: 11/08/2023 a 21/08/2023. Disponível em: https://portal.stf.jus.br/processos/detalhe.asp?incidente=5731024. Acesso em: 10 ago. 2023.

3.2. Jurisprudência espanhola

ESPAÑA. CONSEJO GENERAL DEL PODER JUDICIAL. TRIBUNAL SUPERIOR DE JUSTICIA DE CASTILLA-LA MANCHA (ALBACETE). SENTENCIA: 01282/2009; SALA DE LO SOCIAL; SECCION SEGUNDA; "RECURSO SUPLICACION 11/09"; Magistrado Ponente: Ilmo. Sr. D. JOSÉ MONTIEL GONZÁLEZ; Ilmos. /as. Sres./as. Magistrados/as D. JOSÉ MONTIEL GONZÁLEZ, Dª. PETRA GARCÍA MÁRQUEZ, Dª. LUISA MARÍA GÓMEZ GARRIDO; e D. EUGENIO CÁRDENAS CALVO. Disponible en: file:///D:/TESE%20ARBITRAGEM%20JURISPRUDÊNCIA%20ESPANHA.pdf. Aceso en: 15 feb. 2023.